蓬江年鉴

2017

江门市蓬江区人民政府地方志办公室 编

方志出版社
Publishing House of Local Records

图书在版编目（C I P）数据

蓬江年鉴. 2017 / 江门市蓬江区人民政府地方志办公室编. -- 北京 : 方志出版社, 2017.11

ISBN 978-7-5144-2717-2

Ⅰ. ①蓬… Ⅱ. ①江… Ⅲ. ①区(城市)－江门－2017－年鉴 Ⅳ. ①Z526.53

中国版本图书馆CIP数据核字(2017)第289340号

蓬江年鉴（2017）

编　　者: 江门市蓬江区人民政府地方志办公室

责任编辑: 黄　彦

出 版 人: 冀祥德

出 版 者: 方志出版社

地址　北京市朝阳区潘家园东里9号（国家方志馆4层）

邮编　100021

网址　http://www.fzph.org

发　　行: 方志出版社图书经销中心

电话（010）67110500

经　　销: 各地新华书店

印　　刷: 江门市江海区艺朗彩色印艺有限公司

开　　本: 889×1194　1/16

印　　张: 19.2

字　　数: 426千

版　　次: 2017年11月第1版　2017年11月第1次印刷

印　　数: 001～500册

ISBN　978-7-5144-2717-2　　定价：260.00元

2016年11月10日，省国税局副局长朱江涛（左二）到区国税地税联合办税服务厅调研（区国税局提供）

2016年11月18日，市委常委、组织部部长姚信敏（居中）到丰雅社区调研服务站工作（区委组织部提供）

2016年11月29日，省残联副理事长柯沫夫(右二)率全省各地级残联调研团到环市街“邑门式”公共服务中心调研（区残联提供）

2016年12月5日，副市长许晓雄（居中）带队到珠西智谷调研（江门日报社提供）

2016年12月28日，由国家工商总局企业注册局和个体司、国务院推进职能转变协调办、发展改革委财政金融司和价格司、财政部行政政法司、中央编办行政管理体制改革司等部门有关领导组成的国家专题联合调研组到区法人邑门式服务中心检查指导工作（区委组织部提供）

重要会议

2016年9月25日，中共江门市蓬江区第九次代表大会召开（区委宣传部提供）

2016年1月8日， 蓬江区委八届七次全会召开（区委宣传部提供）

2016年11月23日，蓬江区十届人大一次会议开幕（区委宣传部提供）

2016年11月21日，蓬江区政协四届一次会议开幕（区委宣传部提供）

2016年11月25日，新一届人大常委会组成人员、区政府组成人员、法院院长进行宪法宣誓，正式就任（区委宣传部提供）

2016年2月1日至2日，蓬江区九届六次人大会议召开（区委宣传部提供）

2016年2月1日至2日，蓬江区政协三届六次会议召开（区政协办提供）

2016年3月31日，举行全国教育装备中心主任会议。图为教育部教育装备研究与发展中心主任曹志祥（中）讲话（区委宣传部提供）

2016年4月15日，蓬江区自然村落历史人文普查启动暨业务培训会议在蓬江会堂召开（区地志办提供）

2016年12月15日，召开蓬江区黑臭水体整治工作推进现场会（区委宣传部提供）

棠下横江村河涌淤泥清理

重大活动

2016年2月2日，墟顶保护和改造项目一期工程在白沙街圩顶社区小广场竣工揭幕（白沙街道办事处提供）

2016年2月5日，举行蓬江区迎新春健步走暨创建全国健康促进区启动仪式（区卫计局提供）

2016年3月25日，“江门台湾青年创业创新会”授牌仪式及“江门台湾青年创业创新示范基地”揭牌仪式在珠西智谷群华科技园举行（区委统战部提供）

2016年3月28日，举行蓬江区2016年巩固全国文明城市创建成果暨建设志愿服务“爱心之城”启动仪式（区委宣传部提供）

2016年3月29日，由五邑大学与区政府、南方教育装备创新产业城合作筹建的五邑大学教育装备学院在五邑大学十友楼二楼国际会议厅举行揭牌仪式（环市街道办事处提供）

2016年3月30日，举行南方教育装备创新产业城——海峡两岸教育装备合作示范区、南方教育装备创新研究院揭牌仪式。图为中华海峡两岸教育联合会常务副会长孙景生在仪式上致辞（周华东摄）

2016年3月31日，举行全国区街深化改革与治理现场会，蓬江区被颁授“全国行政服务改革示范区”奖牌（江门日报社提供）

2016年4月20日，举行蓬江区中小企业培训学院、蓬江区企业家学院挂牌成立仪式暨第一期培训班开班仪式（江门日报社提供）

2016年4月22日，市重点项目地尔汉宇第三期工程江门市地尔汉宇电器股份有限公司在骑龙山工业区举行动工仪式（杜阮镇提供）

2016年6月29日，举行蓬江区庆七一·“两学一做”主题演讲比赛。图为区委常委、组织部部长李欣立带领42位新党员进行入党宣誓（区委宣传部提供）

凉瓜展销（江门日报社提供）

凉瓜烹饪比赛作品——锦绣凉瓜（区委宣传部提供）

凉瓜烹饪比赛作品——太极鱼茸羹（区委宣传部提供）

市民、游客品尝凉瓜宴（江门日报社提供）

最美蓬江人

2016年12月29日，举办2016年度“最美蓬江人”颁奖会。图为区委书记温伟文为最美身边好人颁奖（区委宣传部提供）

区委副书记、区长李欣立为最美志愿楼长颁奖（区委宣传部提供）

区委书记温伟文、区长李欣立为最美家庭颁奖（区委宣传部提供）

区委副书记陈常岷为最美环卫颁奖（区委宣传部提供）

区委常委、统战部部长林建中为最美经营户颁奖（区委宣传部提供）

副区长亢雁直为最美教师颁奖（区委宣传部提供）

副区长黄达斌为最美医务人员颁奖（区委宣传部提供）

区人大常委会主任赵全为最美外来务工人员颁奖（区委宣传部提供）

区政协主席李永安为最美城管颁奖（区委宣传部提供）

公安分局局长朱辉荣为最美警察颁奖（区委宣传部提供）

最美蓬江人——郭昭云（区委宣传部提供）

蓬江年鉴

专辑

2017

PENGJIANG
NIANJIAN

江门市蓬江区人民政府工作报告

——2017年1月12日在江门市蓬江区第十届人民代表大会第二次会议上

江门市蓬江区人民政府区长　李欣立

各位代表：

我代表区人民政府向大会作政府工作报告，请予审议，并请区政协各位委员和列席人员提出意见。

2016年工作回顾

2016年，区政府在区委的正确领导下，在区人大及其常委会监督和区政协支持下，围绕市委、市政府打造“三门”建设“三心”[1]、“兴业惠民、治吏简政”[2]等重要决策部署，团结和依靠全区人民，抢抓机遇、真抓实干，推动各项事业取得显著成效，全面完成既定的目标任务。预计全年实现生产总值593亿元，增长8.3%，经济总量继续保持全市第一（其他指标完成情况见附件1），各项主要经济指标增速继续排在全市前列。我区上榜2016年全国中小城市综合实力百强区。

一年来，我们主要做了以下工作：

一、加快转型发展，推动经济提质增效

工业项目加快落地。全年完成工业投资84.96亿元，增长30%。推动大长江摩托车研发中心、滨崎食品首期、百草壹号等11个大项目建成投产或运营，地尔汉宇新能源汽车高效电机、骏东木业等11个优质项目动工。全区规模以上先进制造业产值达508亿元，增长16.5%。实施精准招商，新引进江粉高科技产业园等38个优质项目，计划总投资136亿元；在谈项目22个，计划总投资达181亿元。工业载体建设加快推进，滨江新城产业园配套设施建设进一步完善提升，教育装备产业园计划近期投入招商使用。

产业体系日趋完善。初步形成以传统优势产业为基础，先进制造业为主攻方向的全新产业体系。教育装备产业列入市“十三五”规划五大产业集群之一，规划打造“中国教育装备之城、中国教育培训之都”，初步形成以南方教育装备创新产业城为核心的集群发展态势；智能制造产业加快集聚，以珠西智谷智能装备协同创新研究院为引领，成功引进弗兰德智能天线、3C产业机器人等优质项目；大健康产业做优做强，美心（江门）制造及研发基地奠基，滨崎食品首期、百草壹号首期、大健康产业园顺利投产；传统优势产业加快转型升级，推动盈进彩印、兴江转向器等企业开展设备更新，大长江、乔登卫浴等企业电机改造，支持海信、江粉等企业开展“机器人应用”工程，海信空调“物流无人化”项目入选广东省2016年智能制造试点示范项目。

创新动能加快集聚。国家级高新技术企业达79家，新增49家，省级工程技术研究开发中心27家、市级72家。全区发明专利授权量和授权专利总量分别达119件和1814件，有效发明专利540件。推动“双引双创”，珠西智谷入选江门市唯一向省人社厅推荐的“国家级专家服务基地”，与五邑大学、清华大学、香港科技大学、葡萄牙布拉干萨理工大学（IPB）等国内外高校建立产学研合作；对接美国硅谷、欧洲各国、中国港澳台地区，成功举办教育装备创新发展研讨会、中欧智能制造论坛等推介活动；出台“珠西智谷人才团队扶持暂行办法”，引入深圳固高科技专家团队、中国科学院张景中院士团队等一批专家团队和产业人才。“环五邑大学创新经济圈”核心圈层和广东第一创客街区取得初步成效。启动“创部落”众创空间建设，汇集创新创业团队近200个，在孵企业155家。成功推动广东高正、广东安捷在新三板挂牌上市，广东葵树生物在深圳前海股权交易中心“新四板”[3]挂牌上市。

城市经济加速发展。建成中嘉广场和火炬创业园摩根园区投入使用，江门体育中心、会展中心、珠西智谷小微企业双创基地（金融区）等城市综合体加快推进。珠西电商产业园、华迅达智慧物流公共服务平台落户运营，珠西跨境保税电商产业园项目加紧筹建，金融信息、“互联网+”等现代服务业集聚发展。房地产平稳健康发展。全区“工改工”产业升级项目18个，占地618亩，总建筑面积约82万平方米。

二、统筹城乡发展，城乡面貌呈现新变化

区位更加凸显。配合市完成江门大道蓬江段及配套城市道路和广中江高速蓬江段征地拆迁工作，按进度配合推进南沙港铁路、广佛江珠城轨等重大交通工程建设。江门大道中五洞立交至东甲立交、广中江高速一期建成通车，我区通过江门大道、广中江高速北承广佛经济圈、南连深港澳都市圈两大龙头，作为“珠西新中心、深港澳基地”核心区的区位优势更加凸显。

城市更具魅力。围绕“建设文明侨都”，深入开展创建“爱心之城”和“全国健康促进区”等活动，全社会崇尚文明的新风尚加快形成。实施城市提升行动计划，市容市貌持续改善。推进智慧城市建设，全区光纤覆盖率达100%，区域光渗透率全市排名第一。推进33墟街、“悦读潮连”特色小镇开发建设，33墟街景区旅游发展项目入选“全国优选旅游项目名单”，“悦读潮连”特色品牌初步建立。

环境更加优美。建成席帽山森林公园，完成3个镇街公园、28个村居公园升级改造，按进度推进龙舟山森林公园、潮连小海河湿地公园、江门植物园等公园建设，建设景观林带160亩，回收调整商品林6100亩。深入开展黑臭水体综合整治，完成天沙河、杜阮河污染源初步普查，累计清空生猪养殖场3069家、拆除栏舍面积82.79万平方米。完成中小河流重点县综合整治及水系连通试点工程杜阮项目区建设。

农村发展更加健康。现代农业加快发展，申报市级重点农业龙头企业2家。推进特色农产品创建，培育有机产品2个，实现有机产品认证“零”突破。全区农村集体经济总收入11.44亿元，同比增长7%。投入2400万元，完成40条村公益事业“一事一议”96项和30条新农村建设。深化“三资”管理，形成“区、镇（街）、村”三级共管工作机制。全面推进农村“政经分开”[4]和土地确权工作。荷塘镇获得“全国重点镇”称号，潮连街通过“国家卫生镇”复审，棠下镇通过“广东省卫生镇”复审，杜阮镇启动“国家卫生镇”创建工作，新增7条省级、16条市级卫生村。

三、坚持共享发展，人民生活更加幸福

大力保障和改善民生。2016年全区财政用于民生支出21.36亿元，占财政支出的69.7%，比上一年增长14.93%。城乡居民人均可支配收入达37353元，增长8.3%。新增就业9541人，失业人员实现再就业5310人，城镇登记失业率为2.37%。推进医疗保险城乡一体化，城乡居民和城镇职工基本医疗保险最高支付限额分别提高到30万元和60万元，全区被征地农民基本养老保险参保率达100%。实施精准扶贫脱贫，开展领导干部结对帮扶活动，累计送上慰问金共600万元，解决困难和问题1000多个。落实底线民生，城乡低保标准提高到每人每月600元，农村五保供养标准提高到每人每年12720元，残疾人生活津贴提高到每人每年1800元，重度残疾人护理补贴提高到每人每年2400元。建成7个枢纽型“邑家园”[5]和142个村（居）“邑家园”，在全市率先实现“邑家园”全覆盖。

推动教育优质均衡发展。建成农林双朗小学首期投入使用，与广州大学附属中学联合开办广德实验学校正式开学，新增优质学位2800个，每年多提供400多个学位。农林双朗小学二期、陈白沙教学楼及综合楼扩建工程按进度推进，紫茶小学二期等6所新建学校纳入省PPP项目。顺利通过中小学责任督学挂牌督导创新区省级评估验收，棠下镇、环市街、潮连街通过“教育强镇”验收。教育质量稳步提升，取得中考、高考双丰收，名师数量保持全市领先。

全力推进文化惠民工程。区文化馆、图书馆被评为国家一级馆，6个镇街文化站成功创建省一级文化站、其中2个创建省特级文化站。推动全区142条村（居）文化室完善数字化建设，新建文体广场4个，新建体育路径20多条。深入开展“百姓文化大舞台”活动，共举办各类文化体育活动1000多场次。举办戴爱莲诞辰100周年系列纪念活动和“江门市蓬江区第一届祠堂文化节”。棠下罗氏柑普茶传承人罗沛贤成功申报江门市第四批市级非物质文化遗产项目代表性传承人。我区被评为“戴爱莲舞蹈传承基地”，成为“诗词中国”在广东省第一个创作基地。

社会各项事业加快发展。深入推进“飓风2016”专项打击整治行动，严厉打击违法犯罪，全区110总警情、刑事警情、治安警情分别同比下降13.5%、8.6%、17.5%。强化“大安全”联防体系，抓好安全生产、食品药品安全、水利三防、森林防火、动物防疫和公共突发事件应急处置，严厉打击制假售假违法行为。以“任务不完成，誓不收兵”的最大决心全面完成“两违”整治，并建立长效监管机制。妥善处理“嘉悦名都二期楼盘问题”、劳资纠纷等维稳事件。启动“七五”普法工作。卫生和计划生育、民族宗教、外事侨务、统计、武装、双拥、慈善会、档案、地方志、红十字会等工作扎实推进，我区被确定为省级实施妇女儿童发展规划示范区。

四、深化各项改革，政府服务优质高效

各项改革持续深化。进一步理顺滨江新区（棠下镇）行政管理体制，形成干事创业良好机制。编制出台第一批“1+3”清单。7个自然人“邑门式”服务中心全面上线，可办理15个部门共398项业务；建成区级法人“邑门式”服务中心并对外运营，实现18个部门680项涉企审批服务事项“一窗通办”，通办率达100%。建成2个警银便民服务工作站，“蓬江邑微警”微信服务平台上线服务。我区荣获“全国行政服务改革示范城区”奖。

政府效能持续提升。深入开展“两学一做”学习教育，倡导“敢于担当、真抓实干”，队伍作风明显改进。加强政府党风廉政建设，严格落实一岗双责，查处一批违法违纪案件，“三公”经费支出持续下降。深入开展“暖企”行动，推行区四套班子领导分工联系重点企业制度，累计解决企业反映问题896个。自觉接受区人大依法监督和区政协民主监督，办理市、区人大代表建议41件、政协提案75件，满意率达100%。

各位代表，以上成绩的取得，是上级党委、政府和区委正确领导的结果；是在区人大的监督和区政协的支持下，全区人民团结协作、共同努力、鼓劲实干的结果。在此，我代表区政府，向全区广大人民群众，向上级单位部门、驻区军警、港澳台同胞、海外侨胞、各民主党派、人民团体及社会各界人士，表示衷心的感谢并致以崇高的敬意！

在看到成绩的同时，我们也要清醒认识到面临的困难和问题，主要表现在：工业规模总量不大，发展后劲不足；自主创新能力不强，创新动能不足；教育、医疗等公共服务供给不足，未能完全满足人民群众需求；政府党风廉政建设有待加强，政府部门服务意识、行政办事效率仍需进一步提高，等等。对此，我们务必高度重视，采取有力措施加以解决。

2017年工作任务

2017年是新一届政府承前启后的开局之年，也是抢抓机遇、加快转型的关键之年。虽然国际国内经济仍处于深度调整期，新常态下经济下行压力持续增大，但市委、市政府打造“三门”建设“三心”“兴业惠民、治吏简政”等决策部署，以及珠西综合交通枢纽、江门大道、广中江高速、港珠澳大桥、深（中）江通道等重大交通项目相继建成，将为我区带来前所未有的发展机遇，我们唯有抢抓机遇、真抓实干，才能把握发展主动权，实现更高水平、更高质量的发展。

2017年政府工作的指导思想是：全面贯彻党的十八大和十八届三中、四中、五中、六中全会精神和邓小平理论、“三个代表”重要思想和科学发展观，深入学习贯彻习近平总书记系列重要讲话精神，紧紧围绕市委、市政府打造“三门”建设“三心”和“兴业惠民、治吏简政”等决策部署，全面贯彻落实区“1328”[6]发展策略，坚持以工业立区为根本，以加快发展为第一要务，以深化改革创新为动力，全面加快建设富裕文明美丽新蓬江。

2017年我区经济社会发展的主要预期目标是：全区生产总值增长7.7%，规模以上工业增加值增长8%，固定资产投资增长15%；社会消费品零售总额增长10%；地方公共财政预算收入增长7.5%；外贸进出口、合同外资、实际利用外资、单位GDP能耗完成市下达任务。

为实现上述奋斗目标，重点抓好五方面工作：

一、坚持工业立区发展战略，做大做强实体经济

做强先进制造业。重点加快教育装备、智能制造、大健康等产业项目落地，力争2017年工业投资增长18.5%，全区规模以上先进制造业产值达574亿元、增长13%，力争培育产值超百亿元企业2家。教育装备产业重点加快推进南方教育装备创新产业城建设，建成教育装备博物馆投入使用，举办广东教育装备博览会等重大活动，力争引进50家教育装备设计研发生产企业，力促一批项目落地。智能制造产业重点加快地尔汉宇新能源汽车电机、江粉高科技产业园、蒙德电气、骏东木业等项目建设进度，力促教育装备及人工智能系统等项目动工，推动科业电器、弗兰德智能天线产业化、集成液压装备制造、网络物理系统联合实验室等项目落地。大健康产业重点推动天壹食品项目动工，加快顶益方便面、美心食品等项目建设，力促欧福蛋业、烘焙原料生产基地等项目落户建设。

加快传统优势产业转型升级。落实供给侧结构性改革“1+5”行动方案及“六新六去”工作清单。抓好新一轮技改行动，力争全年技改投资增长20%以上。鼓励企业增资扩产，重点支持科杰、华达实业等企业增资扩产项目建设。加强珠西智谷智能协同创新研究院与本地企业对接，在摩托车、五金卫浴等传统产业中实施“机器人应用”工程，推动15家以上企业开展智能化改造。加大对华尔润等转型企业以及成长企业的扶持。深入开展“暖企”行动，加强对重点企业的跟踪服务，确保重点企业对我区经济的带动作用。

抓好招商引资工作。制定出台教育装备、激光等产业项目扶持政策，吸引企业投资落户。建立全区招商统筹协商指导机制，组建区招商局和镇街招商局，强化招商队伍建设。以教育装备、智能制造、大健康等主导产业为主攻方向，实施精准招商，重点对接广东省激光行业协会，围绕激光产业开展招商工作，力争引进一批激光产业相关项目。力争全年引进投资超10亿元项目1个以上、超5亿元项目2个、超亿元项目10个以上，引进总部或区域总部企业8家以上。

加快工业载体建设。重点推进滨江新城产业园全面扩园提质，启动园区2000亩和滨江新城4000亩扩征，规划建设激光项目产业园。加快教育装备产业园区建设，完善珠西智谷产业平台、珠西创谷科技园、骑龙山工业区等载体配套建设。盘活闲置土地300亩以上、空置厂房8万平方米以上，通过收储及其他合作形式，整合连片开发。推进“工改工”，全区改造面积力争达到800亩以上。

二、推进创新驱动发展战略，聚合转型发展新动能

提升创新能力。全年新增国家级高新技术企业超过30家，总数达109家。培育省市工程技术研究中心15个，年发明专利申请量增长10%以上，力争企业科研申报项目增长20%，全社会研究与发展经费投入占生产总值比重达2.6%，推动优质企业挂牌上市3家。加快“众创空间+孵化器+加速器+产业园区”全链条孵化体系建设，建成市级以上孵化器6家、市级以上众创空间7家。抓好质量强区工作，培育精益求精的“工匠精神”，争创更多“蓬江品牌”。

深化“小微双创”。落实“雏鹰计划”[7]，重点推进2个核心基地、10个重点基地[8]建设，完成“就业、创业、创新”三大目标任务[9]。加快珠西智谷产业平台改造项目、珠西智谷小微双创基地（金融区）、新江沙汽车现代物流城、珠西创谷科技园、原点文化创意园等载体建设，完善产业配套及服务体系建设，吸引一批产业项目和人才团队进驻；推进以火炬创业园为中心的广东首个创客街区、“环五邑大学创新经济圈”核心圈层建设。

推进招才引智。落实“珠西智谷人才团队扶持暂行办法”等人才政策，制定引进高层次人才相关配套政策。配合市推进全国博士后创新示范中心试点市分中心建设。加快推进潮连人才岛、珠西智谷人才天地建设，珠西智库入库专家达30名以上。落实人才安居工程，启动1000套人才公寓建设。与国家“千人计划”、国内外高校及科研院所建立全面合作机制，成立中国科学院张景中院士工作站，推动五邑大学教育装备学院招生和引进专家。加强与深圳、中国港澳台地区、欧洲、美国硅谷等地区合作交流，吸引更多侨青回乡创业。

三、构建城乡融合新格局，打造侨都“城市之心”

打造高品质城市。对标佛山顺德等国内外先进发达地区，完善迎宾路以北商业集聚区和滨江新城配套，推动企业总部区建设，加快推进江门市档案中心、滨江新城省级大数据产业园、保利酒店等项目建设，建成体育中心、会展中心等配套项目，大力发展金融信息、“互联网+”、跨境电商、文化旅游、会展经济等现代服务业，加快推进33墟街、“悦读潮连”特色小镇建设，推动房地产市场平稳健康发展，促进“人产城融合”，打造江门大城格局主中心之核。力争第三产业增加值增长8%以上。巩固创文成果，配合市做好创文三年总检工作，推进城市管理智能化精细化，完善公共基础设施建设，进一步提升城市内涵。加快推进城市地下综合管廊及“海绵城市”“智慧城市”建设。推动江门职院3万平方米培训中心建设，引进国内外知名教育培训机构10家以上，初步形成“中国教育培训之都”氛围。

打好交通大会战。配合市全力推进珠西综合交通枢纽建设，攻坚克难完成南沙港铁路、广佛江珠城际等重大交通工程征地拆迁任务，推进江门大道中五洞至五邑路段辅道、广中江高速、杜阮北一路扩建工程、迎宾西路等建设，启动丰盛大道、新南路及江肇高速棠下出入口改造项目，做好滨江快线、木会路迎宾西至新会段、迎宾路贯溪段前期工作。配合市推进东部公交一体化建设。

打造绿色生态蓬江。建成龙舟山森林公园一期工程，完成江门市植物园兰石珍稀植物园区建设，加快推进蓬江湖等建设，推动五邑大学与东湖公园互通互融，再新建、改造24个镇街、村居公园，新建市区慢行系统150公里。推进生态公益林扩面和饮用水源水库第一重山商品林调整。全力推进黑臭水体整治工作，全面完成禁养区生猪养殖治理和限养区畜禽治理任务，基本消除天沙河华盛路至江咀水闸段、杜阮河高速公路桥至新河桥段黑臭现象。加快中小河流治理重点县项目棠下项目区建设，做好棠下镇防洪排涝及水环境整治前期工作。完善大气污染防治联防联控机制，落实大气污染应急预警工作。完成市下达的节能减排约束性指标。落实最严格节约用地和耕地保护制度，完成土地利用总体规划中期调整工作。

打造美丽新农村。加强对农村经济社会发展的研究和引导，稳妥推进农村留用地等历史遗留问题的解决，探索建立政府与农村和农民开发建设利益共享机制，推动农村健康有序发展取得新突破。力争全区薄弱村经济收入年增长率超10%，创建省、市级卫生村26条，新建和改造10座公厕和500户户厕。深入推进农业供给侧结构性改革，加快高效农业、设施农业、观光农业发展，基本完成农村土地承包经营权确权登记颁证工作。深化村（组）账镇管，加快推进农村“政经分开”，推进“三资”管理再上新台阶，提升村（居）管理水平，抓好村（居）换届工作，确保农村稳定。力争打造2条全市乃至全省“标杆示范村（居）”。

四、致力增进民生福祉，打造“幸福新蓬江”

抓好民生保障。致力提高人民生活水平，实现城乡居民人均可支配收入增长7.7%。继续实施十大民生工程。以就业实名制和推广企业用工平台为推手，实现更高质量就业，城镇登记失业率控制在3.2%以内。深化“领导干部帮扶困难家庭计划”，确保贫困发生率控制在3%以内，实现30%以上建档立卡贫困户精准脱贫。按省、市要求，逐步提高“六项底线民生保障项目”[10]补（救）助标准。建立医养结合等多元化养老助残服务体系，实现居家养老助残服务村居全覆盖。推动“邑家园”与自然人“邑门式”、村（居）公共服务平台有机结合。实施医疗保险城乡一体化试点，抓好企业职工基本养老保险“全员足额”参保工作，落实机关事业单位养老保险制度改革。建设“健康蓬江”，做好全国健康促进区创建工作，落实分级诊疗、基层首诊、双向转诊制度，实施区镇（街道）村（居）医疗卫生服务一体化管理，推进乡镇卫生院、社区卫生服务机构标准化建设，基层医疗机构家庭医生式签约服务覆盖率达100%。

发展优质教育。健全以政府投入为主、多渠道筹集教育经费的办学体制。落实义务教育阶段学校建设工程，加快6所新建学校PPP项目建设，启动紫茶学校北校区小学续建和紫茶中学、丰泰小学建设，2018年建成使用；做好新华侨中学、里仁中学、里仁小学建设的前期工作，2020年建成使用；农林双朗小学二期今年9月建成投入使用，完成陈白沙中学扩建工程投入使用。大力发展优质教育，力争引进广东实验中学落户我区，推动棠下中学与南京师范大学合作。推进“名师工程”建设，完善教师队伍交流轮岗制度，促进义务教育优质均衡发展。推进普惠性幼儿园建设，力争普惠性幼儿园覆盖率达60%。建立现代教育装备教改示范点。

繁荣文化体育发展。完善提升公共文体基础设施建设，推动村（居）文化室“四有”标准建设。深化“百姓文化大舞台”品牌，全年举办不少于1000场文化活动。建成潮连24小时不打烊书店投入使用，推进24小时智能图书馆建设，免费开放区文化馆。抓好具有蓬江历史人文特色文艺精品创作工作。做好辖区文物保护和非物质文化遗产保护工作，推动更多项目争创各级非物质文化遗产名录。推进与五邑大学“区校融合”，擦亮“健步马拉松”品牌，实现城市“十分钟文化圈”和农村“十里文化圈”。

深化平安创建。全面推广“中心+网格化+信息化”[11]试点经验，加大对“两抢一盗”打击力度，推进禁毒工作，擦亮“治安好”品牌。推进“大安全”联防体系建设，抓好安全生产、食品药品安全、农产品质量安全、水利三防、森林防火、动物防疫和公共突发事件应急处置，严厉打击制假售假违法行为。完善“大调解”工作格局，建立健全全社会矛盾纠纷预防化解机制。

加快社会各项事业发展。落实好“全面二孩”政策，支持工会、共青团、妇联事业发展，抓好民族宗教、外事侨务、港澳台事务工作，加强武装、兵役、双拥、慈善会、红十字会等工作，推进统计、审计、档案、地方志、新闻等工作。

五、深化改革释放活力，打造“一流政务环境”

深化放管服改革。深化“三就”[12]，推行“两无两藏”[13]。深化清单制，加快推进行政审批标准化工作，抓好“1+3”清单动态管理；在政府投资项目和园区企业投资项目试行承诺制，加快项目落地；优化提升自然人“邑门式”改革，完善充实“邑微警”线上服务功能，进一步简化办理流程；推进法人“邑门式”改革，打造“十分钟服务圈”。深化区镇（街）两级管理权限改革，区级管理权限尽可能下放或委托下放，逐步将财力向镇街倾斜，做大做强镇街。全面推进“双随机一公开”，强化事中事后监管。

做大做强国资平台。依托“两大片区”[14]，重点搭建好滨江和珠西两大国资平台。滨江国资平台由滨江新区（棠下镇）系列国资公司为支撑，珠西国资平台由珠西投资控股集团及下属企业和南片区镇街国资公司为支撑，完善投融还体系，加快融资、土地物业收储，以及各项发展建设工作。滨江和珠西两大国资平台各完成融资100亿元，南北片区分别完成土地收储6000亩、租赁6000亩，以及一批工业用地及地上建筑物、农业用地及其他物业等收储任务。通过做大做强“第二财政”，完善我区教育、医疗、公园、绿化、水生态等公共服务体系建设，全面提升我区宜居宜业环境。

创新投融资机制。充分发挥先进装备制造产业基金、小微双创资金、首期5亿元的政府投资基金等财政杠杆作用，撬动更多社会资本支持基础设施、实体经济和创新经济发展。创新公共建设项目政府投入方式，大力推行PPP模式；扩大政府购买服务范围，加大在黑臭水体综合整治、农林水利、三防等领域向社会力量购买服务力度。加快区金控公司发展，推进国有资产资本化、证券化，整合金融资产，同时发挥综合金融优势，支持实体企业发展。

建设廉洁高效政府。推进依法治区，深入开展“七五”普法工作，建设法治政府，做到法定职责必须为，法无授权不可为。主动接受区人大及其常委会的依法监督、区政协的民主监督。完善重大行政决策法治化程序。落实全面从严治党主体责任，完善监察、司法、审计等联动行政权力监督机制，严肃查处各类违法违纪案件。加强政务公开工作，大力推进“互联网+政务”。严控“三公”经费支出。严肃整治行政“不作为、慢作为、乱作为”现象，锤炼一支崇尚实干、勇于担当、干净干事的公务员队伍。

各位代表！同志们！2017年是勾画未来五年美好蓝图的起笔之年，我们将在市委、市政府和区委的正确领导下，紧密团结和依靠全区广大干部群众，撸起袖子加油干，努力向各位代表和全区广大人民群众交出一份满意的画卷！

附件：

1. 2016年主要经济指标完成情况表

2. 2016年民生实事落实情况表

3. 《政府工作报告》有关用语说明

附件1

2016年主要经济指标完成情况表（预测）

指标名称	计量单位	绝对值	增幅%	全市增幅排名
生产总值	亿元	593	8.3	1
规模以上工业增加值	亿元	266	8.4	1
固定资产投资额	亿元	312	17	3
社会消费品零售总额	亿元	245	13	3
实际利用外资	亿美元	0.33	-79	—
合同利用外资	亿美元	2.17	-12	—
外贸进出口总额	亿元	329	3	3
地方公共财政预算收入	亿元	22.31	8.7	2

附件2

2016年民生实事落实情况表

序号	项目名称	工作内容	完成情况
一	推进教育基础设施建设	1.农林双朗小学建设工程	2016年任务已完成。 首期工程已于9月正式投入使用。二期工程已完成基础工程。三期工程已启动征地相关工作。
		2.陈白沙中学教学楼及综合楼改建工程	2016年任务已完成。 已完成清拆和部分基础工程。
		3.棠下桐井小学扩建工程	已完成。 教学楼及运动场已竣工并投入使用。
二	实施河道整治工程	4.中小河流重点县综合整治及水系连通试点工程杜阮项目区	已完成。 蓬江区中小河流治理及水系连通工程杜阮两个项目区已全部完工。
三	推进医疗卫生基础设施建设	5.棠下镇卫生院新住院大楼建设工程	2016年任务已完成。 边坡治理工程已完成90%，正在进行单体报建、施工图、装修图编制程序。
四	提升农村环境水平	6.新农村建设。实施村级公益“一事一议”财政奖补工作，加大村庄环境整治力度，建设美丽乡村	已完成。 已实施村级公益事业建设“一事一议”财政奖补共96个项目。
		7.农村卫生条件提升工程。全区新创建省、市卫生村23条;新建卫生公厕10座，卫生户厕500户	已完成。 新增23条省、市级卫生村（其中“广东省卫生村”7条、“江门市卫生村”16条），新建（改造）密闭式垃圾屋38个，新建无害化卫生公厕10座和农村无害化卫生户厕500户。
五	公园及休闲文化设施建设	8.潮连小海河湿地公园示范段工程	已完成。 项目示范段（小海河兴业路至沙尾电排站段）园区内所有设施已完成。
		9.启动江门植物园兰石园区建设	已完成。 已启动江门植物园兰石园区建设。
		10.江门市蓬江区“中国侨都步行径”	已完成。 已完成一期226公里、第二期150公里步行径的建设。
六	提升公共服务水平	11.建设企业法人类“邑门式”服务中心	已完成。 已建成1个区级法人邑门式服务中心和9个分中心综合受理网点，已于9月底对外服务。
		12.推进自然人“邑门式”行政服务改革（第二期）	已完成。 一、邑门式服务终端前移至村（居），已于10月份正式上线运行。 二、建立完善邑门式事项准入和退出机制。
		13.建设警银合作便民工作站	已完成。 已完成东湖广场和江门汽车总站的警银亭建设。
		14.兴盛社区家庭服务中心改建工程	已完成。 服务中心设有多项公益服务。
		15.环市街五福社区公共服务站升级改造工程	已完成。

续上表

序号	项目名称	工作内容	完成情况
七	改善群众出行条件	16.完成自然村道路硬底化及社区道路维修面积10万平方米	已完成。 已完成社区道路维修面积约12万平方米，投入资金约2200万元。
八	提升养老助残服务水平	17.环市街天福“邑家园”项目	已完成。 天福社区公共服务站已挂牌成立，已购买社工机构服务，于2016年11月进驻为该片区居民提供服务。
		18.荷塘、杜阮镇居家养老助残综合服务项目	2016年任务已完成。 为13类人群提供上门服务，截至2016年12月底上门服务在档人数1046人，上门服务14819人次，提供430课业辅导服务，共为2045人次提供课业辅导服务。
		19.农村幸福院	已完成。 共建成8个农村幸福院（棠下镇4个、杜阮镇2个、荷塘镇2个），并引入社工机构服务运营。
		20.平安通项目	已完成。已为我区608名对象新安装平安通。
		21.杜阮颐养院改建项目	已完成。 已完成外墙翻新及室内翻新装修，新增床位约30个。
		22.环市街丰雅社区“邑家园”家庭综合服务中心	已完成。 已于2016年4月建成并投入使用。
		23.荷塘镇颐养院食堂新建工程	已完成并投入使用。
		24.残疾人紧急支援中心	已完成。 已在无障碍体验馆建立残疾人紧急支援中心,提供一站式支援综合服务平台。
		25.荷塘社区康园服务中心升级改造工程	已完成并投入使用。
		26.荷塘镇社区家庭综合服务中心升级改造工程	已完成并投入使用。
		27.杜阮镇邑家园项目建设	已完成。 已委托社工机构进驻开展服务。
九	平安建设	28.社区内部视频监控系统及治安卡口系统	已完成。 已完成全部建设部署工作。
十	扶贫助困	29.蓬江区慈善公益信息平台	已完成。 已于2016年4月19日正式发布上线启用。
		30.资助蓬江区低保、低收困难家庭子女读书	已完成。 今年全区已发放助学金426.8多万元，受惠学生3955人次。
		31.杜阮镇困难户危（泥）房改造工程	已完成。 危房改造项目于2016年9月份全面动工建设，12月底全部完成改造。实施危房改造的对象共有10户，其中6户重建，4户修缮。

附件3

《政府工作报告》有关用语说明

1.打造“三门”建设“三心”：“三门”是指新一轮广东改革发展的“开放之门”，粤西进入珠三角的“方便之门”，珠三角通向粤西、广西乃至大西南的“辐射之门”。“三心”是指珠江西岸新的经济中心、创新中心和城市中心。

2.“兴业惠民、治吏简政”：“兴业”就是凝心聚力抓创新、聚精会神促发展；“惠民”就是让人民群众实实在在享受到改革发展的成果；“治吏”就是要从严管理干部；“简政”就是改革放权，优化政务环境。

3.“新四板”：目前我国资本市场分为交易所市场（主板、中小板、创业板）、场外市场（即全国中小企业股份系统，俗称“新三板”）以及区域股权市场，其中区域股权市场是为特定区域内的企业提供股权、债券的转让和融资服务的私募市场，俗称“新四板”。

4.“政经分开”：即村两委组织与村级集体经济组织职能和权限分开。

5.“邑家园”：依托村（居）公共服务站，通过整合资源，以“社工+义工”的运作模式，为基层群众提供党建服务、政府公共服务、生育服务、养老服务、社会服务、扶贫服务、特色服务等综合服务。

6.“1328”：指一个区领导班子中心；稳定、发展、改革三大板块；滨江棠下片区（北片区）、中心片区（南片区）二大片区；“兴业惠民、治吏简政”八字方针。

7.“雏鹰计划”：《江门市小微企业创业创新基地城市示范工作方案》。

8.“2个核心基地、10个重点基地”：即蓬江区12个入选第一批江门市小微企业创业创新示范基地名单的基地，其中2个核心基地分别是：广东珠西智谷核心基地、南方教育装备创新产业城；10个重点基地分别是：广东第一创客街区、天津大学华南研究院科技成果产业化基地、智能装备制造创新产业园、广东工业设计城江门基地、江门市大学生创业孵化基地、江门市新江沙现代汽配小微企业创业基地、中欧（蓬江）小微企业国际合作区、生命科学产业基地、火炬创业园精品园区、电力士生态节能绿色照明（无极灯）创业创新基地。

9.“就业、创业、创新三大目标”：到2017年，全区小微企业数量实现倍增、提高到2552个，营业收入增至1038.6亿元、增长60%，新增就业人数17377人、增长50%，技术合同成交额3840万元、增长350%，授权专利数329个、增长150%，实现就业、创业、创新三大目标新突破，形成大众创业、万众创新新局面。

10.“六项底线民生保障项目”：是指城乡最低生活保障、特困人员供养、孤儿供养、城乡医疗救助、困难残疾人生活补贴和重度残疾人护理补贴、城乡居民养老保险基础养老金等六项底线民生保障项目。

11.“中心+网格化+信息化”：“中心”即完善镇（街）综治信访维稳中心，“网格化”即推行社会治安综合治理网格化管理；“信息化”即以现代通信、网络、数据库技术为基础，对所研究对象各要素汇总至数据库。

12.“三就”：收费就低不就高、办事就简不就繁、服务就近不就远。

13.“两无两藏”：即无门槛、无收费，藏富于企、藏富于民。

14.“两大片区”：即滨江棠下片区（北片区）和中心片区（南片区）。

江门市蓬江区2016年国民经济和社会发展计划执行情况与2017年计划草案报告

——2017年1月12日在江门市蓬江区第十届人民代表大会第二次会议上

江门市蓬江区发展改革和统计局局长 谢栋华

各位代表：

我受区政府委托，向大会报告我区2016年国民经济和社会发展计划执行情况与2017年计划草案，请予审议。

2016年国民经济和社会发展计划执行情况

2016年，在区委的正确领导和区人大、政协的监督支持下，全区上下积极应对复杂形势，团结一致、拼字当头，认真贯彻国家各项方针政策，积极落实珠西战略和“兴业惠民、治吏简政”“三门三心”等战略部署，以供给侧结构性改革为主线，着力稳增长、调结构、促改革，经济社会呈稳中趋好的发展态势。

一、经济发展稳中有进，进中提质

——主要经济指标平稳增长

预计全年生产总值593亿元，同比增长8.3%；规模以上工业增加值266亿元，同比增长8.4%；固定资产投资312亿元，同比增长17%；社会消费品零售总额245亿元，同比增长13%；外贸进出口总额329亿元，同比增长3%；一般公共预算收入22.31亿元，同比增长8.7%；城乡居民人均可支配收入37353元，同比增长8.3%；单位生产总值能耗下降完成市下达目标任务。

——新兴产业集聚发展

先进制造业加快发展。预测全区规模以上先进制造业产值508亿元，同比增长16.5%。智能制造产业：海信电子、宽带、通信、空调4大项目全面投产，全年实现产值79.64亿元；地尔汉宇新能源汽车高效电机、江粉磁材液晶显示模组项目全面开工；蒙德电气项目完成设备安装，计划明年投产；珠西智谷智能制造协同创新研究院投入运营。教育装备产业：成功举办全国教育装备中心主任会议，进一步提升我区教育装备产业影响力；南方教育装备创新产业城启动区建成使用，12家知名教育装备设计研发企业入驻并与20家台湾教育装备企业建立合作关系；南方教育装备创新研究院挂牌成立；五邑大学教育装备学院正式开学；杜阮教育装备产业园正在进行基础设施建设。大健康产业：金琦食品、百草壹号建成投产；美心制造及研发基地项目落户我区；江沙示范园区成为广东省唯一国家级“健康食品园区”。江门美年大健康管理有限公司已进驻万达广场；达安健康产业项目落户我区，并与我区医院合作共建区域检验中心；广东传奇大健康产业园投入使用。现代服务业水平不断提高。珠西电商产业园、华迅达智慧物流公共服务平台、珠西创谷（江门）科技园开始运营；江门市体育中心、会展中心等场馆已完成主体结构施工；珠西跨境保税电商产业园、创客汇孵化苗圃等项目积极推进；“33”墟街旅游发展项目入选“全国优选旅游项目名单”。

——创新驱动能力不断增强

科技创新能力不断提升。全社会研发投入达14亿元，占GDP比重达到2.35%。创新产出大幅提高：全区专利申请总量2707件，同比增长28.97%；专利授权总量1814件，同比增长20.93%。企业创新能力显著增强：全区高新技术企业79家，科技型小微企业379家，高新技术产品产值占规模以上工业总产值比重达到34%；全区省级新型研发中心27家、市级72家；全区省级博士后创新实践基地达3家。创新人才队伍不断壮大：出台“珠西智谷人才团队扶持暂行办法”，引入深圳固高科技专家团队、中国科学院张景中院士团队等一批专家团队和产业人才。小微“双创”有新突破。全面落实“雏鹰计划”，550家企业获得“小微双创”奖励资金356万元；帮助企业融资14.96亿元；配合市创建小微双创指数评价体系，加强小微双创企业统计监测；珠西智谷智能装备制造创新产业园等12个基地成功申报为市小微企业创业创新重点基地，共获得竞争性奖补资金7400万元；鼓励小微企业申报科技创新券，获得扶持资金203万元；新增上市小微企业3家，累计上市企业达11家，上市企业数量居全市之首；全面启动环五邑大学创新经济圈建设，推进大学生创业孵化基地蓬勃发展。技术改造有新进展。预计全年累计完成技改投资32亿元，同比增长127%；工业企业全员劳动生产率21.5万元/人；盈进彩印、兴江转向器、天丞车轮等技改项目获省专项扶持资金约177万元；海信电子、空调和格威精密机械、鼎林车架等10家企业机器人应用工程获市级专项资金约367万元；完成大长江、华尔润、乔登卫浴等12家企业电机改造1.62万千瓦，实现电机节电率30%以上，获电机能效提升补贴约185万元；海信空调“通过机器人集群及网络化AGV实现物流无人化”项目入选广东省2016年智能制造试点示范项目，获得省专项扶持资金250万元。

——对外开放成效显现

紧抓产业梯度转移机遇，加强与美国硅谷、欧洲、广深佛港澳等先进地区对接，成功举办中欧（蓬江）智能制造产业论坛暨投资环境推介会、蓬江香港投资推介会、江门——硅谷创业创新引资引智推介会。全年新签约项目38个，计划总投资超136亿元，包括江粉高科技产业园、海峡两岸教育装备合作示范区、500千瓦系列大功率伺服电机制造项目、4G/5G天线生产项目等。跟进在谈项目22个，计划总投资超181亿元，包括教育装备及人工智能系统项目、蛋制品生产项目、激光设备生产等项目一批。

二、重点领域改革全面深化

——供给侧结构性改革全面启动

积极贯彻落实市关于供给侧结构性改革部署，坚持以供给侧结构性改革引领经济社会发展。我区供给侧结构性改革“1+5”行动方案及第一批“六新六去”工作清单已制定并印发实施，全区“去降补”改革工作成效初现。去产能方面：顺利完成市下达的落后产能淘汰任务，预计全年我区装备制造业投资35亿元，同比增长81%；去库存方面：配合市做好“农民安家贷”、公积金制度改革和公交一体化等工作，配合市完成市区（蓬江和江海区）化解商品房4.1万平方米去库存工作目标；去杠杆、降成本方面：通过减税降费、对外金融合作等方式，进一步降低企业经营成本、激活企业发展活力；我区43家小微企业与评级机构签署合作协议，共获补助22.6万元，累计为信用级别达A级以上的小微企业成功获江门融和农商银行审批直接转贷4.89亿元，降低企业融资成本达145万元；补短板方面：全年共安排补短板项目35个，全年累计完成投资58亿元。

——营商环境不断优化

以“三就”推动“两无两藏”。就低不就高：落实国家、省34项涉企行政事业性收费免征工作，全面实现省定行政事业性收费涉企“零收费”。就简不就繁：深化行政审批制度改革，健全“1+3”清单动态管理调整机制，编制“1+3”清单共9479项；全面清理规范行政审批中介服务，推进行政审批标准化，公布《江门市蓬江区行政许可事项目录（第一批）》，共梳理规范行政许可事项345项，获得“全国行政服务改革示范城区”殊荣。就近不就远：法人“邑门式”行政服务中心顺利启动，整合18个部门共计680项涉企审批和服务事项，压减审核材料50%以上，办理时限16%以上。

截至10月25日，全区新登记市场主体9306户，新增内资注册资本51929万元。

——“两建”工作取得新成绩

市场监管进一步加强：“双随机”抽查系统全面启用，抽查企业416家，进一步完善事中事后监管；查处各类经济违法案件135宗，案值31万元；消费维权效能不断提高，受理各类申诉2300多宗，挽回消费者经济损失610多万元。信用建设成效显著，公示行政许可9123条和行政处罚信息2057条；全面实施“黑名单”制度，公示“红榜”文明经营行为518项，公示“黑榜”不文明行为522项；曝光诚信示范宣传和典型失信案件共20宗，2828户企业列入经营异常名录，对严重违法失信企业及法定代表人、负责人实施惩戒措施。

三、城乡统筹一体发展

——三农工作全面加强

推进特色农业品牌创建：培育有机产品2个，实现有机产品认证“零”突破。年内通过江门市江帆水产制品厂有限公司即食天然海蜇等3个广东省名牌产品复审认证，全区无公害农产品数量增加至6个。积极培育农业龙头：全区共有省级农业龙头企业3家，市级农业龙头企业10家。大力帮扶薄弱村、次薄弱村，全年农村集体经济收入超11亿元，同比增长7%。开展各类农技培训班10期，培训人员超1000多次，农户的素质和种养殖技术水平不断提高。新农村建设扎实推进：投入2400万元推进村庄整治，新增省、市卫生村23条，潮连街、棠下镇分别通过“国家卫生镇”复审、“广东省卫生镇”复审，杜阮镇 “国家卫生镇”创建工作全面启动，荷塘镇被评为“广东名镇”。

——城乡环境更加靓丽

积极创建国家森林城市：共投资1330万元，实施绿化项目14项，进行道路绿化共12公里，公园绿化面积4万平方米；完成江肇高速公路蓬江段生态景观林带、杜阮叱石景区1060亩生态公益林示范区和13条行政村的绿化美化等建设。公园城市建设扎实推进：席帽山森林公园建成对外开放，潮连小海河湿地公园主园区、陈垣文化广场、兰石公园及49个村居公园升级改造顺利完成。“悦读潮连”全面启动：已完成规划设计和祠堂、博物馆、图书馆等文化资源整合、建设等前期工作，积极推进围堤、广场休闲阅读设施建设和职院图书馆对外开放。村居环境不断改善：天沙河、杜阮河黑臭水体综合治理顺利推进，累计清空畜禽养殖场2008家。

——基础设施不断完善

积极落实“珠西交通枢纽”战略：江门大道中蓬江段主道、广中江高速荷塘至龙溪段建成通车；完成城乡道路维修12万多平方米。三旧改造稳步进行，改造总建筑面积约59万平方米。网络设施不断完善：“全光网”城市建设不断提速，全区光纤覆盖率达100%；各政务服务区、公园、广场、医院和图书馆等场所实现wifi全覆盖。水利设施不断加强，全年投资7000万元，实施虎岭显溪电排站等水利设施及河流整治。

四、社会事业全面加强

——社会保障不断加强

2016全区财政用于民生支出21.36亿元，比上年增长14.93%，占财政支出的69.7%。全区城镇新增就业9541人、城镇登记失业率为2.37%，控制在3.2%以下。实施精准扶贫：投入资金600万元，结对帮扶1589户低保户，解决困难和问题1000多个。慈善事业蓬勃开展：共募集慈善捐款1627.78万元，支出扶贫助困助学助残等项目1182.27万元，受惠人数达1万多人次。城乡居保基础养老金最低标准由每人每月100元提高到每人每月135元，增幅达35%；全区企业职工养老保险、城乡居民养老保险、职工基本医疗保险、城乡基本医疗保险参保人数分别为32.62万人、8.3万人、33.82万人、20.56万人；全区被征地农民基本养老保险参保率达100%；累计发放低保、五保、孤儿、优抚对象及其它困难群体救助金供养金额超1500万元。居家养老助残基本实现全覆盖：累计建成9个居家养老服务站、35个农村幸福院和17个残疾人社区康园中心，区居家养老服务示范中心获得“全国文明和谐社区建设工程为老服务示范点”称号，我区荣获“全国残疾人社区康复示范区”称号。累计投入超过2500万元购买社会组织服务超过200项，受惠群众达150多万人次。“邑家园”家庭综合服务中心建设全面铺开：全区142个村（社区）全部完成“邑家园”挂牌工作。

——教育卫生文化不断进步

教育优质均衡发展：农林双朗小学首期建设工程完成并启用，陈白沙教学楼及综合楼的扩建工程有序进行，成功引进广大附中优质民办学校；环市街、荷塘镇、棠下镇顺利通过“教育强镇”复评验收；落实资助资金超405万元，受惠学生达3815人次。投入9100多万元，实施卫生强区战略，整合医疗卫生资源，中西医结合医院建设了区域医学检验中心，市第二人民医院与市人民医院、市中心医院合作推进双向转诊；第二人民医院全面实施药品零差率销售；同时我区被评为“2015年度广东省人口与计划生育先进单位”。推动文化大繁荣：成功举办戴爱莲诞辰100周年系列纪念活动，大力开展“送文化下乡”等文化惠民活动。

在看到成绩的同时，我们也清醒认识到经济和社会发展中存在的困难和问题：重点企业发展困难，对外经济持续低迷，创新发展还有待提高，经济增长压力较大，公共服务水平与群众的期望仍有差距。面对这些问题，我们要高度重视，采取更加有力的措施，加以解决。

2017年工作计划

2017年是我区加快创新发展的重要一年，也是率先全面建成小康社会的关键之年。未来一年，经济发展不确定因素将持续增多。从外部环境看：世界经济仍处于深度调整期，经济下行风险依然存在，国内经济进入新常态，经济增速由高速转为中高速；从自身实际看：受用地、环保和外需不振等不利因素影响，实体经济发展面临较大挑战。同时，我们也看到，随着港珠澳大桥、深中通道等重大战略项目加快推进，我区作为珠西策源地的区位优势不断显现，加上明年“十九大”等政策红利的刺激，预计明年我区经济和社会将保持稳中有进发展态势。

2017年我区经济社会发展思路：以习近平总书记系列重要讲话精神，认真落实“珠西战略”和“兴业惠民、治吏简政”“打造三门、建设三心”等战略部署，坚持工业强区不动摇，全面拉开“3+2”发展格局，致力打造珠西“三心”核心区，实现蓬江经济社会健康较快发展。

综合考虑宏观经济形势和我区发展实际，建议2017年我区主要经济社会发展预期目标如下：

——地区生产总值增长7.7%；

——规模以上工业增加值增长8%；

——固定资产投资增长15%；

——社会消费品零售总额增长10%；

——外贸进出口总额正增长；

——地方一般公共预算收入增长7.5%；

——城乡居民人均可支配收入增长7.7%；

——节能减排约束性指标完成市下达年度计划。

为实现上述目标，2017年重点做好以下工作：

一、稳中求进，实现经济创新加快发展

——全力以赴稳增长

稳投资：一是要深化投融资体制改革：重点搭建珠西和滨江两大国资平台，积极探索PPP、政府投资基金、企业债券等投融资模式，引导社会资本和金融机构参与公共领域、实体经济建设。二是要抓好重大投资项目建设，为固定资产投资增长提供强力支撑，2017年安排重点项目60个，年度计划投资约80亿元。三是要实施精准投资：一方面要聚焦新兴主导产业项目建设，另一方面鼓励传统优势企业开展技术改造，力争工业投资和技改投资增幅高于固定资产投资增幅，推动“江门制造”和“江

门质造”发展。四是积极配合市开展去库存措施，保证房地产市场平稳较快发展，发挥房地产投资对经济增长的拉动作用。稳消费：一是积极发展特色旅游：加快“33墟街”“悦读潮连”“中国侨都步行径”、棠下古村落等旅游项目建设，认真筹划2017年杜阮凉瓜旅游文化美食节等旅游特色活动，促进旅游产业发展；二是开展江门华人嘉年华和房博会、国际车展等大型促销活动，带动我区家电、汽车等领域消费；三是认真贯彻落实上级支持稳增长的政策措施，加强与商贸流通企业交流沟通，帮助商贸流通企业解决实际困难，保持商贸市场畅旺。稳出口：一是落实外贸发展扶持政策，鼓励本地龙头企业深挖外贸增量，鼓励海信等总部型外贸企业扩大产能，同时联合口岸商检部门为企业提供便捷的通关服务；二是鼓励旅游贸易、市场采购、跨境电商等新业态发展，积极争取跨境电商快件分拣中心项目落户我区，提升我区外贸竞争力；三是探索融资促外贸模式：引导江门市恒浩等外贸金融服务供应链公司与本地企业对接，提供优质外贸融资服务，并鼓励其通过在周边城市开展外贸融资服务提高本地进出口总额。

——重微双擎提质量

积极落实“珠西战略”。围绕重大平台、重大项目，加快产业转型升级。一是加快重大发展平台建设：推动滨江新城产业园2000亩扩征和30亿元重大项目建设，进一步完善滨江新城产业园配套设施建设；借鉴新加坡先进经验建设园区工业邻里中心，提升园区产业集聚效益。加快珠西智谷建设，加大土地物业收储力度，推进珠西智谷产业发展区、火炬创业园、江门市新江沙汽车现代物流城等载体建设；举办全国大学生教育装备创新设计大赛、江门（国际）教育装备博览会等特色活动。加快骑龙山工业园区建设，重点加快金镜山教育装备产业园建设，主动承接产业项目落户发展；积极配合江门国家自创区和中欧（江门）中小企业国际合作区的建设。二是加大新兴产业培育力度：推动先进制造业发展，扩大智能制造业规模，重点推动地尔汉宇新能源汽车电机、江粉高科技产业园、蒙德电气自动化设备制造等项目建设，力争年内引进激光企业1－3家；加快教育装备产业发展，以打造“中国教育装备之城、中国教育培训之都”为主攻方向，加快推进中华海峡两岸教育装备合作示范区、教育装备创新研究院、教育装备博物馆、教育装备体验式中心等载体的建设，力争年内引进一批教育装备及相关企业项目；构建大健康产业体系，重点推进天壹食品、顶益方便面、美心食品等项目建设，争取蛋制品、烘焙原料生产基地等优质项目早日落户，推动达安健康（江门）产业项目投入运营。推动现代服务产业发展，力争体育中心、会展中心年内投入使用，加快银葵医院及保利酒店项目建设，发挥万达广场、汇悦城、珠西保税电商产业园、珠西创谷（江门）科技园、原点文化创意园等已开业运营的招商载体或服务平台作用，吸引企业区域总部、营销中心等项目落户。三是鼓励传统优势产业转型升级：积极落实事后奖补等技改扶持政策，实施新一轮技术改造，重点推进固高研究院与企业合作，在摩托车及零配件制造、五金卫浴、电子信息等产业中实施“机器人应用”，推动传统优势产业转型升级，力争全年完成技改投资增幅超20%。

大力实施创新发展战略。一是打造全国小微双创示范标杆：落实“雏鹰计划”，加快珠西智谷启动区和南方教育装备创新产业城2个核心基地和智能装备协同创新研究院等8个重点基地建设；搭建迪浪软件等企业众创平台，推动大众创业与企业创新联动发展；依托网山工业区旧厂改造，打造高新技术创业服务中心；推进珠西智谷、银行、保险公司三方合作的“智银保”项目，解决小微双创企业投融还需求。二是提升企业科技创新水平：认真落实《蓬江区高新技术企业培育发展暂行办法》，大力培育高新技术企业，构建“众创空间－孵化器－加速器”全链条孵化体系，力争实现科技企业孵化器数量6个，全年新增国家级高新技术企业超30家，省市工程技术研究中心15个，全社会研究与发展（R&D）经费投入占GDP比重达2.6%，发明专利年申请量达629件，发明专利拥有量达552件。三是加强招才引智力度：打造潮连人才岛、珠西智谷人才天地，启动1000套人才公寓建设，吸引侨青回乡创业，力争入库专家达30名以上，为创新发展提供才智支撑。

——全面开放谋发展

深化与美国(硅谷)15个城市友好关系，加强与德国、法国等欧洲工业大国以及港澳台交流，强化科技创新、教育文化、智能制造、教育装备等领域的合作。主动对接北京中关村、深圳南山区、佛山顺德区等先进地区，承接科技成果转化和先进制造业、新兴产业、高科技产业等产业转移。加强招商队伍建设，完善相关扶持政策，通过实施精准招商，承接优质产业转移，增强经济发展动力。力争全年引进投资超10亿元项目1个以上、超5亿元项目2个、超亿元项目10个以上，引进总部或区域总部企业8家以上。

二、深化改革，落实“两无”激活经济活力

——全面落实供给侧结构性改革

2017年是供给侧结构性改革的深化之年，要继续坚持“以去引新、以新促去”原则，深入开展“去降补”工作。加快一批“三旧”改造项目，促进房地产去库存。做好杠杆风险排查，确保全区小额贷款公司的不良贷款占比低于5%，金融业务主要风险指标达到监管要求；在沪深市场、新三板及受江门市认可的股权交易中心上市企业达到15家，参与全市信用评级的中小微企业达100家左右。按规定取消各类收费事项，杜绝一切限制性门槛。落实营改增和高新技术企业所得税减免、研发费用加计扣除等降成本政策；清理规范行政审批中介服务项目；大力推进医保城乡一体化，职工医保单位缴费率由6.5%降至6%。组织实施补短板项目35项，计划年度投资41亿元。

——深化“放管服”改革，促进政府职能转变

深化清单制：加强行政审批标准化建设，不断完善投资准入负面清单、行政审批中介服务清单、“邑门式”服务事项清单及各类涉企收费清单，进一步规范行政行为。探索承诺制：试行政府和园区企业投资项目承诺制，完善社会信用体系、“双随机一公开”、大数据监管机制建设，实施违约失信行为通报惩戒制度，为承诺制推行提供信用和监管保障。推行委托制：实施强镇促强区战略，按照能放尽放的原则，不断加大审批权限下放力度，完善下放事项的指导监督机制，进一步加大镇街经济社会发展自主权，提升基层行政服务能力。完善“互联网+政务”体系：做好蓬江“邑门式”与市“邑门式”对接工作，根据省、市网上办事大厅工作要求，完善网上办事大厅，拓展法人“邑门式”服务，争创全国行政服务改革新标杆。继续深化商事制度改革：推动商事主体信息平台“双告知”和个体工商户“两证整合”，企业“多证合一、一照一码”等工作上新台阶。

三、统筹兼顾，推动城乡协同发展

积极落实珠西交通枢纽建设：继续抓好江门大道、广中江高速公路等建设；全面落实广佛江珠城轨、南沙疏港铁路等重大交通项目征地拆迁任务；推进东部联城高快速路网以及市区人行天桥、滨江新城丰乐路北延线等市政道路建设；争取年内启动潮连出岛通道建设，构建高效便捷、内通外联的交通网络。加强环境综合治理：全力推进黑臭水体整治工作，重点抓好天沙河、杜阮河等重点河流治理，依法开展畜禽禁限养行动；推进中小河流整治及水系连通试点等工程建设；继续抓好农村环境整治、美化净化工程，配套完善城乡垃圾中转站、公厕等环卫设施。加快森林和公园城市建设：重点完成市植物园兰石园区建设，抓好生态景观林带和乡村绿化美化工程建设，新（改）建24个镇（街）、村居公园，做好生态公益林扩面工作。

四、以人为本，推动社会各项事业发展

完善社会保障体系。继续实施十项民生工程，提高公共财政用于民生支出比例。抓好就业创业工作，以就业实名制和推广企业用工平台为推手，促进高校毕业生就业创业工作和开展失业人员“一站式”服务工作。扎实推进精准扶贫，实施“领导干部帮扶困难家庭计划”。落实“六项底线民生保障项目”，逐步提高补助标准。实施医疗保险城乡一体化试点工作，抓好企业职工基本养老保险“全员足额”参保，落实机关事业单位养老保险制度改革。建立多元化养老助残服务体系，基本实现城乡居家养老服务全覆盖。全面推进教育发展：落实市“321工程”新建学校任务，完成农林双朗小学二期及陈白沙中学扩建等工程，推进6所新建学校PPP项目；以教育信息化提升教育现代化水平，初步建成“蓬江教育云”。推进人才强教，多层面多形式开展教育培训。打造健康蓬江：深化医药卫生体制改革，完善分级诊疗体系，加快乡镇卫生院、社区卫生服务机构标准化建设，实行卫生服务一体化管理和家庭医生式签约服务覆盖率达100%，继续向城乡居

民提供居民健康档案、健康教育、预防接种等13项基本公共卫生服务。丰富群众文化体育生活：大力培育和践行社会主义核心价值观，弘扬中华传统美德，全面推进诚信建设，开展“诚信示范街、示范点”创建活动；深入挖掘陈白沙、陈垣、戴爱莲等历史文化名人内涵，推广“舞蹈传承基地、陈白沙文化、百姓文化大舞台”等文化品牌。

新的一年，面临新的挑战；新的征程，必将谱写新的篇章。我们要在区委、区政府的坚强领导下，在区人大的监督支持下，集智聚力、共同奋斗，为率先全面建成小康社会做出更大贡献。

江门市蓬江区2016年预算执行情况和2017年预算草案的报告

——2017年1月12日在江门市蓬江区第十届人民代表大会第二次会议上

江门市蓬江区财政局局长 廖炳华

各位代表：

我受区政府委托，向大会报告蓬江区2016年预算执行情况和2017年预算草案，请予审议。

一、2016年预算执行情况

2016年，我区财政工作紧紧围绕区委、区政府打造“滨江新城、珠西智谷、33墟街”等重要决策部署，扎实做好新常态下财政工作，着力保障财政平稳运行和重点支出需求，充分发挥财政职能作用，促进全区经济平稳健康发展和社会和谐稳定，全力支持建设富裕文明美丽新蓬江。

1.2016年全区一般公共预算收入223085万元，为调整预算221649万元的100.65%，比上年增收17855万元，增长8.7%。全区一般公共预算支出306383万元，为调整预算306146万元的100.08%，比上年增支8169万元。一般公共预算收入加上市更库收入17775万元、税收返还及上级补助92783万元、调入资金15294万元和上年结余4828万元，减一般公共预算支出306383万元、上解支出27138万元和出口退税7215万元，补充预算稳定调节基金5308万元，收支相抵结余7721万元，其中结转下年7021万元，净结余700万元。

2.2016年全区政府性基金预算收入61508万元，完成调整预算的98.96%，比上年增收56153万元，加上上级补助收入3578万元，上年结余3397万元，合计68483万元；全区政府性基金预算支出61861万元，完成调整预算的95.75%，比上年增支49316万元。收支相抵，累计结余6622万元。

3.2016年全区地方政府债务限额为173853万元,其中一般债务限额168101万元，专项债务限额5752万元。截至2016年12月31日，地方政府债务余额为171687万元，其中一般债务166206万元，专项债务5481万元。此外，或有债务余额245599万元。

4.2016年年底区财政专户结余561万元。

过去一年，我们围绕区委、区政府的重点工作，深化各项财政改革，集中统筹财力，结合供给侧结构性改革推进创新驱动发展，为全区经济社会发展提供财政保障。主要做好以下工作：

（一）多措并举，实现财政收入平稳增长

一是科学制定和下达收入计划。根据全年收入目标任务，结合“营改增”等政策性影响，确定收入计划并分解下达至各财税征收部门及镇街。二是完善财税部门协调机制，加强收入进度预测与调控工作，及时掌握、分析收入趋势与结构，积极采取应对措施，确保完成全年收入任务。三是规范加强非税收入和政府基金收入管理，利用非税信息管理系统，完善行政事业性收费“收支两条线”管理，弥补收入缺口。

（二）发挥职能，实施创新驱动发展

紧紧围绕我区经济发展目标，确保财政扶持资金使用精准发力，以创新驱动发展，支持重大项目建设，促进全区经济稳定增长。一是围绕“六新六去”，推进供给侧结构性改革，落实支持创新创业的财税政策，引导优势传统产业转型升级，扶持优质企业增资扩产。二是创新财政投融资机制，推进财政扶持产业发展投入方式改革，发挥财政资金的引导和杠杆作用，探索财政支持产业发展资金的基金化运作模式。三是进一步规范和落实财政扶持小微企业政策，加快小微双创资金支出进度，确保扶持资金及时拨付到位，加强小微双创资金使用效益的追踪和监管。

（三）突出重点，提升民生保障水平

进一步完善民生保障政策体系，稳步推进基本公共服务均等化。一是健全民生政策保障机制，确保公共教育、公共卫生、公共文化体育、公共安全、生活保障、就业保障和医疗保障等重点民生项目财政资金需求。二是统筹黑臭水体等综合治理资金，建设绿色生态环境。三是确保底线民生和精准扶贫水平有较大提升，推进邑家园实现全覆盖。2016全区财政用于民生支出21.36亿元，占财政支出的69.7%，比上年增长14.93%。

（四）全面改革，健全财政监督机制

通过财政改革与财政监督相结合工作的全面开展，进一步加快财政监督机制建设。一是推进全口径预算编制改革，探索建立涵盖一般公共预算、政府性基金预算、国有资本经营预算、社会保险基金预算四大预算体系的中期财政规划。二是推进国库集中支付改革，完善和优化资金支付业务流程，保障财政资金安全、高效运作，提高科学化精细化水平。三是推进政府购买服务改革，科学编制政府购买服务财政预算，健全监督体系，制定绩效评价机制。四是深化公务用车改革，稳步推进公务用车改革后车辆置换以及封存车辆拍卖工作，完善公务用车改革后公务出行交通补贴管理办法。五是全面构建地方政府债务监管体系，将政府性债务纳入全口径预算管理，建立政府债务风险预警和应急处置机制，有效防范财政风险。

2016年我区财政预算执行总体情况良好。但仍然存在一些值得关注的问题，主要是财政收入增幅回落，可用财力的增长不能满足经济社会发展的需要，财政收入结构还有待进一步优化。今后，我们将继续坚持改革创新，主动适应经济发展新常态，不断提高财政管理能力和服务水平。

二、2017年预算草案

（一）预算编制的指导思想和原则

2017年我区财政预算编制的指导思想是：坚持以邓小平理论、“三个代表”重要思想和科学发展观为指导，全面贯彻党的十八大和十八届六中全会精神，深入贯彻习近平总书记系列重要讲话精神，致力“兴业惠民、治吏简政”，坚持依法理财、积极稳妥、统筹兼顾，确保收支平衡；全面贯彻落实区“1238” 发展策略，积极发挥财政引导和杠杆作用，推进创新驱动发展；加强保障和改善民生，增进民生福祉，推进基本公共服务均等化；进一步完善财政体制机制，加大财政统筹力度，改进预算管理，提高预算执行效率，实施中期财政规划管理，完善政府债务管理，提升财政资金绩效，确保财政平稳运行，全面加快建设富裕文明美丽新蓬江。

编制2017年预算的基本原则：一是全面贯彻落实新《中华人民共和国预算法》等财税法律法规，坚持依法理财，加大财政统筹力度，探索建立跨年度预算平衡机制；实施全口径预算，落实预决算信息公开制度，提高预算透明度，规范部门收支行为。二是统筹兼顾、突出重点，按照“压一般、保运转、保重点、保民生、保维稳、保平安”的原则，优先保障民生和推进基本公共服务均等化，重点保障“稳定、发展、改革”三大板块等各项任务落实。三是强化绩效评价与预算安排相结合机制，加强预算执行监督，强化结余结转管理，落实预算编制与执行挂钩机制。四是建立政府债务偿还和风险预警机制，切实防范和化解财政金融风险。

（二）一般公共预算安排

2017年全区一般公共预算收入239816万元，同比增长7.5%，加上市更库收入19108万元、上级返还补助减上解后净额35217万元、调入资金6333万元、上年结余7721万元，减出口退税7215万元，预计可支配财力300980万元。按照《中华人民共和国预算法》规定和“量入为出，收支平衡”的原则，2017年全区一般公共预算支出安排300980万元，剔除省市提前下达一次性补助收入安排的支出10202万元，同比增支

15783万元，同比增长5.74%。其中，镇街支出95000万元，同比增支10000万元，增长11.76%；区本级支出205980万元，剔除省市提前下达一次性补助收入安排的支出后增支5783万元，同比增长3.04%。

区本级支出安排如下：

1. 一般公共服务支出29261万元，剔除新成立部门等一次性开支后，实际同比增长7.63%。

2. 国防支出442万元，同比下降12.55%，主要由于武装部人员减少7人。

3. 公共安全支出26088万元，剔除一次性支出后同比增长4.67%。

4. 教育支出44318万元，剔除上级提前下达后同比增长8.25%。

5. 科学技术支出2648万元，剔除上级提前下达及一次性支出后同比增长8.55%。

6. 文化体育与传媒支出3549万元，按中央及省文件要求调整去年科目后同比增长25.81%。

7. 社会保障和就业支出30411万元，剔除上级提前下达后同比增长10.71%。

8. 医疗卫生和计划生育支出11314万元，剔除上级提前下达后同比增长9.09%。

9. 节能环保支出194万元，剔除上级提前下达后同比增长12.79%。

10. 城乡社区支出19572万元，同比下降6.94%，主要是由于部分项目调整至政府性基金安排支出。

11. 农林水支出8301万元，剔除堤围防护费明年免征对应支出减少的因素后，同比增长10.11%。

12. 交通运输支出1005万元，同比增长4.99%。

13. 资源勘探信息等支出1727万元，剔除一次性支出因素影响后同比增长20.15%。

14. 商业服务业等支出1161万元，剔除提前下达后同比增长42%。

15. 金融支出268万元，同比增长55.81%。

16. 国土海洋气象等支出1908万元，同比增长19.88%。

17. 住房保障支出6912万元，同比增长16.57%。

18. 其他支出16574万元，剔除一次性增加项目后同比下降1.15%。

19. 粮油物资储备支出32万元，是今年新增项目。

20. 债务付息支出295万元，是今年新增项目。

（三）政府性基金预算安排

1. 收入安排。政府性基金预算收入178290万元。其中，城市公用事业附加收入2000万元，国有土地使用权出让收入170000万元，彩票公益金收入1890万元，城市基础设施配套费收入4400万元。

2. 支出安排。政府性基金预算支出178910万元。其中，社会保障和就业支出1万元，城乡社区支出103585万元，其他支出2359万元，债务付息支出150万元。

3. 结余。基金收支相抵后，加上上年结余6622万元，累计结余6002万元。

（四）国有资本经营预算安排

2017年区本级国有资本经营预算收入11101万元，国有资本经营预算支出11102万元，加上上年结余2万元，收支相抵结余1万元。

（五）社会保险基金预算安排

2017年社会保险基金预算收入380055万元，社会保险基金预算支出365161万元。收支相抵后，加上上年结余，累计结余245796万元。

（六）地方政府债券安排

至2016年年底，经上级审定的我区存量置换债券合计为170065万元，其中，一般债券165938万元，专项债券4127万元。预计2017年我区将发行新增一般债券825万元，为广珠城际项目。

三、攻坚克难，努力完成全年财政预算任务

2017年我们面临的挑战更大、任务更重，我们将严格按照区委、区政府工作部署和要求，紧紧围绕“创新、统筹、全局、细实”八字工作方针，继续扎实做好新常态下财政工作，着力改善和保障民生，推进基本公共服务均等化，进一步深化财政改革，促进财政经济平稳增长，确保完成2017年财政预算收支任务。

（一）强化财政统筹，确保完成收入任务

一是努力消除“营改增”政策性减收影响，针对财政收入下降、企业税负增减、税源转移等问题深入开展“营改增”专题调研，分析问题如何产生，研究提出应对措施。二是实行财税联席会议制度，加强重点税源动态管理，重点分析纳税超千万元企业分月税收收入增减对比情况，及时掌握、分析重点税源变化动向，研究培养和挖掘重点税源税收收入措施。三是紧紧围绕区委、区政府战略部署，落实财税扶持政策，综合运用小微双创资金、政府投资基金等财政杠杆，促进经济持续发展，培育新的财税源。四是强化大财政统筹力度，开拓财政收入新途径，通过统筹国有资本经营收益增加财政收入来源；同时，确保社会保险基金收入的持续稳定增长。

（二）转变财政职能，推进创新驱动发展

进一步完善支持创新创业的财税政策，研究和推进“大财政、大国资、大土储”工作思路各项具体措施的落实，增强经济持续发展新动力。一是创新投融资机制，建立区级金融控股公司，充分发挥政府资金的引导作用，促进大项目引进落地、基础设施建设、公共服务平台建设和盘活镇街闲置资产，保障产业园载体和公共建设项目资金需求，全力撬动经济发展。二是创新大国资管理，加快理顺滨江系国资公司股权债权关系和管理权限，建立和完善国资运营体系，增加国有资本经营收益，确保国有资产保值增值。三是创新公共建设项目政府投入方式，着力谋划黑臭水体综合整治、农林水利、三防等PPP项目，特别是黑臭水体综合整治PPP项目，力争在2017年年底完成项目的落地工作。

（三）加大民生投入，促进基本公共服务均等化

深入推进实施基本公共服务均等化，坚持民生导向，完善民生保障体系。一是切实加大教育、医疗、卫生、社保、文化体育、就业、“三农”以及交通基础设施等社会事业领域投入，2017年预算安排教育、社会保障、医疗卫生等民生支出分别增长8.25%、10.71%、9.09%。二是落实区政府十大民生工程资金，围绕“基本民生、热点民生和底线民生”，落实保障政策，完善供给机制，优先保障底线民生支出。

（四）深化财政改革，推进建立现代化财政制度

以实施新《中华人民共和国预算法》为突破口，依法行政、依法理财，扎实推进法治财政建设，推进率先基本建立现代化财政制度建设。一是深化预算管理改革，实施全口径预算编制，全面实施权责发生制政府综合财务报告制度。二是推进中期财政规划，结合国民经济和社会发展规划纲要及国家宏观调控政策， 编制三年滚动财政规划，统筹财力配置。三是全面实施国库集中支付改革，对政府全部收入和支出实行国库集中收付管理，镇街财政一般公共预算支出全部纳入国库集中支付。四是改革财政管理体制，理顺区级与滨江新区（棠下）及各镇街的财政管理体制，明确财权事权范围，保障区级与镇街财政的正常运作。

（五）加强财政监督，夯实规范化管理基础

强化对财政收支活动全过程的监督，建立健全财政支出管理制度和支出标准体系，促进财政支出管理规范化、透明化。一是建立厉行节约长效机制，制定和完善公务支出的管理制度；明确预算单位对本部门的预算执行结果、预算绩效、预算信息和“三公”经费预算公开等工作负责。二是加强地方政府性债务管理，将政府债务分类纳入全口径预算管理，建立持续稳定的偿还机制，有效防范政府债务风险。三是继续对区直各预算单位的账户进行全面清理，重点组织核查、盘活沉淀在区直预算单位的财政资金。

各位代表，新的一年，让我们在区委、区政府的正确领导下，在区人大的监督支持下，改革创新，攻坚克难，努力完成全年财政预算任务，为加快建设富裕文明美丽新蓬江作出新的贡献！

2016年蓬江大事记

2017

PENGJIANG

NIANJIAN

2016年蓬江大事记

1月

1日 江门市火炬高新技术创业园摩根园区揭牌仪式，在摩根国际项目现场举行。

是日 江门市首次整合餐饮服务许可、食品流通许可，实现“两证合一”，区食品药品监督管理局发出江门市首张食品经营许可证。

4日 根据《关于表彰蓬江区2015年基层一线创文先进工作者的通知》，北郊环卫站副站长蔡振儒、北街环卫站副站长谢运龙和沙仔环卫站工人钟利被评为蓬江区2015年基层一线创文先进工作者。

5日 环市街碧桂园社区获“国家地震安全示范社区”称号。

是日 蓬江区总商会及各镇（街）商会、行业协会组织42名会员企业参加江门市总商会组织的2016年新经济形势分析特约高端论坛。

6日 杜阮镇在文化分站（颐养院）举办江门市五邑图书馆杜阮镇分馆揭牌仪式暨杜阮镇首届读书节活动。

是日 杜阮河旧河口河道整治工程完成单位工程验收。

7日 区委常委、白沙街党工委书记黄达斌在区城管局副局长宋德东、白沙街道办事处副主任卢光锐等有关人员陪同下到现场实地察看并指导拆除蓬江河沿岸根雕市场违建窝棚。行动共派出城管队员40名，拆除窝棚19间，涉及建筑面积约1500平方米。

是日 省消防总队防火部副部长钟蔚彬、市公安局副局长陈珉、市消防支队副支队长陈观彬、区公安分局副局长陈永强、区消防大队大队长陈华锐等一行到堤东派出所检查消防整治工作。

8日 蓬江区委八届七次全会在区政府三楼会议厅召开。

13日 省民政厅社会救助处副处长门朝刚带队到环市街邑门式服务中心调研。

14日 区妇联“衣旧有用”环保回收项目获2015年度江门市妇女工作项目创新奖。

19日 区人民法院棠下法庭获“全国法院先进集体”称号。

20日 澳大利亚中国移民福利会主席、“天籁列车”代表、棠下横江村华侨黄兆邦一行7人，将从澳洲运来的一批御寒衣物和听障人士助听器赠送给需要帮助的横江村民。

22日 白沙街“邑门式”服务中心堤东分中心揭牌，区镇、街一级“邑门式”服务中心“6+1”布局规划形成。

是日 “2016珠西智谷小微企业‘创乐无限’新春联欢会”在蓬江区火炬创业园广场举行，800多名小微企业代表欢聚一堂，共迎新春。

是日 杜阮镇井根中心排洪渠工程完成单位工程验收。

25日 副区长张沃芬在区残联理事长元君陪同下，到蓬江区伍威权残疾儿童康复教育中心，向在中心接受康复训练的40多名残疾儿童送上慰问金及慰问品。

26日 民政部政策研究中心主任付长良一行到环市街公共服务中心调研。

29日 杜阮镇中心社区家综服务中心揭牌仪式暨欢乐游园活动在杜阮镇颐安院首层举行。

是日 省教育厅纪工委书记赵康带队，省信息办主任谢国强、省教育技术中心主任唐连章、省教育装备中心副主任石勰平等一行到南方教育装备产业城参观。

是月 荷塘镇文化站被省文化厅授予广东省特级“文化站”称号。

是月 根据上级文件规定，区人力资源和社会保障局在春节期间为领取失业保险金的人员一次性发放100元/人临时物价补贴。

2月

1日 蓬江区政协三届六次会议在蓬江会堂三楼召开。

1日—2日 蓬江区第九届人民代表大会第六次会议在蓬江会堂召开。

2日 白沙街在圩顶社区小广场举办“墟顶保护和改造项目一期工程竣工揭幕仪式”。

3日 蓬江区发生一宗劫持人质案件，案发后，区公安分局特警、巡警及新城派出所快速反应，协同作战，仅用约5分钟时间破获案件，抓获嫌疑人1名，成功解救出被劫持人质。

是日 区政府同意区司法局建立蓬江区社区矫正中心。

5日 在五邑大学举行“中国体育彩票”杯2016蓬江区迎新春健步走暨蓬江区创建全国健康促进区启动仪式活动，5000人参加。

19日 区政府相关领导赴香港参观考察科学园，拜访香港国际科技园联盟和航天科技通讯教授马振富，洽谈科技孵化器项目，推动珠西创谷（江门）科技园落地。

20日 区防邪办开展“崇尚科学，反对邪教”主题法治漫画大赛活动，全区65所中小学700多幅作品参展，经评比，区发展小学谢雯婷获一等奖。

21日 香港五邑总会成立大会暨首届理监事就职典礼在港举行，区领导温伟文出席活动。

是日 由市残联、区残联主办，市利民社会工作综合服务中心承办的《为“碍”助力、大爱无界》——江门市首届无障碍音乐沙龙在汇悦城一楼中庭舞台上演。

22日 白沙街道办事处联合仓后商会在长堤青年文化广场举办第九届“团团圆圆闹元宵”慈善活动，区长温伟文、区政协主席李永安等区、白沙街道、仓后政务服务中心、仓后商会及辖区单位的领导嘉宾和仓后片区1300多名居民应邀参加。

25日 副省长许瑞生一行到良溪古村、桐井村调研农村危房改造等工作情况。

是日 副省长许瑞生率省旅游、体育、住建等部门负责人一行到良溪古村和科达仪表有限公司调研。

是日 区公安分局刑侦大队2015年度在“打击工作”“专项工作”“情报信息”“321工作”“反恐工作”“情报信息报送”等六项工作中取得可喜成绩，总分名列全市第一，获“江门市2015年度刑侦工作优胜单位”。

26日 江门军分区组织各市（区）人武部领导、基层武装部部长、民兵营（连）长代表共80多人，在蓬江区召开兵役登记试点现场会。

3月

2日 市委常委、宣传部部长柯文仲到范罗冈小学就“足球进校园”的开展情况进行调研。

3日 东堤湾幼儿园41名幼儿出现呕吐腹痛症状，无住院和重症病例，经市疾控中心流行病学调查确诊为诺如病毒感染。

是日 美国美亚创新促进会中国首席代表徐豪到访蓬江区，并在区长会议室召开座谈会。

3日—4日 区教育局团工委副书记张思斌获团省委授予“2015年广东省中小学团队工作先进个

人”称号（全省仅20名）。

7日 珠西智谷智能装备制造创新产业园正式挂牌。

8日 杜阮镇牛尾水库排洪渠改造工程（二期）正式开工建设；环市篁庄村和篁边村河道整治及双龙泵房蓄水前池清淤工程完成质量监督审批并正式开工建设。

是日 由区委宣传部和区妇联联合主办的“她力量——为蓬江女性点赞”戏剧小品大赛在范罗岗小学滨江校区举行。

11日 广东高正信息科技股份有限公司正式在全国中小企业股份转让系统挂牌交易。

是日 在全区举行“她力量——为蓬江女性点赞”系列活动之先进事迹网络点赞投票活动中，省劳动模范杨英被评为先进女性个人代表，天地壹号饮料股份有限公司工会委员会、蓬江区新潮丽人潮连异地务工人员（女职工）活动中心以及蓬江区中西医结合医院骨一区护理组分别被评为先进女性集体代表。

是日 省农业厅农业综合执法调研组到区进行农业综合执法实地调研，并到江门市鸿豪生物科技有限公司检查。

12日 区消委会联合市消委会在五邑华侨广场举办以“新消费，我做主”为主题的2016年“3•15”国际消费者权益日大型宣传咨询活动。

是日 区人力资源和社会保障局在益华广场举办蓬江区2016年“南粤春暖”大型综合性公益招聘会。

14日 古巴洪门民治党副主席、善飞咕省支部主席唐仲喜到访蓬江区。

17日 区委、区政府在香港举行蓬江区2016香港投资环境推介会，会上签订20项项目合作意向和协议，总投资14亿美元。

是日 省公安厅出入境管理局主任陈仰定检查环市“邑门式”服务中心运作情况，了解区出入境管理工作情况。

19日 “江门今昔 五邑风采”2016中国侨都万人游启动仪式在墟顶举行。

23日 区义工联在区消防大队开展“践行价值观，五邑我先行”雷锋月消防安全知识培训活动。

24日 江西省公安厅出入境管理局领导一行到区“邑门式”服务中心参观交流。

25日 “江门台湾青年创业创新会”授牌仪式及“江门台湾青年创业创新示范基地”揭牌仪式在珠西智谷群华科技园举行。

26日 “2016年蓬江区社工月社会公益服务风采SHOW”在汇悦城举行。

是日 旅居新加坡乡亲卢鹤龄一行5人，到潮连医院参观医院理疗康复室和检验科，并捐赠价值人民币4.8万元的美国产电解质分析仪1台。

29日 五邑大学与区政府、南方教育装备创新产业城合作筹建的五邑大学教育装备学院在五邑大学十友楼二楼国际会议厅举行揭牌仪式。

30日 全国首个教育装备创新产业城——南方教育装备创新产业城在蓬江区群华科技园正式开园。

是日 海峡两岸教育装备合作示范园、南方教育装备创新研究院相继揭牌。

31日 省教育厅厅长罗伟其和副厅长朱超华一行90人，到紫茶小学进行教育装备视察调研，参观学校创客实验室、科技作品展览室、红领巾电视台和3D智造工作坊、图书室等。

是日 全国区街深化改革与治理现场会（蓬江会场）在市举行，蓬江区被颁授“全国行政服务改革示范区”奖牌。

是日 荷塘镇国地税联合办税厅举行揭幕仪式。

是月 环市街印发《环市街基层党建“一站一室一平台”实施方案》，并成立环市街党务工作室，配备2名党建指导员，挂牌运作。

是月 区人民法院被全国老龄办、最高院、最高检、公安部、民政部、司法部授予“全国老年法律维权工作先进集体”称号，成为广东省唯一获此殊荣的基层法院。

4月

8日 江门市“一百百”足球工程启动暨足球特色试点学校挂牌仪式在范罗冈小学滨江校区举行，范罗冈小学成为市第一所足球特色试点学校。

是日 团区委、区义工联组织150名志愿者在东湖公园英雄山烈士陵园开展主题为“缅怀革命先烈，弘扬爱国主义”清明缅怀先烈活动。

8日—10日 紫茶小学参加第31届广东省青少年科技创新大赛,其中参赛作品获专项奖6个、二等奖1名、三等奖2名。

11日 区市场监管局向“欧佩德伺服电机节能系统有限公司”发出全区首张通过远程申报核准不含行政区划企业名称变更核准通知书。

12日 团省委、省教育厅和省少工委开展第三批“广东省红领巾示范校”创建评审工作，由中国青少年研究中心特约研究员、省少先队辅导员导师团高级导师毛湘玲带领评审专家组一行4人到甘光仪学校，对创建“广东省红领巾示范校”工作进行现场实地评审。

是日 嘉宝莉化工集团有限公司成功获批为广东省博士后创新实践基地。

是日 环市街丰雅社区服务中心投入使用。

是日 省党代表、市民政局党组书记、局长陈霞到棠下镇周郡村、横江村，杜阮镇松岭村和中心社区开展走访活动。

15日 区委政法委开展拆除“两违”专项行动，涉及违法用地685.46亩，罚没款357.93万元，违法建设32万平方米。

是日 蓬江区、江海区在蓬江会堂联合召开自然村落历史人文普查启动暨业务培训会议，共410人参加。

17日 “2016U互动我爱足球”广东省五人足球争霸赛（江门赛区）暨中国体育彩票杯首届蓬江区校园足球联赛，在潮连东方活力足球场拉开帷幕。

18日 美国美亚创新促进会会长徐丽雯一行到区参观考察，双方就美亚创新促进会及锂电池项目合作事宜交换意见，商议《2016年江门——硅谷创业创新引资引智推介会方案（草稿）》相关细节问题。

18日—22日 中央电视台第12套社会与法频道《热线12》栏目记者到区公安分局，对蓬江警方破获赵某诈骗案、银行工作人员成功制止电信诈骗获公安奖励、民警热心救助流浪藏獒等新闻素材进行采访报道。

19日 区公益信息平台启用、爱心玫瑰银行卡发行暨《中华人民共和国慈善法》学习活动在区政府三楼会堂举行，300多人参加。

20日 省公安厅副厅长郑东参观环市街邑门式服务中心。

是日 蓬江区中小企业培训学院挂牌成立。

是日 市第七届“书香进社区”读书节活动暨市五邑联合图书馆社区读书节启动仪式在杜阮镇戴爱莲文化广场举行，学校学生、干部群众约400多人参加。

20日—21日 区农林和水务局联合武装部开展防汛民兵轻舟分队专业训练，全区36名轻舟分队队员、6艘冲锋舟参加。

21日 团区委、广发银行股份有限公司江门分行、广东珠西智谷投资有限公司在火炬高新科技创业园举办“农村青年创业金融服务站”及“珠西智谷青年创业金融服务平台”揭牌仪式。

22日 市重点项目地尔汉宇第三期工程江门市地尔汉宇电器股份有限公司在骑龙山工业区举行动工仪式。

25日 杜阮镇国地税联合办税厅举行揭幕仪式并投入使用。

是日 蓬江区图书馆加入江门五邑联合图书馆，挂牌后图书馆通过“江门五邑图书馆云平台”开展业务，实现图书联采联编、书目数据统一检索以及书刊通借通还。

26日 蓬江区城区、棠下、潮连国地税联合办税服务厅揭牌启用。

是日 市委副秘书长马富强率领市住建局、市园林局等部门到堤东路及水南泵房进行调研，研究河堤绿化走廊等改造方案。

27日 区首个农贸市场检测站挂牌落成。

是日 广东省“五一”国际劳动节暨劳模表彰大会在广州白云国际会议中心岭南大会堂举行，中烟摩迪（江门）纸业有限公司卷烟纸生产线获市唯一“全国工人先锋号”称号，广东万丰摩轮有限公司技术部经理刘狄明获“广东省五一劳动奖章”称号。

是日 市委常委、市纪委书记周伟万，市委副秘书长朱金治、区委常委黄振中到潮连街大时代健康产业园调研。

是日 加拿大国际文化教育交流协会到访蓬江区。

28日 民政部基层政权和社区建设司农村社区建设（综合）处处长高洪山、全国城乡社区建设专家委员会秘书处主任马丽华等一行在省民政厅基层政权和社区建设处副调研员刘德华和市民政局纪检组长陈怀陪同下，到区调研“邑门式”以及城乡接合部农村社区建设工作。

28日—29日 广东省2016年基础教育信息化应用现场会在深圳市南山区华侨城中学召开。紫茶小学的《“玩数学”，用数字化工具构建探究灵动的新课程》作为全省20项学校优秀成果之一。

30日 由区政府主办、潮连街道办事处承办的“青创出发·潮爱骑行”2016年迎五四“中国体育彩票”杯爱心骑行活动在潮连街举行，约1100人参加。

是日 2016年第三次全国农业普查蓬江区镇、村级农业普查机构组建工作全部完成。

是月 区文化广电体育局举办首届蓬江区校园足球联赛，少儿及少年组70所学校超过110支足球新力军参加，成人组参赛70余支。

是月 首个“蓬江区两新组织党员学习教育培训基地”在江门植保大厦9楼挂牌建立。

5月

1日 区首张个人出租不动产增值税发票在个体联合办税厅成功开出，仅用时10分钟。

是日 首张二手房转让增值税发票在市住建大厦蓬江地税房产和土地交易税费征收大厅顺利开出，仅用时15分钟。

5日 区白沙街东成社区伦昌里33号前侧公园内发生地面塌方，塌方面积约2平方米，深约4米，没有造成人员伤亡。

6日 区文联协助区妇联开展“她力量——为蓬江女性点赞”诗词书画摄影雅集交流活动暨蓬江区女文艺家协会揭牌仪式在茅龙书苑举行。

9日 加拿大马尼托巴省前省督李绍麟伉俪到访蓬江区，就加拿大与江门两地间的乡情文化交流交往展开座谈。

是日 区政府出台《关于印发江门市蓬江区进一步加强乡村医生队伍建设实施方案的通知》。

10日 2016年江门市教科研工作会议在市培英高级中学三楼会议室举行，表彰2015年江门市普通教育教学成果奖获得者，其中6项一等奖、15项二等奖。江华小学教师徐艳花的教学成果《探索动画雕塑对小学生创新能力的培养》获市首届普通教育教学成果一等奖。

10日 省公安厅宣传处处长张彬照一行到区“邑门式”服务中心调研。

12日—16日 区组织杜阮东艺宫灯有限公司和鲜云荟柑普茶参加在深圳市举办的第十二届中国

(深圳)国际文化产业博览交易会。

13日 市第二人民医院梁健、棠下镇卫生院郭衍娟被评为2016年江门市优秀护理管理者，区中西医结合医院李德萍、荷塘镇卫生院容丽华、杜阮镇卫生院韦志红被评为优秀护士。

14日 由区残联和区智力残疾及亲友协会共同主办“牵着蜗牛去散步”第一届大型社会公益活动在东湖广场举行。

15日 区公安分局联合市马拉松协会在群星公园举行“运动+巡防”治安联防队巡防启动仪式。

18日 范罗冈小学、甘光仪学校、杜阮镇楼山初级中学等3校经市教育局验收，获批准为“全国优秀家长学校”。

是日 位于33墟街圩顶城市原点核心景区的历史街区保护研究工作坊揭牌。

19日 省总工会副主席郭开农带队到区第九中学蒋青教师劳模创新工作室参观调研。

21日 区残工委在万达广场举办“童心牵手，童乐无穷”庆祝第26次“全国助残日”暨“六一”儿童节合家欢活动。

20日—22日 第十四届广东省少年儿童发明奖决赛在广东科学中心举行，怡福中学选手获1金、1银、2铜。

22日 区举办戴爱莲铜像献花仪式、戴爱莲艺术楼揭幕仪式、戴爱莲诞辰100周年邮资封首发仪式等一系列纪念活动。

23日 副市长吴国杰带队到杜阮镇调研教育装备产业园建设情况，并在杜阮镇政府召开项目推进会。

是日 教育部关工委、市关工委授予甘光仪学校“全国优秀家长学校”称号。

26日 马来西亚大学艺术与科学学院历史系退休教授卢慧玲、许仁强和研究助理吴贞蓓一行3人受马来西亚已故华侨名人陆佑第十孙女委托和马来西亚华侨历史编写组重托，到鹤山黄洞村、棠下桐井乡安溪村了解陆佑在祖国的历史。

30日 美国中田纳西州立大学校长西德尼·麦克菲在副区长文丽，区外侨局、区教育局等领导陪同下到访蓬江区，双方就中美教育装备、教育文化、人才输送和培养方面进行交流和磋商。

31日 由区科学技术局、区科学技术协会主办，省航空学会协办的2016年江门市(蓬江区)航模科普进校园系列活动首场在北苑小学启动。

是日 主题为“品健康美食 游蓬江美景”的2016广东(江门)杜阮凉瓜美食旅游文化节(凉瓜文化节)新闻通气会在杜阮镇龙榜村举行。

是月 区企业广东杰士农业科技有限公司的“农用生物刺激物产品工艺研发”项目成功入选人社部2016年“万名专家服务基层行动计划示范项目”，成为全省仅有的2个入选项目之一。

是月 区文化馆承办蓬江区首届“汇悦城”杯少儿钢琴电视大赛。

是月 罗氏柑普茶传承人罗沛贤获“江门市第四批非物质文化遗产传承人”和“广东省第五批省级非物质文化遗产项目代表性传承人”称号。

6月

2日 区文联在茅龙书苑举办2016广东(江门)杜阮凉瓜美食旅游文化节“咏杜阮凉瓜诗书曲艺画图”专题创作活动，邀请20余名市书画家和曲艺家以杜阮凉瓜创作诗词、摄影作品。

4日 区国土环保局组织举办“粤环保•粤时尚”环境宣传进社区活动启动仪式。

9日 2016年海外华裔青年“中国寻根之旅”夏令营在沙巴四邑联合会青年团团长周振昌及印尼广肇总会总务部理事谭凯仪主席率领下，一行30多人到访蓬江区开展寻亲之旅。

是日 石头村“锦富汇景湾杯”龙舟赛在棠下石头村举办。

10日 (江门)杜阮凉瓜美食旅游文化节启动

仪式在万达嘉华酒店举行。

12日 美国顾问公司总经理布鲁金斯参观考察珠西智谷南方教育装备创新产业城。

20日 蓬江区2016年“慈善一日捐”活动在区政府办公大楼举行。

20日—26日 区城管局对辖区内设立的各燃气企业供应站通过“飞行”模式进行年度考核评比和燃气企业“燃气经营许可证”5年到期换证的相关审核工作。

28日 市委书记林应武，市委常委、秘书长冯立坚到滨江新城、棠下镇周郡村、棠下镇“邑门式”服务中心、海信空调项目、大长江集团等单位调研。

29日 “益”起来，你我同行——2016年蓬江区慈善公益活动启动仪在汇悦城举行。

7月

6日 阳春市卫生计生局副局长邱英杞带领交流组一行14人，到区开展流动人口计划生育服务管理区域协作活动，与区卫生计生局签订《流动人口计划生育管理区域协作协议书》。

7日 省人民检察院控告检察处副处长刘美卿一行到区人民检察院调研。

是日 区长温伟文带队检查棠下镇铜井村“拆违”后的复耕复绿工作。

是日 杜阮司法所副所长黄耀江代表杜阮司法所参加人民大会堂举行的全国模范司法所及先进集体和先进个人代表座谈会。

8日 高新达安健康产业项目举行签约仪式。

10日 区文联、潮连文体服务中心、潮连文联联合举办以“悦读小镇”“公园小镇”为主题的专题采风活动，来自市、区、镇三地文艺家开展诗词、书画、摄影、文学创作，蓬江区美术作品展暨《心窗》作品集首发。

18日 市国资委将江门市滨江城镇投资有限公司50%股权无偿划转给区资产管理办公室。

19日 潮连街道2016年新生开笔礼仪式在潮连洪圣公园内孔子庙举行，近50名即将升入小学一年级的新生参加。

23日 “蓬江巾帼义工在行动”启动仪式在区政府大堂举行。

25日 马来西亚华侨梁国辉博士到棠下桐井乡北镇村寻根。

26日 江门市鸿豪实友生物有限公司科普示范基地被表彰为“2016年江门市科普惠农兴村计划先进集体”，荷塘镇观赏鱼行业协会黎兆彬被评为“2016年江门市科普惠农兴村计划科普带头人”。

是月 国家工商总局向社会公示2014—2015年度国家级“守合同重信用”企业名单，其中江门市蓬江区安吉尔饮水设备有限公司成为2014—2015年度首次公示的国家级“守合同重信用”企业，江门市恒发家电广场有限公司获连续公示。

8月

2日 环市街怡康社区被命名为第六批“广东省科普示范社区”，白沙街侧贤社区继续被命名为“广东省科普示范社区”。

是日 为抗击第四号台风“妮妲”，区市政维修处出动路面排水65人次，抢险车辆28班次，辖区30座泵房共抽排水75.5小时，排水量36.27万立方米；区绿化管理所出动应急抢险人员150人次，运输车辆13台，高空作业车2台，清运绿化垃圾26车次。

3日 北街社区卫生服务中心获市卫生计生局评为“江门市优秀社区卫生服务中心”。

是日 区中心城区2016年中小学招生电脑随机派位在紫茶小学北校区报告厅举行。

5日 区公安分局成功侦破“8·3”五邑碧桂

园特大入室盗窃案，抓获犯罪嫌疑人3名。

8日 区妇联首次开展以“邻里守望•益起来”为主题的蓬江巾帼义工牵手行动。

是日 环市街祠堂文化节曲艺展演在市级文物保护单位——里村施氏祖祠举办。

是日 地税部门事项（灵活就业人员社保业务）首次进驻“邑门式”服务中心。

是日 区召开教育工作会议暨庆祝第32个教师节表彰大会，授予肖建国等100名教师“蓬江区优秀教师（教育工作者）”称号，授予怡福中学、第九中学等单位“2016年蓬江区中考成绩优秀单位”称号，授予棠下中学和荷塘职业技术学校“高考成绩优秀单位”和“高考成绩达标单位”称号，授予骆昌云等10名校长“管理绩效奖”和“教育质量奖”，授予彭宏和赵带显“教育特别贡献奖”。

9日 江门市食品药品快筛快检蓬江分中心落成。

11日 省工商联副主席卢小周一行4人到区工商联及大长江集团有限公司、嘉宝莉化工集团股份有限公司调研。

12日 海南省公安厅刑警总队技术处处长王雷一行到区公安分局交流刑事技术工作。

16日 蓬江区参加市总工会举办的2016年金秋助学暨职工子女夏令营活动，共筹集资金约40万元，资助272名环卫工人子女读书。

17日 区委常委黄振中、区城管局局长杜建洲一行到排涝泵站远程监控调度中心竣工验收。

是日 丰乐小学以“丰德乐学”为创建特色，被命名为“第四批蓬江区特色学校”。

18日 “江门市蓬江邑微警”上线使用。

是日 “江门日报蓬江工作室”挂牌。

22日—26日 区3家企业赴吉林参加“交流、合作、创新、发展”中国（吉林市）第十三届城市友好商会会长会议。

25日 杜阮镇创建国家卫生镇顺利通过广东省爱卫会专家组考核评估。

26日 潮连街国家卫生镇复审顺利通过广东省爱卫会专家组考核评估。

27日 “江台新教 寓学于乐”体验夏令营闭营仪式在南方教育装备创新产业城举行。

29日 省物价协会会长孙庆奇、佛山市工商联党组书记朱卫华一行到滨江新城开展专题考察。

30日 江门市地税局大企业税收管理局在蓬江区地税局挂牌成立。

是月 区人民法院在团省委举办的全省“青少年维权岗”创建活动中，被授予全省“青少年维权岗标兵”单位称号。

9月

1日 副区长亢雁直向江门市誉海进出口贸易有限公司代表发出全区首张印有统一社会信用代码、海关登记注册号、报检备案号的“九证合一”新版营业执照。

是日 蓬江区引进的民办学校——广德实验学校开学。

是日 农林双朗小学一期工程落成暨开学仪式在农林双朗小学启动。

2日 蓬江区区域检验中心在蓬江区中西医结合医院挂牌成立。

3日 在潮连街全民健身广场举行2016江门市蓬江区首届祠堂文化节开幕式暨“中国体育彩票杯”太极拳汇演活动。

8日 2016年蓬江区庆祝教师节表彰大会在蓬江会堂三楼召开。

9日 区选举委员会在区人大主任会议室召开换届选举工作会议。

10日 潮连街成立农产品检测中心，负责辖区3个农贸市场农产品质量安全日常监管和检测工作。

12日 《蓬江区“十三五”规划纲要》经区第九

届人民代表大会第六次会议审议批准，印发实施。

是日 在蓬江区会堂举办2016年度新兵入伍欢送大会，全区113人应征入伍。

13日 区启光养殖场获市海洋与渔业局授予“市级水产良种场”称号。

20日 蓬江区地方税务局环市税务分局举行挂牌仪式。

25日—26日 中共江门市蓬江区委第九次党代会在蓬江会堂三楼召开，代表们以无记名投票方式选出第九届区委委员56名、区委候补委员11名、纪委委员23名，选举出席市第十三次党代会代表27名。

26日 蓬江区企业法人邑门式服务中心试运营。

27日 区、镇两级人大换届选举投票日，选出区人大代表198人。

29日 由区政协、区委宣传部、区教育局、区文联、区摄影家协会、区书法家协会、区美术家协会主办的“美丽蓬江”书画摄影作品展暨青少年书法大赛获奖作品展在工人文化宫开幕。

30日 荷兰荷美中心文氏兄弟一行到访蓬江区，就健康产业投资项目开展交流。

是日 区领导会见区籍里约残奥会运动员熊桂艳。

10月

18日 北街环卫站施润根家庭被市委宣传部、市精神文明建设委员会办公室、市妇女联合会表彰为“江门市优秀最美家庭”。

19日 主题为“推进全民继续学习，建设学习型社会”的蓬江区2016年全民终身学习活动周启动仪式在东仓里美术馆举行。

是日 江门市广播电视台、江门邑网通“蓬江区全媒体发布平台”上线挂牌。

21日 中国（江门）智能教育装备论坛暨维硕教学设备新品发布会在蓬江区举行。

24日 民政部副部长顾朝曦率领民政部有关人员到区对民政重点工作落实情况开展实地督查。

26日 蓬江区庆祝广东省第23届环卫工人节慰问活动在区环卫车所举办，林慧莲等9人获环卫工龄满25年荣誉证书。

27日 省安全监管局联合市安全监管局到江门东洋油墨有限公司和广东四方威凯新材料有限公司开展安全生产应急管理专项执法检查。

31日 美国红木城市长、中美国际文化交流协会到珠西智谷智能装备协同创新研究院参观交流。

11月

1日 棠下消防中队周国章获2016年广东省“热心消防公益事业先进个人”称号。

3日 省禁毒办“8·31”工程督导检查组组长曾庆洋到潮连街检查指导“8·31”工程。

是日 市残联到蓬江区对困难残疾人家庭发展生产和自主创业工作现场视察。

8日 在逸豪酒店国际会议中心主会场和各镇、街7个分会场举行中欧（蓬江）智能制造产业论坛暨投资环境推介会，主会场现场签约的优质项目达18个，计划总投资52.5亿元。

是日 省国税局党组成员、总会计师蒋余良到区国税地税联合办税服务厅调研指导。

是日 在金镜山举行2016中欧（蓬江）智能制造产业论坛暨投资环境推介会——杜阮镇十大项目签约动工仪式。

是日 滨江新区（棠下镇）举办ISTOPPARK原点文化创意园、美心（江门）制造及研发中心项目奠基仪式。

是日 白沙街产业项目成果展示会暨珠西创谷科技园项目举办揭牌仪式。

是日 由市疾控中心、区教育局联合组织，以“正确洗手，‘手’筑健康”为主题的江门市“全球洗手日”宣传活动启动仪式在农林小学举行，全区中小学分管德育的副校长以及陈白沙中学师生约100人参加。

10日 省国税局副局长朱江涛到区联合办税服务厅开展调研。

14日 棠下镇在广东省卫生镇复审中通过广东省爱卫会专家组考核评估。

14日－18日 省教育强镇复评督导验收组一行7人在组长任忠红带领下，对棠下镇、环市街、潮连街申报“广东省教育强镇（街）”第二轮复评进行为期5天的督导验收。

15日 国家税务总局司长杨建华到区国税地税联合办税服务厅核查创建全国法治税务基地工作。

是日 省公安厅出入境管理局副局长玉灿贤一行到区公安出入境24小时自助办证厅调研。

16日 省委常委、政法委书记林少春到区调研综治工作，现场考察环市街邑门式服务中心、环市街网格化管理调度中心。

18日 市委常委、组织部部长姚信敏到丰雅社区调研。

18日－19日 在广州市第二中学举行的第四届广东省青少年科技创新实践能力挑战赛中，怡福中学选手们获二等奖。

20日 在棠下镇举行祖师陵园15周年纪念暨中外周家国际武术交流活动，来自新加坡、马来西亚、德国、美国、澳洲、越南、中国香港地区和国内52家武术馆的弟子近800人参加。

22日 中国人民政治协商会议第四届江门市蓬江区委员会第一次会议在蓬江会堂三楼召开。

23日 蓬江区第十届人民代表大会第一会议在蓬江会堂三楼开幕。

25日 区公安分局巡警大队举行被盗摩托车发还仪式，对是年10月以来在开展打击盗窃摩托车犯罪专项行动中追缴的30辆被盗车辆进行发还。

26日 第四届中国侨都健走马拉松大赛蓬江赛区在滨江大道举行。

27日 在“广东省优秀台湾学子岭南行”活动中，100多名优秀台湾学生到区珠西智谷群华科技园的南方教育装备创新产业城参观。

28日 区科学技术协会被中国科学技术协会评为“2016年全国科普日活动优秀组织单位”。

是日 蓬江区社区矫正中心挂牌成立。

是日 叱石济公禅寺举行“主殿聖像崇升”庆典活动，来自海内外的知名人士、乡亲和信众500多人参加。

是日 由市残疾人联合会、市科学技术局、市侨乡职业培训学校共同举办的首届“智慧助残”众创杯创业创新大赛决赛在新会高级技工学校“众创空间”举行，区残联获优秀组织奖，益家人微公益团队获一等奖，蓬江区伍威权小食店(AW Delights)获二等奖，人脸识别访客管理系统(FACERM)、蓬江区伍威权庇护工场获三等奖。

29日 2016年“最美蓬江人”颁奖会在蓬江会堂举行，对10个类别进行表彰，各个类别各有10名获奖者。

是日 省残联副理事长柯沫夫带领全省各地级残联调研团到环市街邑门式公共服务中心调研，了解“邑门式”残疾人事项办理情况。

是日 纪念陈白沙先生诞辰588周年暨创建“诗词中国”文化品牌系列活动在茅龙书苑开幕。

30日 市人民检察院副检察长岑崇浩率市打假责任制考核督查组一行8人到区开展2015－2016年度落实政府打假责任制考核。

12月

2日 省林业厅组织召开拟设立广东龙舟山森林公园可行性报告论证会，与会专家一致通过《拟设立广东龙舟山森林公园可行性研究报告》。

5日 荷塘镇良山小学举行梦想中心、全国象棋特色学校、江门市足球特色学校举行揭牌仪式。

6日 区公安分局在蓬江巡警大队举行自行车骑行新型防控模式启动仪式。

13日 江门市滨棠资产投资有限公司与中油碧辟石油有限公司签署合作协议。

15日 根据《关于表彰2016年“最美蓬江人”的决定》，10人获“最美环卫人”称号，1户家庭获“最美家庭”称号。

是日 嘉宝莉化工集团有限公司被授予“广东省第六批博士后创新实践基地”牌匾。

是日 由区委宣传部、区文联联合举办的2016年“富裕文明美丽新蓬江”暨纪念陈白沙先生诞辰588周年曲艺原创作品展演晚会在北街文化广场举行。

19日 市残联理事长梁培招、副理事长李润娇率领相关业务科室负责人到棠下镇和杜阮镇调研残疾人精准扶贫工作。

21日 由区政府主办，区禁毒办和白沙街道办事处联合承办，以“贯彻学习《广东省禁毒条例》暨青少年毒品预防教育禁毒宣传活动”为主题的大型禁毒宣传活动在东湖广场举行。

是日 区人民检察院、区教育局联合在江门市实验中学举行全区“法治进校园”巡讲活动启动仪式。

是日 陈白沙小学获“江门市青少年科学教育特色学校”称号。

23日 珠西智谷举行腾云集团等台湾企业进驻南方教育装备创新产业城签约仪式。

是日 区计生协会获“2016年江门市计划生育保险工作优秀组织奖”“2016年江门市计划生育保险工作杰出贡献奖”“2016年江门市计划生育保险工作创新成果奖”。

28日 由国家工商总局企业注册局和个体司、国务院推进职能转变协调办、发展改革委财政金融司和价格司、财政部行政政法司、中央编办行政管理体制改革司等部门有关领导组成国家专题联合调研组到区法人邑门式服务中心检查指导。

28日—30日 广东省中小学生创客大赛在广东工业大学体育馆举行，怡福中学3件创新作品参赛，其中冯子烨、谭浩辛的作品《基于GSM智慧校园》凭借其自主研发的手机APP和运用单片机技术，通过远程控制开关，实现校园后勤管理自动化，作品以创新性和实用性的优点获一等奖；赵嘉禧的作品《基于GSM城市下水道智能管理系统》获二等奖；张许进的作品《基于GSM矿井安全管理系统》获三等奖。

29日 蓬江区获国家税务总局授予“全国百佳国税地税合作县级示范区”称号。

是日 2016年蓬江区文艺创作“禾雀花奖”颁奖典礼暨蓬江区迎新春晚会“致最美蓬江人”在市工人文化宫举行。

是月 天龙社区钟一平家庭获市、区级“最美家庭”称号，篁庄社区黄健辉家庭获区级“最美家庭”称号。

是月 区组织白沙街茅龙笔、杜阮镇东艺宫灯、潮连街铜虾、杜阮镇凉瓜、棠下镇罗氏柑普茶、荷塘镇冲菜等特色文化产品参加“中华传统文化国际行——澳门展”活动。

概貌

2017

PENGJIANG
NIANJIAN

基本情况

【位置　面积】　蓬江区地处北纬22°56′—22°79′，东经112°47′—113°15′之间，位于珠江三角洲西翼,江门市区蓬江河以北，北、东北分别与佛山南海区、顺德区隔江相邻，东南与中山古镇隔江相望，南与江海区、新会区相连，西与鹤山市沙坪、雅瑶接壤。辖区面积324.3平方公里。

【地质　地貌】　辖区地处珠江三角洲西部，属于冲积平原。从西北向东南倾斜，西北部多为丘陵和山地。山地海拔标高小于500米或切割深度小于200米，多分布于西江流域。境内最高峰为位于杜阮镇的金镜山，海拔314米。东南多平原和河流阶地。在西江江门段有荷塘、潮连和古猿洲3个岛。境内土壤类型分丘陵山地土壤、平原宽谷土壤两种，丘陵山地土壤属南亚热带赤红壤，主要分布在环市街道和杜阮镇，由于表土易受雨水侵蚀流失，酸性较大，酸碱度为4.5～5.5，地质是壤土或黏壤土；平原宽谷土壤分布在棠下镇、荷塘镇、潮连街道，属珠江三角洲冲积土壤和宽谷冲积土壤，土壤酸碱度为6.4—7.0。　（陈玉苑）

【河流】　辖区位于西江下游，区内河道属西江流域，境内水系非常丰富，河涌密布，水域面积50.95平方千米，占市区总水域面积60.45%，主要河道有西江蓬江段25.4公里，江门河7.6公里，天沙河25.34公里，杜阮河13.5公里，其余小支流、小河涌数量众多，水资源总量约为3.31亿立方米。

（年鉴编辑部）

【气候】　蓬江区地处北回归线以南，属亚热带海洋性季风气候。冬短夏长，气候宜人，雨量充沛，光照充足。无霜期在360天以上，全年无雪。境内河流纵横，河涌密布，主要过境河流有西江、江门河、天沙河。2016年，全区降雨量1900毫米，比往年偏多，江河水库水位平稳，西江段未出现较大洪水。是年影响全区的热带气旋有1个，共启动防风Ⅰ、Ⅱ级应急响应各1次，Ⅲ级2次，Ⅳ级3次，比往年偏多，全年受台风影响转移人口407人，无重大人员伤亡事故及重大财产损失。　（林晓云）

【自然资源】　辖区有较丰富的石矿和石英砂，石矿多产于西部，石英砂储藏于北东侧的西江河床，含泥量较高。森林面积13万亩，森林资源丰富，植物资源有蕨类、裸子植物和被子植物3大类，108科、413种。主要品种有南洋杉、银杏、竹柏、阴香、紫薇、乌梅、垂盘草、宝巾等。野生动物主要有斑鸠、白头翁、钓鱼郎、猫头鹰、麻雀、黄灵等。江河常见鲫、鲤、鳙、鳟、鲶、生鱼、塘虱、泥鳅、鳖、龟等。由于环境污染和人为捕杀，野生、水生动物日渐减少。　（年鉴编辑部）

【环境质量】　城市空气质量　2016年，市区空气质量达标天数309天，达标天数比例为84.4%，其中优152天、良157天，未出现严重污染天气。其中二氧化硫（SO_2）、一氧化碳（CO）平均值达标率100%，二氧化氮（NO_2）、可吸入颗粒物（PM10）、细颗粒物（PM2.5）24小时均值和臭氧（O_3）日最大8小时平均值达标率分别为97.5%、99.2%、95.9%和89.1%。市区降水pH均值为5.68，酸雨频率为32.2%，降水pH均值范围在4.66—7.0之间，属于酸雨区。

水环境　2016年，全区2个(周郡、篁边)城市集中式饮用水源地水质优良，水质达标率达100%。省控监测断面(上浅口)水质达标率100%。西海水道水质优，符合《地表水环境质量标准》（GB3838-2002）Ⅱ类水质标准；江门河段水质良好，符合Ⅲ类水质标准。

声环境　2016年，市区区域环境噪声等效声级平均值56.6分贝，优于国家区域环境噪声2类区（居住、商业、工业混杂）昼间标准；道路交通干线两侧昼间噪声质量处于较好水平，等效声级为69.96分贝，优于国家四级标准（城市交通干线两侧区域）。　（陈玉苑）

【建置沿革】 清光绪三十年(1904年)设立江门镇，民国14年（1925年)江门改为省辖市，民国20年(1931年)撤销江门市建制，改为镇，复归新会县辖。1951年江门改为省辖地级市。1953年3月，成立市郊区办事处，为市政府派出办事机构。郊区管辖白沙、紫莱、水南、石冲、滘头、滘北6个乡。1956年1月，新会杜阮的华龙里、沂水里、凤溪里、石子潭4条自然村划归紫莱乡管辖。1958年10月，撤销郊区办事处，成立郊区人民公社，为“政社合一”政权机构。1959年11月，新会杜阮的新民、篁庄、丹灶及棠下的篁边4个生产大队划归郊区人民公社。1967年3月，郊区公社更名为江门市郊区人民公社革命委员会。1977年9月，郊区公社更名为环市人民公社；同年，增辖新会县的外海公社、荷塘公社的潮连片的6个生产大队，11月，潮连公社成立。1983年6月，成立江门市人民政府郊区工作委员会，为市政府派出机构，下辖环市、外海、潮连3个人民公社。8—12月，撤销环市、外海、潮连3个人民公社，分别设立环市、外海、潮连区，区设区公所，归中共江门市郊区工作委员会辖。1984年10月，中共江门市郊区工作委员会成立。1984年12月，郊区人民政府成立。1987年2月，撤区建乡（镇），环市区更名为环市乡，外海区、潮连区分别改为镇，设立乡、镇人民政府，为基层一级政权机构。1988年6月，环市乡改设环市镇。同年10月，郊区所属37个村民委员会改为管理区，作为镇政府的派出管理机构。1994年2月，区划调整，郊区的外海镇和环市镇的滘头、滘北2个管理区划归城区政府管辖；城区的仓后、沙仔尾、堤东及北街4个街道划归郊区政府管辖。同年8月，郊区更名为蓬江区。2002年6月，潮连镇撤镇设街道。同年9月，新会市的棠下、荷塘、杜阮3镇划归蓬江区管辖。2004年10月，环市镇撤镇设街道。2015年6月，撤销仓后、堤东、北街3个街道办事处，将其行政区划并入白沙街道办事处。

【行政区划】 2016年，蓬江区辖棠下、荷塘、杜阮3个镇和环市、潮连、白沙3个街道办事处，村民委员会56个、社区居民委员会87个。

2016年蓬江区行政区划表

镇（街道办事处）	村委会数（个）	社区居委会数（个）
荷塘镇	13	1
棠下镇	23	2
杜阮镇	20	3
环市街		21
白沙街		54
潮连街		6

（年鉴编辑部）

【人口　民族　语言】　人口　2016年蓬江区家庭户162670户，户籍总人口493363人。其中：男性人口243858人；女性人口249505人。出生人口6204人，人口出生率12.6‰，出生人口男女婴儿性别比为109:100。人口死亡率5.1‰，人口自然增长率7.5‰。2016年迁进人口4402人，迁出人口2652人。

民族　据蓬江区第六次全国人口普查资料，蓬江区有41个民族，其中汉族人口最多；有壮族、土家族、苗族、瑶族、布依族等少数民族40个，占全区常住人口总数3.27%，其中人数较多的依次为壮族、土家族、苗族、瑶族、布依族、侗族。各镇（街）均有少数民族人口，杜阮、荷塘两镇少数民族人口较多，占全区少数民族人口59.64%。

语言　蓬江方言是汉语方言，属粤方言四邑片的一种，与广州话基本相通。区内广播、电视等领域也通用广州话。蓬江方言以江门话为代表，区内还有杜阮话、棠下话、潮连话、荷塘话等方言。

社会经济发展

【国民经济综述】　2016年，全区实现地区生产总值（GDP）604.92亿元，同比增长8.5%。其中，第一产业增加值 8.1亿元，同比下降2.1%；第二产业增加值 274.7亿元，同比上升8.2%；第三产业增加值322.16亿元，同比增长9.1%。三次产业结构为1.33∶45.41∶53.26。在第三产业增加值中，批发和零售业下降3.5%，住宿和餐饮业增长1.8%，金融业增长3.1%，房地产业增长8.7%。人均GDP81862元，增长9.72%。

【固定资产投资】　2016年,固定资产投资 317.05亿元，比上年增长18.9%。分产业看，第二产业投资88.44亿元，增长31.58%；第三产业投资228.61亿元，增长14.69%。全区房地产开发投资116.29亿元，比上年增长21.94%。商品房施工面积732.88万平方米，下降4.75%；商品房竣工面积66.45万平方米，下降17.72%。商品房销售面积165.78万平方米，增长22.96%；商品房销售金额117.75亿元，增长26.58%。商品房待售面积74.21万平方米，下降4.23%。

（陈华禹）

【基础设施建设】　2016年，推动项目动工建设、完善基础设施。农林双朗小学建设工程项目首期工程（4#教学楼）土建工程全部完工，并已顺利投入使用。二期工程完成招投标工作，桩基工程全部完成，正在进行首层地梁及楼面的浇筑工作。江门体育中心项目已完成全部场馆主体结构施工，会展中心、体育馆、游泳馆及体育场室内精装修已基本完成。

【重点项目建设】　2016年，全区列入市重点项目共41项，计划总投资486.54亿元，2016年计划投资77.56亿元。全年累计完成投资81.44亿元，为年度投资计划的105%。江门市先进制造业江沙示范园区项目全年完成投资6.5亿元，完成年度投资计划的108.3%，北园区基本完成土地平整和道路建设，南园区正在开展堡莲路二期、新棠路、莲塘二路等道路工程建设。华电分布式能源热电冷联产一期，全年完成投资3亿元，完成年度投资计划的166.7%，已签订中海油的天然气购销合同、顶津热力销售合同和顶益、天地壹号、秉信包材合作协议；天地壹号锅炉已交付使用。滨崎食品项目1－12月份完成投资2.8亿元，完成年度投资计划的112%，其中金崎项目已完成建设，并于10月12日投产。广东海信电子南方基地项目全年完成投资3亿元，完成年度投资计划的100%，海信电视机首期5条生产线、宽带、空调三类项目，已建成投入使用生产线13条，生活配套区6幢宿舍楼已完工并投入使用。

（李博文）

【工业生产】 2016年，全区规模以上工业企业实现增加值265.63亿元，比上年增长8.7%，其中，轻工业增加值151.43亿元，增长15%；重工业增加值116.77亿元，增长9.9%。分经济类型看，国有及国有控股企业增长3.4%，股份制企业增长15.5%，外商及港澳台投资企业下降12.1%，民营企业增长12.3%。

分行业看，食品制造业下降82.5%，纺织业增长37.7%，服装鞋帽制造业增长46.1%，皮革毛皮羽毛（绒）及其制品业增长2.8%，家具制造业增长36.8%，造纸及纸制品业增长27.1%，印刷业和记录媒介复制业下降21.3%，化学原料及化学制品制造业下降10.7%，塑料制品业增长 10.7%，非金属矿物制品业下降27.5%，金属制品业增长12.8%，通用设备制造业下降7%，交通运输设备制造业增长8.8%，电气机械及器材制造业增长40.6%，通信设备、计算机及其他电子设备制造业增长0.9%。

【农业生产】 2016年，全区农业总产值16.58亿元，上升9.5%。其中种植业产值25466.3万元，上升11.9%；林业产值851.2万元，下降0.1%；牧业产值106514.9万元，上升10.7%；渔业产值32372万元，上升4.8%。粮食作物种植面积1.6万亩。油料种植面积980亩，蔬菜种植面积40140亩。全年粮食产量6468吨；油料产量228吨，下降1.33%；蔬菜产量51392吨，下降12.27%；水果产量1529吨，增长4.5%；水产品产量17179吨；肉类产量28943吨，下降31.7%，其中猪肉产量28147吨，下降26.02%。

【建筑业】 2016年，全区建筑业企业完成建筑业总产值29.41亿元，同比增长5.1%；竣工产值13.98亿元，同比下降18.63%；新签合同额31.08亿元，同比下降4.28%；施工面积170.74万平方米，同比下降18.27%；竣工面积69.16万平方米，同比增长11.55%；竣工价值8.9亿元，同比增长8.54%。

【国内贸易】 2016年，全区社会消费品零售总额246.13亿元，比上年增长13.22%。分行业看，批发零售业零售额233.62亿元，增长13.93%；住宿和餐饮业零售额12.51亿元，增长1.49%。分地域看，城镇消费品零售总额237.71亿元，增长13.13%；农村消费品零售总额8.42亿元，增长15.93%。限额以上批发和零售业零售额中，电子出版物及音像制品类下降12.55%，日用品类增长8.69%，化妆品类下降3.23%，石油及制品类下降2.58%，金银珠宝类增长28.75%，家用电器和音像器材类下降1.45%，家具类下降18.77%，中西药品类增长4.5%，汽车类增长24.33%。（陈华禹）

【对外经济贸易】 2016年，全区进出口贸易额342.7亿元，同比增长6.8%。其中出口291.5亿元，同比增长8.9%；进口51.2亿元，同比下降4%。全区合同外资21665万美元，同比下降12.36%，完成市下达年度任务的108.33%；实际利用外资3308万美元，同比下降79.39%，完成市下达年度任务的20.05%。（区经促局）

【财政收入】 2016年，财政收入稳定增长，全区地方公共财政预算收入实现22.31亿元，同比增长8.7%；地方公共财政预算支出完成30.66亿元，同比增长2.81%。（区财政局）

【城乡居民人均可支配收入】 2016年，全区在岗职工年平均工资72889元，增长14.5%。城乡居民生活水平不断提高，常住居民人均可支配收入37769.4元，增长9.5%，城镇居民人均可支配收入37858.6元，增长9.5%。农村常住居民人均可支配收入20171.8元，增长11.5%。城乡居民储蓄存款余额150.56亿元，增长7.68%。（陈华禹）

【金融】 2016年，金融机构人民币存款余额245.41亿元，较上年同期增长9.25%。其中：企业存款余额61.63亿元，较上年同期上升13.82%，城乡居民储蓄存款余额150.56亿元，较上年同期增长7.68%。金融机构人民币贷款余额150.64亿元，较上年同期增长0.8%。其中：短期贷款余额84.09亿元，较上年同期下降8.04%；中长期贷款余额66.55亿元，较上年同期上升14.73%。 （融和农商银行）

【个体私营经济】 2016年，全区私营企业实有17515户，从业人员131933人，注册资金2941367.89万元，分别较上年同期增长14.19%、10.16%、25.24%。个体工商户51946户，从业人员77656人，注册资金118490.71万元，与上年同期相比分别增长8.69%、9.46%、11.15%。

（区市场监督管理局）

【社会各项事业】 2016年，全区中等职业技术学校招生141人，在校学生557人，毕业生374人。普通高中招生1112人，在校学生3117人，毕业生1153人。初中招生6654人，在校学生19602人，毕业生6443人。小学招生10360人，在校学生57142人，毕业生8279人。幼儿园入园儿童6452人，在园幼儿20330人。小学学龄儿童入学率100%，小学升学率100%，初中适龄少年入学率100%，初中升学率100%，普通高中升学率88.86%。 （区教育局）

是年，地方财政科学技术支出（区本级）4079.11万元，比上年下降18%。市级新型研发机构5家，工程技术研究院中心140家，高新技术企业79家。组织企业申报省级科技项目48项，申报市级科技项目77项。专利申请量3447件；其中发明专利625件。专利授权量1949件；其中发明专利授权量141件。（区科技局）

是年，卫生机构（含各类门诊，下同）164个，其中医院2个，卫生机构床位1694张。卫生机构人员2444人，其中卫生技术人员2120人。卫生技术人员中执业医师597人，执业助理医师780人，执业护士889人，药剂人员150人，检验人员69人。 （区卫计局）

是年，城乡最低生活保障对象2356人；发放低保救济金1161.47万元，增长17.47%。发放医疗救助金505.74万元，增长10.91%；共救助7003人次，增加2173人次。全区五保供养人数100人，减少2人；全年落实供养经费126.79万元，增长12.9%。

（区民政局）

是年，社会保险基金收入290472万元，同比增长8.57%。企业养老保险参保人数326311人，增加278人；职工基本医疗保险参保人数349185人，增加15796人；失业保险参保人数220078人，增加12372人；工伤保险参保人数237414人，增加27831人；生育保险参保人数228152人，增加13631人。 （区人社局）

蓬江年鉴

党政机关

2017

PENGJIANG
NIANJIAN

中共江门市蓬江区委员会

区委工作

【区委全会】 2016年1月8日，中共江门市蓬江区委八届七次全体会议，传达市委全会精神，听取区委全会工作报告、全区重点工作汇报以及干部选拔任用工作情况报告，审议通过《中国共产党江门市蓬江区第八届委员会第七次全体会议决议》。8月11日，召开中共江门市蓬江区委第八届八次全体会议，审议通过《关于召开中国共产党江门市蓬江区第九次代表大会决议的说明》。9月18日，中共江门市蓬江区委第八届九次全体会议审议通过《区第九次党代会工作报告》《纪委工作报告》，审议《区纪委工作报告的决议》和《第九次党代会决议》。

【区委常委会议】 2016年，共召开25次区委常委会议。主要议题是研究确定《江门市蓬江区“十三五”规划主要经济指标计划》《江门市蓬江区2016年主要经济指标计划》；研究确定蓬江区列入市“十三五”规划纲要重大项目申报计划；研究确定《区委八届七次全会方案》《区委八届七次全会报告》《中共江门市蓬江区委关于制定国民经济和社会发展第十三个五年规划的建议》，通报镇街党（工）委书记抓基层党建述职评议情况；研究部署2016年领导干部填报个人有关事项工作；研究确定2016年迎春活动安排，研究部署明年部分重点工作；研究确定龙舟山山林防火管护工程及龙舟山公园工程建设相关事宜；研究确定《蓬江区推行“邑门式”法人事项行政服务改革工作方案》《区级（环市街）法人“邑门式”行政服务中心建设工作方案》，通报《呈报关于组织部分区人大代表开展对我区“民心工程”视察工作的情况报告》；研究确定《区政府工作报告（讨论稿）》；研究确定《江门市蓬江区国民经济和社会发展第十三个五年规划纲要》《江门市蓬江区2015年国民经济和社会发展计划执行情况与2016年计划草案的报告》；研究确定《2016年投资推介会工作方案（草案）》；研究确定《蓬江区区管干部选拔任用工作实施意见》及《蓬江区区管干部选拔任用工作操作规程》；研究确定《关于调整我区区直公益一类事业单位奖励性绩效工资标准的请示》；研究确定《关于江门市滨江建设投资管理有限公司发行6亿元非公开定向债务融资工具的请示》；研究确定《2016年蓬江区基层党建“一室一站一平台”实施方案》，通报《蓬江区2015年度第四季度基层治理分析研判报告》及软弱涣散党组织情况；研究确定《区直机关事业单位建立住房维修基金（住房改革补贴）制度的实施方案》；研究确定《珠西智谷核心区（一期）项目融资建设合作框架协议》《珠西智谷核心区项目（一期）合作协议》和江门市珠西智谷云数据中心项目三方合作框架协议》；研究确定《广东珠西智谷高层次科技人才、创新团队扶持奖励暂行办法（征求意见稿）》；研究确定《关于确认滨江新区启动区土地开发成本的请示》，通报各单位贯彻落实区委八届七次全会精神情况，传达贯彻市委常委会议精神，研究确定《关于上报蓬江区2015年领导干部年度考核优秀等次人选的意见》；研究确定《江门市蓬江区第十届人大代表候选人初步人选名单》《江门市第十五届人大代表名额分配方案（含连任名单和各镇街初步推荐名单）》以及拟定区委提名下放候选人的参选安排相关事宜；研究确定区党代会代表团分团安排和市党代表选举工作；研究确定中国共产党江门市蓬江区第八届委员会第九次全体会议方案，研究讨论《在中国共产党江门市蓬江区第九次代表大会上的报告（征求意见稿）》，研究讨论《中共江门市蓬江区纪律检查委员会向区第九次党代表大会的工作报告（征求意见稿）》，研究讨论《在中国共产党江门市蓬江区第九次代表大会上的报告（征求意见稿）》；研究确定第九次党代会日程安排，研究讨论《关于区第九次党代会准备工作情况的报告》，研究讨论《关于蓬江区党费收缴、使用和管理情况的报告（草案）》；研究确定区第九次党代会有关选举办法，研究讨论区第九次党代会代表名册，研究讨论《中国共产党江门市蓬江区第九次代表大会代表资格审查委员会关于代表资格审查的报告（草案）》及代表资格审查委员会成员建议名单，研究讨论蓬江区出席市第十三次党代会代表候选人预备人选名册（不含下放的市领导名单），研究讨论中国共产党江门市蓬江区第九届委员会委员、候补委员候选人预备人选，研究讨论新一届区纪律检查委员会委员候选人预备人选，研究讨论蓬江区第九次党代会主席团成员、常委、秘书长、大会执行主席分组建议名单，大会列席代表、来宾建议名单；研究确定领导班子成员分工有关事宜；研究确定《关于给予彭锦洪开除党籍处分的请示》《关于给予彭锦洪开除公职处分的请示》；传达市委工作会议精神，研究确定《关于广东珠西控股集团有限公司聘任人员的请示》。通报黑臭水体农业污染源整治工作情况；通报《关于我区闲置土地有关情况的报告》，传达江门市第十四次创文指挥部会议及马拉松健步走工作会议精神；传达维稳有关会议精神；传达加强市区扬尘污染控制工作会议精神；传达2016年全市黄标车和老旧车淘汰工作推进会精神；常委会议研究确定《江门市蓬江区人大常委会关于列席和邀请列席区十届人大一次会议人员范围的决定》；研究确定江门市蓬江区第十届人民代表大会第一次会议主席团和秘书长名单、副秘书长名单、主席团执行主席分组名单；研究确定江门市第十五届人大代表候选人方案；研究确定蓬江区第十届人大常委会组成人员方案；常委扩大会议研究确定《关于新时期城乡精准扶贫精准脱贫实施方案（2016－2018年）》；研究确定党费收缴工作专项检查有关事宜。传达贯彻中央十八届六中全会精神；通报中欧（蓬江）智能制造产业论坛暨投资环境推介会筹备情况；传达省督导组听取区信访维稳工作汇报有关情况；传达省财政厅开展财政支出专项督查实地督查工作以及市委开展集中督导情况有关精神；传达贯彻省委十一届八次全会会议精神；通报区挂牌督学创新区省级督导及教育强镇复评情况；通报迎接国家环保督查准备工作情况；通报卫片执法平土复绿工作情况；传达全市民营经济工作会议精神；传达省政府到市开展第四季度促进外贸回稳向好督导精神；通报参加七十一届中国教育装备展的情况；通报江门市蓬江区人大常委会有关工作计划情况报告；通报区消防和禁毒工作情况；研究确定《中共江门市蓬江区委、江门市蓬江区人民政府关于建设卫生强区的实施意见》；传达贯彻中国共产党江门市第十二届委员会第八次全体会议精神；传达贯彻中国共产党江门市第十二届委员会第八次全体会议精神；通报市2016年县域经济社会发展考核有关情况；传达全省社会治安综合治理创新工作会议精神；研究确定《关于召开江门市蓬江区第十届人民代表大会第二次会议日期和建议议程的请示》《关于召开中国人民政治协商会议第四届江门市蓬江区委员会第二次会议的请示》；传达贯彻中国共产党江门市第十三次代表大会会议精神；通报省教育厅赵康一行考察情况；通报中央环保督查组督办环保工作有关情况；研究确定“天沙湖”等水系重新命名相关事宜；研究确定关于召开中国共产党江门市蓬江区第九届委员会第二次全体会议相关事宜；研究确定《关于调整江门市蓬江区2016年部分经济指标计划的报告》；研究确定《蓬江区2017年主要经济指标计划的建议》；研究确定2017年香港投资推介会工作方案；传达利为民调研珠西智谷精神；传达江门市2017年重点项目计划编制会议精神；通报市政府常务会议及市长办公会议精神；通报法人“邑门式”有关工作情况；传达陪同市长邓伟根视察滨江会展中心和圭峰山北门情况；传达中央环保督察组交办案件汇报会精神；传达江门市畜禽养殖污染综合整治现场会精神；通报维稳、发展、改革板块启动运作筹备情况；传达市长邓伟根与中铁建设投资集团公司领导现场检查江门大道精神；通报H7N9防治工作情况。

【区党政领导班子联席会议】 2016年，区委共召开31次党政班子联席会议，主要议题是研究确定《广东珠西智谷生物医药产业园项目委托运营服务协议》《台湾教育装备孵化中心运营协议》《广东珠西智谷投资控股集团有限公司资金管理暂行办法（送审稿）》《珠西智谷产业创新平台财务管理暂行办法》《广东珠西智谷投资控股集团有限公司及珠西智谷产业创新平台人员管理办法》《广东珠西智谷投资控股集团有限公司党总支部设立方案》《教育装备、智能制造和生命科学三大研究院工作人员薪酬管理制度》；关于规范由区直单位牵头组织珠西智谷有关活动经费支付审批流程相关事宜；《全国教育装备中心主任会议等活动经费预算》《全国大学生教育装备设计大赛策划方案》《广东教育装备中心装修方案》《关于珠西智谷小微双创企业服务中心改造工程相关事项的请示》《关于搭建环市街集中采购平台事项》、关于协调解决嘉悦名都小区扫尾工程代建等问题；传达贯彻市委、市政府领导系列指示及讲话精神,研究确定区党政班子部分成员分工调整事宜。

【重大活动】 **中欧（江门）中小企业国际合作区智能制造、教育装备产业基地挂牌** 于2016年3月7日上午，在珠西智谷智能装备制造创新产业园正式挂牌。副市长吴国杰、区四套班子主要领导及区有关领导，各镇街、区直单位主要领导和企业代表等见证产业基地揭牌。吴国杰在挂牌仪式上作讲话，寄语蓬江区要紧抓机遇，加快制定实施基地建设方案，将智能制造、教育装备产业基地打造成为珠西创新智慧集聚区。

香港投资推介会 于2016年3月17日在香港The Mira Hotel（原香港美丽华酒店）举行，邀请约170名嘉宾出席，区委主要领导代表区委、区政府向港澳五邑籍乡亲和香港工商界精英、知名人士、企业家和社团代表推介蓬江区投资环境，会上有20个项目举行签约仪式，投资总额达14.32亿美元。副市长吴国杰到会并作讲话。

全国文明城市创建暨建设志愿服务“爱心之城”启动仪式 于2016年3月28日上午，以“同创文明城市 共建幸福家园”为主题的蓬江区2016巩固全国文明城市创建暨建设志愿服务“爱心之城”启动仪式在东湖广场举行。市委常委、宣传部部长柯文仲，以及区党政主要领导参加仪式。仪式上，6个镇街代表宣读创文工作承诺书，表达紧抓创文工作的决心。有关领导还向5个创文职能部门代表和9个志愿服务队授旗，勉励大家积极行动起来，抓好常态化城市管理，共同为美丽新蓬江建设作贡献。

南方教育装备创新产业城开园仪式 于2016年3月30日上午，全国首个教育装备创新产业城——南方教育装备创新产业城在蓬江区群华科技园正式开园。是日，海峡两岸教育装备合作示范园、南方教育装备创新研究院相继揭牌。

全国教育装备中心主任会议 分别于2016年3月30日下午和31日上午，在万达嘉华酒店三楼会议厅召开。会议由教育部教育装备研究与发展中心主办，江门市蓬江区人民政府协办，南方教育装备创新产业城承办。会议由教育部教育装备研究与发展中心主任曹志祥主持，旨在部署2016年教育装备产业的重点工作，指导各省市教育装备中心的工作，指导学校装备建设，提高全国教学实验技术水平和装备水平，促进教育装备行业发展。教育部教育装备研究与发展中心、全国各省教育装备中心、广东省教育装备中心、广东省各地市教育部门及教育装备部门，蓬江区委、区政府等相关领导约200人参加会议。省教育厅巡视员赵康、市区领导到会并致辞发言。

第八届全省优秀自制教具大赛展评及颁奖典

礼 于2016年3月31日上午，在五邑大学体育馆举行，由广东省教育厅主办，五邑大学、南方教育装备创新产业城协办。大赛旨在促进教学内容和教学方法改革，支持新课改实施，促进素质教育发展。参加此次比赛的自制教具作品共有310件，最终评出一等奖20件、二等奖84件、三等奖156件，并推选出5件优秀的作品为能手奖。

全省基础教育装备工作会议 于2016年3月31日下午，在万达嘉华酒店三楼AB厅召开，会议由广东省教育厅主办，江门市蓬江区人民政府协办，南方教育装备创新产业城承办，旨在总结“十二五”并部署“十三五”时期基础教育装备工作。教育部教育装备研究与发展中心主任曹志祥主持会议，省教育厅厅长罗伟其，省教育厅巡视员赵康，副市长吴国杰、区长温伟文等领导出席会议。佛山、中山、深圳市南山区、汕头市澄海区，以及区政府还分别作经验介绍。

全国区街深化改革与治理现场会 于2016年3月31日下午，在逸豪酒店4楼国际会议中心召开。会议由中国社会工作联合会社区工作委员会主办。民政部基层政权和社区建设司巡视员蒋昆生，中国社会工作联合会副会长王国英、中国行政体制改革研究会副会长、国家行政学院教授汪玉凯，中国社会工作联合会副主任委员、上海市街镇工作协会会长潘烈青以及来自全国各省市的120多名相关工作领导、专家学者参加现场会。会议向蓬江区政府颁发“全国行政服务改革示范城区”奖牌，以表示对蓬江区的行政服务改革进行肯定和表彰。

戴爱莲诞辰100周年纪念大会 2016年5月10日是中国当代舞蹈艺术奠基人、著名舞蹈艺术家、教育家戴爱莲诞辰100周年纪念。5月22日下午，市、区有关领导参加在东湖影剧院举行的戴爱莲诞辰100周年纪念大会。中国舞蹈家协会主席冯双白、分党组书记罗斌，中央芭蕾舞团党委书记王才军，北京舞蹈学院院长郭磊，广东省舞蹈家协会主席谢晓泳，中央戏剧学院舞剧系主任、著名舞蹈家沈培艺，中国舞蹈家协会分党组成员、副秘书长夏小虎，广东省舞蹈家协会名誉主席、著名舞蹈家陈翘等中国舞蹈界重量级人物齐聚纪念大会，中央芭蕾舞团、中央戏剧学院、北京舞蹈学院青年舞蹈团等国家级艺术表演团队，以最强阵容表演精彩节目向戴爱莲致敬。

戴爱莲艺术楼揭牌、邮资封首发仪式、向戴爱莲雕像敬献鲜花 于2016年5月22日下午，在杜阮中心初中戴爱莲艺术楼前举行。区有关领导参加，区长温伟文为戴爱莲艺术楼揭牌。

“传承戴爱莲先生舞蹈精神，打造中国舞蹈之城文化品牌”座谈会 于2016年5月22日晚，在逸豪酒店二楼一品厅召开。区委副书记林伟勤、区委常委何莲参加。参加座谈会的舞蹈艺术家们就江门如何打造“中国舞蹈之城”以及蓬江区如何更好地传承和发展戴爱莲舞蹈艺术和精神，打响“戴爱莲舞蹈传承基地”品牌提出专业的意见和建议。

（江门）杜阮凉瓜美食旅游文化节启动仪式 于2016年6月10日上午在万达嘉华酒店举行，为期11天。主要活动包括开摘仪式、凉瓜诗书画图曲艺创作活动、凉瓜烹饪大赛、美食旅游欢乐日、万人美食之旅、千人凉瓜宴暨文艺晚会等。副市长易中强、市政府副秘书长许彩华、市农业局局长郑少强等领导，区四套班子相关领导及各镇街、区直部门相关负责人，五邑地区餐饮行业代表、旅游行业代表、凉瓜种植户代表等参加活动。

江台教育装备展览会开幕式和研讨会 于2016年7月12日，在南方教育装备创新产业城举办。教育部教育装备研究与发展中心处长刘俊波、省教育装备中心主任彭红光，副市长吴国杰，区长温伟文到会并致辞。区四套班子有关领导以及来自台湾的40多位学者和企业代表、产业城进驻企业负责人等参加开幕式。开幕式上，12家台资企业（机构）与南方教育装备创新产业城台湾教育新创中心签订意向入驻框架协议。待年底台湾馆正式落成之后，这批企业（机构）正式进驻南方教育装备创新产业城。

中欧（蓬江）智能制造产业论坛暨投资环境推介会 于2016年11月8日，由市人民政府指导，区人民政府主办，广东珠西智谷投资有限公司、珠西智谷智能制造协同创新研究院承办，中欧（江门）中小企业国际合作区服务中心、五邑大学、江门职业技术学院、广东同宏投资管理有限公司支持，分别在逸豪酒店国际会议中心主会场和各镇、街的7个分会场举行，吸引来自欧洲企业、协会及高校代表，国内智能制造产业企业代表，珠三角地区及江门地区商会、行业协会代表，蓬江区规模以上及上市企业、欧洲在蓬江区投资企业、小微双创企业代表约400人参加。主会场现场签约的优质项目达18个，计划总投资52.5亿元，副市长许晓雄、区委书记温伟文到会并致辞。

2016年“最美蓬江人”颁奖会 于2016年12月29日上午，在蓬江会堂举行。市委宣传部副部长、市委党校常务副校长李纯，区四套班子领导成员、区直部门副科级以上领导干部、各镇街主要领导、分管宣传工作的领导、文化站长及受表彰的先进单位代表和个人等400多人参加。本届“最美蓬江人”共对10个类别进行表彰，各个类别分别有10名获奖者，其中有最美身边好人、最美志愿楼长、最美城管、最美外来务工人员、最美环卫、最美警察、最美经营户、最美教师、最美医务人员、最美家庭。（陈晓雯）

【督办工作】 2016年，围绕市委、市政府下达的督办考核任务开展督查督办，不定期开展飞行督查；围绕区委、区政府布置的督办考核任务开展督查督办，主要包括区委、区政府重点工作任务、“创先争优”工作考核考评目标任务、十大民生工程任务以及区主要领导批示交办事项等。一年来，共办理市、区领导交办批示事项300多件次；开展现场督办50多次；刊发《蓬江督办》《督查专报》《督查通报》共58期，向市每月报送重点项目进展情况、邓市微博私信交办事项各类事项办结情况30多件次，办结率100%。

【信息工作】 2016年，全区编印《蓬江信息》115期，上报市委（府）办各类信息（包含调研类信息）150多篇，其中被省、市采用及领导批示件30多篇，信息工作在全市政府线排名第一、党委线排名前三。（李丽芳）

【保密工作】 2016年，区保密局进一步规范定密工作，建立完善权责明晰、程序规范、依据充分、监督有力的定密管理工作机制；并实行动态管理制度，既确保国家秘密安全，又便于信息资源合理利用。抓好常态化保密检查服务工作，对涉密计算机和涉密设备实行保密员专用专管专责，所有计算机均清晰标记涉密及非涉密标志；对全区26个单位进行检查，检查涉密计算机23台，互联网计算机72台，并对各单位保密工作中存在的问题及时提出整改意见，限期整改。深入开展保密宣传教育工作，订购保密宣传学习资料250套，张贴宣传画册6套24张，发送短信400多条，信息24期。

（潘杰伟）

【邑门式行政服务改革】 2016年，全区建成自然人邑门式服务中心7个，形成“6+1”的镇（街）服务中心格局，为全区群众提供方便快捷的“家门口”服务。全年自然人邑门式可办事项340项。

9月26日，蓬江区企业法人邑门式服务中心建成并上线试运行。以“互联网+政务服务”为载体，通过企业法人“邑门式”平台，全区多个部门的涉企事项实行“一窗通办”。区级中心第一批可办18个部门680项业务，各分中心首批可办5个部门378项业务。

是年，全区自然人邑门式服务中心办理业务累计83.1万件，日均受理量为3322件，其中综合业务31.7万件，日均受理量为1268件，以社保和卫计业务量占据前两位；公安业务51.3万件，日均受理量2054件，以户政常住人口业务占据首位。企业法人业务受理近3.5万件。

（刘艳芬）

附：2016年中共江门市蓬江区委领导名录

书　记：王积俊（—2016.4）
　　　　温伟文（2016.8—）
副书记：冼国良（—2016.4）
　　　　温伟文（—2016.8）
　　　　邵　建（挂任，—2016.9）
　　　　李欣立（2016.9—）
　　　　林伟勤（2016.4—）
　　　　陈常岷（挂任，2016.10—）
常　委：叶石健（—2016.8）
　　　　李云龙（—2016.8）
　　　　李欣立（—2016.9）
　　　　赵　全（—2016.9）
　　　　雷治灿（—2016.9）
　　　　黄达斌（—2016.9）
　　　　邹　强（2016.9—）
　　　　朱金治（2016.9—）
　　　　林建中
　　　　何　莲（女）
　　　　文　丽（女，2016.9—）
　　　　张文新（2016.9—）
　　　　何惠能（2016.9—）
　　　　黄振中（挂职，—2016.12）

纪检监察

【重要会议】 2016年3月11日，市依法行政考评小组到区实地考评2015年依法行政工作情况，区委副书记、区长温伟文在区长会议室汇报全区工作情况。区人大、区政协、区司法局、区监察局、区财政局、区发展改革和统计局、区城市综合管理局、区卫生和计划生育局、区经济促进局、区农林和水务局、区信访局等单位参加汇报会议。

4月21日，召开落实人大代表建议沟通协调会，人大代表张兆强，区人大、法制局、地税局、住建局等20多个部门的分管领导参加会议。

9月26日，区纪委召开九届纪委第一次全会，会议选举产生纪委书记、副书记及纪委常委。

10月11日，市纪委党风政风监督室、案管室、案审室主任前来调研农村基层党员违纪违法情况，对结案率、7类问题案件占比率作出指导性意见，并提出两率在11月底前要达到80%、75%以上比例。

【党风廉政建设】 2016年，制定《江门市蓬江区党员、干部“八小时以外”活动监督管理实施方案》，编制《蓬江区党员、干部“八小时以外”活动行为规范》，出台《党员、干部“八小时以外”活动监督管理内容清单》和《江门市蓬江区党员、干部“八小时以外”行为规范》两项配套制度。加强对党员干部工作作风的日常监督，全年开展明察暗访8次，整治“为官不为”现象；深入推进党员、干部“八小时以外”活动监督管理工作。对全区98名正科级干部全面开展经商办企业行为自查自纠，主动申报经商办企业情况24宗，对4宗辖区内领导干部配偶经商办企业行为和20名抽查选中的领导干部进行房产、车辆、经商办企业情况的全面核查；进行6次对违规公款接待、公车私用问题的明察暗访，对群众强烈反映的棠下镇兽医防疫检测站站长公车私用情况进行调查核实。强化“两违”线索排查，夯实党风廉政建设成果。全区农村基层排查出问题线索160多条，立案80多宗，结案67宗，给予党纪处分66人，政纪处分10人，移送司法机关6人，挽回经济损失300多万元。开展下级党委主要负责人和本级党委、政府所属部门、单位党组织主要负责人共55人向区委书面述廉并接受评议活动，向荷塘镇等7家单位发出“整改通知书”；开展函询5人次，诫勉谈话8人次、述廉报告55人次。

【纠正不正之风】 2016年，通过反腐败协调小组工作会议，区纪委向检察院正式移交案件3件3人，向公安经侦部门移送案件3件3人。做好查办案件的组织协调，承办上级纪委大量的案件外调工作，加强与2个纪检监察室的沟通联系，定期督办交办线索和承办案件的处理进度，全年结案率比上年同期大幅提高。

【查处违法违纪案件】 2016年，全区各级纪检监察机关收到群众信访举报件156件（含重信61件），属纪检监察系统业务受理范围66件。全区立案查处党员干部违纪违法案件66件，办案数量比上年同期办案总量增加17.9%。其中涉及科局级干部9人，一般干部4人，其他党员53人。现已办结70件（含往年遗留），比上年增幅79.5%。给予党员干部党纪政纪处分68人，组织处理诫勉谈话2人；其中给予党政纪轻处分38人，重处分30人。受理审理案件79件，已审结案件79件。处分党员、干部74人。给予开除党籍32人（其中开除党籍同时开除公职4人，降低岗位等级2人），给予留党察看2人，给予撤销党内职务1人，给予党内严重警告12人（其中给予党内严重警告同时给予行政记过1人），给予党内警告21人，给予行政记过1人，给予行政警告5人，免予党纪处分2人。回访教育20人（其中：无职党员18人，有职党员2人）。通过办案办信，挽回国家和集体经济损失538.21万元。区连续9年实现镇、街办案全覆盖。

【执法监察】 2016年，全面整治土地违法问题，对64名相关人员进行了约谈，其中约谈镇级干部8名、村两委干部33名、村小组组长23名，并要求约谈对象签订政治工作纪律承诺书。建立健全责任追究工作机制，坚持对“四风”和腐败等多发频发问题的问责。对重点时期、重点场所、重点事项、重点对象开展执法监察6次，对1名涉嫌公车私用党员干部进行调查核实；加强和改进生产安全事故责任追究工作，参加全区安全生产专项检查8次。

【行政效能监察】 2016年，加强政府重大投资项目等重点工作和执行法律法规执行情况开展专项效能监察，配合推进珠三角（江门）国家自主创新示范区、中欧（江门）中小企业国际合作区规划建设、珠西智谷示范基地、全国小微企业信用体系建设试验区等建设项目的跟踪问效，加大监督检查和责任追究力度。以深化完善网上办事大厅的效能监察功能为契机，以省行政效能监督网络平台为技术支撑，加强行政效能督促工作。全年区投诉中心收到各类投诉、咨询件35宗，全部办结，较上年同期减少21宗，投诉幅度下降60%。 （王巧玲）

组织工作

【领导班子和干部队伍建设】 2016年，出台《区管干部选拔任用工作实施意见》和《区管干部选拔任用操作规程》，进一步规范干部选拔任用工作。把对提名动议对象初审做到推荐考察工作之前，加强干部任前档案审核，重点审查干部身份、“三龄两历”情况，对相关信息不准确或记载不全的，待核实确认后才确定为提名动议对象。对拟提拔人选、平级转用重要岗位人选，进行个人有关事项报告和干部档案核查。坚持“七部门”联审把关制度，增加任前考察深度，防止带病提拔。风清气正推进区镇两级换届，顺利选出区四套班子。换届后全区四套班子成员有29人（含1名挂职干部），其中女干部5人，党外干部5人，平均年龄49岁。调整任职的科级干部176人，提拔使用67人，其中正科级30人、副科级37人。到年底，全区有科级干部579人，其中正科159人、副科420人。

【基层党组织建设】 2016年，落实市委“两型一化”基层党组织建设为契机，打造“一室一站”（镇街建立党务工作室，村居建立党员工作站），全区建成党务工作室6个，党员工作站154个，覆盖所有镇（街）、村（居）和经联社，顺利完成公共服务站建设。镇街党务工作室由党（工）委书记任主任，增加9名大学生村干部党建指导员。村居党员工作站由村居党组织书记任主任，通过常驻和轮值两种方式，整合公安民警、村居党员，实现志愿服务的常态化。开展“插旗亮牌”行动，统一设计形象标志，在显著位置悬挂党旗国旗，设置党员先锋岗和党建标志牌。开展基层治理，整治7个“软弱涣散”基层党组织。开展镇街领导干部普遍直接联系群众活动，组建142支驻点团队，走访群众20万户，帮助解决问题8351个。

【干部教育培训】 2016年，配合省、市的要求，组织处级干部205人次，科级干部1457人次参加省、市、区级培训班。举办2016年蓬江区领导干部学习贯彻市委十二届六次全会精神专题研讨班，股级以上干部参训人数达1696人次。

【干部监督】 2016年，落实各项干部监督管理制度。组织全区区管领导干部按规定报告个人有关事项。扎实做好干部人事档案专项审核、党组（党委）清理规范等工作。加强干部日常监督管理，加大提醒、函询和诫勉力度，全年函询7人，诫勉谈话1人。对拟提拔的区管干部，坚持“七部门联审把关”，开展干部档案和个人有关事项报告“双核查”。扩大对新提拔干部的公示范围，增加在蓬江发布微信公众号上公示。加大对“裸官”的监管力度，健全新发生“裸官”日常报告机制。

【人才工作】 2016年，持续加大对人才工作的投入力度，出台《广东珠西智谷高层次科技人才、科技团队扶持奖励暂行办法》，抓好《江门市人民政府关于完善体制机制加快建设人才强市的若干意见》的宣传落实。紧贴全区发展对人才的强烈需求，强化人才服务，配合上级部门做好重大人才项目申报、江门市博士后创新中心建设，举办人才创新学术培训讲座，加强人才载体建设，强化人才引进，努力吸引更多人才到蓬江创业创新。新增国家级高新技术企业35家，新增省级工程技术研究中心6家。新增广东省博士后创新实践基地1个，1个项目入选人社部2016年“万名专家服务基层行动计划示范项目”。是年，全区有企业经营管理人才19300人，专业技术人才34999人，高技能人才37832人，农村实用人才730人，社工人才7357人，文化产业人才6932人。

【老干部工作】 2016年，加强老干部政治思想建设，举办学习讨论会、报告会、党支部书记学习培训班等30多场次，组织老干部参观珠西智谷智能装备制造业展厅、南方教育装备创新产业城、东仓里文化创意园等区的重点项目。积极开展“为党和人民的事业增添正能量”活动，结合时代主题，组织老干部开展各项文化交流活动，并带领老干部到社区、广场开展讲座、作品展出，到养老院和老人院进行慰问演出，引导老干部参加文化传承、帮学助教、扶贫济困等志愿服务活动。发挥老干部活动中心和老干部大学“两个平台”的作用，举办老干部歌唱比赛、诗词比赛、书画摄影展等活动，进一步扩大老干部大学的办学规模，老干部学习班从8个班发展到15个班，老干部学员由200多人发展到400人。

【党员工作】 2016年，加强党员的培育管理，优化党员队伍结构，新发展党员167名，全区党员累计23028名，其中农村党员3872名，社区党员8534名，“两新”组织党员2736名。抓好党代表联络服务工作，试点推进乡镇党代表年会制，棠下、荷塘、杜阮3个试点镇召开党代会，191名“两代表一委员”轮值接待群众，全区的党代表工作室达101个，实现镇街、村（社区）全覆盖。

【“两新”组织党建工作】 2016年，加大经费支持，投入151.9万元专项经费用于“两新”组织党建。推进“两个覆盖”工作，全区新增“两新”党组织12家，在“两新”组织发展党员65名。依托区民政局成立区社会组织党工委，落实机构和配齐人员，加大工作覆盖面，全区新增社会组织的党组织3家。加强党建阵地建设，在环市街火炬创业园建立占地600平方米的党群服务中心，在江门植保大厦挂牌建立“两新”组织党员学习教育培训基地。与区工商联联合在北京航空航天大学举办重点非公企业出资人、党组织书记、“创二代”青年人才高级研修班，在中山市委党校举办“两新”组织党组织书记和党务骨干培训班。

【选聘（调）生工作】 2016年，进一步加强在岗选聘生的管理和培养，引导和帮助选聘生成长。是年，7名大学生选聘生考上机关或事业单位雇员和事业编制人员，9名期满优秀大学生选聘生被选聘为镇街党建指导员，到年底全区在岗大学生选聘生1名。参照选聘生的招录和管理模式，由市统一组织，公开选聘高校毕业生到农村、社区担任村主任助理。全区招录74名村主任助理，12月1日正式到村（社区）履职。

【关心下一代工作】 2016年，区关工委继续完善“一镇街一品牌”工作。荷塘镇关工委以开展书法、美术、曲艺、诗词等文化活动和开展篮球、乒乓球等体育活动为载体，在假期组织在校学生开展丰富的教育活动，在塔岗小学举办小沙龙手培训班，由老村民、老教师传授舞龙技艺。杜阮镇中心初中充分发挥互联网+德育作用，在校园网开设“家长学校”栏目、建立学校微信公众号、校级班级的家校交流群等，共同交流分享教育孩子的经验心得。白沙街长塘社区关工组邀请区司法局在长塘公园开展“普法顾问进社区服务群众零距离”宣传活动，活动内容贴近青少年日常学习生活。

（冯庆才）

宣传工作

【理论学习与研究】 2016年，学习贯彻党的十八届五中全会精神，学习宣传《全面小康热点面对面》，牢固树立以人民为中心的发展思想，准确把握新发展理念；学习宣传《习近平总书记系列重要讲话读本（2016年版）》，理解党中央治国理政新理念新思想新战略；自查《党委（党组）意识形态工作责任制实施办法》贯彻落实情况，坚实意识形态工作的基础。5月，组织党员干部集中观看党史题材电影《冲锋号》《没有共产党就没有新中国》，坚定信念；组织举办蓬江区委中心组（扩大）学习会暨法治专题报告会，邀请国务院法制办副司长杨奎讲授“依法行政”，加强干部队伍的法治思维。6月，组织举办蓬江区庆“七一”“两学一做”主题演讲比赛活动，营造良好的学习教育氛围。是月，组建蓬江区“两学一做”学习教育党课讲师团，到各社区（村）、区直单位党组织讲党课，至9月共讲课70多场次，讲师团被誉为“红色宣传队”，先后被《江门宣传》《广东宣传》报道。7月始面向蓬江区城乡基层，做好省委、市委、区委宣传部联办的“学习习近平总书记‘七一’重要讲话精神”宣讲工作，分别组织蓬江区，杜阮镇、环市街和潮连街治国理政新理念新思想新战略宣讲报告会，12月携手市委宣讲团组织党的十八届六中全会精神城乡基层宣讲活动，以上会议（活动）60多场，增强党员干部的政治意识、大局意识、核心意识、看齐意识。

全年有11位社科理论工作者在2016年江门市加强未成年人思想道德理论研讨会上获得奖励，1项课题获得江门市社会科学规划研究课题资助立项，成为三区四市中唯一获得立项的研究课题。此外，成功申报范罗岗社区为江门市首批基层理论宣讲示范点、江门市人文社科示范普及基地，群星社区为江门市人文社科普及基地。

【新闻宣传和舆论引导】 2016年，在全市率先探索新常态下新闻舆论宣传工作新模式，全方位融合传统媒体和新媒体。在做好自办新媒体“蓬江发布”微信公众号宣传同时，大力开展与新浪网、网易、腾讯、江门汇声汇色网等新媒体的合作，有力构建新时期蓬江全媒体宣传专业平台、宣传平台、沟通平台、便民平台等四大平台，开启区“互联网+政务”宣传新模式。做好传统媒体宣传工作，设置“蓬江政能量”“贯彻市委工作会议精神蓬江在行动”“两学一做学习教育”“关注区镇两级人大换届”“创文不停步”等栏目板块。先后专版策划“两院司法成效”“蓬江区两会报道”“潮连环岛游”“戴爱莲先生诞辰100周年纪念大会”“棠下石头村龙舟赛”、2016年广东（江门）杜阮凉瓜美食旅游文化节、“两违整治”“黑臭水体整治”“蓬江区第九次党代会”“聚焦蓬江发展”“2016全国大学生教育装备设计大赛”“中欧（蓬江）智能制造产业论坛暨投资环境推介会”等20多个专题报道。加强与江门广播电视台及江门电台合作，共播出《蓬江视界》152期、《蓬江之声》80期，并通过“蓬江发布”微信公众号同步进行链接或转发。10月，与《南方都市报》合作开办“悦读蓬江”专版；11月，统筹策划文化部核心刊物《文化月刊》和江门本土刊物《炎黄天地》蓬江专刊内容。全年共在省级媒体、《江门日报》、江门电视台刊（播）稿1769条，其中出版《江门日报》（蓬江新闻）87期，连同主报板块共刊登宣传新闻1173条；广东电视台、《南方日报》《南方都市报》《广州日报》《羊城晚报》《信息时报》等省级以上主流媒体刊登通讯及消息242篇；江门电视台共播出新闻354条。

是年，通过购买南方报业传媒集团的南方舆情服务，加强对全区的网络舆情监控和引导，掌握舆情引导的主导权，把握事件处置的话语权，减少负面新闻发生和传播，正确引导突发事件社会舆论方向。全年全区没有出现严重负面舆论报道。

【公民道德建设】 2016年，开展培育和践行社会主义核心价值观，广泛开展道德模范、身边好人推荐评选和学习宣传活动，举办道德模范（最美蓬江人）基层巡演和身边好人交流活动7场次。8月，开展“公民道德宣传月”各类教育活动130多场次；大力推进未成年思想道德教育，组织开展“开笔礼”“乡村少年宫”“小手拉大手”“向国旗敬礼”“童心向党红歌会”“网上祭英烈”“扣好人生第一粒扣子”、学习和争做美德少年等主题活动。

【精神文明共建活动】 2016年，开展精神文明创建活动，顺利通过市级单位文明称号复查17个；获得市级文明工作先进集体称号13个。是年，举办蓬江区第二届“最美蓬江人”颁奖会评选出“最美志愿楼长”10人、“最美城管”10人、“最美外来务工人员”10人、“最美环卫”10人、“最美警察”10人、“最美经营户”10人、“最美教师”10人、“最美医护人员”10人、“最美家庭”10户、“蓬江好人”10人和“最美蓬江人特别奖”1人，共表彰101人；江南等4人被评为“江门市身边好人”。

（李珊珊）

统战工作

【非公有制经济领域统战工作】 2016年，搭建和谐政企交流、银企合作、法律服务、培训学习、联谊交流和慈善公益6大平台，精准暖企。为非公企业解决资金需求2000多万元，协调解决涉及土地、股权纠纷、知识产权保护、诈骗、劳资纠纷等方面难题56宗。坚持做好企业培训教育工作，于4月20日成立蓬江区中心企业培训学院、蓬江区企业家学院，开设总裁办、高管班、营销班等，使企业培训更加专业化、系统化；组织非公经济人士到全国著名院校学习培训、参加政府各部门组织的论坛和讲座，各级商会开展各类培训、论坛40多场，累计2000多人次参加。促进非公企业参与慈善公益活动，全年区一级和各镇（街）商会、行会累计捐款达500多万元；连续4年联合区慈善会开展特色定向帮扶贫困家庭活动，捐赠每户每月200元生活费，募捐金额23万多元。（黄嘉明）

【港澳、海外统战工作】 2016年，继续加强与港澳、海外同乡会、社团的交流，开展联谊活动，密切与社团首长、政协委员、知名人士的联谊沟通，巩固友谊，增进共识，共同维护“一国两制、港人治港、澳人治澳”的方针政策，为支持港澳特区政府有效施政，维护香港、澳门繁荣稳定做出积极贡献。年初，协助做好香港五邑总会筹备工作，发动在港区籍社团加入；推荐区籍在港的社团首长、知名人士、政协委员等10多人担任总会相关职务。2月20日，香港五邑总会于会展中心举行成立大会，区长温伟文代表蓬江区到场祝贺，并致送纪念品。3月中，区政协副主席、统战部部长赵洪辉、副部长欧阳祝荣参加区政府在香港举办的投资推介会，拜会重点社团首长、知名人士、重点客商；赴澳门拜会澳门江门同乡会和重点客商。4月12日，副主席赵洪辉参加澳门江门同乡会暨澳门广府人（珠玑）联谊会新一届理监事就职典礼。5月9日，副主席赵洪辉参加江门市侨商总会青年总会第二届理事会就职仪式。7月下旬，区委统战部副部长欧阳祝荣随市五邑海外联谊会赴马来西亚、文莱、柬埔寨等国家拜访江门籍社团、华侨、知名人士，开展海外联谊活动，参加柬埔寨江门五邑同乡会成立大会。9月初，组织镇、街和区直部门相关人员赴港拜会区籍同乡会，召开座谈会，开展联谊活动。12月26日，香港杜阮同乡会一行15人在会长叶云妮的带领下到访蓬江区。

【台务工作】 2016年，走访辖区19家重点台资企业，加强惠台政策措施的宣传和辅导。中秋节、春节前，区台办领导带队走访、慰问主要台资企业，并召开台资企业座谈会，倾听台商台胞的意见建议。全年办理60多人次赴台行前教育；为10家企业17人次办理赴台相关手续；为2批26人次办理公务赴台经贸考察手续。3月8—14日，区台办主任欧阳祝荣参加区政府组织的赴台经贸考察活动，考察台湾教育装备、生命科学等产业，并召开投资推介会和交流研讨会。3月25日，在珠西智谷群华科技园4号楼挂牌成立“江门台湾青年创业创新示范基地”，并正式向省台办申报设立“海峡两岸青年创业基地”。发挥与台商联系密切的优势，协助区经促局、招商局接待前来考察的台商，做好推介和考察活动。4月28日，协助接待台湾极趣科技有限公司CEO张合右；8月11—13日，协助接待市高级经济顾问、知名台商郭亚陶。9月7日，协助接待台湾掌宇股份有限公司考察团。11月27日，“广东省优秀台湾学子岭南行”活动的100多名在粤高校就读的台湾学子到区珠西智谷南方教育装备创新产业城参观。8月，开展台资企业劳动关系调研活动，深入了解区台资企业的劳动关系状况，撰写调研报告提交市台办。（古健龙）

编制管理

【行政体制改革】 2016年，进一步理顺监管职能和优化机构设置，按照精简统一效能原则，加强对职责相近、职能重叠部门的整合撤并，组建区招商局、区民族宗教和外事侨务局（与区委统战部合署办公），将原区国土规划和环境保护局相关职能分别划转到新组建的市城乡规划局蓬江分局、市不动产登记中心。稳步推动政法委机构改革，将区社工委、区依法治区办相关职能整合后总体并入区委政法委，并相应厘清明确社会工作职责主体。重新厘清文化市场监管、旅游安全监管、城市、住建等部门综合执法监管职责归属，配合推进法院、检察院人财物移交省垂直管理改革工作。重新明确白沙街道与4个政务中心的各自职能定位，优化设置街道与政务中心机构设置。加强区人社局、区农林和水务局人员编制配置，设立区劳动保障监察综合执法大队、区农林和水务局农业综合行政执法股等专门执法机构。稳步推进事权下放工作，以“1+3”权力清单为基础，有针对性的对乡镇（经济发展）、街道（民生建设）两类主体不同事权诉求，精心定制事权下放“菜谱”，由行政职能部门和镇街根据自身需要和承接能力双向“选择”，主动谋求扩大镇（街）的自主发展权。

【行政审批制度改革】 2016年，做好编制行政审批标准化，着重对不适应经济社会发展、适用法律法规错误事项，国家（省）已明确取消禁止实施的行政审批事项进行全面清理，完成编制《江门市蓬江区行政许可事项目录（第一批）》，梳理规范行政许可事项345项，编制办事指南和业务手册690份，录入广东省行政许可标准模块系统信息1万多项。探索“一门式、一网式”行政服务改革，扎实做好区法人邑门式行政服务改革事项梳理与平台对接两大基础性与关键性工作，在现行法律法规框架下，通过深度整合工商、税务、食药、卫计、城管、发改、经促、住建、国土、环保、公安、消防等18个部门职能，将区级涉企审批及服务事项梳理细化为680项，实现审核材料、办理时限、群众来回跑窗口次数大幅压减，材料清单、审批手续、证照互认标准化“全流程再造”等一窗办理、全区同办改革设想，成为全市行政审批服务改革先进标杆。

【机构编制管理】 2016年，进一步管好盘活现有编制资源，加大编制管理创新力度，将空余编制优先配置到关系经济、民生等重要领域一线部门和编制较少的部门。对全区61所中、小学校教职员编制实行动态调整，解决全区中、小学教师缺编缺员问题。

【事业单位管理】 2016年，指导第二人民医院完成辖区城市公立医院法人治理结构建设试点工作。做好事业单位信用体系建设，全面实施事业单位法人年度报告网上提交和公开工作。做好事业单位实施统一社会信用代码换证工作，全面完成全区事业单位统一社会信用代码的证书换发，并对符合条件的机关、群团发放统一样式的“统一社会信用代码证书”。探索开展政府举办的公益机构实行事业单位法人登记制度，完成全区各镇农村五保养老机构实行事业单位法人登记，以及各镇专职消防队的事业单位法人登记，推进各类事业单位统一登记管理。对区卫计局及其所属事业单位、人才资源开发中心、区人才技术服务中心、区中小企业服务中心、区环境监测站、区环境科学研究所等一批事业单位重新进行改革调整，理顺部门职能和人员编制关系。 （冯庆才）

社工委工作

【概况】 根据《中共广东省委办公厅关于印发<中共广东省委政法委员会机关主要职责、内设机构和人员编制方案>的通知》和《中共江门市蓬江区委政法委员会机关主要职责内设机构和人员编制规定》的要求，2016年12月重新组建中共江门市蓬江区委政法委员会，区社工委职责整合划入区委政法委。

【社会组织建设】 2016年，全区登记在册的社会组织共329个，其中民办非企业188个、社会团体141个。社工机构目前有25个，社工人才共300多人。是年，区继续加大向社会购买服务力度，已申报的向社会组织购买服务达77项，合计资金3288.41万元，项目重点在养老、助残、救孤、帮教散居儿童、外来工子女、困难家庭帮扶等方面。

【公益创投】 2016年，继续以“养老助残”为主题开展第三届社会组织公益创投活动，创投设两个项目（镇、街居家养老助残综合服务项目），项目评审分项目评分和现场评审2个环节，创投项目资金达260万元。通过公告、报名、申报、评选和公示等程序，两个中标项目均已签订合同，中标的社会组织于3月起向社会提供服务。

【社工人才队伍建设】 2016年，全区报名参加全国社会工作者职业水平考试310人，通过考试82人。至年底，全区取得社会工作者职业水平证书的有335人，其中助理社会工作师285人、社会工作师82人。

【国家治理体系中的社区参与治理论坛】2016年，为提高社会组织参与社区治理的能力，促进社会组织健康有序发展。10月，由区政府、五邑大学、城市社区参与治理资源平台联合主办，区社会工作协会承办的“国家治理体系中的社区参与治理论坛”在五邑大学举行，来自香港、北京、上海、四川、深圳等地学术界、实务界的专家学者，与蓬江党政干部、社区工作者共190余位研讨社区长治久安。香港理工大学博士古学斌、中山大学博士朱健刚等系统梳理国内社区建设的理论、路径、方法及未来前瞻，成都市民政局处长江维系统介绍成都市民政局创新基层治理的做法和成效。区社会工作委员会向论坛做蓬江服务专报，论坛根据需要同时设置3个分论坛，分享来自香港、北京、上海、四川、山东、深圳等地区18个具有扎实成效的社区治理实践案例，并召开2个开放空间深入讨论社区参与治理，为各界提供深度互动的交流平台。

【社会组织专项清查】 2016年，成立区重点组织专项清查工作协调小组，制定《关于开展社会组织专项清查的工作方案》，按照“属地管理为主，行业管理为辅”原则，多方联动，综合施策，有针对性地开展重点社会组织专项清查行动，实行教育引导、制度规范、依法取缔并举，净化社会组织发展环境。是年，全区专项清查工作排查出登记类3491个、备案类40个、未登记（备案）类56个。

（郑秋船）

江门市蓬江区人民代表大会

【区九届人大六次会议】 于2016年2月1－2日在蓬江会堂三楼召开。会议听取和审议江门市蓬江区人民政府工作报告、江门市蓬江区人民代表大会常务委员会工作报告、江门市蓬江区人民法院工作报告、江门市蓬江区人民检察院工作报告；审查和批准江门市蓬江区国民经济和社会发展第十三个五年规划纲要、江门市蓬江区2015年国民经济和社会发展计划执行情况与2016年计划草案的报告及2016年国民经济和社会发展计划；审查江门市蓬江区2015年预算执行情况和2016年预算草案的报告及2016年预算草案；批准江门市蓬江区2015年预算执行情况和2016年预算草案的报告及2016年区级预算。会议以举手表决的方式，通过区政府工作报告、区2015年国民经济和社会发展计划执行情况与2016年计划、区2015年预算执行情况和2016年预算、区人大常委会工作报告、区人民法院工作报告、区人民检察院工作报告、区国民经济和社会发展第十三个五年规划纲要的决议。会议期间收到代表提出建议、批评、意见5件。

【区十届人大一次会议】 于2016年11月23－25日蓬江会堂三楼召开。会议听取和审议江门市蓬江区人民政府工作报告、江门市蓬江区人民代表大会常务委员会工作报告、江门市蓬江区人民法院工作报告、江门市蓬江区人民检察院工作报告；选举江门市蓬江区第十届人大常委会主任、副主任、委员，江门市蓬江区人民政府区长、副区长，江门市蓬江区人民法院院长，江门市蓬江区人民检察院检察长，江门市蓬江区出席江门市第十五届人民代表大会代表。会议应到代表204人，实到代表186人。会议以举手表决的方式，通过关于江门市蓬江区人民政府工作报告的决议草案、关于江门市蓬江区人大常委会工作报告的决议草案、关于江门市蓬江区人民法院工作报告的决议草案、关于江门市蓬江区人民检察院工作报告的决议草案。会议期间，收到代表提出建议、批评、意见10件。

【区人大常委会会议】 **区九届人大常委会第三十八次会议** 于2016年1月18日在区人大常委会会议厅举行。区人大常委会常务副主任徐伟，副主任黄锡炎、伍厚德、张长齐、何瑞鹏、郭其庆和委员共21人出席会议。区委常委、常务副区长赵全，区人民法院院长傅志坚、区人民检察院检察长陈智勇、区人大常委会财经城建环保工委主任林志强、区发展改革和统计局局长谢栋华、区财政局局长廖炳华、区府办常务副主任张怀业，各镇人大主席、街道人大工委副主任和部分区人大代表列席会议。会议由徐伟主持。会议审议通过关于召开江门市蓬江区第九届人民代表大会第六次会议的决定、关于列席和邀请列席区九届人大六次会议人员范围的决定。会议初审《江门市蓬江区国民经济和社会发展第十三个五年规划纲要（草案）》《2016年财政预算（草案）》《区人大常委会工作报告（初稿）》，并同意提交区九届人大六次会议审议。会议初审九届人大六次会议相关文件，并同意分别提交区九届人大六次会议预备会议和主席团会议审议。会议审议通过区九届人大常委会代表资格审查委员会关于代表资格的审查报告，确认江门市蓬江区第九届人民代表大会现有代表204名。

区九届人大常委会第三十九次会议 于2016年3月9日在区人大常委会会议厅举行。区人大常委会常务副主任徐伟，副主任黄锡炎、伍厚德、张长齐、郭其庆和委员共19人出席会议。区政府副区长张沃芬、区人民法院副院长李志森、区人民检察院检察长陈智勇、区人大常委会财经城建环保工委主任林志强，各镇人大主席、街道人大工委副主任和部分区人大代表列席会议。会议由徐伟主持。会议审议通过《区人大常委会2016年工作要点》。

区九届人大常委会第四十次会议 于2016年4月7日在区人大常委会议厅召开，区人大常委会常务副主任徐伟，副主任黄锡炎、伍厚德、张长齐、何瑞鹏、郭其庆和委员共20人出席会议。区政府副区长李达成、区人民法院副院长钟菁、区人民检察院检察长陈智勇和区人大常委会财经城建环保工委主任林志强列席会议。会议由徐伟主持。会议通过《关于接受王积俊辞去区九届人大代表请求的决定》和《关于接受余庆华辞去区九届人大代表请求的决定》。

区九届人大常委会第四十一次会议 2016年4月26日在区人大常委会会议厅召开。区人大常委会常务副主任徐伟，副主任黄锡炎、伍厚德、张长齐、何瑞鹏、郭其庆和委员共20人出席会议。区政府副区长朱辉荣、区人民法院副院长李志森、区人民检察院检察长陈智勇、区人大常委会财经城建环保工委主任林志强和各镇人大主席、街道人大工委副主任列席会议。会议由徐伟主持，会议表决通过徐伟代理江门市蓬江区人大常委会主任职务和《关于接受王积俊辞去市人大代表请求的决定》以及有关的人事任免。会议听取和审议区法院司法改革工作情况报告。

区九届人大常委会第四十二次会议 于2016年6月24日在区人大常委会会议厅召开。区人大常委会代理主任徐伟，副主任黄锡炎、伍厚德、张长齐、何瑞鹏、郭其庆和委员共18人出席会议。区委常委、区政府常务副区长赵全，区人民法院副院长朱仲灼，区人民检察院检察长陈智勇，区人大常委会财经城建环保工委主任林志强，区委办、区府办常务副主任张怀业，区财政局局长廖炳华以及各镇人大主席、街道人大工委副主任和部分区人大代表列席会议。会议由徐伟主持，会议听取和审议区政府2016年上半年专项资金使用情况报告和区人民法院司法改革工作情况报告，审议通过人事任免事项。

区九届人大常委会第四十三次会议 于2016年7月26日在区人大常委会会议厅召开。区人大常委会代理主任徐伟，副主任黄锡炎、伍厚德、张长齐、何瑞鹏、郭其庆和委员共20人出席会议。区政府副区长文丽、区人民法院院长傅志坚、区人民检察院检察长陈智勇、区人大常委会财经城建环保工委主任林志强，区委办、区府办常务副主任张怀业以及各镇人大主席、街道人大工委副主任和部分区人大代表列席会议。会议由徐伟主持，会议审议并表决通过《江门市蓬江区人大常委会关于区、镇两级人民代表大会代表换届选举的决定》《江门市蓬江区人大常委会关于区选举委员会组成人员和办公室负责人及三镇选举委员会组成人员的决定》《江门市蓬江区人大常委会关于第十届人民代表大会代表名额分配的意见》和《江门市蓬江区人大常委会关于镇新一届人民代表大会名额的决定》。会议还审议其他人事任免事项。

区九届人大常委会第四十四次会议 于2016年8月24日在区人大常委会会议厅召开。区人大常委会代理主任徐伟，副主任黄锡炎、伍厚德、张长齐、何瑞鹏、郭其庆和委员共21人出席会议。区委常委、区政府常务副区长赵全，区人民法院纪检组组长吕婉媚、区人民检察院副检察长李志华、区人大常委会财经城建环保工委主任林志强，区委办、区府办常务副主任张怀业，区发展改革和统计局局长谢栋华、区财政局局长廖炳华、区审计局局长何其灵、区资产办副主任罗嘉、区社保基金管理局局长张明、环市街党工委副书记简锦燊以及各镇人大主席、街道人大工委副主任和部分区人大代表列席会议。会议由徐伟主持，会议听取和审议《江门市蓬江区2015年财政决算报告》《江门市蓬江区2015年度预算执行情况和其他财政收支审计工作的报告》，并表决通过有关决议；听取和审议《江门市蓬江区2016年上半年国民经济和社会发展计划执行情况的报告》《江门市蓬江区2016年上半年财政预算收支执行情况报告》《关于将蓬江区片区综合开发营运服务项目购买服务资金纳入同级预算安排的报告》和《关于将珠西智谷首期建设项目及江门市新江沙汽车现代物流城首期建设项目购买服务资金纳入同级预算安排的报告》。表决通过《江门市蓬江区人大常委会关于同意蓬江区片区综合开发营运服务项目购买服务资金纳入同级预算安排的决议》和《江门市蓬江区人大常委会关于同意珠西智谷首期建设项目及江门市新江沙汽车现代物流城首期建设项目购买服务资金纳入同级预算安排的决议》。会议还审议其他人事任免事项。

区九届人大常委会第四十五次会议 于2016年9月22日在区人大常委会会议厅召开。区人大常委会代理主任徐伟，副主任黄锡炎、伍厚德、郭其庆和委员共19人出席会议。区政府副区长文丽，区人民法院院长傅志坚，区人民检察院副检察长李志华，区人大常委会财经城建环保工委主任林志强和各镇人大主席、街道人大工委主任或副主任列席会议。会议由徐伟主持，会议表决通过《关于接受邹家军辞去市十四届人大代表职务请求的决定》和《关于接受伍厚德辞去区人大常委会副主任职务请求的决定》。

区九届人大常委会第四十六次会议 于2016年9月30日在区人大常委会会议厅召开。区人大常委会代理主任徐伟，副主任黄锡炎、张长齐、何瑞鹏、郭其庆和委员共20人出席会议。区政府副区长张沃芬、区人民法院院长傅志坚、区人民检察院副检察长李志华、区人大常委会财经城建环保工委主任林志强和各镇人大主席、街道人大工委主任或副主任列席会议。会议由徐伟主持。会议审议并表决通过《关于接受赵全辞去区政府副区长职务请求的决定》；决定任命李欣立、黄达斌为区政府副区长；《关于接受温伟文辞去区政府区长职务的决定》；决定李欣立为江门市蓬江区人民政府代理区长；任命李权威为区人民检察院副检察长、检察委员会委员、检察员；《关于接受陈智勇辞去区检察院检察长职务请求的决定》；决定李权威为区人民检察院代理检察长；免去黄伟雄的区人民法院审判委员会委员职务、区人民法院荷塘法庭庭长职务、区人民法院审判员职务。

区九届人大常委会第四十七次会议 于2016年10月25日在区人大常委会会议厅召开。区人大常委会代理主任徐伟，副主任黄锡炎、张长齐、何瑞鹏、郭其庆和委员共20人出席会议。区政府代理区长李欣立，区人民法院副院长钟菁，区人民检察院代检察长李权威，区人大常委会财经城建环保工委主任林志强，区府办副主任、法制局局长尹健瑜，区国土资源和环境保护局局长林贤光和各镇人大主席、街道人大工委主任或副主任，以及部分区人大代表列席会议。会议由徐伟主持。会议听取区政府《关于江门市蓬江区九届人大六次会议代表提出的建议办理情况的报告》和《关于环境综合治理情况报告》；审议《关于江门市蓬江区第十届人民代表大会代表资格的审查报告》。会议还审议其他人事任免事项，决定免去罗坚区民政局局长职务；决定任命吴荣新为区文化广电体育局局长；决定任命魏瑛为区民政局局长。

区九届人大常委会第四十八次会议 于2016年11月11日在区人大常委会会议厅召开。区人大常委会代理主任徐伟，副主任张长齐、何瑞鹏、郭其庆和委员共18人出席会议。区政府副区长亢雁直，区人民法院副院长李志森，区人民检察院副检察长李志华，区人大常委会财经城建环保工委主任林志强和各镇人大主席、街道人大工委主任或副主任，以及部分区人大代表列席会议。会议由徐伟主持。会议通过《关于召开江门市蓬江区第十届人民代表大会第一次会议的决定》和《关于列席和邀请列席十届人大一次会议人员范围的决定》；初步审议区十届人大一次会议相关文件（共13份）和区人大常委会工作报告（草案）。会议还审议其他人事任免事项，免去罗才倩的区人大常委会教科文卫工作委员会主任职务；免去林彩云的区人大常委会环市街道工作委员会主任职务；免去陈庆宁的区人大常委会潮连街道工作委员会副主任职务；免去黄晓红的区人大常委会白沙街道工作委员会副主任职务；任命梁国贤为区人大常委会财经工作委员会主任；任命李国新为区人大常委会教科文卫工作委员会主任；任命谭健荣为区人大常委会农村和华侨工作委员会主任；任命庄炎根为区人大常委会城建环保工作委员会主任。

区九届人大常委会第四十九次会议 于2016年11月17日在区人大常委会会议厅召开。区人大常委会代理主任徐伟，副主任张长齐、何瑞鹏、郭其庆和委员共18人出席会议。区政府副区长亢雁直，区人民法院院长傅志坚，区人民检察院代检察长李权威，区人大常委会财经工委主任梁国贤、区人大常委会城建环保工委主任庄炎根和各镇人大主席、街道人大工委主任或副主任列席会议。会议由徐伟主持。会议通过：免去陈华添的江门市蓬江区司法局局长职务；免去廖振明的江门市蓬江区住房和城乡建设局局长职务；免去操雪华的江门市蓬江区人大常委会环市街道工作委员会副主任职务；任命王丽为江门市蓬江区司法局局长；任命陈华添为江门市蓬江区人大常委会环市街道工作委员会主任。

区十届人大常委会第一次会议 于2016年12月9日在区人大常委会会议厅召开。区人大常委会主任赵全，副主任徐伟、黄锡炎、张长齐、何瑞鹏、林贤光和委员共29人出席会议。区政府副区长黄达斌，区人民法院副院长钟菁，区人民检察院检察长李权威和各镇人大主席、环市街道人大工委主任列席会议。会议由赵全主持。会议通过《江门市蓬江区第十届人民代表大会常务委员会代表资格审查委员会成员名单》《关于接受魏瑛辞去江门市蓬江区第十届人大代表职务请求的决定》《江门市蓬江区人大常委会关于选举和补选江门市蓬江区第十届人大代表的决定》《选举江门市蓬江区第十届人民代表大会代表办法》和《关于江门市蓬江区十届人大常委会组成人员工作分工的决定》。

区十届人大常委会第二次会议 于2016年

12月29日在区人大常委会会议厅召开。区人大常委会主任赵全，副主任徐伟、黄锡炎、张长齐、何瑞鹏、林贤光和委员共29人出席会议。区委常委、常务副区长文丽，区人民法院副院长钟菁，区人民检察院检察长李权威，区政协副主席、财政局局长廖炳华，区府办副主任梁永辉，区发展改革和统计局局长谢栋华和各镇人大主席、环市街道人大工委主任以及部分区人大代表列席会议。会议由赵全主持。会议通过《江门市蓬江区2016年地方财政预算调整方案的报告》《关于调整江门市蓬江区2016年部分计划指标的报告》《关于召开江门市蓬江区十届人大二次会议的决定》《关于列席和邀请列席区十届人大二次会议人员范围的决定》和《江门市蓬江区十届人大常委会代表资格审查委员会关于代表资格的审查报告》；初步审议江门市蓬江区2017年地方财政预算草案、区十届人大二次会议相关文件（10份）和区人大常委会工作报告（草案）。会议还审议其他人事任命事项，分别是：决定任命谢栋华为区发展改革和统计局局长；石锦明为区经济促进局局长；吕振胜为区教育局局长；陈伟腾为区科学技术局局长；欧阳祝荣为区民族宗教事务局局长；罗家国为区监察局局长；魏瑛为区民政局局长；王丽为区司法局局长；廖炳华为区财政局局长；区林杰为区人力资源和社会保障局局长；区万胜为区国土资源和环境保护局局长；张颂和为区农林和水务局局长；吴荣新为区文化广电体育局局长；覃红为区卫生和计划生育局局长；何其灵为区审计局局长；黄卫洪为区外事侨务局局长；梁宇为区安全生产监督管理局局长；杜建洲为区城市综合管理局局长；邹汶江为区市场监督管理局局长；胡永耀为区食品药品监督管理局局长。

【主任会议】 **区九届人大常委会第三十九次主任会议** 于2016年1月14日在区人大常委会主任会议室召开。区人大常委会常务副主任徐伟，副主任黄锡炎、伍厚德、张长齐、何瑞鹏、郭其庆参加会议。常委会党组成员许小燕和各委办正、副主任列席会议。徐伟主持会议。会议研究决定1月18日下午在区人大常委会会议厅召开区九届人大常委会第三十八次会议并确定会议议程。会议审议关于召开江门市蓬江区第九届人民代表大会第六次会议的决定、关于列席和邀请列席区九届人大六次会议人员范围的决定、区九届人大六次会议相关文件、区九届人大常委会代表资格审查委员会关于代表资格的审查报告。会议初审《江门市蓬江区国民经济和社会发展第十三个五年规划纲要（草案）》《2016年财政预算（草案）》《区人大常委会工作报告（初稿）》。

区九届人大常委会第四十次主任会议 于2016年3月2日在区人大常委会主任会议室召开。区人大常委会常务副主任徐伟，副主任黄锡炎、伍厚德、张长齐、何瑞鹏、郭其庆参加会议。常委会党组成员许小燕和各委办正、副主任列席会议。徐伟主持会议。会议研究决定3月9日上午在区人大常委会会议厅召开区九届人大常委会第三十九次会议并确定会议议程。会议审议《江门市蓬江区人大常委会2016年工作要点（草案）》。会议研究通过《江门市蓬江区人大代表建议办理考评办法》，试行一年。

区九届人大常委会第四十一次主任会议 于2016年4月7日在区人大常委会主任会议室召开。区人大常委会常务副主任徐伟，副主任黄锡炎、伍厚德、张长齐、何瑞鹏、郭其庆参加会议。常委会党组成员许小燕和各委办正、副主任列席会议。徐伟主持会议。会议研究决定4月7日下午在区人大常委会会议厅召开区九届人大常委会第四十次会议。会议初审《关于接受王积俊辞去区人大代表请求的决定》和《关于接受余庆华辞去区人大代表请求的决定》。

区九届人大常委会第四十二次主任会议 于2016年4月26日上午在区人大常委会主任会议室召开。区人大常委会常务副主任徐伟，副主任黄锡炎、伍厚德、张长齐、何瑞鹏、郭其庆参加会议。常委会党组成员许小燕和各委办正、副主任列席会议。徐伟主持会议。会议研究决定4月26日下午在区人大常委会会议厅召开区九届人大常委会第四十一次会议并确定会议议程。会议同意推选徐伟为江门市蓬江区人大常委会代理主任。会议初审《蓬江区法院司法改革工作情况报告》《关于区法院司法改革工作情况报告的初审意见》《关于接受王积俊辞去市人大代表请求的决定》。

区九届人大常委会第四十三次主任会议 于2016年6月21日在区人大常委会主任会议室召开。区人大常委会代理主任徐伟，副主任黄锡炎、伍厚德、张长齐、何瑞鹏、郭其庆参加会议。常委会党组成员许小燕和各委办正、副主任列席会议。徐伟主持会议。会议研究决定6月24日上午在区人大常委会会议厅召开区九届人大常委会第四十二次会议并确定会议议程。会议初审《蓬江区2016年上半年重点专项资金使用情况报告》《关于蓬江区2016年上半年重点专项资金使用情况报告的初审意见》《蓬江区检察院司法改革工作情况报告》《关于区检察院司法改革工作情况报告的初审意见》，会议研究讨论《关于江门市蓬江区常委会组成人员联系区人大代表和区人大代表密切联系人民群众的意见》和选联任工委到基层调研情况的报告，并初审人事任免事项。

区九届人大常委会第四十四次主任会议 于2016年7月22日在区人大常委会主任会议室召开。区人大常委会代理主任徐伟，副主任黄锡炎、伍厚德、张长齐、何瑞鹏、郭其庆参加会议。常委会党组成员许小燕和各委办正、副主任列席会议。徐伟主持会议。会议研究决定7月26日上午在区人大常委会会议厅召开区九届人大常委会第四十三次会议并确定会议议程。会议初审《江门市蓬江区人大常委会关于区、镇两级人民代表大会代表换届选举的决定（草案）》《江门市蓬江区人大常委会关于区选举委员会组成人员和办公室负责人及三镇选举委员会组成人员的决定（草案）》《江门市蓬江区人大常委会关于第十届人民代表大会代表名额分配的意见（草案）》和《江门市蓬江区人大常委会关于镇新一届人民代表大会名额的决定（草案）》，并初审人事任免事项。

区九届人大常委会第四十五次主任会议 于2016年8月17日在区人大常委会主任会议室召开。区人大常委会代理主任徐伟，副主任黄锡炎、伍厚德、张长齐、何瑞鹏、郭其庆参加会议。常委会党组成员许小燕和各委办正、副主任列席会议。徐伟主持会议。会议研究决定8月24日上午在区人大常委会会议厅召开区九届人大常委会第四十四次会议并确定会议议程。会议初审《江门市蓬江区2015年财政决算报告》《江门市蓬江区2015年度预算执行和其他财政收支情况的审计工作报告》《江门市蓬江区人大常委会关于批准蓬江区2015年区本级财政决算的决议（草案）》《江门市蓬江区2016年上半年国民经济和社会发展计划执行情况的报告》和《江门市蓬江区2016年上半年财政预算收支执行情况报告》以及人事任免事项。

区九届人大常委会第四十六次主任会议 于2016年8月23日在区人大常委会主任会议室召开。区人大常委会代理主任徐伟，副主任黄锡炎、伍厚德、张长齐、何瑞鹏、郭其庆参加会议。常委会党组成员许小燕和各委办正、副主任列席会议。徐伟主持会议。会议初审《区政府关于将蓬江区片区综合开发营运服务项目购买服务资金纳入同级预算安排的报告》和《区政府将珠西智谷首期建设项目及江门市新江沙汽车现代物流城首期建设项目购买服务资金纳入同级预算安排的报告》。

区九届人大常委会第四十七次主任会议 于2016年9月21日在区人大常委会主任会议室召开。区人大常委会代理主任徐伟，副主任黄锡炎、伍厚德、张长齐、何瑞鹏、郭其庆参加会议。常委会党组成员许小燕，各委办正、副主任列席会议。徐伟主持会议。会议研究决定9月22日上午在区人大常委会会议厅召开区九届人大常委会第四十五次会议并确定会议议程。会议初审《关于接受邹家军辞去市十四届人大代表职务请求的决定（草案）》和《关于接受伍厚德辞去区人大常委会副主任职务请求的决定（草案）》。

区九届人大常委会第四十八次主任会议 于2016年9月29日在区人大常委会主任会议室召开。区人大常委会代理主任徐伟，副主任黄锡炎、张长齐、何瑞鹏、郭其庆参加会议。常委会党组成员许小燕，各委办正、副主任列席会议。徐伟主持会议。会议研究决定9月30日上午在区人大常委会会议厅召开区九届人大常委会第四十六次会议并确定会议议程。会议初审《关于接受赵全辞去区政府副区长职务请求的决定》《关于接受温伟文辞去区政府区长职务的决定》和《关于接受陈智勇辞去区检察院检察长职务请求的决定》以及人事任免事项，提请任命李欣立为区政府代理区长，任命李权威为代理检察长。

区九届人大常委会第四十九次主任会议 于2016年10月20日在区人大常委会主任会议室召开。区人大常委会代理主任徐伟，副主任黄锡炎、张长齐、何瑞鹏、郭其庆参加会议。常委会党组成员许小燕，各委办正、副主任列席会议。徐伟主持会议。会议研究决定10月25日上午在区人大常委会会议厅召开区九届人大常委会第四十七次会议并确定会议议程。会议初审区政府《关于江门市蓬江区九届人大六次会议代表提出的建议办理情况的报告》《关于环境综合治理情况报告》和《关于江门市蓬江区第十届人民代表大会代表资格的审查报告》以及人事任免事项。

区九届人大常委会第五十次主任会议 于2016年11月9日在区人大常委会主任会议室召开。区人大常委会代理主任徐伟，副主任黄锡炎、张长齐、何瑞鹏、郭其庆参加会议。常委会党组成员许小燕，各委办正、副主任列席会议。徐伟主持会议。会议研究决定11月11日上午在区人大常委会会议厅召开区九届人大常委会第四十八次会议并确定会议议程。会议初审《关于召开江门市蓬江区第十届人民代表大会第一次会议的决定》《关于列席和邀请列席区十届人大一次会议人员范围的决定》、区十届人大一次会议相关文件（13份）和区人大常委会工作报告（草案）以及人事任免事项。

区九届人大常委会第五十一次主任会议 于2016年11月16日在区人大常委会主任会议室召开。区人大常委会代理主任徐伟，副主任黄锡炎、张长齐、郭其庆参加会议。常委会党组成员许小燕，各委办正、副主任列席会议。徐伟主持会议。会议研究决定11月17日上午在区人大常委会会议厅召开区九届人大常委会第四十九次会议并确定会议议程。会议初审人事任免事项。

区十届人大常委会第一次主任会议 于2016年11月29日在区人大常委会主任会议室召开。区人大常委会主任赵全，副主任徐伟、黄锡炎、张长齐、何瑞鹏、林贤光参加会议，办公室主任谭国明列席会议。会议由赵全主持。会议研究区十届人大常委会组成人员工作分工的决定，谭国明汇报近期有关工作，赵全就有关工作进行强调。

区十届人大常委会第二次主任会议 于2016年12月9日在区人大常委会主任会议室召开，区人大常委会主任赵全，副主任徐伟、黄锡炎、张长齐、何瑞鹏、林贤光参加会议。各委办正、副主任和常委会专职委员胡雪勤、林志强列席会议。赵全主持会议。会议研究决定12月9日下午在区人大常委会会议厅召开区十届人大常委会第一次会议并确定会议议程。会议初审《江门市蓬江区第十届人民代表大会常务委员会代表资格审查委员会成员名单》《关于接受魏瑛辞去江门市蓬江区第十届人大代表职务请求的决定》《江门市蓬江区人大常委会关于选举和补选江门市蓬江区第十届人大代表的决定》《选举江门市蓬江区第十届人民代表大会代表办法》和《关于江门市蓬江区十届人大常委会组成人员工作分工的决定》，并研究讨论江门市蓬江区十届人大常委会正副主任分工。

区十届人大常委会第三次主任会议 于2016年12月27日在区人大常委会主任会议室召开，区人大常委会主任赵全，副主任徐伟、黄锡炎、张长齐、何瑞鹏、林贤光参加会议。常委会党组成员郭其庆，各委办正、副主任和常委会专职委员胡雪勤、林志强列席会议。赵全主持会议。会议研究决定12月29日下午在区人大会议厅召开区十届人大常委会第二次会议并确定会议议程。会议初审人事任免事项、《江门市蓬江区2016年地方财政预算调整方案的报告》《关于调整江门市蓬江区2016年部分计划指标的报告》《关于召开江门市蓬江区十届人大二次会议的决定》《关于列席和邀请列席区十届人大二次会议人员范围的决定》《江门市蓬江区十届人大常委会代表资格审查委员会关于代表资格的审查报告》《江门市蓬江区2017年地方财政预算草案》和区十届人大二次会议相关文件（10份）及《区人大常委会工作报告（草案）》。会上，赵全主任传达区委常委扩大会议精神。

【重大事项决议】 2016年 2月1日，江门市蓬江区九届人大六次会议审议并通过了关于江门市蓬江区人民政府工作报告的决议、关于江门市蓬江区2015年国民经济和社会发展计划执行情况与2016年计划的决议、关于江门市蓬江区2015年预算执行情况和2016年预算的决议、关于江门市蓬江区人大常委会工作报告的决议、关于江门市蓬江区人民法院工作报告的决议、关于江门市蓬江区人民检察院工作报告的决议和关于区国民经济和社会发展第十三个五年规划纲要的决议。

8月17日，区九届人大常委会第四十四次会议审议并通过《江门市蓬江区2015年财政决算报告》《江门市蓬江区2015年度预算执行情况和其他财政收支审计工作的报告》《江门市蓬江区2016年上半年国民经济和社会发展计划执行情况的报告》《江门市蓬江区2016年上半年财政预算收支执行情况报告》《关于将蓬江区片区综合开发营运服务项目购买服务资金纳入同级预算安排的报告》和《关于将珠西智谷首期建设项目及江门市新江沙汽车现代物流城首期建设项目购买服务资金纳入同级预算安排的报告》。

12月28日，区十届人大常委会第二次会议审议并通过《江门市蓬江区人民政府关于调整我区2016年部分计划指标的报告》《江门市蓬江区2016年地方财政预算调整方案报告》，初审《江门市蓬江区2017年财政预算草案》。

【人事任免】 2016年，根据《中华人民共和国地方各级人民代表大会和地方各级人民政府组织法》规定，区人大常委会根据主任会议、政府区长、人民法院院长、人民检察院检察长的提请，坚持党管干部的原则，依法任免国家机关工作人员。区人大常委会依法任免国家机关工作人员53人次，决定代理3人次，接受辞职9人次。

【代表联络和代表视察】 2016年12月15日，区人大常委会组织部分区人大代表视察年初确定的民生工程落实情况。区人大常委会副主任徐伟、黄锡炎、张长齐、林贤光参加视察，区委常委何惠能、副区长黄达斌以及相关职能部门负责人陪同视察。22日，区人大常委会组织区选出的市十五届人大代表对区有关民生项目进行专题视察。区人大常委会副主任徐伟、黄锡炎、张长齐、何瑞鹏、林贤光和副区长李达成陪同视察。

【监督工作】 2016年，加强对重点项目建设的监督。组织对区滨江新城示范园区、东望洋食品、天地壹号、万达广场、大长江摩托车研发中心及试车场、嘉宝莉涂料杜阮厂区等6个重点项目落地和建设情况进行实地检查；组织区选举产生的市人大代表现场察看珠西智谷、教育装备先进制造业示范基地等重点项目进展情况，提出要做好园区规划、完善发展平台、优化投资环境、储足项目资源、做好跟踪服务、帮扶项目发展等意见和建议。

是年，强化法律监督工作。组织对区贯彻实施《中华人民共和国民办教育促进法》情况进行执法检查，通过深入辖区12所民办学校实地检查，了解区在实施《中华人民共和国民办教育促进法》过程中存在的问题和成因，提出要培育高端民办教育，落实扶持鼓励政策，规范学校管理。听取和审议区政府关于实施《中华人民共和国专利法》情况报告，提出要持续加大对《中华人民共和国专利法》的宣传力度，加快推进自主创新、成果转化和执法力度，提升知识产权的创造、运用和保护能力。听取区人民法院刑事审判与区人民检察院预防职务犯罪工作情况报告，提出要抓好区人民法院审判人员的法律知识学习，推进量刑规范化，提高案件审判质量，强化庭审作风建设，保护当事人的合法权益；要进一步加强检察院职务犯罪预防工作，建立健全惩防工作机制，提高预防职务犯罪的工作成效。

【议案和建议督办】 2016年，区九届人大六次会议收集代表提出的建议、批评和意见共 5件。属区职权范围的5件，已得到解决和基本解决2件，正在解决或列作计划解决3件。提出建议的代表对政府办理和答复工作满意率达100%。区十届人大一次会议收集代表提出的建议、批评和意见10件，已及时转交区政府进行分类办理。

【依法治区工作】 2016年，组织举办“依法行政”专题讲座，邀请专家学者为区机关干部和人大代表授课，进一步强化各级领导干部依法行政和依法办事意识。围绕“科学立法、严格执法、公正司法、全民守法”主题，组织区司法局、区科技局等部门在环市街天龙社区法治文化公园开展法律宣传，包括自2016年12月1日起实施的《江门市潭江流域水质保护条例》，务求让人民群众多了解最新法律法规，使普法工作做到及时有效。以弘扬第三个国家宪法日暨“法治蓬江宣传教育周”系列活动为契机，组织各镇、街开展各类形式的法治宣传活动，营造“办事依法、遇事找法、解决问题用法、化解矛盾靠法”的法治环境。

【人大理论研究】 2016年，区人大信息在市级以上刊物发表80余篇，其中国家级报刊9篇、省级媒体18篇、市级56篇，获优秀信息员称号2名，人大宣传工作连续8年获全市信息宣传工作第一名。报送省、市人大制度理论研讨论文6篇。继续做好区人大信息工作，扩大人民群众对人大工作的知情权，便于人大代表和人民群众对人大常委会及其机关进行监督。

【信访工作】 2016年，区人大常委会对来信来访反映的问题，按照“分级负责、归口办理”原则，采取转办、协办方式，督促有关部门认真解决和处理。受理群众来信来访36多人次。

2016年蓬江区人大常委会会议情况表

会议时间	会议名称	主要议题
1月14日	区九届人大常委会第三十九次主任会议	会议初审《江门市蓬江区国民经济和社会发展第十三个五年规划纲要（草案）》《2016年财政预算（草案）》《区人大常委会工作报告（初稿）》等
1月18日	区九届人大常委会第三十八次会议	会议初审2016年财政预算草案、九届人大六次会议相关文件等
2月1日至2日	区九届人大六次会议	会议听取和审议江门市蓬江区人民政府工作报告等；审议江门市蓬江区2015年预算执行情况和2016年预算草案的报告等
3月2日	区九届人大常委会第四十次主任会议	会议初审《江门市蓬江区人大常委会2016年工作要点草案》等
3月9日	区九届人大常委会第三十九次会议	会议审议通过《区人大常委会2015年工作要点》

续上表

会议时间	会议名称	主要议题
3月15日	全体机关工作人员会议	传达学习市委书记毛荣楷到蓬江区调研的重要讲话精神
3月18日	2015年度信息宣传工作总结会议	表彰年度优秀信息通讯员，提出2016年工作计划
4月7日	区九届人大常委会第四十一次主任会议	会议初审《关于接受王积俊辞去区人大代表请求的决定》和《关于接受余庆华辞去区人大代表请求的决定》
4月7日	区九届人大常委会第四十次会议	会议通过《关于接受王积俊辞去区九届人大代表请求的决定》和《关于接受余庆华辞去区九届人大代表请求的决定》
4月26日	区九届人大常委会第四十二次主任会议	会议同意推选徐伟为江门市蓬江区人大常委会代理主任。会议初审《蓬江区法院司法改革工作情况报告》《关于区法院司法改革工作情况报告的初审意见》和《关于接受王积俊辞去市人大代表请求的决定》
4月26日	区九届人大常委会第四十一次会议	会议表决通过徐伟代理江门市蓬江区人大常委会主任职务和《关于接受王积俊辞去市人大代表请求的决定》以及有关的人事任免
5月19日	“两学一做”学习教育动员会	会议对机关开展“两学一做”学习教育进行学习部署
6月21日	区九届人大常委会第四十三次主任会议	会议初审《蓬江区2016年上半年重点专项资金使用情况报告》《关于蓬江区2016年上半年重点专项资金使用情况报告的初审意见》《蓬江区检察院司法改革工作情况报告》《关于区检察院司法改革工作情况报告的初审意见》等
6月24日	区九届人大常委会第四十二次会议	会议听取和审议区政府2016年上半年专项资金使用情况报告和区人民法院司法改革工作情况报告，审议通过人事任免事项
7月1日	全体机关工作人员会议	会议传达学习市委书记林应武到蓬江区调研的重要讲话精神和区委组织召开传达学习会上区长温伟文部署的近期几项重要工作内容
7月4日	全区镇街人大工作会议	协商代表名额分配有关事宜
7月5日	党组主任会议	会议研究讨论区纪委《关于办理撤销区成益区人大常委会办公室副主任职务建议事项的函》
7月5日	全体机关工作人员会议	观看中组部摄制的警示教育片《镜鉴——湖南衡阳破坏选举案、四川南充拉票贿选案“两案”警示录》
7月6日	机关全体工作人员会议	会议要求大家牢记换届纪律“九严禁”，熟知“一片一书一须知一案例”等内容
7月20日	“两学一做”党课教育会议	围绕“认真学党章党规，争当合格党员”这个主题进行辅导授课
7月22日	区九届人大常委会第四十四次主任会议	会议初审《江门市蓬江区人大常委会关于区、镇两级人民代表大会代表换届选举的决定（草案）》《江门市蓬江区人大常委会关于区选举委员会组成人员和办公室负责人及三镇选举委员会组成人员的决定（草案）》《江门市蓬江区人大常委会关于第十届人民代表大会代表名额分配的意见（草案）》和《江门市蓬江区人大常委会关于镇新一届人民代表大会名额的决定（草案）》，并初审人事任免事项
7月26日	区九届人大常委会第四十三次会议	会议审议并表决通过《江门市蓬江区人大常委会关于区、镇两级人民代表大会代表换届选举的决定》《江门市蓬江区人大常委会关于区选举委员会组成人员和办公室负责人及三镇选举委员会组成人员的决定》《江门市蓬江区人大常委会关于第十届人民代表大会代表名额分配的意见》和《江门市蓬江区人大常委会关于镇新一届人民代表大会名额的决定》

续上表

会议时间	会议名称	主要议题
7月27日	区选举委员会第一次会议	研究区新一届人大代表换届选举工作事项
7月28日	区、镇两级人大换届选举工作动员会	研究部署区、镇两级人大换届选举工作
8月11日	换届选举工作人员会议	就如何做好选民登记进行讲解，介绍选民登记系统的操作方法，并就做好换届选举工作提出要求
8月15日	区选举委员会第二次会议	会议表决通过《江门市蓬江区第十届人大代表换届选举选区划分和代表名额分配方案》《各选区选举工作领导小组成员名单》和调整后的《环市和白沙两个街道的选举工作办公室成员名单》
8月17日	区九届人大常委会第四十五次主任会议	会议初审《江门市蓬江区2015年财政决算报告》《江门市蓬江区2015年度预算执行和其他财政收支情况的审计工作报告》《江门市蓬江区人大常委会关于批准蓬江区2015年区本级财政决算的决议（草案）》《江门市蓬江区2016年上半年国民经济和社会发展计划执行情况的报告》和《江门市蓬江区2016年上半年财政预算收支执行情况报告》以及人事任免事项
8月23日	区九届人大常委会第四十六次主任会议	会议初审《区政府关于将蓬江区片区综合开发营运服务项目购买服务资金纳入同级预算安排的报告》和《区政府将珠西智谷首期建设项目及江门市新江沙汽车现代物流城首期建设项目购买服务资金纳入同级预算安排的报告》
8月24日	区九届人大常委会第四十四次会议	会议审议通过《江门市蓬江区2015年财政决算报告》《江门市蓬江区2015年度预算执行情况和其他财政收支审计工作的报告》《江门市蓬江区2016年上半年国民经济和社会发展计划执行情况的报告》《江门市蓬江区2016年上半年财政预算收支执行情况报告》《关于将蓬江区片区综合开发营运服务项目购买服务资金纳入同级预算安排的报告》和《关于将珠西智谷首期建设项目及江门市新江沙汽车现代物流城首期建设项目购买服务资金纳入同级预算安排的报告》
9月1日	选举工作培训会议	对提名代表候选人和投票选举工作进行说明，并传达学习《江门市蓬江区第十届人大代表候选人提名考察工作流程》
9月1日	各镇街换届选举工作会议	各镇街汇报换届选举工作情况
9月9日	区选举委员会办公室会议	汇报关于棠下镇选举委员会提出的棠下镇北达村提名人大代表初步候选人工作过程中有关问题
9月9日	区选举委员会换届选举工作会议	会议结合统战部、信访局、总工会等13个部门对区第十届人大代表候选人核查的复函，剔除6名有违法违纪情况的候选人
9月13日	党组主任会议	研究讨论《蓬江区第九次党代会报告（征求意见稿）》，提出具体的修改意见并报区委
9月21日	区九届人大常委会第四十七次主任会议	会议初审《关于接受邹家军辞去市十四届人大代表职务请求的决定（草案）》和《关于接受伍厚德辞去区人大常委会副主任职务请求的决定（草案）》
9月22日	区九届人大常委会第四十五次会议	会议表决通过《关于接受邹家军辞去市十四届人大代表职务请求的决定（草案）》和《关于接受伍厚德辞去区人大常委会副主任职务请求的决定（草案）》
9月23日	区人大常委会主任会议	研究市人大代表相关事宜
9月29日	区九届人大常委会第四十八次主任会议	会议初审《关于接受赵全辞去区政府副区长职务请求的决定》《关于接受温伟文辞去区政府区长职务的决定》和《关于接受陈智勇辞去区检察院检察长职务请求的决定》以及人事任免事项，提请任命李欣立为区政府代理区长，任命李权威为代理检察长

续上表

会议时间	会议名称	主要议题
9月30日	区九届人大常委会第四十六次会议	会议审议表决通过《关于接受赵全辞去区政府副区长职务请求的决定》；决定任命李欣立、黄达斌为区政府副区长；《关于接受温伟文辞去区政府区长职务的决定》；决定李欣立为江门市蓬江区人民政府代理区长；任命李权威为区人民检察院副检察长、检察委员会委员、检察员；《关于接受陈智勇辞去区人民检察院检察长职务请求的决定》；决定李权威为区人民检察院代理检察长；免去黄伟雄的区人民法院审判委员会委员职务、区人民法院荷塘法庭庭长职务、区人民法院审判员职务
10月14日	区十届人大一次会议筹备会	研究部署人代会的任务分工
10月20日	区九届人大常委会第四十九次主任会议	会议初审区政府《关于江门市蓬江区九届人大六次会议代表提出的建议办理情况的报告》《关于环境综合治理情况报告》和《关于江门市蓬江区第十届人民代表大会代表资格的审查报告》以及人事任免事项
10月25日	区九届人大常委会第四十七次会议	会议听取区政府《关于江门市蓬江区九届人大六次会议代表提出的建议办理情况的报告》和《关于环境综合治理情况报告》；审议《关于江门市蓬江区第十届人民代表大会代表资格的审查报告》及其他人事任免事项
11月9日	区九届人大常委会第五十次主任会议	会议初审《关于召开江门市蓬江区第十届人民代表大会第一次会议的决定》《关于列席和邀请列席十届人大一次会议人员范围的决定》、区十届人大一次会议相关文件（13份）和区人大常委会工作报告（草案）以及人事任免事项
11月11日	区九届人大常委会第四十八次会议	会议通过《关于召开江门市蓬江区第十届人民代表大会第一次会议的决定》和《关于列席和邀请列席十届人大一次会议人员范围的决定》；初步审议区十届人大一次会议相关文件（共13份）和区人大常委会工作报告（草案）；还审议其他人事任免事项
11月16日	区九届人大常委会第五十一次主任会议	会议初审人事任免事项
11月17日	区九届人大常委会第四十九次会议	会议表决通过区政府人事任免事项
11月23日至25日	区十届人大一次会议	听取和审议江门市蓬江区人民政府工作报告等；选举江门市蓬江区第十届人大常委会主任、副主任、委员；区人民政府区长、副区长；人民法院院长；人民检察院检察长；选出江门市蓬江区第十届人民代表大会常务委员会组成人员及市第十五届人民代表大会代表等
11月29日	区十届人大常委会第一次主任会议	会议研究区十届人大常委会组成人员工作分工的决定等
12月8日	区十届人大常委会党组、主任会议	会议研究确定区人大常委会党组成员7人，分别是赵全、徐伟、张长齐、何瑞鹏、林贤光、郭其庆、谭国明；确定区十届人大二次会议日程；谭国明汇报市区两级人大代表视察活动的有关情况；研究讨论关于区人大常委会办公室及各工作委员会联系区直部门工作的通知以及各镇街加强联络室建设的有关事宜
12月9日	区十届人大常委会第二次主任会议	会议初审《江门市蓬江区第十届人民代表大会常务委员会代表资格审查委员会成员名单》《关于接受魏瑛辞去江门市蓬江区第十届人大代表职务请求的决定》《江门市蓬江区人大常委会关于选举和补选江门市蓬江区第十届人大代表的决定》《选举江门市蓬江区第十届人民代表大会代表办法》和《关于江门市蓬江区十届人大常委会组成人员工作分工的决定》，并研究讨论江门市蓬江区十届人大常委会正副主任分工

续上表

会议时间	会议名称	主要议题
12月9日	区十届人大常委会第一次会议	会议通过《江门市蓬江区第十届人民代表大会常务委员会代表资格审查委员会成员名单》《关于接受魏瑛辞去江门市蓬江区第十届人大代表职务请求的决定》《江门市蓬江区人大常委会关于选举和补选江门市蓬江区第十届人大代表的决定》《选举江门市蓬江区第十届人民代表大会代表办法》和《关于江门市蓬江区十届人大常委会组成人员工作分工的决定》
12月27日	区十届人大常委会第三次主任会议	会议初审人事任免事项、《江门市蓬江区2016年地方财政预算调整方案的报告》《关于调整江门市蓬江区2016年部分计划指标的报告》《关于召开江门市蓬江区十届人大二次会议的决定》《关于列席和邀请列席区十届人大二次会议人员范围的决定》《江门市蓬江区十届人大常委会代表资格审查委员会关于代表资格的审查报告》《江门市蓬江区2017年地方财政预算草案》和区十届人大二次会议相关文件（10份）及《区人大常委会工作报告（草案）》
12月29日	区十届人大常委会第二次会议	会议通过《江门市蓬江区2016年地方财政预算调整方案的报告》《关于调整江门市蓬江区2016年部分计划指标的报告》等，审议政府人事任命事项

附：2016年蓬江区人大常委会领导名录

主　　任：王积俊（—2016.4）
　　　　　赵　全（2016.11—）
党组书记：徐　伟（—2016.9）
　　　　　赵　全（2016.9—）
副 主 任：伍厚德（—2016.8）
　　　　　郭其庆（—2016.11）
　　　　　徐　伟
　　　　　黄锡炎
　　　　　张长齐
　　　　　何瑞鹏
　　　　　林贤光（2016.11—）

（曲进发）

江门市蓬江区人民政府

【区政府常务会议】 2016年，区政府召开常务会议7次。

2月6日，召开区政府九届三十一次常务会议。会议审议并通过《关于我区“邑家园”试点工作有关情况的请示》《关于组建蓬江区吉通汽车出租公司的请示》《关于筹建区救灾物资仓库的请示》《关于广佛江快速通道天乡桥溪村民房安置用地需要完善市政工程的请示》《关于解决篁边经联社、杰辉机械制造有限公司土地置换相关问题的请示》《关于解决教育装备国际展销采购中心建设有关问题的请示》《江门市蓬江区关于组建镇（街）、园区安全生产监督检查员队伍的实施方案》《关于蓬江区中小学建设问题情况的报告》《关于进一步明确各镇街环卫工作管理职责的请示》《关于引资引智开办优质民办学校的请示》《关于棠下镇超高层违章建筑需查处的请示》，通报《关于“邑门式”服务中心运行情况的报告》《关于蓬江区2015年依法行政工作自查报告》。

8月25日，召开区政府九届三十二次常务会议。会议审议并通过《关于开展2016年教师节期间尊师重教系列活动的请示》《关于印发新修订的〈江门市蓬江区村级物业建设扶持办法〉的通知》，要求各镇、街要配合国税地税部门抓好税收征收工作，完成财政任务。

9月9日，召开区政府九届三十三次常务会

议。会议审议并通过《关于建设大西坑林区消防管道设施维修工程的请示》《2016年蓬江区外贸稳增长资金实施方案（征求意见稿）》，会议强调，各镇街各部门要对照年初布置的目标任务检查是否按照时间进度完成；做好中秋、国庆节的安全维稳工作，加强隐患排查，抓好食品药品安全、安全生产、治安和节日期间旅游景点、公园等人流聚集地的安全工作，确保大家过上安全祥和的节日。

9月28日，召开区政府九届三十四次常务会议。会议审议并通过《关于天沙河、杜阮河黑臭水体综合治理工程可行性研究报告有关问题的请示》。

11月1日，召开区政府九届三十五次常务会议。会议审议并通过《关于印发〈蓬江区高新技术企业培育发展暂行办法〉的通知》《关于审核江门市蓬江区白沙片区综合开发营运服务实施方案的请示》《关于审核江门市蓬江区荷塘片区综合开发营运服务实施方案的请示》《关于关闭江门市蓬江区棠下新昌江福建材厂采矿区的请示》。

12月6日，召开区政府十届一次常务会议。会议审议并通过《蓬江区创新创意产业发展中心工作情况报告》《关于蓬江区建成区违法建设专项治理工作五年行动的报告》《江门市蓬江区小型建设项目承（发）包管理暂行办法》《江门市蓬江区财政性资金投资基本建设项目工程造价送审指引》《关于印发江门市蓬江区人民政府关于促进民办教育发展的实施意见的通知》。

12月23日，召开区政府十届二次常务会议。会议审议并通过区财政局《关于印发〈江门市蓬江区区级福利彩票公益金资助专项资金使用管理办法〉的通知》《关于蓬江区居家养老服务中心购买服务计划的请示》。

【经济工作会议】 2016年3月24日，蓬江区财税工作会议，听取各镇、街及财税部门1—2月各项经济指标和财税指标情况汇报及3月预测，研究部署下一步工作。

8月5日，蓬江区2016年上半年经济形势分析会暨列入市重点项目推进会，听取各镇、街及区直有关单位上半年各项经济指标和重点项目建设情况汇报，研究部署下一步工作措施。

10月24日，蓬江区经济形势分析暨列入省市重点项目推进会，听取各责任单位关于项目推进和经济指标情况的汇报，研究部署下一步工作。

10月27日，蓬江区各项主要经济指标督办会议，针对各项主要经济指标完成情况，及需市政府协调解决的相关问题，研究部署下一步工作。

【推进重点项目建设】 2016年，全区加快工业项目落地，完善产业体系。全年完成工业投资84.96亿元，增长30%。推动大长江摩托车研发中心、滨崎食品首期、百草壹号等11个大项目建成投产或运营，地尔汉宇新能源汽车高效电机、骏东木业等11个优质项目动工。全区规模以上先进制造业产值达508亿元，增长16.5%。实施精准招商，新引进江粉高科技产业园等38个优质项目，计划总投资136亿元；在谈项目22个，计划总投资达181亿元。初步形成以传统优势产业为基础，先进制造业为主攻方向的全新产业体系。（朱春涛）

【政府主要工作考核目标完成情况】 2016年，区确定的重点工作任务119项，已完成或基本完成116项，未完成3项，其中生产总值、社会消费品零售总额增幅全市排名第1；一般公共预算收入、外贸进出口总额增幅全市排名第2。（李丽芳）

【“三旧”改造】 2016年，区政府出台《关于印发了蓬江区工业类用地升级改造开发项目审核认定工作办事指引及监管办法的通知》，充分利用“工改工”政策，全区推进“三旧”改造项目25个，占地约1015亩。其中“工改工”项目18个，占地618亩；旧村、旧厂改商住项目7个，占地397亩。

完成年度投资额约6.8亿元，占计划投资额约105%。（吴伶朴）

【信访工作】 2016年，全区受理群众信访案件381宗，与上年同期相比增加39.9%，处理率100%（其中来信201宗，来访103宗，网信77宗）。排查重点案件68宗；成功化解省交办信访积案，结案率100%。全年没有发生重大群体性事件，没有发生因信访案件处置不当而引发的恶性群体性事件。并实现全国、省、市“两会”等期间“零上访”的工作目标，全年在“八一”、国庆、“G20峰会”等重大节日活动期间没有发生群众越级和集体上访事件。确保矛盾隐患得以化解，重点人员得以管控，新问题得以控制。（陆健威）

【应急工作】 2016年，全区未发生重大以上突发事件，发生各类一般突发事件267宗，上报各类一般突发事件信息484条，向区领导发送报告短信过千条。建立健全应急预案体系，抓紧编制全区应急预案汇编，形成以全区应急总预案为统领，各部门、各领域专业预案全覆盖的应急预案体系，共收集整理全区各专项应急预案33个，基本达到各项突发事件全覆盖。打造集约高效管理新模式，构建全区大安全联防工作体系，成立区、镇（街）两级领导机构，构建生产安全、消防安全、三防安全、食品药品安全、教育安全、卫生安全、建筑领域安全、环保安全、社会安全、其他公共安全等十大领域安全系统网，协调全区各镇街、各部门力量，实行联防联控，严防各类公共安全事故发生。开设新浪微博（微博名为蓬江应急办），全年发布应急信息58条次，回复公众评论200余条次。（容梓维）

【打击走私】 2016年，成立由区委常委、区委办、区府办主任任组长，区打私办主要领导和食品药品监督局、区市场监管局、区公安分局、区农业局分管领导任副组长的“国门利剑2016”“春雷2016”打击走私联合行动指挥部。全区出动人员826人次，车辆136辆次，船舶5艘次，检查大型冷冻库7个、小型冻品经营户142户、油站52个、非设关地16处、重点食品、成品油超市32间，查获问题冻品3吨。（容颖）

【政府采购】 2016年，全区实现采购532次，采购金额13198.55万元，与采购预算13591.56万元相比，节约资金393.01万元，资金节约率2.89%。其中：货物类采购421次，采购金额10449.27万元；服务类采购111次，采购金额2749.29万元。其中共实现公开招标33次，采购金额6766.92万元，节约资金235.25万元，资金节约率3.36%；竞争性磋商1次，采购金额139.8万元，节约金额10.2万元；网上询价采购387次，采购金额4610.97万元，节约资金64.23万元，资金节约率1.37%；协议供货采购1次，采购金额47.23万元，节约资金0.55万元；单一来源采购6次，采购金额404.4万元，节约资金31.46，资金节约率为7.22%；询价采购10次，采购金额236.44万元，节约资金3.7万元，资金节约率为1.54%；网上选购采购94次，采购金额992.8万元，节约资金47.63万元，资金节约率4.58%。

（黄惠红）

附：2016年蓬江区人民政府领导名录

区　　长：温伟文（—2016.9）
　　　　　李欣立（2016.11—）
党组书记：李欣立（2016.10—）
　　　　　温伟文（—2016.10）
党组副书记：赵　全（—2016.10）
副 区 长：赵　全（—2016.9）
　　　　　文　丽（女）
　　　　　亢雁直
　　　　　李达成
　　　　　朱辉荣
　　　　　张沃芬

黄达斌（2016.9—）

谢法浩（挂职，2016.4—2016.7）

政协江门市蓬江区委员会

【全体会议】 2016年，政协江门市蓬江区委员会共召开全体会议2次。

三届六次会议 2016年2月1—2日，中国人民政治协商会议第三届江门市蓬江区委员会第六次会议在逸豪酒店国际会议中心召开。会议听取和审议政协江门市蓬江区委员会常务委员会工作报告；审议政协江门市蓬江区委员会常务委员会关于政协三届五次会议以来提案工作情况的报告（书面）；听取区委主要领导讲话，学习省委、市委、区委全会精神；列席江门市蓬江区九届人大六次会议，听取和讨论政府工作报告及其他有关报告；表彰政协第三届江门市蓬江区委员会第五次会议以来优秀提案及承办提案先进单位；审议通过政协第三届江门市蓬江区委员会第六次会议决议。

四届一次会议 2016年11月21—24日，中国人民政治协商会议第四届江门市蓬江区委员会第一次会议在逸豪酒店国际会议中心召开。会议审议通过李永安受政协第三届江门市蓬江区委员会常务委员会委托所作的工作报告，提案工作情况的报告（书面）；出席会议的全体委员列席区人大十届一次会议，听取并讨论政府工作报告及有关报告；会议选举产生政协第四届江门市蓬江区委员会主席、副主席、秘书长和常务委员，李永安当选为区政协主席，谢雁平、吕国荣、黄月嫦、赵洪辉、林永康、廖炳华当选为副主席，容智文当选为秘书长，王安泉等27位当选为常务委员；会议表彰区政协三届六次会议以来优秀提案和承办提案先进单位。全体委员以高度的政治责任感和使命感，围绕全区经济社会发展的重要问题，积极参政议政，踊跃建言献策，提出许多建设性意见和建议。

【政协常委会议】 2016年，政协第三届江门市蓬江区委员会共召开常委会议4次。

三届十八次常委会议 于2016年2月2日召开。会议分别听取提案1组召集人徐春红、提案2组召集人朱永强、经科1组召集人梁国贤、经科2组召集人赵女乔、“三胞”组召集人莫华操、叶云妮关于各组讨论情况的汇报。委员们一致赞同区政府工作报告、政协常委会工作报告和有关报告；审议通过区政协三届六次会议提案审查情况的报告。

三届十九次常委会议 于2016年8月10日召开。会议听取区政府、区纪委、区人民法院、区人民检察院2016年上半年工作情况通报，提出建议和意见；审议通过区政协2016年上半年工作情况和下半年工作要点（书面）。

三届二十次常委会议 于2016年9月9日召开。会议审议通过政协江门市蓬江区委员会换届工作实施方案，听取秘书长任惠贤就换届工作实施方案作说明，政协第三届江门市蓬江区委员会于2016年11月届满，为做好换届工作，按照政协章程和市、区换届工作的要求，结合实际，制订方案。方案明确组织领导；政协第四届江门市蓬江区委员会规模、参加单位、界别设置、委员名额；换届工作步骤。会议听取区政协副主席、区委统战部部长赵洪辉就政协江门市蓬江区委员会人事安排工作方案作说明；审议通过政协第四届江门市蓬江区委员会委员届别设置和规模。政协第四届江门市蓬江区委员会参加单位界别设置28个，委员名额205名，常务委员会组成人员41名（含主席、副主席、秘书长）。区政协四届一次会议委员名额193名，常务委员会组成人员39名。会议协商决定区政协人事安排的有关事项，区委组织部副部长朱永强就区政协人事变动安排作说明。会议任命苏辉彪为区政协经科委主任，免去其提案委主任的职务；任命徐春红为区政协提案委主任；任命欧顺贤为区政协主任科员，保留正科级领导职务待遇，免去其经科委主任的职务。会议听取区委常委、常务副区长赵全就

《中国共产党江门市蓬江区第九次代表大会上的报告（征求意见稿）》作说明。常委会组成人员充分肯定区委一届以来的工作成绩。

三届二十一次常委会议 于2016年10月28日召开。会议协商决定政协第四届江门市蓬江区委员会规模、参加单位、界别设置、委员名额、委员名单；审议通过关于召开政协第四届江门市蓬江区委员会第一次会议的决定；审议通过政协第四届江门市蓬江区委员会第一次会议议程（草案）、日程（草案）；审议通过政协第三届江门市蓬江区委员会常务委员会工作报告（草案）；审议通过政协第三届江门市蓬江区委员会常务委员会关于提案工作情况的报告（草案）；审议通过政协第四届江门市蓬江区委员会第一次会议主席团成员名单、秘书长名单（草案）；审议通过政协第四届江门市蓬江区委员会第一次会议主席团会议主持人名单（草案）；审议通过政协第四届江门市蓬江区委员会第一次会议各次大会执行主席和主持人名单（草案）；审议通过政协第四届江门市蓬江区委员会第一次会议提案收集截止时间（草案）；审议通过政协第四届江门市蓬江区委员会第一次会议提案审查委员会成员名单（草案）；审议通过政协第四届江门市蓬江区委员会第一次会议选举办法（草案）；审议通过政协第四届江门市蓬江区委员会第一次会议选举大会总监票人、监票人名单（草案）；审议通过政协第四届江门市蓬江区委员会主席、副主席、秘书长、常务委员候选人名单（草案）；审议通过政协第四届江门市蓬江区委员会第一次会议讨论分组及各组召集人名单（草案）；审议通过政协第四届江门市蓬江区委员会第一次会议邀请出席（列席）人员范围；审议通过政协第四届江门市蓬江区委员会第一次会议秘书处工作方案（草案）；审议政协第四届江门市蓬江区委员会第一次会议决议（草案）；审议通过关于政协第三届江门市蓬江区委员会常务委员会第二十一次会议未尽事宜授权主席会议审议通过的决定。

【主席会议】 2016年，政协第三届江门市蓬江区委员会共召开主席会议7次。

三届三十八次主席会议 于2016年3月4日召开。审议2016年区政协工作计划表（草案）；商议区政协常委会调研事宜，定于3月9日围绕平安蓬江建设，就全区社会治安视频监控情况开展专题调研活动。

三届三十九次主席会议 于2016年6月23日召开。商议机关人事事宜；审议《五邑侨胞耀中华》史料征集的有关工作；通报“两学一做”工作安排及其他事宜。

三届四十次主席会议 于2016年7月26日召开。学习贯彻习近平总书记在庆祝中国共产党成立95周年大会上的重要讲话精神；审议区政协2016年上半年工作情况和下半年工作要点；审议召开区政协三届十九次常委会议方案；通报《五邑侨胞耀中华》史料征集工作情况；通报“美丽蓬江”书画摄影作品展筹备情况；通报帮扶困难单亲母亲情况。

三届四十一次主席会议 于2016年9月7日召开。会议审议政协江门市蓬江区委员会换届工作实施方案（草案）；审议召开区政协三届二十次常委会议方案；审议区政协机关2016年上半年内部控制建设工作总结；审议《关于三届六次会议优秀提案及提案承办先进单位评选结果》；审议区政协机关上半年财务收支情况、公务卡使用、2017年预算情况；学习《广东省党政机关会议定点管理实施细则》。

三届四十二次主席会议 于2016年10月14日召开。会议审议召开区政协三届二十一次常委会议方案。

三届四十三次主席会议 于2016年10月27日召开。会议审议提交区政协三届二十一次常委会议审议的文件材料：审议政协第四届江门市蓬江区委员会委员名单；审议政协第四届江门市蓬江区委员会第一次会议主席团成员名单、秘书长名单（草案）；审议政协第四届江门市蓬江区委员会第一次会议主席团会议主持人名单（草案）；审议政协第四届江门市蓬江区委员会第一次会议各次大会执行主席和主持人名单（草案）；审议政协第四届江门市蓬江区委员会第一次会议提案审查委员会成员名单（草案）；审议政协第四届江门市蓬江区委员会第一次会议选举办法（草案）；审议政协第四届江门市蓬江区委员会第一次会议选举大会总监票人、监票人名单（草案）；审议政协第四届江门市蓬江区委员会主席、副主席、秘书长、常务委员候选人名单（草案）；审议政协第四届江门市蓬江区委员会第一次会议讨论分组及各组召集人名单（草案）；审议政协第四届江门市蓬江区委员会第一次会议秘书处工作方案（草案）审议政协第四届江门市蓬江区委员会第一次会议决议（草案）；审议关于政协第三届江门市蓬江区委员会常务委员会第二十一次会议未尽事宜授权主席会议审议通过的决定。

四届一次主席会议 于2016年12月5日召开。会议审议通过政协第四届江门市蓬江区委员会领导班子成员工作分工；协商决定政协第四届江门市蓬江区委员会常务委员会第一次会议召开的时间、地点和议程；审议政协第四届江门市蓬江区委员会专门委员会主任名单、专门委员会组成人员名单；审议政协第四届江门市蓬江区委员会联络组正副组长名单、联络组组成人员名单；审议政协第四届江门市蓬江区委员会提案审查委员会成员名单（草案）；审议关于召开中国人民政治协商会议第四届江门市蓬江区委员会第二次会议的决定；审议政协第四届江门市蓬江区委员会第二次会议议程（草案）、日程（草案）；审议通过蓬江区政协棠下镇政府天河爱心慈善会挥春贺岁赠联活动方案（草案）；商议联络组活动经费等事项。

【提案和反映社情民意】 2016年，重视提案办理工作，发挥提案的监督作用，把《关于珠西智谷核心启动区建设的建议》《加大政府购买法律服务力度，提高依法行政水平》列为是年的重点提案进行督办，全年提交提案21件。其中，党派提案8件、联络组提案7件、团体提案2件、个人提案4件。经提案审查委员会审查立案21件，占提案总数的100%。在立案的21件提案中，送区办理的16件，占76.2%；需上送市办理的5件，占23.8%。

是年，引导委员、政协各参加单位深入联系界别群众中调查研究，及时反映社情民意。以政协委员工作室为阵地，接访群众，倾听群众呼声，宣传政策，释疑解惑，理顺情绪，化解矛盾。

【专题调研和视察】 2016年，开展加快区域性治安视频网建设专题调研，组织常务委员会组成人员现场考察五福社区、天龙社区，了解全区区域性治安视频网建设现状和问题，召开专题座谈会，听取区公安分局有关情况的汇报，赴浙江省嘉兴海宁市参观学习，借鉴先进地区经验，形成《加快区域性治安视频网建设的建议》，供党委、政府决策参考。开展历史文化街区建设专题调研。市区联动，组织澳门区委员开展视察青年文化广场、水埗头、县丞署遗址、墟顶街广场、永安按当铺旧址和长堤风貌街建设，为更好地整合历史文化街区资源，助力“33墟街”建设建言出力。

【联谊和对外交往】 2016年，坚持党组联系区各民主党派、工商联制度，适时走访约见，通报交流工作情况，共同探讨新形势下履职工作思路，征求意见建议，深化党派合作。密切与港澳委员和港澳同胞的联系，拜会港澳有关社团、企业家和知名人士，为他们回乡办实业和参与慈善公益事业牵线搭桥。在香港投资推介会期间，引导和鼓励港澳委员和港澳同胞积极参与滨江新城、“珠西智谷”“33墟街”建设，支持他们为保持港澳地区长期繁荣稳定贡献力量。

【参与幸福蓬江建设】 2016年，鼓励政协委员参与“益”起来你我同行慈善公益活动，继续帮扶困难单亲母亲。组织委员深入村（居）开展“123”活动，慰问困难群众，送医药、送文化、送法律、送科技。组织书画摄影联谊会成员采风，举办2016“美丽蓬江”书画作品展，到棠下天河五乡为群众挥春贺岁赠联，推动文化繁荣发展。

【文史工作】 2016年，根据市政协《五邑侨胞耀中华》“三亲”史料征集工作会议精神和区委对有关工作的指示，区政协成立领导小组，制订工作方案。经审核报市审定征编条目共61条，邀请文史专员作专题辅导。审核小组深入各镇街对侨胞史料进行审核，提出补充修改意见。完成条目43条，均入选《五邑侨胞耀中华》。（梁艺芬　赵嘉宁）

附：2016年政协蓬江区委员会领导名录

主　　席：李永安

党组书记：李永安

副 主 席：申景亮（—2016.11）

陈锦旋（—2016.11）

赵洪辉

谢雁平

吕国荣

黄月嫦（女，2016.11—）

林永康（2016.11—）

廖炳华（2016.11—）

民主党派

【概况】 2016年，全区有7个民主党派，共有民主党派人士394人，其中民革蓬江总支48人、民盟蓬江总支38人、民建蓬江区总支49人、民进蓬江区总支123人、农工党蓬江区支部33人、致公党蓬江区总支45人、九三学社蓬江基层委员会58人。是年，各民主党派向市、区人大、政协提交提案议案、社情民意等60多份。

【民革蓬江区总支部委员会】 2016年，民革蓬江总支有党员48名，下辖3个支部，新发展成员4人，党员平均年龄44岁。现有总支委员7名，组织委员3名，其中市人大代表2名、区政协常委1名、区政协委员4名。

是年，围绕黑臭水体整治、环境治理、道路交通、教育改革、小微双创、产业升级、民生改善等问题开展调研工作，先后向市政协大会提交提案1篇，市人大提交建议9篇、区政协大会提交提案7篇，其中《关于完善我市“邑门式”公共服务工作的建议》被评为市政协十二届五次会议优秀提案，《优化创业创新环境 推动珠西智谷发展》被评为区四届一次会议优秀提案。民革蓬江总支先后被市委会评为市级先进基层组织，5名总支委员和党员分别获评先进工作者、参政议政先进个人、宣传工作先进个人等称号。（林命彬）

【民盟蓬江区总支部委员会】 2016年，民盟蓬江总支新发展成员2人，有成员38名。现有市人大常委会委员1人、市人大代表1名、区人大代表1人、区政协常委1名，区政协委员4名。

是年，总支围绕蓬江区的基层医疗系统、民办教育情况以及食品安全现状等问题深入开展调研工作，并撰写提案和建议，发挥建言献策的职能。先后向市人大提交《关于尽快设立江门中医药职业学院的建议》《关于打响江门侨文化品牌，提高青少年素质，大力推动和发展足球项目的建议》建议2篇，向区政协大会提交《关于加强我区基层医院建设　调整医保基金支付方式的建议》《关于加快我区民办义务教育发展的建议》提案2篇，其中《关于加快我区民办义务教育发展的建议》被评为区政协年度优秀提案。（王良平）

【民建蓬江区总支部委员会】 2016年，民建蓬江总支新发展成员7人，其中本科学历7人，高级职称1人、中级职称1人，新会员平均年龄36岁。目前总支共有成员49人，下辖3个支部，总支会员担任市、区两级的人大代表及政协委员共有8人。

是年，总支围绕环境治理、道路交通、小微双创、产业升级、民生改善等问题开展调研工作，先后向市、区政协大会提交提案8件，其中《关于以创新为动力，激发我区万众创业活力的几点建议》《推动火炬创业园成功模式的复制与创新，促进蓬江区科技企业孵化品蓬勃发展》《关于加大政府购买法律服务力度，促供依法行政水平》等提案得到区有关部门的肯定。民建蓬江总支获2011—2015年度民建广东省委会社会服务先进个人1人，获民建省委会参政议政积极分子奖4人，获民建市委会2016年社情民意采纳奖1人，获民建市委会2016年“优秀委员”荣誉称号奖1人，获民建市委会2016年“优秀会员”荣誉称号奖6人。

（何金兰）

【民进蓬江区总支部委员会】 2016年，民进蓬江区总支委员会共有支部8个，成员123人，其中区人大代表1人，区政协委员7人（包括常委2人），“特约七员”1人。12月30日总支委更名为民进蓬江区基层委员会。

是年，提交人大建议1件，政协提案3件，其中《关于清理我区非法无牌证学前教育机构的建议》获区政协优秀提案奖。民进市委会向民进广东省委选送全国基层组织案例3篇，其中启明小学支部的《“心灵驿站”是家长温暖的港湾》心理帮扶特殊儿童家庭案例是其中之一。积极参与慈善公益活动，启明小学支部开展助残活动；市八中支部坚持开展到台山、怀集的扶贫助学活动，帮扶当地的贫困学生和困难家庭；主委阳帆长期致力关爱抗战老兵工作，发动会员筹集现金、物资10多万元，参与组织发起 “暖流行动”“一对一定向助养”“机场圆梦”等活动，为困难老兵解决生活、医疗、房屋改造等困难问题，受益抗战老兵80多人。

（阳帆）

【农工党蓬江区支部委员会】 2016年，农工党蓬江区支部委员会共有成员33人，成员被推选为市人大常委1人、市政协委员1人、区政协常委1人、区政协委员4人。

是年，向区政协提交《关于我区城市地下综合管廊建设的几点建议》《整治校园欺凌问题须形成长效机制》《关于增加和改造北新区农贸市场的建议》等3份提案。集体提案《关于在蓬江区进一步推广学校社工服务的建议》被区政协评为“优秀提案”。全年提交参政议政稿件15份，其中3份作为市政协提案提交；6份作为社情民意或统战信息，获江门市政协和统战部采用。支部成员积极参与社会服务和慈善工作，以蓬江区“巾帼义工”身份上门探访慰问贫困单亲母亲。成员陈健强律师继续资助台山上川某单亲家庭的一对双胞胎兄弟助学金4000元/年，资助江门市职业技术学院大三学生（孤儿）助学金5000元/年。（林伟玲）

【致公党蓬江区总支部委员会】 2016年，致公党蓬江区总支部委员会共有支部4个，其中新增1个基层支部；发展新党员1人，现有成员45人。总支成员被推选为市人大代表1人，区人大常委1人；被推选为市政协常委1人，区政协常委1人，区政协委员5人；有3人次被聘为市、区级“特约监督员”。

是年，组织全体党员学习中共十八届五中、六中全会精神，传达致公党上级文件，组织新党员、骨干党员到致公党省委会参加培训。完善总支架构，成立参政议政、社会服务、海外联谊、信息宣传等四个专业小组。在区政协大会上作《关于完善邑门式服务，提升家门口服务》《关于加强我区禁毒工作的建议》的发言，向市人大提交《关于提高基层医疗医保定额结算标准的建议》，向区政协提交《关于落实小学生每天一小时校园体育活动的建议》等建议和提案。其中《关于促进我市法院立案工作的几点建议》被评为江门市政协2016年度优秀社情民意。承担市委会的招标课题，开展关于“珠西智谷引资引智引技”“青少年禁毒教育”“华侨博物馆升级改造”的课题调研。《江门日报》以“助推行政审批制度改革”“敢于直言，不辜负人民的信任”为题报道张中强的市人大代表履职事迹。开展海外联谊活动，接待美国洪门安良堂邓锦源、伍焕良，美国洪门致公堂李炎榆、陈永锦一行；接待古巴洪门民治党副主委唐仲喜一行；协助美国至孝笃亲总公所在江门举办恳亲大会。

（张中强）

【九三学社蓬江区基层委员会】 2016年，九三学社社员人数58人，担任市、区两级的人大代表及政协委员共有10人，特约监督员4人。

是年，向区人大、政协提交《打造我市检验检测信息平台，助力新经济转型》《建议进一步提升“南岸印迹”灯光工程形象》《关于发展我市绿色、智能交通的建议》《关于成立专门性非急救医疗转运机构或平台的建议》《关于加强对老旧楼房公共窗户进行维修管理的建议》《关于加强法制队伍建设的建议》《关于规范红绿灯交通管理的建议》等7篇建议提案。其中《关于加强法制队伍建设的建议》被区政府列为重点提案之一。

（徐春红）

人民团体

2017

PENGJIANG NIANJIAN

总工会

【工会组织建设】 2016年，全面完成市总工会组建任务指标，完成民主建会92家，完成率100%，新增农民工入会人数为1.1万人，完成率100%，预置职工数25人以下企业工会组织覆盖率95%；已建会且登记缴费工会数927个，完成登记率89%。发挥基层工会作用，推进职工之家建设。全年累计向基层工会捐赠图书2000余册，各项专项建设资金达20万元；支持基层工会的活动开展，包括骑行活动、拔河比赛、各类职工培训讲座以及文艺晚会等，累计下拨专项资金18万元；指导基层工会规范使用工会经费，完成企业工会审计36家。

【职工维权】 2016年，参与调处汇悦城、保利房地产、万达广场等群体性劳资纠纷事件；处理广东“工人在线”涉及全区问题29件，处理职工来访来信来电46宗、法律援助15宗。推进企业劳动安全和保护工作，在企业组织开展“安康杯”竞赛活动，全年参与企业208个、班组1738个、职工近6万名。

【帮扶困难职工】 2016年，通过各级工会开展帮扶困难活动，累计帮扶困难职工825人，帮扶金额122.9万元。其中春节前共筹集资金27.6万元，慰问企业困难职工136人；开展“金秋助学”活动，对181名环卫工读书子女、70名治安队员读书子女以及188名异地务工人员读书子女分别按就读学校的不同层次分别给予每人1000元至3000元不等的助学金，累计发放助学金55.8万元；开展日常帮扶救助，累计帮扶困难职工38人，发放帮扶金额8.5万元；开展中央帮扶资金专项救助活动，慰问困难职工212人，发放帮扶金额31万元。

【职工医疗互助保障】 2016年，区总工会组织职工开展互助保障活动。发动1895名职工新参保职工医疗保障计划3183份，发动2620名职工续保职工医疗保障计划3615份，理赔24人，给付39万元；发动986名职工新参保女职工安康保障计划1396份，发动1657名职工续保女职工安康保障计划2105份，理赔5人，给付15万元；发动5016人参加在职职工住院医疗综合互助保障活动。

【企业工资集体协商】 2016年，区总工会出台奖励方案，突出抓好300人以上企业工会开展工资集体协商工作，建立数据库，制定工作流程，提升集体协商工作质量。全年单独签订工资集体协商25份，行业性工资集体协商1份，区域性7份，500人以上非公企业签订3份，覆盖职工11250人。

【劳动竞赛】 2016年，推动全区劳动竞赛及职工技能竞赛开展。组织开展蓬江区职工职业技术安全生产知识竞赛，竞赛创新性采用线上线下联动的模式，分别安排安全生产知识网络有奖竞赛、安全生产“随手拍”活动、企业职工安全生产知识竞赛活动3项，吸引近9000人次参加。鼓励基层工会积极开展劳动竞赛，职工提合理化建议，在镇街、企业间营造技术练兵、技能比武、技改技革的良好氛围。

【劳模推荐和管理】 2016年，做好全国、省“五一劳动奖章（状）”的推荐、评选工作，其中广东万丰摩轮有限公司技术部负责人刘狄明获广东省“五一劳动奖章”，中烟摩迪（江门）纸业有限公司卷烟纸生产线获全国“工人先锋号”。全区有劳模创新工作室11家，新建成“广东万丰摩轮有限公司劳模创新工作室”1家，对工作成效显著的4家劳模创新工作室划拨专项资金3.5万元。（令狐杰）

共青团

【青联工作】 2016年7月，在发展小学举行“青年同心圆”香港童军总会江门义教交流营开营仪式，40多名香港义教成员和发展小学的师生参加。9—12月，为推崇全民健身运动，联合江门市微跑协会、腾讯江门、仁爱社工机构等相关部门开展微跑季后赛活动32场。以“绿色、健康”运动的宗旨号召社会全体通过慢跑的运动方式来强健身心，传播社会的正能量，为江门市城市精神文明建设做贡献。12月，团蓬江区委、区青联及香港五邑青年总会交流访问团一行55人，到珠西智谷南方教育装备创新产业城、智能装备协同创新研究院和广东滨崎食品有限公司考察，学习借鉴先进经验，进一步加强沟通、深化合作。

【义工工作】 2016年，团区委、区义工联组织志愿者在辖区内86个社区举行1000多场志愿者进社区志愿服务，为市民群众提供义修、义诊等便民服务，受益群众超5000多人次。2月，组织志愿者300多人次在万达广场、汇悦城、益华百货、金蓝海广场等商业地段进行“真情圆梦·贫困助学”玫瑰义卖公益活动，所筹资金用于家境困难青少年助学公益活动。开展“志愿服务进社区”活动24场，服务群众4500人次，覆盖全区6个镇街24个社区。12月，举办2016年“12·4”国家宪法日、全国法制宣传日暨“法治蓬江宣传教育周”活动。开展“志愿10年情，一路伴我行”成立10周年志愿服务体验晚会，颁发20个优秀志愿服务集体，10个优秀志愿服务项目对先进志愿者无私奉献精神进行肯定。是年，制定蓬江区成立党员义工服务队的方案，在区直党组织中成立义工服务队6支，服务小分队100支，注册人数达1528人，并建立相关工作机制。

【少先队工作】 2016年7月，团区委开展“三下乡”活动，组织10名江职院学生，在全区各社区开展培训班、青年公益与社会服务活动。培训班主要面对青少年学生，包括《羽你同乐》《手工创意制作》《绘画技法》《足球培训班》《暑期义教班》《活力英语角》等培训项目，全方位多角度给予青少年学生朋友接触新鲜事物、学习新技能的机会。

【青年文明号活动】 2016年，青年文明号工作得到各单位领导高度重视，共完成中江高速路政队等5个区级青年文明号创建工作，并从区级文明号单位中推报蓬江国税办税厅等2个为市级青年文明号创建单位。

【团组织建设】 2016年，全区有14岁—35岁青少年14.5万人，其中14岁—28岁的青年9.43万人，共青团员20755人，团青比例22%。在辖区开展非公有制经济团组织建设，已建成非公经济团组织15个。

【团干部培训】 2016年，团区委组织各基层团组织负责人开展团工作培训活动。学员分别来自各镇（街）团（工）委、区直相关部门、非公企业团组织的负责人；培训设有校内专题、高层讲坛、行为训练、演讲口才、党性教育、自主选学6大板块，共安排专题讲座4次、小组活动6次，内容包括基层团组织建设、青年创新创业、社区青年工作、学校团队工作等。

【“信息直通车”行动】 2016年，召集镇、街项目办及行政村的信息员共50多人在五邑大学培训中心开展农村信息直通车知识培训，有系统学习农村信息直通车助推农村产业发展等课题，增强做好农村信息工作的责任感和紧迫感；明确目标，多措并举，推进农产品与信息网络的有效对接的工作。

（黄雪珊）

妇联

【妇女组织建设】 2016年，贯彻《全国妇联关于加强服务型基层妇女组织建设的意见》和《广东省妇联关于在全省开展村（社区）妇联建设工作的意见》精神，按照“农村的行政村，城市的居民委员会等设立妇女代表会，有条件的行政村可建立妇女联合会”的要求，区妇联在全区有条件的村（社区）开展妇代会改建妇联工作，加强服务型基层妇联组织建设。是年，已完成村居改建妇联工作6个，分别是棠下镇石头村、杜阮镇杜阮村、荷塘镇篁湾村、环市街育德社区、潮连街坦边社区、白沙街甘化社区。改建后的村（社区）妇联班子设执委5名－11名，将各行各业优秀的女性纳入到妇女工作队伍当中，增强基层妇联组织的凝聚力和号召力。

【组织妇女参与经济建设】 2016年，区妇联深入推进“广东省扶持妇女创业小额担保财政贴息贷款项目”，推行“培训服务+贷款服务+跟踪服务”三位一体工作模式，为妇女创业搭建服务平台。委托德信行社会工作服务中心组织开展“蓬江区妇女小额担保贷款项目培训班”3期。与中国农业银行、新会农商银行、融和农商银行协同，简化小额担保贷款办理手续、优化贷款程序，加快放款速度。至11月，全区41名妇女成功申请小额担保贷款，发放贷款341万元（其中2人为30万元贷款的女创业大户），到期还款27人，还款率100%。

【组织妇女参与精神文明建设】 **蓬江女性“她力量”活动** 2016年“三八”节前，区妇联联合区委宣传部、区文化广电体育局、区文联，以原型人物、先进事迹为素材，共同开展“她力量——为蓬江女性点赞”系列活动，从网络点赞、为你写诗、戏剧小品、巾帼旗袍秀等4个维度展现全区各条战线优秀女性的真实故事，大力倡导新时期“蓬江人精神”，吸引7.4万多人点赞投票，35.4万群众关注。

巾帼志愿服务活动 2016年，区妇联通过加强和完善巾帼志愿者队伍建设，开展2次大型巾帼志愿服务活动，与区直各单位妇委会、各镇街妇联联动，走访慰问44户困难单亲母亲。

“最美家庭”评选活动 2016年，在全区范围开展“最美家庭”寻找工作。各级妇女组织积极发动近1万人次参与，层层评选“最美家庭”55户。其中获全国“最美家庭”、广东省百户最美家庭称号1户，获广东省百户最美家庭称号1人，获江门市“十大”最美家庭称号2户，获江门市优秀最美家庭称号3户。

【维护妇女儿童合法权益】 2016年，通过政府购买服务的方式，向德信行社会工作服务中心购买服务，成立广东省妇女维权与信息服务站（江门蓬江分站）。维权站通过“12338”妇女维权热线和面谈服务，为维护妇女权益提供服务。全年通过“12338”妇女维权热线接入妇女维权求助256宗，来访304宗，受惠妇女达668人次，其中针对23个有需要的服务对象共开展112次个案跟踪服务。维权分站与市法律援助中心、法院等紧密沟通，开展多题材的维权宣传活动，反映有关妇女卫生保健、受教育权益、女职工劳动保护、家庭婚姻、女性就业与再就业等权益保障问题，得到有关部门的重视。各级妇联组织以妇女之家为阵地，在“三八”妇女维权周、禁毒日、法制宣传日等纪念日，开展形式多样的法治文化宣传活动。全年各级妇女组织开展法制宣传83场次，派发宣传单5121份，微信微博平台宣传500多次。

【帮扶困难妇女儿童】 2016年，实施“蓬江和美·有爱同行”困难单亲母亲关爱项目。发动区内慈善人士和精英女同胞捐助善款共110.5万元，为区内户籍困难单亲母亲提供“七大帮扶”（关心生活、关爱健康、改善环境、改善交通工具、帮扶就业、帮扶子女教育、家庭重组）。以购买服务的方式，为219名困难单亲母亲提供心灵成长支持的个案和小组服务；开展“爱在骑中·续航希望”——10公里公益骑行助学活动，为困难单亲母亲子女读书筹集善款；组织14名困难单亲母亲开设烹饪烘焙作坊。

【妇女儿童发展规划】 2016年，区妇联承担区妇儿工委办公室的职能，协调职能部门29个，落实责任分工，共同推进《蓬江区妇女儿童发展规划（2011—2020年）》的实施。经过中期评估，监测统计全区两个规划进展良好。其中，对照《儿童发展规划》2020年终期目标（主要定量指标44项），全区有31项指标提前达标，占68.9%；8项预期可达标，占17.8%；3项预期达标困难（分别是建有儿童福利机构的县市区数、流浪儿童救助保护机构数、建有少年宫的市县区数），占6.7%；1项暂无数据（严重致残的出生缺陷发生率），占2.2%；1项无法判断（低出生体重儿发生率），占2.2%。另外还有4个特色指标分别为：0岁－6岁残疾儿童康复服务率100%、建有家长学校的社区比例和建有家长学校的行政村比例均为100%、中小学生法律知识宣传普及率100%，以上指标均已提前达标。对照《妇女发展规划》2020年终期目标（主要定量指标70项），全区48项指标提前达标，占68.57%；16项预期可达标，占22.85%；2项预期达标困难（村委会主任中女性比例，卫生村覆盖率），占2.86%；2项暂无数据（妇女人均预期寿命、农村孕产妇系统管理率），占2.86%；2项无法判断（宫颈癌死亡率、乳腺癌死亡率），占2.86%。

（谭羽鸿）

工商联

【搭建经济发展平台】 2016年，区工商联与公检法、税务、工商、国土、环保、人社等16个政府职能部门建立互访交流机制。组织会员参加国税座谈会、检察开放日等活动。各级商会举行23场交流活动，增进互信，解决问题，政企共同营造良好营商环境。通过分别与建设银行、兴业银行签订助保贷合作协议，为企业融资增信用增额度发挥重要作用，筹集资金2000多万元。通过创新一系列融资产品模式，结合其他金融机构的融资产品，为企业提供多种融资渠道，解决中小企业发展中融资难的问题。全年走访企业300多家，收集企业诉求，掌握企业动态，及时发现问题，伸出援助之手。通过区中小企业服务中心、总商会律师团、劳动关系三方协调机制成员等身份，协调企业解决生产经营上的纠纷问题，共协调解决难题56宗。

【教育培训】 2016年，成立蓬江区中心企业培训学院、蓬江区企业家学院。已开设总裁班、高管班、营销班，课程涉及传承和精益生产管理、财务、法律等方面，累计学员超过200名，参加人员超过1000人次。

【联谊交流】 2016年，组织会员企业赴吉林参加中国第十三届城市友好商会会议，促进两地之间的交流。联合鹤山市工商联在省社会主义学院举办商会秘书长培训班，促进各级商会加强沟通交流，提升商会工作人员业务能力。全年各级商会共组织活动40多次，超过2000人次参加，其中总商会牵头组织6次。

【慈善公益】 2016年，区一级和各镇（街）商会、行会累计捐款500多万元。其中连续四年联合区慈善会开展特色定向帮扶贫困家庭活动，捐赠每户每月生活费200元，全年累计帮扶贫困家庭96户，捐款23万元。

蓬江区工商联所属基层商会、行业协会（商会）基本情况表

单位：人

名　称	成立时间	会员数
江门市蓬江区荷塘商会	1997.5	95
江门市蓬江区杜阮商会	2001.11	141
江门市蓬江区棠下商会	1999.12.28	94
江门市环市商会	2003.1	87
江门市蓬江区仓后商会	2005.9	78
江门市北街商会	2003.1	40
江门市蓬江区堤东商会	2006.12	76
江门市潮连商会	2003.5.10	110
江门市蓬江区白沙商会	2006.8.15	53
江门市蓬江区房地产业协会	2003.5.16	49
江门市蓬江区印刷业商会	2005.9.27	258
江门市装饰建材行业协会	2005.6.25	98
江门市蓬江区五金卫浴行业协会	2010.4.1	70
江门市蓬江区荷塘照明电器行业协会	2011.12.10	68
江门市蓬江区绿色能源行业协会	2015.4.28	30

（黄嘉明）

残　联

【基层残联组织建设】　2016年，区残联加强基层残疾人组织建设，充分发挥151名镇（街）、村（社区）的残疾人专职委员的作用，为残疾人提供更贴近更直接的优质服务。通过制订镇（街）、村（社区）两级残疾人专职委员管理办法及考核办法，形成常规考核、培训、管理机制，开展基层残疾人工作者业务培训7期，共培训385人次。为提升各残疾人专门协会的策划活动及管理能力，区残联为各大协会注入社工元素，以社协结合的方式组织开展丰富多彩的活动，进一步增强专门协会的凝聚力和自我管理、服务能力。健全基础信息工作，根据省残联的部署和要求，做好8700多名持证残疾人基本服务状况和需求信息数据动态更新工作。

【居家服务工作】　2016年，推动“五居”服务的常态化，继续为625名残疾人提供“点餐式”的最有效、最贴心的居家康复、居家养护、居家无障碍、居家职业训练和居家就业服务，为280多名重度残疾人增加“平安通”服务，扩大居家服务的覆盖面，加强服务质量监控，对居家服务对象进行上门入户检查，听取服务对象的意见及建议，指导服务机构进一步提高服务水平。依托蓬江区居家无障碍体验馆，成立残疾人紧急支援中心为残疾人提供

紧急托管、辅具紧急维修及租借等9项支援服务。

【教育工作】 2016年，全区持续落实从学前到高中阶段残疾学生15年教育资助。是年残疾儿童学前三年教育保教费资助全区37名残疾儿童受惠。在读义务教育阶段贫困残疾人家庭学生269名享受600元/年生活费补贴，所有高中阶段在读残疾学生享受学费免交资助，19名在读残疾学生享受高等教育助学金，其中全年新增4名残疾学生考上全日制的专本科院校。另外，开展未入学适龄残疾儿童少年入学情况调查，配合教育部门推进残疾儿童接受教育工作的开展。

【社会保障工作】 2016年，全区有3432名残疾人免费参加城乡居民基本医疗保险和城乡居民社会养老保险，其中新增840名精神和智力3、4级残疾人享受该项政策；做好精准扶贫工作，春节、助残日和中秋节上门慰问1200多户困难残疾人家庭；对纳入精准扶贫的残疾人数据资料进行核对，掌握情况，保证残联的系列扶助政策落实到位。

【托养工作】 2016年，区残联进一步强化“阳光家园计划”服务平台，为处于就业年龄段、有托养服务需求的智力、精神和重度残疾人提供多种模式的托养服务。重点对16间日间照料机构——社区康园中心进行专业化管理，通过购买社会组织的服务，与社会资源相链接，根据学员的能力及用工需求制定岗位培训计划，提供实训岗位给学员实习。除培训职业技能外，还培训学员学习职业道德操守、职业卫生和安全等知识。开展“普法进康园”活动，通过小品或情景剧模式，让学员能够加深印象，懂得运用法律的武器保护自己，提升法律意识。

【康复工作】 2016年，重点实施0－6岁残疾儿童抢救性康复服务，依托江门市妇幼保健院和各级医疗机构，通过普及孕期保健、开展遗传咨询、产前诊断和宣传教育等工作进行儿童残疾的预防。建立残疾儿童随报及早期康复工作制度，由专人负责跟踪随访，咨询转介，使有康复需求的儿童及时得到个性化服务，有效控制儿童残疾的发生和发展。加大对严重精神残疾人的救治救助工作力度，完善监护人、协助监护人制度，多部门合作对高危险精神残疾人配合管控。整合现有康复资源，完善精神残疾人社区康复机构建设。继续推行“精神病防治日”制度，通过定时的随访诊疗制度，使精神残疾人病情稳定。全年投入485万元为有康复需求的贫困残疾人提供白内障复明手术、辅助器具适配、儿童基本康复教育、成人肢体康复、居家无障碍改造、精神病送药及住院治疗等康复资助等服务，2005人次受惠。

【创新社会管理工作】 2016年，区残联继续开展区残疾人服务工作社会管理创新项目活动，促进残疾人服务向基层延伸和深化，经评选有6个项目入选。是年，新增“普法进康园”项目，提升康园中心学员的自我保护和法治意识。区残疾人服务中心棠下站开拓农村特色的康园服务项目，建立“残疾人农业培训基地”（新SUN农场），为农村残疾人提供丰富多彩的康复学习平台。

【文体宣传工作】 2016年，区残联升级门户网站，建成无障碍网站，丰富并及时更新区残联微博、微信公众号信息内容。印制《蓬江区残疾人服务指南》，向社会以及残疾人多渠道地进行信息的传播，推送60多条微信及40多条网站信息。借全国助残日等节日的契机，开展系列助残活动，包括普惠慰问、上门慰问、蓬城体验游、志愿助残、在万达广场举办现场庆祝活动等。举办“感恩社会、残健同行”少儿乒乓球对抗赛，“邑起乐动、共享健康”残疾人板羽球友谊赛、“牵着蜗牛去散步”“六一”儿童节合家欢等文体活动。在市残联举办的“我秀，我快乐”社区康园中心展能活动中，全区参赛的4个才艺节目分别获二等奖2个、三等奖和优秀组织奖2个，创意手工艺品参加展览均获得一致好评。在全区逐步推开助残健身活动，使残疾人掌握基本的健身方法，开展居家健身、社区健身等，探索将助残健身与康复服务相结合。是年，区残疾运动员熊桂艳参加里约残奥会获女子乒乓球团体赛银牌。

【职业培训和就业工作】 2016年，新增荷塘福利印刷厂和汇悦城残疾人作品销售实体店2个残疾人就业培训基地，其中荷塘福利印刷厂被认定为“广东省残疾人就业基地（三级）”，全区6个就业培训基地共安排残疾人就业670人；为残疾人的自主创业提供专业经营指导、资金申请、资源链接等多方位创业孵化和扶持服务；推进“互联网+就业创业”模式，继续深化残疾人居家就业创业；做好发展辅助性就业机构的调研及规划，探索建立实训岗位培训，培育辅助性就业项目，在原有五邑大学的AWdelights小食店的基础上，在汇悦城新开设区残疾人作品实体销售店，为残疾人就业创造机会。全年接受残疾人求职登记20人，推荐就业35人次，新增就业83名，稳定就业2100人。就业服务机构的规范化建设通过省、市的达标验收，残疾人的就业培训工作实行实名制动态信息统计监测，培训录入率和统计录入完整率100%。做好残疾人就业保障金的年审和征收宣传服务工作，10月底就业保障金征收入库1597万元。 （廖美群）

法治军事

2017

PENGJIANG
NIANJIAN

政法委及综治

【维护社会稳定】 2016年，加强信息收集工作,收集、上报各类信息74条，报送信息简报83期。开展矛盾纠纷排查调处。坚持区每月一次、部门半个月一次、镇、街每10天一次的矛盾纠纷排查制度。对敏感时期和突出的矛盾纠纷，坚持全面排查和“滚动式”排查相结合。年内开展矛盾排查888人次，预防纠纷2389人次，防止群体性上访3次55人。受理矛盾纠纷案件127件，调解成功120件，调解成功率94.5%。做好“两会”“G20杭州峰会”、十八届六中全会等期间的社会维稳工作，区委维稳办采取固定督导和飞行检查的方式到辖区和各镇（街）开展督导，实行24小时值班和信息“每日专报及零报告”制度。在全国、省、市“两会”期间实现“零上访”“G20杭州峰会”等期间均保持社会稳定。全区开展“两违”（违法用地和违法建设）专项整治行动，行动涉及违法用地685.46亩，罚没款357.93万元，违法建设约32万平方米。深入开展对邪教“法轮功”制作传播反宣币专项整治行动；开展“防邪知识进家庭”活动；开展对以教育战线和农村为重点的崇尚科学、反对邪教的教育活动等工作。全区没出现“法轮功”邪教组织聚众滋事情况。

【“严打”整治】 2016年，围绕“飓风2016”专项打击整治行动，以“多破大要案、团伙案、系列案”为目标，深入开展严打斗争，破案件1456宗，刑事拘留1331人，提请批准逮捕658人，起诉735人，在打击跨区域团伙数、逮捕数、起诉数等主要指标上蓬江区均排名全市前列。检察机关受理提请批准逮捕刑事案件555件885人，经审查，批准逮捕409件596人；受理移送审查起诉案件646件962人，经审查，提起公诉563件791人。依法从严办理丁某边等3人故意杀人案，戚某峰强奸、抢劫案等一批侵犯公民人身权利、社会影响恶劣的刑事犯罪案件。审判机关受理各类案件13910件，结案10671件，结案率76.71%。其中受理刑事案件750件，民事案件8131件，执行案件5152件。针对环市街入室盗窃猖獗问题，成立专项工作小组，以联合社区、天龙社区为重点，开展打击整治。

【治安防控体系建设】 2016年，投入资金400万元进一步完善立体视频监控体系。建立视频监控点44个，监控范围覆盖全区6个镇街各主干道、主要出入口。在重点区域、治安重点部位建1100个视频监控点，覆盖中心城区各社区，提升内街内巷的治安管控能力。创新出租屋与流动人口报送渠道，实现与公安网警系统对接，有效解决出租屋底数不清，情况不明的现状。在新汽车总站、青年广场、东湖广场侧创新建设7个警银亭。警银亭由警务室、银行自动柜员机及行政便民服务自助机组成。警银亭建设由银行出资，政府配备警务装备。

【平安社区（村）建设】 2016年，投入平安建设宣传经费30余万元，开展基层宣传128场次，印发宣传资料11107份。借助电视台、报社宣传250次，发送短信45683条，注册建立“创建平安蓬江”微信公众号，制作20000个环保宣传购物袋、3000把雨伞、4000个鼠标袋、2000个纸筒、3000个笔袋。围绕防控违法犯罪、化解矛盾纠纷、排除公共安全隐患三大工作任务，以环市街为试点，推进 “中心+网格化+信息化”工程建设，建立网格化管理机制，依托信息系统，实现信息互联互通。开展“平安村居”“平安校园”“平安企业”“平安市场”等九类28个“平安细胞”创建点的创建工作，使“平安细胞”创建覆盖率达100%。

【法治宣传教育】 2016年，深化法律服务进村居，深入推进“一村（社区）一法律顾问”工作。区投入资金45000万元用于村（社区）法律顾问工作，全区141条村（社区）与13个律师事务所的49名律师重新签订法律顾问合同，实现村（社区）法律顾问100%全覆盖。全年法律顾问提供服务总数

3702次，其中接访咨询3076人次，审查合同350多份，开展法治讲座、法治宣传400多场次，调解矛盾纠纷250余次，出具法律意见200余次。深入开展法治宣传“六进”（进机关、进乡村、进社区、进校园、进企业、进单位）活动，全年上法治课182场次，举办法治图片巡展27场次，开展法治宣传活动25场次，印发宣传资料24万份，OA普法短讯9.28万条，刊出黑板报、法治宣传栏4238期，受教育人数达31万人次。

【防范邪教工作】 2016年，围绕防控打击、教育转化、创建无邪教示范点开展工作。全区成立37个监控工作小组，从治安大队挑选23名治安队员组成机动小分队，敏感时期实行全天候内部监控。加大对城市广场、车站、校园等部位的巡查，启动警民相结合的联防体系，获取内幕性、预警性的情报信息。组织开展“反邪教、送温暖”活动，对全区35名生活困难，思想已转化的涉邪家庭进行走访慰问，给他们送去大米、食油等食品。组织开展“崇尚科学，反对邪教”主题法治漫画大赛活动，全区65所中小学校学生参赛，参赛作品742幅，经专家评审一等奖100幅，二等奖300幅，其余为三等奖。获一、二等奖作品在区创新创意产业文化厅展出，吸引中小学生和群众6万多人参观。组织收看反邪教电视剧《忏悔之门》，举办反邪教图片展览13场，编写反邪教宣传栏131期，受教育人数达30万人次。开展“无邪教”示范工程活动，全区3个示范镇（街）、8个示范村（社区）经市验收均达标。全年没发生“法轮功”邪教组织聚众滋事情况，连续15年保持“三零”（零失控、零发案、零聚集）的工作目标。（梁远强）

法治政府建设

【办理建议提案】 2016年，区政府承办市建议提案93件，其中承办市人大代表建议37件、市政协委员提案56件，主办市人大代表建议6件、会办31件，主办市政协提案4件、会办52件。各承办单位和部门按照区政府的部署和要求，认真组织建议提案的办理工作，全部办理完毕，并答复给代表委员。全年区政府承办区九届人大六次会议代表建议5件，承办区政协三届六次会议委员提案19件，于规定的时限内全部办理完毕并将办理情况答复给代表委员。

【审查和清理规范性文件】 2016年，区法制局严格按照《江门市蓬江区政府规范性文件管理规定》，审查规范性文件3份，审查通过部门规范性文件2份。全年对市府办批转省法制办来文的《广东省教育督导规定（修订草案送审稿）》《广东省实施中华人民共和国律师法办法（送审稿）》《广东省森林防火条例（草案送审稿）》等征求意见的法规、规章和规范性文件提供法律意见37份。

【行政执法证发放和清理】 2016年，全区发放行政执法证62个。根据《关于转发〈广东省人民镇府法制办公室关于开展全省行政执法人员清理工作的通知〉的通知》要求，开展行政执法人员清理工作，经核查，全区各行政执法单位行政执法人员377名，其中不具备行政执法资格，需要被清理的人员为32名，其余345名行政执法人员均是已取得执法资格的在编在岗人员，均符合《广东省“行政执法证”管理办法》规定的申领行政执法证条件。

【办理行政复议案件】 2016年，区法制局坚持依法受理审理，保障行政复议行为合法有效，按照切实维护人民群众行政复议权的要求，履行复议权利告知义务，做到以事实为依据，以法律为准绳审理案件。全年收到行政复议申请55宗，其中复议结果维持原决定46宗，不予受理6宗，申请人申请撤回3宗。

【依法行政考评】 2016年，区依法行政工作领导小组对全区开展依法行政考评工作，根据行政系统内部考核、社会评议等考评得分汇总，22个被考评部门综合得分中，最高分94.72分，最低分82.56分；社会评议分最高94.2分，最低分88.4分。

【法律意见】 2016年，区法制局为区政府和有关部门决策、有关文件出台、各类经济合同出具法律意见102份。 （甘姿）

公安

【打击刑事犯罪】 2016年，以实战为引，以考核为导，积极探索合成化作战模式，有力带动整体打击效能的提升。破案2116宗，刑拘1730人，提请批准逮捕877人，起诉960人。

【打击经济犯罪】 2016年，发挥反盗抢、反诈骗、反扒、打“两入”等多个打击专业队伍打击拳头作用；坚持协同作战，增强“打团伙、破大案”能力，起诉10起以上个案人数45人。

【户政管理】 2016年，进一步深化行政服务改革，减轻服务大厅压力，提高服务水平。自8月18日正式上线以来，总点击量逾19万次，年内采集流动人口信息23.3万人，采集率达90%；收集整合出租屋数据42543间，核查21289间。

【出入境管理】 2016年同，将“蓬江邑微警”微信服务平台作为“邑门式”服务的网上延伸，提供39项业务在线服务；“邑微警”微信公众号关注人数达60681人。

【指挥中心工作】 2016年，深入推进社会治安立体化防控体系建设。注重模式创新，以“互联网+视频”区域性防控建设推进技防建设。将该项目建设列入区十大民生实事，投入2400万元专项建设资金，分5年在区全面铺开，顺利完成当年1100个监控点的建设目标。

【巡逻防控】 2016年，深入推进“全城封控”。11月上旬建成全市示范点——江顺大桥市际检查站并投入运行；通过设卡查获被盗摩托车21辆，查获枪支2支，在逃人员2人，毒品一批，创新“运动+巡防”防控工作模式，逐步将热心群众、厂企、小区保安人员培育为集区域群防群治、初期应急处置为一身的社会专业力量。

【治安管理】 2016年，注重隐患排查，强化社会面管控。强化精神病人管控工作，对危险评估为三级及以上的342人，均以录入系统加强监管；办理涉黄赌刑事案件50宗，刑拘144人，提请批准逮捕57人；查处涉黄赌治安案件590宗，行政处罚1559人；停业整顿场所18间。

【公安法治】 2016年，提升执法质量。围绕以审批为中心的司法体制改革，抓实关键环节，切实确保规范执法落实到位。进一步推行派驻法制员制度，变事后审核为事前指导；建立常态长效的案卷网上抽查督察机制，进一步提升办案质量。

【缉毒禁毒工作】 2016年，坚持“打零包、挖链条”打击涉毒违法犯罪。破毒品案件120起，刑拘203人，提请批准逮捕118人；破千克以上毒品案件3起，打掉制贩毒团伙15个。 （蔡国锋）

检察

【刑事检察】 2016年，认真履行批捕、公诉职能，依法严厉打击各种刑事犯罪，共受理提请批准逮捕案件698件1086人，经审查后批准逮捕504件751人；受理移送审查起诉案件770件1151人，经审查后提起公诉795件1222人。

【查办职务犯罪】 2016年，集中查办发生在工程建设、房地产开发、国土资源、金融等系统的职务犯罪案件，立案查处职务犯罪案件12件17人，其中贪污贿赂案件8件13人，均为大案；渎职侵权案件4件4人。查处案件的涉案金额达3600多万元，查办窝案串案效果显著。

【监所检察】 2016年，深化刑事立案及侦查监督工作，对重大、疑难、恶性案件提前介入16次，向公安机关发出不捕理由说明书170份，发出补充侦查提纲128份，发出侦查活动监督通知书13份。追诉漏罪漏犯16件27人，追诉的案件已全部移送审判机关。

【预防职务犯罪】 2016年，坚持“打防结合、惩防并举”的工作思路，开展警示教育、预防宣传31次，编印宣传海报500多份、宣传手册2000份，将联合区纪委拍摄的预防职务犯罪宣传教育片发至区直机关各单位及各镇、街、村、居委会进行播放，取得良好的教育警示效果。共开展行贿犯罪档案查询6064次，比上年增加7倍，占全市查询量的42%。

【民事行政检察】 2016年，以开展全省“基层民事行政检察工作推进年”专项活动为契机，推进民事行政检察工作全面发展。受理民行监督案件36件，其中受理执行监督案件26件，占受理案件数的72%；审结案件53件（含积案），依法提抗1件，促成支持起诉诉前和解2件，向法院、行政机关提出检察建议33件，检察建议回复采纳率100%。成功对一起虚假诉讼民事调解监督案提请抗诉。

【控告申诉检察】 2016年，受理群众控告、申诉、举报信访案件共174件，同比上升32%，受理刑事申诉案件1件，受理举报线索18条。着力解决“信访老户”等复杂、棘手案件，有效处置黄某盛涉嫌故意伤害案中被害人不服区院不起诉决定，而纠集多名家属多次来访等信访事件。积极化解社会矛盾，主动开展司法救助工作，受理司法救助申请2件，自行发现救助线索1件，向申请人发放救助金3.5万元。

【派驻镇（街）检察室工作】 2016年，派驻检察室积极参与办案工作，借助办案强化对所在地刑事案件发案情况的掌握，办理审查逮捕案件35件49人。检察室接受群众咨询300多人次，督促行政机关依法履行职责的案件50件，开展社区矫正活动监督60次；成功解决民生问题8件，化解矛盾15件。增派检察官事务助理在潮连街道办事处驻点办公，进一步开拓基层检察室在非驻点镇街的工作辐射面。

【阳光检务】 2016年，检察官深入学校、企业、社区等开展各种形式的法治宣传40余次，发放宣传资料1000多份，受教育人数2万多人次，先后深入基层检察室所在辖区开展举报宣传周宣传、职务犯罪预防宣传、“法制进校园”宣传教育等活动。

【“两法”衔接】 2016年，以全市开展“打击药品违法犯罪‘雷霆行动’”工作为契机，加强与行政执法单位的沟通协作，进一步加强“两法”衔接工作的深入开展。向区食品药品监督管理局、市国家税务局第一稽查局发出建议移送涉嫌犯罪案件4件，上述单位将线索全部移至公安机关，并已全部立案侦查。

（黄燕珊）

法院

【概况】 2016年，区人民法院内设有刑事审判庭、民事审判一庭、民事审判二庭、民事审判三庭、民事审判四庭、行政审判庭、审判管理办公室、执行局、立案庭、政工科、办公室、行政装备科、司法警察大队等13个内设机构。下设棠下、荷塘和杜阮3个人民法庭。现有在编干警120人，其中员额法官55人。是年，全区干警本科以上学历占81%，其中研究生学历占15%。2015年，按照市中院关于行政案件相对集中管辖试点工作的要求，2014年12月19日起，蓬江区的行政案件由江海区人民法院办理。目前，区人民法院行政庭主要审理劳动争议纠纷案件。

【刑事审判】 2016年，受理刑事案件759件1159人，审结750件1145人，结案率98.81%。依法惩处职务犯罪，共审结受贿、贪污、渎职等职务犯罪25件45人。依法打击严重危害社会治安及破坏市场经济犯罪。审结抢劫、抢夺、盗窃等多发性犯罪案件270件507人；审结毒品犯罪案件65件89人；审结制假售假、信用卡诈骗、合同诈骗等案件58件94人。重视人权保障，正确把握宽严相济刑事政策，对具有法定从宽情节的依法从宽处理，依法适用非监禁刑，对259名被告人判处缓刑。对事实不清、证据不足不构成犯罪的，作出无罪判决3人。继续擦亮未成年人审判工作品牌，在少年犯心理辅导过程中，首创性地引入“房树人测验”等心理测量工具，进一步强化未成年人罪犯的改造和矫治，有效增强帮教效果。全年判处未成年罪犯49人，其中对14人判处缓刑。

【民商事审判】 2016年，全年受理民商事案件8307件，同比上升1.94%，审结7090件，结案率85.35%，审理标的额403.55亿元，审理难度增加。民一庭积极构建沟通协调机制，助推房地产案件审判品牌。调撤结案达140件，调撤率比上年同期增长近3倍，其中包括涉“上城摩卡”“珠江御景山庄”以及“星汇名庭”等市知名楼盘项目商品房预售合同纠纷等具有重大影响或矛盾容易激化的群体性案件。全力清除长期未结案，清理半年以上案件211件，其中18个月以上3件，无三年以上未结案件。民二庭致力商事专业化审判，审结金融、证券案件共231件，标的额达18.63亿元；审理公司类涉及公司解散、股东知情权纠纷、股权转让、损害公司债权人利益等案情复杂、专业性强的纠纷125件，均无上诉改判。民三庭深入推进品牌建设，成效显著。全年新收知识产权民事案件220件，比上年同期上升13.4%，审结193件，其中判决37件、调解6件、撤诉150件，调撤率80.83%。继续做好医疗纠纷诉前联调工作，减少长期未结案件，全年新受理案件12件，已成功调解3件。民四庭进一步巩固交通事故联调工作成效。全年受理交通事故案件674件，审结607件，调解、撤诉共345件，调撤率58%。行政庭顺利完成劳动争议类型案的转型审理，共审理劳动争议案件347件，审结282件，其中人数达5人以上的群体性劳动争议纠纷26件，涉诉信访率为零。顺利审结涉及市区三大出租公司共100余名出租车司机的劳动争议纠纷，有效避免群体性事件。

【执行工作】 2016年，全年受理各类执行案件5350件，结案4917件，结案标的额17.02亿元，结案率91.91%。加强失信惩戒措施的运用，采取司法拘留27人次，限制出入境4人次，向社会公布40例失信被执行人信息，以被执行人涉嫌触犯拒不执行判决、裁定罪移送立案侦查10件。推进网络司法拍卖新模式——在法律框架内首创拍卖流程的全套法律文书，让各次拍卖无缝衔接，有效减少执行人员工作量，缩短法律文书送达时间，最大限度压缩拍卖周期。是年对184件标的物进行网络拍卖，成交金额1.3亿元。推进执行管理规范化、常态化。推进执行信息化建设，利用最高法院及省人民法院执行查控、办案系统、组织机构代码查询系统、身份证信息认证系统、文书电子送达等信息平台，提高执行效率。

【审判管理】 2016年，审管办围绕综合监控指标体系开展管理工作。加大审判监控力度，强化审限督办，防止积案，加强司法统计，研判运行态势，加强申诉审查，维护司法权威。全年受理申诉案件11件，办结10件，其中驳回申诉4件，裁定再审4件，移送2件，坚持源头治理与矛盾化解并行，引导群众依法维权，改善涉诉信访的严峻形势。此外，完善审委功能，规范审委管理，共组织召开5次审委会，提交讨论11件重大疑难案件。通过限制审委会讨论案件范围，提交审委会讨论的案件数量比上年度减少40%。

【涉诉信访工作】 2016年，立足审判实践和群众司法需求，不断完善“一站式”诉讼服务，加紧应对立案数量增加趋势，面对缺乏法律知识的当事人，主动约见、解疑答惑、化解矛盾，有效降低起诉率。完善立案大厅各项基础设备，为当事人提供齐全的诉讼文书、诉讼程序指引，打造优质诉讼服务中心，提高立案效率。完善涉诉信访案件办理机制，全年共办理来信来访31件。

【司法为民】 2016年，继续推进“社区法官服务岗”项目，法官下沉社区主动化解矛盾纠纷，协助法庭开展工作，为社区老百姓提供便捷的法律服务。加强民生领域司法建议工作，针对审判执行工作中发现的信用卡管理、医患纠纷、城市建设等领域的突出问题，及时向相关部门提出司法建议，帮助改进不足、堵塞漏洞。创新联络渠道和方式，将联络工作与司法公开、司法宣传等工作有机结合，提高联络的实效性。加强与人大代表联络工作，做好法院开放日活动，多次举办面向在校学生的模拟法庭活动；加大微博宣传工作力度，运用全市法院官方微博“五邑法苑”对案件庭审情况进行直播；延伸审判职能，加强普法宣传，法官送法进学校、进社区、进厂区等，刑庭林侵稳副庭长到陈白沙中学进行公开审判，广大师生接受生动的法制教育。参与由江门中院和江门日报合办的《江门法庭》网络在线节目录制9期，承办法官就审判工作及法律法规等进行普法，提高民众法律维权意识。继续推进审判流程公开、裁判文书公开、执行信息公开三大平台建设，共在网上发布文书5272份，裁判文书上网公开率达100%。 （钟绮敏）

司法行政

【法治宣传教育】 2016年，通过全面总结“六五”普法经验，坚持广泛征求意见，明确重点普法对象，狠抓普法队伍建设，精准普法宣传节点，创新普法宣传形式，营造浓厚的“七五”普法开局氛围。全年上法制课193场次，开展法治宣传活动13场次，印发宣传资料12.4万份，发送OA普法短讯10万多条，出黑板报宣传栏7480期，受教育人数达25.31万人次。

【人民调解】 2016年，全区6个镇街均已建成人民调解中心，142个村社区都设立人民调解委员会；设立江门市保险协会调解委员会、蓬江区个体私营协会调解委员会、江门市紫茶小学人民调解委员会、荷塘镇农村土地承包纠纷调解委员会等12个专业性行业性调解委员会，并与法院、交警、劳动保障等部门联合设立19个调解工作室；在24家大中型企业设立企业调委会。各司法所每季度组织一次人民调解员集中培训学习，每月开展矛盾排查不少于4次。全区各级人民调解组织调处矛盾纠纷3940件，调处成功3933件，成功率99.82%。

【安置帮教】 2016年，通过“刑释解教信息管理平台”及时做好服刑在教人员的信息核对和反馈工作，对每个服刑在教人员，预先成立帮教小组，做好服刑在教人员家属的安抚工作。认真做好衔接工作，无脱管、漏管。以人为本，做好个体解困工作。通过推荐就业、帮助解决实际困难、关心其生活等方式。全年接收刑释人员271名，其中在监狱服刑回来的82人，解除社区矫正的189人。

【社区矫正】 2016年，区司法局率先在江门市建成社区矫正中心，并于11月28日正式投入使用。全区新入矫人员121名，解除社区矫正189人，现在册181人。通过智能监控系统向监控对象发送上传照片、违规警告、报到提示、警示教育、普法教育等信息24472条，电话核实1583人次。有27名社矫人员因应办理定位手机未办理而被纳入为重点管理对象。以政府购买服务的形式引入江门市德信行社会工作服务中心的社会服务，组织社矫人员面谈152人次、电话服务636人次、家访32人次、社会调查1280人次，组织社矫人员以义工形式参加社区活动3次，11人次，服务受众约8000人次。区司法局与朝阳社工组织对辖区内矫正对象开展9场法制教育讲座和心理辅导讲座，并组织公益劳动等系列专题教育小组活动，受教育的社矫对象达260多人次。

【公证工作】 2016年，公证处办结各类公证案件总数3138件，其中民事类公证案件3134件，经济类公证案件4件。其中配合区政府征地拆迁活动，为管辖区内有关拆迁违建建筑活动提供公证服务达70余人次。

【法律援助】 2016年，区法律援助处全面完成法律援助标准化建设，统一法律援助标志，合理划分功能区域，设置开放式的业务受理大厅，咨询区、受理区均有执业律师负责接待，为高效、便民的法律援助打下良好的物质基础。全年受理法律援助案件613件，受理群众的来电来访2200多人次，起草撰写仲裁申请书、民事件诉书等文书2000多份，通过代理案件，挽回或避免经济损失约2000万元。是年，区法律援助处被司法部授予“全国法律援助工作先进集体”称号。

【律师工作】 2016年，进一步优化资源配置，对25个村（社区）的法律顾问进行调整，将49名律师与141个社区进行重新配对，实现律师服务从有形覆盖到有效覆盖。全年共为村（社区）和辖区群众提供法律服务3702次，其中接访咨询3076人次，审查合同170份，开展法治宣传245场，调解纠纷137宗，出具法律意见74次。

公职律师积极为政府依法行政保驾护航。全年共代理各类诉讼案件90宗，其中行政案件72件、民事案件12件、刑事辩护案件4件、执行案件2件，依法维护政府的合法权益。公职所共担任8个政府职能部门及11个卫生局属下医疗机构和4个社会团体的法律顾问，为政府及顾问单位提出84项法律建议和法律意见，审查顾问单位及蓬江区杜阮镇、棠下镇、荷塘镇的合同及规范性文件56份，当好法治政府“参谋官”。（林积汇）

武装

【征兵工作】 2016年，在辖区内开展2016年征兵准备工作。在五邑大学举办江门市2016年度夏秋季征兵宣传暨大学生征兵工作启动仪式，近600名大学在校生参加仪式活动。全区适龄青年通过网上报名参军人数1997人，其中大学生568人。

【“双拥”工作】 2016年，区人武部组织干部职工和民兵30人到市中心血站无偿献血1次；组织义务植树活动1次。

【军事训练】 2016年3月，组织森林防火分队骨干集训。全区各镇（街）分别派出5名森林防火分队骨干，共30人参加；4月，组织民兵轻舟分队训练。训练在西江荷塘大桥北侧一带进行，全区36名轻舟分队队员、6艘冲锋舟参加；12月，组织民兵森林防火分队集训，全区70名民兵森林防火队员参加。

【民兵预备役建设】 2016年，江门军分区组织各市（区）人武部领导、基层武装部部长、民兵营（连）长代表80多人，在区召开兵役登记试点现场会，参观蓬江区兵役登记试点现场，并到杜阮镇兵役登记站、杜阮镇龙溪村兵役登记点观摩学习，将区兵役登记工作经验向全市推广。在辖区内开展后备力量组织整顿和兵役登记工作，开展国民经济动员潜力调查统计和后勤综合保障队整组工作。

【国防教育】 2016年，基干民兵以连为单位每季度进行一次国防教育。民兵分队集训时，安排15%的时间对参训人员进行政治时事教育和国防教育。普通民兵的国防教育主要结合征兵、民兵组织整顿和重大节日活动进行，辖区内大、中、专学校在学生军训时专门安排国防教育课程。（王少康）

经济

2017

PENGJIANG
NIANJIAN

经济管理

发展和改革管理

【宏观经济分析与预测】 2016年，按月编制《蓬江区主要经济指标预测表》和《统计月报》。立足全区经济社会发展的现实基础以及工作任务，结合国际、国内经济形势的发展变化，加强季度经济形势分析和预警，分析和研究区经济运行的特征、存在问题，提出工作建议，撰写出有参考价值的统计专题分析，形成季度经济分析材料，为区委、区政府提供科学的决策依据。

（文旭春）

【重点建设项目安排】 2016年，蓬江区列入江门市重点建设项目计划的项目有41项，计划总投资486.54亿元，至年底完成投资81.44亿元，投资完成率105%。为加强和规范重点项目建设管理，区对41个重点项目做到及时跟踪建设进度，深入了解存在困难，并贯彻落实每月一报制度，加强项目管理完善平台，定期不定期深入项目施工现场，确保顺利完成全年任务。

【投资许可和管理】 2016年，依法严格做好固定资产投资项目的立项管理和招投标核准工作。严格执行投资项目审批、核准、备案管理程序，规范项目决策，审核工程项目可行性报告、项目申请报告，科学合理确定项目建设规模、工程造价标准，认真执行《中华人民共和国招标投标法》及《广东省实施〈招标投标法〉办法》等法律法规，认真学习国务院公布的《招标投标法实施条例》，严格核准招标范围、招标方式和招标组织形式。 （李博文）

【固定资产投资】 2016年，全区固定资产投资317.05亿元，比上年增长18.9%。分产业看，第二产业投资88.44亿元，增长31.58%；第三产业投资228.61亿元，增长14.69%。房地产开发投资116.29亿元，比上年增长21.94%。商品房施工面积732.88万平方米，下降4.75%；商品房竣工面积66.45万平方米，下降17.72%。商品房销售面积165.78万平方米，增长22.96%；商品房销售金额117.75亿元，增长26.58%。商品房待售面积74.21万平方米，下降4.23%。 （陈华禹）

统计工作

【年报和定期报表】 2016年，坚持依法统计，把完成统计年报、定期统计报表与对社会经济建设预期发展目标的检查结合起来，确保工业、农业、建筑业、固定资产投资、房地产、批发零售业、住宿餐饮业、劳动工资、能源、科技、综合核算等专业的统计年报及定期统计报表及时、准确地通过一套表网上直报系统和相关统计专业软件上报。

【统计信息自动化建设】 2016年，加强硬件设施建设，更换统计联网直报系统监管电脑设备一批。加强统计信息网站建设，坚持每月更新资料，除反映本地区经济发展情况之外，还筛选国内外优秀统计分析资料上传。

【统计法规宣传和执法检查】 2016年是实施统计“七五”普法规划的启动之年，根据市统计局“七五”普法的工作部署，加大统计法治宣传和统计执法力度。5月，开展统计执法大检查，督促企业依法统计、按时上报，抽查企业30家。9月，配合市联合检查组对全区25家规上企业开展专项检查。严格按照市经普办《经普阶段统计执法工作操作指引》的要求，执法检查工作有力开展。

【统计人员培训】 2016年，重视统计人员素质的加强与培养，举办内部业务学习8次，参加人数350人次；10次组织相关专业统计工作人员到各镇（街）及基层企业开展统计业务知识培训。积极动员单位、企业统计人员报名参加统计考试，全年全区参加统计继续再教育155人，报考统计从业资格考试0人，报考初级专业资格考试40人，报考中级专业资格考试17人，报考高级专业资格考试2人。

【基层统计网上直报】 2016年，工业、商业、能源、科技、房地产、服务业、劳动工资等专业全部纳入一套表联网直报系统，由企业自行通过网络上报统计数据资料。配合市开展多次企业抽查，确保没有错统漏统，保证数据质量的完整性和正确性。同时，定期组织统计人员培训，组织督查小组到各镇街进行巡查，检查指导设备、人员的落实情况和统计业务人员的实际操作能力，督促和协助基层催报和答问工作。把好数据质量关，为区委区、政府的决策提供科学的依据。

（陈华禹）

【专项调查】 2016年，开展规模以下工业及跟踪调查、小微企业固定资产投资统计调查、采购经理指数调查、固定资产投资价格调查、城乡一体化住户调查、规模以下服务业抽样调查、限下批发零售住宿餐饮限额以下行业抽样与问卷调查、小微企业和个体经营户跟踪调查、工业生产者价格调查、禽畜监测调查、劳动力调查、依法行政考评社会评议调查、轨道交通一体化调查、基本公共服务均等化公众满意度调查、劳动密集型企业用工情况调查、企业创新情况调查等专项调查工作。 （黄小敏）

【第三次全国农业普查工作】 2016年，完成全区第三次全国农业普查入户摸底工作。全区清查摸底总户数50872户，农户普查表登记对象39664户，规模农业经营户登记对象778户，农业经营单位724个。

（黄春霞）

物价管理

【价格管理和收费管理】 2016年，严格按照市局工作要求，开展市场、涉企收费、教育收费等专项检查，加强对医疗、停车场、学校、社会团体等收费管理，还针对群众反映的殡葬服务收费问题进行全面检查。通过治理乱收费工作以及物价、财政、审计部门的监督检查，全区的行政事业性收费管理工作已逐步走上规范化、法治化轨道，各收费单位基本能按照规定的项目、标准收费，实行“收支两条线”管理，没有存在自立名目、提高标准、扩大收费范围或变相违规收费行为。进一步规范物业服务收费行为，化解物业公司与业主之间的矛盾，全区符合备案条件的物业公司141家，个别产权式物业小区存在物业收费投诉，均及时派员进行调解。

【物价监督检查】 2016年，开展全区餐饮市场、涉企、医疗服务项目价格、药品价格、电力价格、房地产价格等专项检查，确保全区各项价费政策得到贯彻落实，切实维护好人民群众的价格权益。全年处理涉及物业、停车场等方面的投诉举报案件422件，办结率100%。

【价格监审和监测】 2016年，继续做好江门市“菜篮子”价格监测和预警工作，其监测周期是每工作日一报，主要对辖区内的育德市场、蓬江市场等监测点实行“菜篮子”价格监测，经过巡查监测，辖区内蔬菜、粮油、肉禽蛋等价格较为稳定，没有出现较大的异常波动。全区37家平价商店成为价格监测定点单位，实行对“大众家常菜”价格监测的全覆盖。是年，区实行聘请第三方会计师事务所，对所有平价商店和平价药店进行台账、数据和价格检查，公平公正对各平价商店和平价药店进行绩效评价，更有效地发挥好平价商店、平价药店的稳价惠民作用。

【价格评估鉴证】 2016年，严格遵守价格认定程序和原则，认真分析研究现有资料，深入开展市场调查，选取恰当的认定方法，出具客观公正的结论书。配合执法部门打击犯罪。全年完成价格认定业务821宗，涉及金额540.72万元，其中不予受理案件198宗。

【平价商店建设】 2016年，以供销社和农民专业合作社为依托，鼓励大型企业、超市和粮油供应网点等市场主体积极参与，因地制宜，先后设立37家农副产品平价商店，其中包括依托供销社体系，建成平价商店8家；依托基础条件较好、辐射能力强的小型超市，设立平价专区5家；充分调动辖区其他社会力量，设立平价农副产品商店24家。春节期间组织平价商店进行农副产品价格调控，价格调控让利金额达10万多元。

（陈国伟）

审计工作

【审计调查】 2016年，重点抓好财政预算执行情况审计、领导干部经济责任审计、专项资金审计以及上级审计机关统一组织及授权的项目审计，切实履行审计监督职责，实行审计监督全覆盖，在推进改革、促进发展、维护民生、揭示风险、查处案件和强化问责等方面发挥积极作用。全年完成审计项目13个，出具审计报告和专项审计调查报告22份。审计查出管理不规范金额21260.4万元，提出审计建议26条。

【经济责任审计】 2016年，对6个单位的党政“一把手”进行经济责任审计，审计领导干部7人，已出具审计报告7份，提出审计建议意见13条。审计项目中领导干部离任审计5个，任中审计2个；被审计单位中，区直机关5个，乡镇政府1个；被审计人中，副处级2人，正科级5人。审计工作中不断拓延审计的深度和广度，将领导干部任期内相关经济活动的情况全部纳入监督范围，将执行中央八项规定精神、廉洁从政、债务举借等情况纳入审计内容，加大对领导干部贯彻落实区委区政府重要部署、重大经济决策情况的审计力度，全年审计查出管理不规范金额1.09亿元，其中：承担直接责任金额50万元，领导责任金额1.08亿元。审计针对被审计单位财政财务收支及资产管理等方面存在的问题和薄弱环节提出整改意见和建议。

【专项资金审计】 2016年，对区上年保障性安居工程（包括公共租赁住房和农村危房改造）的投资、建设、分配、运营等情况进行审计，重点对保障性安居工程的保障情况、目标任务完成情况和资金支持政策落实情况进行跟踪审计，重点调查3个政府部门、1个企业，对3个保障性安居工程项目的开工情况、1个项目的基本建成情况、2个项目的工程建设和质量管理情况进行检查，对19户农村危房改造对象进行入户调查。在辖区开展农村集体“三资”管理情况审计调查工作，采取政府购买服务的方式进行，以资格标的形式向社会公开招标选取合资格的会计师事务所，再从中委托若干家中标事务所负责组织实施。

【专项审计监督】 2016年，重点审计全区贯彻落实国家重大政策措施和宏观调控部署落实情况、2015年保障性安居工程建设推进情况、财政存量资金清理盘活情况、小额贷款公司运营情况、促进旅游投资和消费政策落实情况、精准扶贫和精准脱贫情况、降成本行动计划、去产能行动计划、补短板行动计划落实情况等方面。每月确定一个重点审计事项，每季度出具一份审计报告，共出具审计报告4份，审计发现问题3个，发出审计整改函2份。

【预算执行审计】 2016年，按照中央办公厅、国务院办公厅《关于完善审计制度若干重大问题的框架意见》的规定对公共资金、国有资产、国有资源和领导干部履行经济责任情况实行审计全覆盖，围绕区委、区政府打造“滨江新城产业园”“珠西战略”“33墟街”发展的中心工作，主动适应经济发展新常态，以财政预算执行、民生资金、重大投资、盘活财政存量资金和领导干部履职尽责等方面内容为重点开展审计工作。对审计中发现的问题深入剖析原因，从体制、机制、制度、管理上提出切实可行的审计意见和建议，分别向区人大和区政府提交工作报告和结果报告。 （戚丹霞）

食品药品监督管理

【概况】 2016年1月，江门市首次整合餐饮服务许可、食品流通许可，实现“两证合一”，区食药监局发出江门市首张食品经营许可证。10月，着力构建快检体系，提升全区监管技术力量，完成“三位一体”的快检技术体系建设。是年，强化日常监管、深化行政审批、狠抓专项整治、广泛开展宣传培训，全年出动2394人次，检查食品药品经营企业2545家次，完成行政审批事项5236项，立案50宗，处理投诉举报843件。全区食品药品安全质量状况稳定趋好，没有发生等级以上食品药品安全事故。

【食品药品安全监管】 2016年，区食药监局主动适应“邑门式”改革，契合全区“放管结合”模式，以一贯严格辖区食品药品市场准入的态度，规范许可资料受理审核流程，加强现场核查与行政指导工作，全年受理行政审批事项5236件，已办结5019宗，发出‘食品经营许可证’3081个、‘药品经营许可证’201个、‘医疗器械经营许可证’17个。推行“网格化”监管，全面覆盖、责任到人。区食药监局根据辖区实际划分3级18个网格、4级6个网格，整合现有监管资源，实行定区定人、定岗定责；以局机关监管人员为主体，镇街、村居社区协管员、信息员、监督员为有效补充，实现监管网络覆盖全辖区；充分利用智慧食药监系统，至11月14日，核查并录入食品经营企业、药品及医疗器械企业、化妆品经营企业达7292条，总体完成率108%，促使网格化契合信息化监管。已初步形成上下贯通、左右互联、无缝对接的食品药品安全网格化监管体系。是年，着力构建快检体系，对重点区域、品种加强重点抽验。全年完成蔬菜快检14851批次，完成率105%，水产品快检733批次，完成率120%；食品抽检630批次，药品监督性抽样92批次，化妆品监督性抽样4批次，把食品药品安全风险控在前头。加大行政处罚信息公开，倒逼企业落实经营主体责任，全年发布4期行政处罚案件信息、5批次食品抽检信息、保健食品日常监督情况。依托行业协会力量，引导和约束企业依法诚信经营。

【专项整治行动】 2016年，以问题导向，抓好热难点专项整治检查。围绕监管薄弱环节、社会关注度高、社会危害性大的突出问题，全年开展学校食堂及校园周边食品安全、农贸市场食品、食品生产小作坊、凉茶制售、酒类、含铝食品添加剂及中药饮片、无菌和植入类医疗器械、疫苗、化妆品“四打一规”等多项食品药品安全专项整治行动，重点排查行业经营风险隐患，规范市场经营秩序。是年区局出动2394人次，检查食品药品经营企业2545家次。组织区市场监管局、公安分局、检察院等部门开展联合执法行动，全年持续开展打击食品非法添加违法犯罪“清源行动”、打击药品医疗器械化妆品违法犯罪“雷霆行动”、打击保健食品非法添加违法行为“蓝剑行动”，重点查处食品药品经营违法犯罪行为；积极推进稽查执法与形式司法衔接，实行案件线索共享、联合督办、统一发布、移送后续管理等工作机制。全年立案50宗，其中食品案件33宗、化妆品案件4宗、药品11宗、医疗器械2宗。罚没约56.5万元，移送公安案件3宗。

【示范项目监管】 2016年，在上年成功推行婴幼儿配方乳粉追溯系统的基础上，把食用油、酒类等重点食品纳入追溯系统推广应用工作中，逐户排查摸清经营底数，通过网络、电话咨询及现场指导方式督促辖区企业上传数据，当前完成加入率76%，辖区学校食堂100%上报食用油信息。以召开工作会议、签订三方责任书、指导学校升级食堂食品硬件设备并接入中央监管系统等措施，同步开展示范学校食堂及明厨亮灶工程建设，目前已有34家学校加入中央监管系统。同时，选取大型餐饮企业及新核办企业率先推行“明厨亮灶”，针对经营情况引导使用与实际相适应的方式。4月，以万达商圈为主，再建设一个省级化妆品市场安全治理示范区，加强圈内19家化妆品经营使用企业集中培训、上门指导、检查抽样工作，协助成立化妆品市场安全治理示范区企业联合会，营造良好的示范建设氛围，促进公平竞争、行业自律。成立蓬江区药械安全性监测工作领导小组，开展市级药械安全监测哨点遴选推荐工作，指导辖区医疗服务机构药械安全监测，督促哨点医院完成化妆品不良反应申报工作。全年上报药品不良反应监测报告100份、医疗器械不良事件监测报告60例，化妆品不良反应监测报告15份，完成医疗器械、化妆品监测全年任务，初步消除药品监测“零报告”。是年，逐步铺开餐饮企业量化等级评定，实施学校食堂“灭C”行动，辖区学校食堂165家，其中A级占32%，B级及以上100%；完成辖区318家零售药店、365家保健食品经营企业信用等级评定，并加大对低等级企业检查力度及巡查频次。

【培训教育】 2016年，多方面提升监管队伍业务素质和专业水平，定期组织内部业务培训及工作会议，涵盖业务理论知识培训、现场应急实战培训及廉政思想建设等多个主题，开展食品安全事故桌面演练和双盲演练，将培训工作从局机关延伸深入到各镇、街以及各村、社区，系统提升蓬江区食品药品监管队伍整体业务素质和专业水平。全年开展法律法规宣讲会6次、专题培训班17期，组织参训人员逾2000人次，现场派发培训资料4000余份。紧密行业自律与社会监督，着力社会共治。组织召开经营会议，深化行政指导和经营培训，组织食用油企业、农贸市场经营会议11个，组织参训人员逾1300人，现场派发培训资料2500份。是年，多渠道提升公众参与食品药品安全监管能力。大力宣传“12331”食品药品安全投诉专线，高效调处投诉举报，调动公众参与食品药品安全监管的积极性，全年办理投诉举报843宗；充分发挥微信、微博、报刊等媒体平台及现场宣传途径，广泛开展食品药品法律法规宣传及知识科普，开展发布专题微信56期、微博200条，活动9次，参与群众1500人次。（谢颖欣）

安全生产监督管理

【落实安全生产责任制】 2016年，区安全监管局全面落实安全生产责任。一方面落实安全生产监管责任。通过组织年度安全生产责任制考核，层级签订责任书，专项督查行动，进一步落实安全生产责任制，强化基层安全生产工作。另一方面抓企业主体责任的落实。综合运用法律、经济和行政等手段，督促企业建立自我规范、自我约束、持续改进的安全生产工作机制，严格履行好法定责任和义务，落实安全生产约谈制度，对发生事故、工作不力单位及时进行约谈。

【安全生产标准化】 2016年，区安全监管局继续开展冶金等工贸行业企业安全生产标准化建设“回头看”工作，指导32家企业按时做好标准化证书换证工作，开展5家新增企业标准化创建工作，落实二级以上安全生产标准化达标的工贸企业专项扶助资金发放工作，提高企业开展标准化工作的积极性。

【危险化学品安全监管】 2016年，区安全监管局开展危化品专项整治工作，按照统、调、迁、聚要求，统筹考虑危险化学品安全发展规划，开展危险化学品重点场所安全风险评估。对风险系数高的蓬江区加贝达莱化工有限公司实行关闭、搬迁工作，加强对危化品行业生产经营（带仓储）企业的安全监管和检查执法，是年检查企业106家次，发出《责令限期改正指令书》70份，《整改复查意见书》60份，发出《现场处理措施决定书》12份，排查出安全隐患210处，整改安全隐患180处。

【非煤矿山安全监管】 2016年，全区持有安全生产许可证非煤矿山企业2家（均为采石场）。结合城市风险点、危险源排查整治专项行动和日常安全生产监管工作，切实加强对非煤矿山的安全生产执法，重点开展汛期非煤矿山排土场、排水沟的安全设施检查，督促企业落实生产经营单位安全生产主体责任，以确保安全生产。

【重点监控企业（部位）安全监管】 2016年，全区重大危险源备案企业为9家，全年出动检查人员近190人次，检查企业近108家次。根据《危险化学品重大危险源监督管理暂行规定》，对安全生产许可证已满3年和构成重大危险源企业的装置、设施、场所进行新建、改建、扩建的企业进行评估、建档，部分企业设置视频监控，强化监管；在日常安全生产检查中，重点督促企业落实生产经营单位安全生产主体责任，严格要求企业做好维护、保养、检测制度，现场做好记录，落实企业有关人员签名制度，并定期对其安全生产状况进行检查，确保全区重大危险源企业的安全生产形势稳定。

【安全生产行政执法监察】 2016年，区安全监管局进一步强化部门联合执法工作，调整联合行动联席会议成员单位的负责人和联络员，完善联合行动联席会议工作机制，新制定或修订联合行动“一办法四制度”，制定《江门市蓬江区2016年安全生产执法监察联合行动方案》，明确2016年联合行动内容。开展执法监察标准化创建，于12月通过验收，达标准化一级。通过建立联合执法机制，形成部门联动制裁合力严厉打击各类违反安全生产法律法规的生产经营建设行为。是年，全区安监系统（包括镇街）开展执法检查8463次，排查企业3300家，发现安全隐患8036处，整改7928处，整改率98.7%，发出责令改正书1118份、现场检查记录4593份，实施安全生产违法行为行政处罚129次，其中经济处罚47次，罚款141.86万元，停产停业整顿21家次，采取强制措施21家次。

【安全生产宣传教育】 2016年，区安全监管局切实抓好“安全生产月”活动。6月16日，在杜阮镇汇华创业园举办“安全生产宣传咨询日”活动，在安全月期间，利用手机短信、宣传栏、报纸、安全生产小册子、安全横幅、广播等途径及通过户外LED屏、网页及微信、微博等新媒体模式加大安全生产的宣传力度，进一步强化全民安全法律意识和企业安全生产主体责任意识。咨询日当天发放宣传用品超10000份，吸引800多名企业员工参加。组织工贸生产企业法人、安全管理人员、工贸生产企业重点岗位人员等安全培训班7期，培训企业人员1000多人次。

【安全生产应急救援】 2016年，在区安全生产应急救援指挥中心完成应急预案备案的企业共77家，应急预案数据库现存的各类综合应急预案和专项应急预案总数超过660个，其中政府部门的各类应急预案40多个，非煤矿山和危化品生产经营企业的应急预案超过260个，标准化创建规模以上企业应急预案60个，规模以下企业应急预案244个。是年，全区各镇（街）、区直有关部门和企业开展不同形式的应急演练460多场次。11月7日下午，区政府在远洋冷冻厂有限公司举行液氨泄露双盲演练。

【安全生产信息化建设】 2016年，设立视频监控系统专用服务器，完成改建工程；开展多场“极安平台”软件的操作使用培训班，其中潮连开展两期共5场培训班，棠下、荷塘和杜阮分别开展一期共6场培训班，推广使用安全生产网格化管理工具。 （胡华壮）

信息化建设

【网络基础设施建设】 2016年，推进“全光网城市”建设中的“铜改光”专项工作，累计完成辖区50000多户的“铜改光”，城乡光纤资源已基本实现全覆盖。稳步推进公共场所免费wifi建设，已完成辖区各政务服务区、村居、公园、广场、医院和图书馆等场所约267个AP点实施工作。

【电子政务】 2016年，完成蓬江分厅建设工作。全面落实“三率一数”工作要求，加强行政审批和社会事务服务事项标准化及业务流程优化工作。全区进驻行政审批事项369项，网上办事大厅总体上网办理率达76%。贯彻落实政府信息公开工作，完成蓬江区党政机关网站集约化平台建设，将全区53个党政机关纳入集约化平台，有效整合各单位网站36个，推进政府信息数据资源统一汇聚和集中向社会开放。

【企业信息化】 2016年，加强对企业应用信息技术进行改造升级的引导，强化信息化与工业化融合发展的舆论氛围。组织企业学习两化融合管理体系，学习先进企业两化融合经验及成功案例。加强政策宣传及专项申报指导，传达国家、省政策有关政策文件，组织企业申报各类专项资金扶持项目。

【社会信息化】 2016年，推行“邑门式”行政服务改革，建成7个自然人“邑门式”公共服务中心以及142个公共服务站，实现“邑门式”镇街、村居全覆盖。联合邑门办、区市场监管局推进法人“邑门式”软件平台开发工作，建成蓬江区企业法人“邑门式”服务中心，为涉企审批服务事项提供“一窗式受理、一站式办结、一条龙服务”的全新服务。全面推进“一窗式”综合政务服务ATM机“侨都之窗”自助终端服务，联合邑门办在各镇街“邑门式”服务中心、各村居、第三场所等公共区域推进自助终端铺设，累计完成141台自助服务终端铺设工作，实现网上办事大厅预约、缴纳交通违法罚款、社保参保证明打印、个税清单打印、公积金查询以及政务咨询等自助便民服务。 （黄耀）

国土资源管理

【土地规划】 2016年，开展土地利用总体规划调整完善工作，结合滨江新城、珠西智谷、市政、交通工程以及各镇（街）、园区重点项目的战略部署，合理调整全区建设用地内部结构，综合考虑耕地占补平衡问题，优化地块利用空间布局，并形成初步建设用地规模调出调入方案。是年，完成2宗土地利用总体规划调整方案，分别为《江门市蓬江区土地利用总体规划（2010—2020年）建设用地规模置换方案（环市战略加油站项目）》《蓬江区棠下镇土地利用总体规划(2010—2020年)修改方案［广佛江快速通道江门段（含辅道、西环路隧道、江顺大桥）、五洞—西环路隧道段］》。

【地籍管理】 2016年，按照国家、省和市关于推进不动产统一登记的工作部署，区的土地登记职能、人员编制、业务数据和档案资料已于3月与市不动产登记局、江门市不动产登记中心进行交接、整合，整合后由市不动产登记中心统筹协调开展市、区不动产登记业务。

【农村集体确权登记发证】 2016年，对蓬江区农村集体土地所有数据权库进行两次全面的核查，并针对所有权证权属、宗地范围、证书信息有变化的情况进行及时的更新修改。全区需要更新信息地块1380宗，已更新1380宗，完成率100%；组织人员对所有权档案资料进行复核，全区已完成发证部分45%的所有权证以及登记簿的扫描工作，经市不动产登记中心审核已上报省国土资源厅备案，超额完成任务。

【土地调查】 2016年，全区变更土地 1231.8亩，其中耕地年内减少面积102.9亩、园地减少面积2.55亩、林地减少面积231.45亩、草地减少面积189.6亩、城镇村及工矿用地增加面积708.15亩、交通运输用地增加面积523.65亩、水域及水利设施用地减少面积608.1亩、其他土地减少面积97.2亩。

【土地征收】 2016年，坚持把握工作重心，切实推进重点交通、工业、民生和教育等领域用地报批工作，全年落实用地指标731.91亩，其中征收土地报批660.91亩，农用地转用报批71亩，保障滨江新城、江门大道辅道、迎宾西路、育德街、广东中医药学校项目、三旧改造用地的需求。

【土地供应】 2016年，全区落实土地供应559.8亩，其中公开出让国有工业用地10宗426.5亩，保障天地壹号、天壹食品、骏东木业、广东珠西仓储电商、秉信包装、顶正包材、鸿美达科技、加滢精细化工等重点项目建设；集体建设用地使用7宗125.3亩，有效维护村集体发展需求和稳定；完成民房用地审批64宗8亩，保障农民自住房建设。

【土地执法监察】 2016年，落实土地动态巡查零报告制度，全区在线巡查人员全年平均上线率为41.45%，报送事件187件，办结事件126件，办结率67.38%；坚持每月将巡查情况向区政府和市国土资源局作专题汇报。是年，做好2015年度土地矿产卫片执法检查工作，全区应立案217宗，已立案217宗，立案率100%，结案率99.08%，所有违法用地均已逐宗建档留存；协助拆除违法用地图斑140个，面积570.59亩，拆除违法建筑面积约32万平方米，并督促镇、街完成拆除图斑的复耕复绿工作。全面清理违法案件，按照“既要查处事，又要查处人”的原则，向纪委移送涉嫌违纪违法线索13条，向公安移送涉嫌违法线索11条，为深入查处违法违规用地奠定基础。全力抓好闲置土地处置工作，组织专门力量对全区41宗疑似闲置土地图斑进行实地核查，并与相关镇（街）沟通，一地一策，逐一制定具体处置方案。

【**耕地保护**】 2016年，全区实际耕地保有量2364.11公顷，比江门下达的保护目标2087公顷超出277.11公顷，完成上级下达的耕地保护任务；全区基本农田保护区面积724.8公顷，比江门下达的保护目标586.7公顷超出138.1公顷，区耕地保有量和基本农田保护任务顺利达标。是年，开展永久基本农田划定工作，严格按照省、市的工作要求落实基本农田保护任务、划定数量和质量，划定后全区永久基本农田面积共8900亩，待省、市审核通过后按新面积开展保护工作。

【**地质灾害防治**】 2016年，区国土环保局在汛期对北街蛇山地段、棠下镇北达村后山、滨港御城小区西侧等10处地质灾害隐患点张贴和发放《关于做好强降雨地质灾害防范通知》。与上年相比无新增地质灾害隐患点，其中棠下镇三和村大湾村民小组后山地质灾害隐患点已自然消除；堤东街会龙社区梧岗里29号楼后、市青少年宫西侧、棠下镇虎岭小学主教学楼后3处地质灾害隐患点已整治完毕，地质灾害隐患已消除；棠下镇北达村后山、北街蛇山村居民楼花园地35-36号、华园东路30号（五邑中医院宿舍楼后山坡）3处地质灾害隐患点整治工程已于年底开工建设，预计2017年汛期来临之前基本整治完毕；其余3处地质灾害隐患点类型均属于山体崩塌，崩塌面积约数十平方米至一百多平方米不等，灾害体规模属小型，威胁人员数十人。以上地质灾害隐患点在发现崩塌现象后，已树立地质灾害警示标志牌，并拉警戒线，通知周边人员随时做好撤离准备。 （陈玉苑）

市场监督管理

【**注册登记与管理**】 2016年，区市场监督管理局持续深化商事登记制度改革。全面落实注册资本等一系列登记制度改革，推进名称、经营范围登记改革，允许使用体现行业特点和经营者特征的个性化名称，进一步释放企业经营活力；落实住所（经营场所）登记改革，放宽住所登记条件，允许“住改商”“一址多照”“一照多址”，降低准入成本。允许利用车房（库）、住宅作为经营住所进行注册，为创业者节约房租投资成本，为企业创业提供有力支持；大力推行商事主体信息平台“双告知”制度和“先照后证”改革；全面铺开“九证合一”登记制度改革，办理6宗“九证合一”业务；积极试点“电子营业执照”，全力保障平台和系统的正常运行和完善升级，加强与税务、社保、银行、公安等相关部门的沟通协调，建立电子营业执照试点工作联动机制，为新设立的企业免费配发，进一步推动企业登记管理全程电子化。完善跨部门数据互通互享。在率先打通市场监管、国税、地税三部门数据壁垒，实行“两证整合”登记改革的基础上抓好优化升级，实现国、地税所有涉税登记类业务“1+9”窗口全区通办。申请人填写的表格内容精简近一半，提交的材料精简近1/3，办事的时间由过去短则一周、长则2—3个月缩短为3个工作日内，提速90%。推动企业法人邑门式服务改革。认真落实区企业法人邑门式服务中心主体建设责任，坚持在现行法律法规框架下，完成第一批680项区级涉企审批及服务事项的标准化梳理，实现市场监管、税务、食药、城管、住建、环保、公安、消防等18部门的“一门整合、一窗通办”；借助“互联网+”，自主研发法人邑门式工作平台，实现了“串联+并联”审批改革和部门间全程电子资料推送、信息互认、数据共享，资料精简率55%以上、平均办理时限压减52%（法定时限），申请便利化率80%以上；创新推出“1+9”全方位服务、020全天候服务、“一码贯通”全生命周期服务，打造10分钟便企服务圈，为企业提供全天候自助终端机办理、网上在线办理、手机微信办理等多种灵活办理渠道，打通服务群众的最后一公里。率先建立统一主体信息库、实施企业档案综合管理，为节约行政成本，推动政府大数据统筹管理和建立全市跨层级企业数据库奠定基础。是年，全区实有市场主体总数71802户（不含外资），与上年同期相比增长9.94%，其中实有个体工商户51946户、注册资金11.85亿元（人民币，下同）；私营企业17515户、注册资金294.14亿元；内资企业（即国有、集体及其关联公司）2253户，注册资金237.36亿元。新登记市场主体9526户（不含外资），同比下降4.87%，其中新设立个体工商户6781户，同比下降11.66%；新设立私营企业2527户，同比增长18.19%；新设立内资企业206户，同比减少5.64%。（黎文卿）

【商标管理】 2016年，结合“3·15”消费者权益保护日、“4·26”知识产权宣传周，广泛普及商标专用权保护知识。对区骨干企业、杜阮镇凉瓜产业做好商标品牌战略帮扶指导工作，指导江门市金羚排气扇制造有限公司、江门市制漆厂有限公司、广东色色婚纱摄影有限公司、江门市瑞荣泵业有限公司等7家企业做好2016年度省著名商标延续申请工作，指导江门市植保有限公司、江门市竞晖电器实业有限公司申报省著名商标认定，跟踪指导“杜阮凉瓜”地理证明商标的申请，“杜阮凉瓜”商标于12月20日初审公示。是年，全区有省著名商标22件，驰名商标5件，集体商标2件。实地走访从事进出口制造业务的小微企业66户，了解区小微企涉外商标注册情况，广泛宣传小微企业商标财政奖补扶持政策。开展打击侵犯知识产权和制售假冒伪劣商品“双打”行动，共立案查处各类商标违法案件41宗。

【广告管理】 2016年，全区有广告经营单位527户，从业人员2840人，广告经营额27292万元，办理户外广告登记21宗。8月26日，组织辖区19家涉及互联网违法广告投诉的企业，与执法人员学习9月1日实施的《互联网广告管理暂行办法》。引导和促进广告业创新发展，组织385家企业开展广告行业统计工作，填报率100%。组织开展贵金属类交易场所、非法集资、“两非”、房地产、互联网金融等方面的广告专项整治行动12个。全年累计出动393人次185车次，检查各类经营企业156家，公共场所88处，检查监测各类广告媒介159家，监测各类广告483条次，清理整改各类违法广告68条次。依托“广东省工商局网络市场监管综合信息平台”，组织开展“互联网金融”“房地产”“‘特供’‘专供’国家机关”等网络广告专项整治行动，核查网络广告线索1607条。全年依法处理广告违法投诉举报23宗，立案查处各类违法广告案件31宗。

（梁弘杰）

【经济合同管理】 2016年，办理动产抵押登记68宗，帮助融资10.04亿元；开展“守合同重信用企业”公示活动，注重引导企业自觉规范合同行为，进一步增强企业法律意识、信用意识和自律能力，着力打造企业诚信名片，推进企业信用体系建设。公示上年度“守合同重信用企业”208家，同比增长8.9%，其中47家企业连续公示10年以上，江门市恒发家电广场有限公司、江门市蓬江区安吉尔饮水设备有限公司2家企业获得工商总局公示为2014－2015年度“守合同重信用”企业。组织开展公用事业类、旅游类、房地产类合同格式条款专项整治工作，严厉打击利用合同格式条款侵害消费者合法权益行为，切实维护消费者合法权益。全年出动执法人员195人次，检查经营单位140家，检查经营合同93份，约谈企业3次，发出行政建议书2份，办结案件1宗，罚没金额0.3万元。发挥“12315”投诉举报网络作用，畅通申诉举报渠道，受理和依法处理合同争议，维护消费者合法权益，全年处理合同争议35宗，涉及争议金额172.45万元，为消费者挽回经济损失7.25万元。结合辖区实际情况，推广使用《汽车买卖合同（示范文本）》《二手车买卖合同（示范文本）》《自费出国留学中介服务合同（示范文本）》等示范文本。

【市场管理】 2016年，规范农资市场秩序，维护农民合法权益，保障农业生产和农产品质量安全，与区农林和水务局联合下发《关于印发2016年蓬江区农资打假专项治理行动实施方案的通知》，对2016年农资打假专项治理行动进行全面部署。开展农药专项整治行动、春季农资打假专项行动、红盾护农专项行动、兽用抗菌药专项整治等行动，以加强重点品种、重点时节、重点区域执法监管为工作重点，以加强宣传、强化源头治理、狠抓工作机制、深化检查执法行动等为主要工作措施，严把市场准入关，清查农资市场主体经格，对辖区内涉农经营主体认真开展全面清查，全年分类核查建档387户农资经营户。开展以“放心农资下乡村，监管服务到基层”为主题的农资下乡进村宣传活动，向经营者和群众发放宣传材料260份，接待群众咨询35人次，发放蓬江区《关于禁止销售和使用高毒高残留限用农药有公告》36份。开展对通报不合格的农药、兽药、化肥等农资商品的执法检查，配合开展对农药、肥料商品的质量抽检，全年抽检11个批次农药、肥料商品均合格，合格率100%。全年出动执法人员1086人次，检查相关经营主体869户次。落实农资生产经营者信用评价，实时实施分类监管，完成农资经营主体信用评价27户报送市级核审，其中报送A级6户。通过“12315”和“一会两站”认真受理消费投诉或举报，全年受理涉及农资的消费投诉1宗，为消费者挽回经济损失380元。做好H7N9禽流感防控工作，依法加强活禽市场休市和市场外活禽经营行为的检查，督促各市场严格落实每月休市制度、依时休市。加强对活禽经营限制区范围的农贸市场及周边家禽经营户落实家禽牛鲜上市工作的情况进行监督检查，保证限制区内的市场无销售活禽，确保家禽生鲜上市新政实施。全年出动执法人员1962人次，督促全区活禽市场落实休市468个次，检查家禽经营市场1066个次，其中检查活禽市场937个次，检查家禽经营者6346户次，立案查处限制区范围内从事活禽经营者1宗，罚款金额0.1万元。 （凌志权）

【传销、直销监管】 2016年，以开展创建“无传销市（区）”活动为抓手，采取健全机制、加强监管、强化指导、广泛宣传等有力措施，严密防范和打击传销活动。把打击传销工作与“平安蓬江”“文明城市”等创建活动结合起来，实行日常检查和重点排查“两手抓”，形成“打、防、管、控”的打击传销防控体系。在全区139个社区（村）已全部完成无传销社区（村）创建的基础上，对蓬江区6个镇（街）的打传工作开展考核工作，并积极向市无传销市（区）认定工作小组申报无传销区。蓬江区已顺利通过考核被认定为“无传销区”。对直销企业培训（活动）开展实地监管、实时指导和规范，做好现场相关资料的收集、登记。先后组织执法人员对安利、无限极、美罗国际等直销企业的活动开展监管检查33次。围绕“打传销、促和谐”的宣传主题，通过多种方式深入开展针对性强、覆盖面广的宣传教育活动，派发宣传资料200余份及印有“打传”标语的公益雨伞一批。

【竞争执法监管】 2016年，组织开展格式条款、商标代理机构、房地产和互联网金融广告、农资打假等专项整治行动，持续强化竞争执法、合同监管、农资市场、商标广告等重点领域监管执法工作，共查处各类经济违法案件141宗，查获商标侵权的手机配件、羽毛球拍、打印机硒鼓、摩托车配件、服装等物品一大批，获企业赠送表扬锦旗4面。加强流通领域商品质量抽检，配合上级做好流通领域商品质量抽查，抽检成品油、婴幼儿服装、皮具等商品共59批次，对不合格批次均采取立案查处的后续处理措施。加强网络市场监管，借助网络市场监管综合信息平台，网上检查网站、网店1820个次，实地检查网站、网店经营者715个次，责令整改网站16个次，查处网络交易违法案件11宗。落实跨地域网络市场监管执法部门协作机制，办理北京、杭州等外地执法部门转办的网络违法案件线索17宗。

【文化、旅游、体育执法监管】 2016年，全面履行文体旅游领域执法职能，规范市场秩序。文化方面组织开展网吧创文专项、“扫黄打非”执法行动、高校及其周边复印店专项治理、歌舞娱乐场所专项检查等各项专项行动，立案查处案件10宗，查获非法出版物4998件，其中移送公安机关案件3宗。召开网吧等行业管理工作会议3次，与会经营者350多人次，强调网吧、娱乐场所等文化市场经营者要保持高度敏感性，严守法律的底线。旅游方面以旅行社为重点监管对象，重点整治无证经营、超范围经营出境游线路、虚假宣传、霸王条款、“不合理低价游”、强迫购物消费等违法行为，检查旅行社127户次，对检查发现未办理备案证明的13家旅行社网点进行责令改正，较好地维护旅游市场经营秩序。体育方面以游泳场所为重点，检查相关高危体育经营单位98家次，立案查处案件1宗，发出行政指导相关文书21份，有效规范全区高危险性体育项目的经营秩序。（李云英）

【“两建”工作】 2016年，印发《2016年江门市蓬江区社会信用体系建设工作任务分工方案》和《2016年江门市蓬江区市场监管体系建设重点工作》；做好迎接11月28日市“两建”办检查督查的各项准备工作；通过报纸、网络、微信、户外宣传专栏、宣传小册子等形式开展“两建”宣传，编发简报32期，发送普法短讯9.7万条次，编发新闻报道30余篇。

【市场监管体系建设】 2016年，深入推进商事制度改革,推行商事主体信息平台“双告知”制度和“先照后证”改革；率先推行个体工商户“两证整合”,在企业“五证合一、一照一码”登记制度改革基础上落实“九证合一”；积极试点“电子营业执照”。率先推行企业法人“邑门式”服务改革。研发“企业法人邑门式工作平台”，形成具有蓬江特色的准入服务模式，资料精简率达55%，办事时限压减52%（法定时限），申请便利化提升80%。编制行政审批中介服务清单，完成区本级行政审批标准化目录。继续贯彻落实年度报告和经营异常名录管理制度，依法抽查市场主体公示信息并公示抽查结果。抽检流通领域商品59批次，并依法进行后续处理。查办商标违法案件33宗，非法出版物案件4宗，各类制假售假案件96宗，其中涉嫌犯罪案件5宗，抓获犯罪嫌疑人7人，刑事拘留4人。处理涉及传销投诉6宗，检查各类出租屋1083户次，对直销企业活动开展监管检查33次，创建认定无传销镇（街道）6个，完成“无传销区”申报工作。开展多次食品药品专项整治，检查食品药品经营企业3465户次，查办食品违法案件55宗，抽检食品330批次、药品52批次、化妆品4批次。完成318家零售药店、365家保健食品经营企业信用等级评定，完成852家餐饮店量化等级评定，城区明厨亮灶完成率43%。指导17个市场（超市）完成检测室硬件设备标准建设并投入使用。建立“消费者维权服务站”66个，基本形成覆盖全区的消费维权组织网络。指导行业组织建立健全各项工作机制，利用扶持社会组织发展的专项资金资助社会组织共30多万元，对社会组织开展常规检查、实地调研和督查，为40个全区性社会组织成功申报承接政府职能转移和购买服务资质。

（余艳琳）

【消费维权】 2016年3月15日，联合市消委会成功在江门市五邑华侨广场举行的“3•15”国际消费者权益日大型宣传咨询活动，活动得到相关政府部门和广大消费者的肯定。活动当日各行政单位共向市民发放有关宣传资料8000多份，接受群众2000多人次咨询，现场接受群众投诉160多宗。其中，市、区消委会向群众发放消费维权相关宣传材料4000多份，解答群众消费纠纷咨询460多人次，现场受理消费投诉8宗。

是年，加强“12315”消费维权力度，持续推进“进商场、进超市、进市场、进企业、进景区”工作，引导和督促经营者履行消费维权的社会责任，促进消费纠纷和解。在移动公司、益华百货商场、人人乐、乐购超市等66家符合建站的知名企业建立“消费者维权服务站”，并落实相关工作人员，由经营者及时受理和处理消费者投诉，切实履行消费维权社会责任。

是年，区市场监督管理局、区消委会及各监管所投诉站共接待消费者来信来访投诉621人次，解答消费咨询电话2996个，受理各类投诉举报2305宗（含“12315”“12345”热线和市消委会转办投诉），各类申诉举报实际已办结2305宗，按时办结率、处理率和满意率均达100%，成功调解2133宗，成功调解率达92.53%，重复投诉0宗，督办0宗，处理的投诉涉及金额1429.8万元，为消费者挽回经济损失618.58万元，获群众来信来电表扬7次。（容庭健）

【个体私营经济管理】 2016年，组织开展年度报告报送公示工作，开展宣传、指导及培训，协调解决各类问题。6月30日，辖区分别有15615户企业、67户农专社、31990户个体户申报公示上年度报告，年报率分别为82.36%、87.01%和68.75%。开展企业信用公示抽查，落实经营异常名录管理制度，分别通过定向和“双随机”抽查方式，对612户市场主体进行公示信息抽查，依法公示抽查结果。委托会计师事务所对30家企业上年度报告公示信息进行实地核查审计。是年，分别将2832家企业、10户农专社、14552户个体工商户列入经营异常名录和标记经营异常状态；依申请将已改正的440家企业、982户个体工商户分别移出经营异常名录和恢复正常标记状态。全年立案查处无照经营户19户，引导办照340户。

【个体劳动者协会和私营企业协会】 2016年，拓宽协会宣传渠道，建设蓬江个私协会网站和微信公众号进行信息发布；举办协会骨干培训班3期，共组织300多人次参加；印制并上门派发协会“服务项目菜单”30000多份。协助会员做好年报工作，发送年报提示信息20000多条（次），上门派发年报网上操作指南15000多份，指导2000多户会员网上年报，协助7000多户会员以纸质方式报送年报。提供形式多样的会员服务，继续加强和深化与邮政储蓄银行的银企战略合作关系，帮助蓬江区小微企业、个体工商户获得邮政储蓄银行江门分行贷款429笔，金额达 8000多万元；出资为3200多名个体会员、私企会员投保一年期《团体人身意外伤害》保险；免费为会员提供法律咨询服务80多人次，调解合同纠纷14起，帮助会员挽回和减少经济损失30多万元；走访慰问困难会员150多户；上门设点为近400个会员办理银行储蓄加油卡。

（余艳琳）

2016年蓬江区个体工商户发展情况表

行业代码	项目	2015年	2016年	增减变化情况	
				绝对数	增减率（%）
	户数（户）	48074	51946	3872	8.05
	从业人数（人）	71395	77656	6261	8.77
	资金数额（万元）	107658.22	118490.71	10832.49	10.06
A	农林牧渔业	313	354	41	13.10
B	采矿业	2	2	0	0
C	制造业	4867	5059	192	3.94
D	电力、燃气及水的生产和供应业	2	2	0	0
E	建筑业	720	843	123	17.08
F	交通运输、仓储和邮政业	27657	29319	1662	6.01
G	信息传输、计算机服务和软件业	3255	3357	102	3.13
H	批发和零售业	3906	4980	1074	27.50
I	住宿和餐饮业	134	133	-1	-0.75
J	金融业	6	7	1	16.67
K	房地产业	162	180	18	11.11
L	租赁和商务服务业	1283	1536	253	19.72
M	科学研究、技术服务和地质勘查业	219	220	1	0.46
N	水利、环境和公共设施管理业	15	16	1	6.67
O	居民服务和其他服务业	4721	5355	634	13.43
P	教育	69	107	38	55.07
Q	卫生、社会保障和社会福利业	9	10	1	11.11
R	文化、体育和娱乐业	454	466	12	2.64
	其他行业	313	354	41	13.10

注：数据提取时间为2015年12月25日至2016年12月25日

2016年蓬江区私营企业发展情况表

行业代码	项目	2015年	2016年	增减变化情况	
				绝对数	增减率（%）
	户数（户）	15338	17515	2177	14.19
	从业人数（人）	119769	131933	12164	10.16
	资金数额（万元）	2348513.48	2941367.89	592854.41	25.24
A	农林牧渔业	54	62	8	14.81
B	采矿业	12	11	-1	-8.33
C	制造业	4532	4915	383	8.45

续上表

行业代码	项　目	2015年	2016年	增减变化情况	
				绝对数	增减率（%）
D	电力、热力、燃气及水生产和供应业	11	13	2	18.18
E	建筑业	675	818	143	21.19
F	批发和零售业	4762	5398	636	13.36
G	交通运输、仓储和邮政业	242	272	30	12.40
H	住宿和餐饮业	345	409	64	18.55
I	信息传输、软件和信息技术服务业	345	497	152	44.06
J	金融业	77	96	19	24.68
K	房地产业	539	542	3	0.56
L	租赁和商务服务业	1948	2305	357	18.3
M	科学研究和技术服务业	961	1202	241	25.08
N	水利、环境和公共设施管理业	37	41	4	10.81
O	居民服务、修理和其他服务业	542	606	64	11.81
P	教育	36	49	13	36.11
Q	卫生和社会工作	10	20	10	100
R	文化、体育和娱乐业	182	231	49	26.92

注：数据提取时间为2015年12月25日至2016年12月25日

资产管理

【资产监管】 2016年，区资产办严格按照《蓬江区资产处置管理办法》要求，加强资产管理、资产营运工作，确保资产增值。全面清查全区219个行政事业单位的资产，规范和加强行政事业单位资产管理，防止资产流失，有效提高行政事业性资产使用效率。全年全区资产处置（含报废、调拨、转让、拍卖）金额达2200万元。 （邹佩珊）

城乡建设 环境保护

城乡建设

【房地产、工业、商贸项目建设】 2016年，全区房地产项目新建成面积125万平方米，工业项目新建成面积50.9万平方米，商贸项目新建成面积17.7万平方米。是年，新开工建设的重点工业项目有汉宇电器项目、金莱特厂区工程、康师傅项目、江粉高科技产业园厂区工程以及华福新能源项目；新开工建设的较大型房地产项目有越秀·碧桂园甘化厂项目、保利大都会中悦花园、新昌碧桂园滨江一号、紫莱胜坚紫悦花园、潮连桥底越秀天悦星院项目和健威广场（商住项目）。

【村镇建设】 2016年，新增杜阮镇亭园村、龙安村和棠下镇大林村共3条行政村开展村庄整治，开展村庄整治总数达48条村。以“五改”（改路、改房、改水、改厕、改灶）、“三清”（清理垃圾、清理池塘、清理乱堆放）、“五有”［有村庄规划、有文体活动场地（室）、有一片成荫绿地、有垃圾收集池（站）、有污水处理简易设施］为重点内容。

【建筑工程招投标】 2016年，全区42个项目办理招标备案，32个项目完成招投标，总中标价为4.42亿元，最高限价为4.54亿元，中标价平均下浮率为2.79%，节约投资约0.13亿元。在已完成的32项招投标项目中，公开招标项目28项，中标价合计3.52亿元，占总中标价的80%，邀请招标项目4项，中标价合计0.9亿元，占总中标价的20%。目前全区在建项目由发改局核定的应招标工程招标率达100%，公开招标项目100%按要求实施全过程信息公开。

【建筑施工质量】 2016年，深入开展全区工程质量治理两年行动，精心部署"质量月"活动，召开各类工程质量专题研讨会，深化工程实体质量常见问题的治理，加强质量管理体系建设；全面落实工程质量终身责任制。全年全区15个在建项目开通视频监控，建立视频监控点32个，实现对在建项目的出入口、施工作业面等关键部位全过程、全方位的监控，有5个工程项目获得市级荣誉。

【建筑施工安全】 2016年，实施建筑工程安全监管的常态化，分别开展建筑施工安全百日严整、城市风险点危险源排查整治专项行动、今冬明春火灾防控专项行动、节假日时期建筑施工安全生产检查等活动，组织检查组采取"飞行检查""四不两直"的形式进行"双随机"督查，深化隐患源头治理，推进安全生产治本攻坚。全年未发生较大以上等级建筑施工安全事故，安全生产形势平稳可控。

【建设工程执法监管】 2016年，进一步加大对工程项目五方责任主体违法违规行为的查处力度；加强执法，严厉打击建筑施工转包违法分包行为，进一步规范辖区建筑市场秩序。全区检查在建工程1550项次，发出安全隐患整改通知书472份、暂时停工通知书或局部停工通知书75份，排查安全隐患1862条，已基本完成整改，消除安全隐患。

【公共租赁住房建设】 2016年，全区基本建成引进社会力量建设公租房项目2个，住房套数合计188套，超额完成建成公租房111套的建设任务。任务完成率169%。 （朱媛媛）

市政环卫管理

【市政设施建设和维护】 2016年，投入资金2200万元完成社区、村、圩镇道路维修12万多平方米，完成维修砼路面11099平方米、沥青混凝土路面19744平方米、花岗岩挡车柱132条、沥青灌缝6502米、人行道5033平方米，新建及维修路侧石733.5米；投入资金525万元，维修路灯灯饰1840盏、维修路灯2492盏、全年改造更换全新路灯329杆、改造更换全新灯具664盏、更换弯灯174套、改造表箱控制箱26套、补装单灯控制器530套、更换挂墙灯臂990支、改造线路长度23000多米、更换街码2380套、检修灯饰更换全新杜鹃花灯饰30套、投光灯饰180套；投入资金308万元，完成城区大、中、小桥的桥面及伸缩缝的维修工程，对城区32座桥梁进行常规检测。全年完成清疏下水道168公里、方渠9372米、维修明渠盖板460米、新建改造及维修下水道4528米、新建及更换各类沙井1405座、更换和补失沙井盖685个。完成对城郊30座市政排涝泵房的维修保养。

【市容市貌管理】 2016年，推进蓬江桥灯饰亮化工程建设，形成与河岸河堤融为一体的夜景灯光观赏景观，丰富市民夜间文化休闲生活。做好节日灯饰和花市的摆放管理。协助区公安分局，成立打击"城市牛皮癣"专项整治执法队，查处乱拉挂、乱张贴、乱涂画2024宗，清理乱张贴乱涂画共15000多张，处理泥头车污染道路环境16宗，拆除户外广告2404平方米。"疏堵结合"，继续做好流动摊档的管理工作，以仓后路、堤西路、泰富城为安置点，设置摊位541档，已安置摊位479档。是年，受理户外广告审批事项448件（市区户外广告252宗，气球、气模广告196宗）；临时占道、管线开挖、排水许可等市政审批事项124宗；占用城市绿地行政审批事项16项，迁移、砍伐城市树木行政审批事项31项。

【爱国卫生工作】 2016年，全区出动18.5万人次，清理卫生死角2.3万处，处理病媒生物孳生地2.8万多处，清运垃圾、杂物、淤泥、瓦砾和废弃物2.1万吨，清倒各类积水近14.5万处。各镇和潮连街继续加大生活垃圾治理，完善农村环卫基础设施，在2012年实现“一镇一站”的基础上，新建（改造）密闭式中转站2座（棠下镇1座、荷塘镇1座），新建（改造）密闭式垃圾屋38个，继续巩固生活垃圾无害化处理率100%的成效。是年，稳步推进农村改厕工作，重点抓好公厕建设改造，全年新建（改造）无害化卫生公厕10座（其中棠下镇4座、荷塘镇3座、杜阮镇3座），同时兼顾好卫生户厕建设改造，新增无害化卫生户厕500户（其中棠下镇200户、荷塘镇100户、杜阮镇200户），全区无害化卫生厕所受益累计44477户，卫生厕所普及率达99.1%。是年，区爱卫办通过多种方式宣传健康科普常识，派发、张贴各种爱卫宣传资料12万份，出版宣传板报和健康教育专栏562期，发出的短信、微信覆盖96万人次；环市街五福社区开展“江门市健康社区”建设试点工作顺利通过市级评估考核。是年新增23条省、市级卫生村（“广东省卫生村”7条、“江门市卫生村”16条）；棠下镇顺利通过“广东省卫生镇”复审。

【城市管理综合执法】 2016年，查处商铺占道经营22728宗，清理无牌流动摊档36016档，查处乱拉挂3025宗，清擦乱张贴、乱涂画共25000多张，处理泥头车污染道路环境23宗，拆除户外广告3414平方米，拆除违章建筑503437.6平方米，作出行政处罚1072宗。

【商铺入室经营工作】 2016年，按照“以人为本、堵疏结合”原则，以“定路段、定时段、统一标识、适当收费”方式实施城市流动摊贩规范化管理试点工作。先后设置仓后路、堤西路316档，水南路流动摊档安置点8档，并在市场周边和社区内街设置便民服务点44个，实施固定商铺入室经营，满足市民日常需求。 （林秀媚）

【环境卫生清扫保洁】 2016年，新接管迎宾广场、育德街（西）、星河路、东风大道、北环路（江侨路）的保洁工作，辖区总清扫面积约1000万平方米。保障46座垃圾转运站（台）和60座公厕的正常运转。全年清运垃圾约15.8万吨，处理粪便约1.35万吨，道路洒水、冲洗、降尘用水约5万吨。

【垃圾中转站建设】 2016年，投入资金157万元，对东堤湾、双龙、江门大桥、育德及农林和新之城垃圾压缩中转站进行改造。

【公厕改造与建设】 2016年，投入资金34.5万元，对圩顶公厕及范罗岗公厕进行升级改造，圩顶公厕及范罗岗公厕均被评为A级公共卫生间。

【建立快速保洁队伍】 2016年，组建约70人的快速保洁队伍，配备15台“蓝精灵”电动扫路机、25台快速保洁车和10台快速高压冲洗车，具备“三位一体”的快速保洁工作能力，重点负责中心城区所有主次干道及其人行道的日、夜间快速巡回保洁。

【推进垃圾分类收集工作】 2016年8月，扩大商铺定时定点收集垃圾工作范围。新增白沙大道西、东华路、农林东路、蓬莱路等试点道路，试点收集商铺垃圾的道路增至19条。10月，增设2个大件生活垃圾临时收运点，探索大件生活垃圾处理方案，建设大件生活垃圾破碎车间。

【创文工作】 2016年，为做好国家卫生城市复审迎检相关工作，加大环境卫生死角整治力度。每季度对建设路、港口路等主干道路进行人工清洗作业。7月，选取建设二路、白沙大道等主干道作为试点，每日利用洗扫车对4条线路进行道路清洁。9月，配合区黑臭水体整治工作，开展卫生清洁大行动，将天沙河沿线绿道及防洪墙外侧岸坡纳入日常保洁中。加大环卫设施设备的投入，购置3台8吨拉臂车、11只垃圾压缩箱、400个果皮箱、1300个120升垃圾容器、100个240升垃圾容器和50个660升垃圾容器。 （周畅韵）

城市规划

【概况】 2016年1－2月，蓬江区规划职能由区国土规划和环境保护局承担。自3月1日起，江门市城乡规划局蓬江分局正式挂牌成立后，规划职能收归市级。

是年1－2月，负责核发蓬江区规划管理区域职责范围内建设项目的《建设项目选址意见书》“建设用地规划许可证”“建设工程规划许可证”和“乡村建设规划许可证”。负责蓬江区规划管理区域职责范围内建设工程的规划批后管理和建设工程竣工前的规划条件核实。负责蓬江区规划管理区域职责范围内村镇规划管理工作，指导和监督村镇规划的编制与实施。负责蓬江区规划管理区域职责范围内城乡规划监察，负责对违反城乡规划的建设行为依法定性工作。全年受理用地规划类业务21宗、民房用地项目24宗、市政工程类业务2宗，受理建设工程类业务60宗、民房建筑项目16宗，定性并移送区城管局各类违法建设3宗。

（规划分局）

环境保护

【建设项目环评审批与验收】 2016年，坚持落实《建设项目环保审批会审制度》，对辖区内“六种行业”建设项目审批事项实行国土和环保局内联合审批，精简中间环节，规范项目审批流程。全年办理“六种行业”和社会事业与服务业建设项目环评审批150个，出具初审意见6项，受理建设项目环境影响登记表备案151项，排污许可证核发74项，新核发排污许可证33项，办理变更41项，注销6项，办理排污申报登记816项。

是年，把好建设项目竣工环保验收关，督促企业落实污染治理，强化建设期全程监管，督促企业落实环保“三同时”制度、及时申请项目竣工环保验收。严格按照《建设项目竣工环境保护验收管理办法》等相关准则进行验收，实行验收与污染投诉情况相结合，对有污染投诉的、不达标排放污染物的、与原环评报批的规模不一致的、超总量排放污染物的一律不予验收，全年完成项目竣工验收113项。

【环境监测】 2016年，建成滨江新区大气监测自动站和天沙河水质自动监测子站，正在试运行阶段。大气监测自动站具备SO_2、NO_2、O_3、CO、PM10、PM2.5六项指标自动监测能力，可实现六项指标全天候连续自动监测，能准确、全面地反映滨江新区环境空气质量状况及变化趋势。天沙河水质自动监测子站具备水常规五参数、COD、氨氮、高锰酸盐、总磷等指标的全天候自动监测能力，能为黑臭水体综合治理工作提供数据支持，为落实河（段）长责任提供监督，为辖区水环境整治效果提供数据支持。

【工业污染防治】 2016年，根据《2016年江门市工业锅炉达标整治专项行动方案》要求，配合市有关部门开展工业锅炉污染整治工作，完成36台10蒸吨及以下燃煤锅炉的淘汰工作。开展村镇工业园整治工作，委托技术单位对棠下镇丰盛工业区西区及周边片区、荷塘镇霞村工业开发区、杜阮镇中和村片区、环市街道办群星社区片区4个工业园区进行普查，已形成138家企业的生产及排污情况数据库。落实天沙河、杜阮河工业企业排污许可管理，推进废水在线监控设施安装，全区天沙河36家、杜阮河33家废水排放企业已纳入排污许可管理，完成排污许可证核发，17家重点排水企业完成在线监控设施安装。

【水环境综合整治】 2016年，成立蓬江区黑臭水体整治工作领导小组，区国土环保局作为牵头部门统筹开展黑臭水体综合整治工作，组织制定的《江门市蓬江区黑臭水体综合整治行动方案》和《江门市蓬江区黑臭水体综合整治行动方案2016工作方案》业经区政府同意印发执行。是年，配合市相关部门完成《天沙河和杜阮河黑臭水体综合治理工程可行性研究报告》以及《天沙河和杜阮河黑臭水体综合治理工程政府购买服务实施方案》的编制工作。

【环境信访与执法】 2016年，全区处理环境污染投诉事项1663项，其中“12345”政府服务热线转办污染投诉事项1611项，各级信访部门转办污染投诉信访件52项，办结率100%。是年，立案查处违法商家23家，妥善解决环境污染纠纷，有效维护群众的环境权益，促进社会稳定及发展。是年，推进中央环保督察组交办案件查处整改工作，出动执法人员超过300人次，作出责令改正13家、限期治理1家、立案处罚10家，处罚金额38万元。

【环境宣传教育】 2016年，对辖区内11个环境文化宣传橱窗进行改造并安排专人负责日常维护，印制以“大气污染防治法”“环保冷知识”“十面霾伏”和“黄标车齐淘汰”为主题的4期环保宣传海报，张贴于环境文化宣传橱窗，普及环保法规政策和生活常识。是年，在育德社区举办“粤环保·粤时尚”环境宣传进社区活动启动仪式，倡导群众积极支持和参与环保工作。组织辖区内中学参加第八届“珠中江+阳江”中学生环保活动（“变废为宝”环保创意手工作品制作大赛），并取得较好成绩，全区有3件作品获三等奖，19件作品获优秀奖，4位老师获优秀指导老师奖，区教育局获优秀组织奖。

2016年蓬江区环境空气质量情况表

年 份	达到二级标准天数	全年有效天数	比 例
2016	309	366	84.4%

2016年蓬江区空气主要指标监测情况表

年份	达到二级标准的天数占全年有效天数的比例					
	二氧化硫日均值	二氧化氮日均值	可吸入颗粒物日均值	一氧化碳日均值	臭氧最大8小时平均值	细颗粒物日均值
2016	100%	97.5%	99.2%	100%	89.1%	95.9%

（陈玉苑）

工业 商贸 旅游

工 业

【概况】 2016年，全区继续坚持工业立区，落实“珠西战略”，大力发展先进（装备）制造业。发挥大长江、海信、嘉宝莉、天地壹号、科杰、江粉磁材等龙头企业的带动作用，已形成以大长江集团为龙头的摩托车及配件生产基地以及以海信集团为龙头的光通信和视像装备生产基地，以康师傅、天地壹号为龙头的健康食品产业也得到进一步发展。全年全区完成规模以上工业增加值265.63亿元，同比增长8.7%；工业投资88.44亿元，同比增长35.3%；技改投资31.16亿元，增长120.4%；装备制造业投资37.39亿元，同比增长93.8%；装备制造业增加值58.06亿元，同比增长14.4%。

【重点产业】 **先进（装备）制造业** 2016年，先进（装备）制造业完成工业产值511.35亿元，占规模以上工业总产值比重的43.58%，同比增长14.84%。其中，以大长江集团为龙头的摩托车及配件产业产值162.66亿元，同比增长7.85%，占规模以上工业总产值比重的13.86%；以海信为龙头的光通信和视像装备产业产值81.83亿元，同比增长20.3%，占规模以上工业总产值比重的6.97%。

健康食品产业 2016年，健康食品产业完成工业产值12.76亿元，占规模以上工业总产值比重的1.09%，同比下降24.06%。

【名牌发展战略】 2016年，新增广东省名牌产品3个，分别是江门四方威凯精细化工有限公司的工程机械涂料、江门市竞晖电器实业有限公司的搅拌机和广东德普威涂料有限公司的艺术质感涂料；复评2个，分别是嘉宝莉化工集团股份有限公司的木器漆和江门四方威凯精细化工有限公司的摩托车涂料。支持自主品牌创建和技术标准建设，广东科杰机械自动化有限公司“GB/T31557-2015高速数控定梁龙门雕铣机”等10个项目纳入2016年度江门市实施技术标准战略项目，共获58万元专项资金扶持。

【技术改造】 2016年，制定《江门市蓬江区推动工业企业开展新一轮技术改造行动细化方案》和蓬江区工业企业技术改造投资项目导向计划表，做好项目的跟踪服务和动态管理。全年全区完成技改投资31.16亿元，同比增长120.4%。加大对企业技术改造的扶持力度，全年组织43个项目（企业）申报省级企业转型升级、技术改造和珠江西岸先进装备制造业发展等各级专项资金，获省级企业转型升级等专项扶持资金1218.98万元。

【技术创新】 2016年，加强省智能制造示范试点企业建设。海信（广东）空调有限公司成功申报省智能制造示范试点企业，获250万元专项资金扶持。

【节能降耗】 2016年，全区单位GDP能耗0.2997吨标煤/万元，同比下降3.72%，完成市下达的下降3.66%的任务。完成“十二五”节能总目标的159.33%。

通过择优评选，对江门市蓬江区荣盛实业有限公司、江门市蓬江区棠下镇人民政府、蓬江区经济促进局3个节能先进单位，广东电网有限责任公司江门蓬江供电局谭少波等10个先进个人进行通报表扬，并给予奖励。全面完成全区192个公共机构2015年度能耗数据的汇总、上报工作。江门市南粤商品混凝土有限公司、江门京环环保科技有限公司通过自愿性清洁生产审核，并认定为市清洁生产企业。

【江沙示范园区】 2016年，投入资金1.52亿元用于推进园区道路、生产配套设施建设。其中园区交通道路建设方面，海信大道、金桐六路、金桐三路、莲塘二路均已完工；全年新落户项目5个（分别为江粉磁材项目、天壹食品项目、秉信包装项目、顶正包材项目、一汇食品项目），计划总投资21.7亿元；新增动工建设项目3个（分别为江粉磁材项目、秉信包装项目及卓盛纸制品项目），完成供地手续项目5个（分别为秉信包装项目、顶正包材项目、蒙德电器项目、天壹食品项目和天地壹号增资扩产项目），涉及用地约375.9亩，全年园区工业总产值约140亿元。

【重点项目建设】 2016年，全区跟踪督办的重点项目34个，涉及总投资额170亿元。其中新投产或运营项目11个，包括大长江摩托车研发中心、滨崎食品首期、天地壹号百草壹号项目、大健康产业园等，涉及投资额37.5亿元；新开工项目9个，包括地尔汉宇新能源汽车高效电机、广东江粉高科技产业园、骏东木业等项目，涉及投资额超50亿元人民币；完成供地项目11个，累计完成供地572亩，包括秉信包装、顶正包材、鸿美达科技增资扩产、蒙德电气二期、骏东木业三期等项目。

【中小微企业发展】 2016年，全区实有各类市场主体72776户，同比增长9.1%。其中内资（私营）企业19625户，同比增长12.7%；个体工商户51647户，同比增长8%。新登记成立市场主体8804户。个体户办理“个转企”升级为企业116户。小微企业新增就业岗位32219个。发明专利申请量295件，专利申请总量2281件，发明专利授权量110件，授权专利总量1426件，有效发明专利537件。1—10月，全区完成规模以上工业总产值943.38亿元，同比增长14.16%；规模以上工业增加值213.73亿元，同比增长8.5%，完成全年任务的78.51%，落后进度4.82个百分点，增幅全市排名第三。 （陈基珍）

商　贸

【商业建设】 2016年，全区实现社会消费品零售总额达246.13亿元，同比增长13.22%。蓬江区城市经济持续快速发展，其中海逸城邦新天地已初具规模，吸引大昌超市、喜越泰莱、熹派等各大商家陆续入驻。推进全区物流企业开展“互联网+物流”工作，强化供应链一体化服务，并致力搭建完善危化品仓储物流安全运作体系。为创建文明城镇，杜阮镇按照区农贸市场改造升级的建设标准对杜阮中心市场进行升级改造，并完成改造工作，为当地居民营造卫生整洁、功能完善、食品安全的良好市场消费环境。

【现代物流业发展】 2016年，为发展全区电子商务产业，整合电子商务信息流、物流、资金流、商流等核心要素资源，形成产业的集聚效应，引进泓熙电商并创建“蓬江区珠西电商产业园”，通过引入电子商务项目，有效帮助区中小微企业从传统销售模式向电商模式转型升级，为中小微企业提供优质订单、优先贷款和优秀人才，带动创业风潮，并为制造业转型升级提供有力支撑。 （黄肖军）

旅　游

【概况】 2016年，全区接待游客572.18万人次，同比增长9.58%。其中接待过夜游客368.85万人次，同比增长11.52%；一日游游客接待255.83万人次，同比增长28.8%；旅游总收入72.77亿元人民币，同比增长20.03%。

【旅游资源开发建设】 2016年，蓬江区杜阮凉瓜协会、江门市旅游行业协会、江门五邑餐饮行业协会以“品健康美食 游蓬江美景”为主题，联合举办2016广东（江门）杜阮凉瓜美食旅游文化节。本届凉瓜节活动长达11天，宣传期达1个月，是历届凉瓜节活动时间最长、内容最丰富的一届。

（谭健荣）

对外经济贸易

【概况】 2016年，全区外贸进出口总额342.7亿元，同比增长6.8%，完成全年任务的105.07%，进出口总额全市排名第一，增幅全市排名第二。其中出口291.5亿元，同比增长8.9%；进口51.2亿元，同比下降4%。

【出口商品结构与规模】 2016年，全区进出口商品以机电产品为主，增长较快，彩色电视机出口总值23.5亿元，增长7.89%。空调出口总值26.1亿元，增长198.72%。

【开拓国际市场】 2016年，组织企业参加展会及外经贸活动。组织全区500多家企业参加广交会、香港春秋电子产品展、美国芝加哥国际家庭用品博览会、德国法兰克福春季消费品展等35个国内外展会，有效促进企业出口及国内市场多元化发展。

【扶持外贸出口企业】 2016年，落实扶持政策促进进出口。利用各种载体、平台、媒体、工具，宣传外经贸政策，落实各种帮扶企业措施，重点落实《2016年江门市外贸稳增长资金实施方案》以及《蓬江区2016年外贸稳增长资金实施方案》。全年兑现外贸发展专项扶持资金3100多万元，受惠企业500多家。

【招商引资】 2016年，开展“上门招商”“一企一册”“走出去、请进来”相结合的招商模式，特别突出“以商引商”“中介招商”的招商方式，依托省产业协会、固高研究院等平台深挖行业资源，推介蓬江优质投资环境，推动项目落地。是年全区新签约项目超30个，包括计划总投资10亿元的广东江粉高科技产业园项目、计划总投资6亿元的科业电器通风设备项目以及计划总投资5亿元的智能天线产业化项目，涉及总投资额超100亿元。在谈招商项目69个，涉及计划总投资超500亿元。

【利用外资】 2016年，全区新引进或增资扩产投资总额超千万美元的外资项目3个，分别是广东一汇食品实业有限公司投资总额5342万美元，注册资本1832万美元；江门市三七实业有限公司投资总额增资9158万美元,注册资本增资3053万美元；江门华基地产发展有限公司投资总额和注册资本均增资1379万美元。新批准外商直接投资企业38个，增资项目16个；合同外资金额21665万美元，完成市任务的108.33%；实际利用外资3308万美元，完成市任务的20.05%。 （高文峰）

农　业

【概况】 2016年，全区农业总产值18.62亿元，其中畜牧业产值12.92亿元、水产产值3.28亿元、种植业产值2.42亿元。是年，农村集体经济总收入12.31亿元，同比增加15.25%，其中集体收入超1000万元村有24条，占总村数32%；超500万元48条，占总村数65%；超300万元66条，占总村数89%。村集体拥有物业面积325万平方米。

【新农村建设】 2016年，开展新农村环境整治工作，投入2400万元，实施村级公益事业“一事一议”项目96项。整合农业、住建、国土环保、爱卫等多部门力量，从村庄卫生环境、公共基础设施、绿化美化等方面加大对30条村的资源投放，全面提升农村村容村貌，经考核验收，达到优秀等次的村有15条，发放奖补资金184万多元。

【扶贫开发“双到”工作】 2016年，通过制定《关于新时期城乡精准扶贫精准脱贫工作实施方案（2016－2018年）》，落实全区副科以上领导干部与

398户精准扶贫贫困户“定单位、定责任、一定三年”的“一对一”结对帮扶机制，做到精准分析致困原因，精准结合实际，精准制定脱贫计划，全力帮助贫困户解决实际困难。通过实施分类施保，构建多面立体的蓬江特色救助体系，做到民政救助与精准扶贫对接，充分发挥“最后一道安全网”的兜底作用，共投入专项资金及相关捐助自筹资金共850.93万元，惠及全部398户1203名帮扶贫困人员。通过采取积极有效的措施，全区101户311名贫困人员成功脱贫，6条薄弱村集体经济总收入共1338.92万元，全部超过200万元，同比增长2.8%，其中棠下镇罗江村总收入258.25万元，增幅10.97%，村集体收入率先突破250万元。

【农产品品牌建设】 2016年，广东汇海农牧科技集团有限公司的膨化乳猪料、8895膨化罗非鱼料以及江门市江帆水产制品厂有限公司的即食天然海蜇等3个产品成功通过广东省名牌（农业类）产品复审认证。江门市珍侨农产品电商有限公司的黑皮鸡枞菌、荔枝菌，通过有机产品质量认证。

【农业技术培训】 2016年，接连举办生猪屠宰检疫暨法律法规、动物疫病抽样、渔船安全生产、有毒有害蔬菜销毁现场会、蔬菜健康种植、基层农业技术推广等各类培训班10期，共1000多人参加。

【农村“三资”管理】 2016年，出台《蓬江区“三资”规范管理督查通报工作方案》，结合之前出台的9项农村集体“三资”规范管理制度及区纪委问责办法，形成一整套相对统一、符合区实际的农村集体“三资”管理制度体系。全年开展全区性检查督导10次，抽查行政村（经联社）54条，发出整改通知书4份，有效促进问题整改8个，加强管理平台建设，实现“三平台”（农村集体资产管理交易平台、农村集体财务监管平台和党风廉政平台）合一运作。落实“村账镇管”，加强财务监管，探索财监平台建设。顺利完成全区农村集体清理核实工作，有效对全区70多亿元的农村资金、资产和资源进行一次全面清理核实。

【农田基础设施建设】 2016年，按照“统一规划、统一设计、统一招标、统一建设，统一验收、统一报备”的模式，完成2014－2015年度1140亩高标准基本农田建设任务，成为全市率先完成高标准基本农田建设任务的市（区）。

【农村土地承包经营权确权登记颁证】 2016年，采取“确地到社、量份到户”模式，启动农村土地承包经营权确权登记颁证工作，实现确权2700多户、12600多人，承包地块60多块，确权面积3100亩，当中潮连街已率先完成外业指界工作，进入第一轮公示阶段。

【农产品安全监管】 2016年，全区“瘦肉精”类药物检测合格率100%；蔬菜农药残留检测合格率99.63%；水产品孔雀石绿、呋喃西林、呋喃唑酮、氯霉素4个项目的监测合格率均100%。全年立案查处兽药行政执法案件1宗，查处移交不按照国家有关农药安全使用规定使用禁用农药案1宗，无害化销毁含有国家明令限制使用农药的草莓0.2公顷，罚没1万元。

【动物防疫检疫】 2016年，全区禽鸟饲养量1087.06万羽(其中乳鸽728.5万羽)，生猪饲养量92.98万头，牛饲养量2899头。四大强制疫苗禽流感、口蹄疫、猪蓝耳病、猪瘟免疫率均达100%。全区抗体检测合格率（自检）：蓝耳81.01%，口蹄疫73.59%，猪瘟87.24%，新城疫94.5%，禽流感H5 96.7%、H9 100%、H7 100%，伪狂犬100%，布鲁氏100%，布氏病100%，抗原合格率100%，均达国家标准要求。全年生猪上市量71.93万头，申报受理产地检疫量71.93万头，检疫率达100%；禽鸟上市量

904.82万羽，申报受理产地检疫量904.82万羽，检疫率达100%。全年生猪屠宰量44.76万头，屠宰检疫率100%；监督屠宰场无害化处理病害肉19.56吨。

【农业产业化经营】 2016年，全区市重点及以上农业龙头企业13家，其中新增江门市植保有限公司、江门市粮油储备调剂有限公司、江门市明富粮油食品有限公司3家市级重点农业龙头企业。是年，蓬江区启光养殖场获批授予“市级水产良种场”称号；蓬江区幸仁乐农民专业合作社获批授予“市级渔民专业合作社示范社”称号。

【种植业】 2016年，全区农业种植面积 6.07万亩，产值2.42亿元，同比上升6.6%，其中粮食作物种植面积16001亩，粮食产量6468吨；蔬菜种植面积40140亩；玉米面积2420亩，产量692吨；花生面积973亩，产量225吨。

【养殖业】 2016年，全区畜牧业总产值12.92亿元，同比上升1.17%，其中生猪产值11.51亿元，同比上升0.87%；家禽（鸡、鹅、鸭）产值4541万元，同比上升22.23%。乳鸽产值9607万元，同比上升3.86%。生猪存栏21.05万头，同比下降25.48%；生猪出栏量71.93万头，同比上升1.74%；饲养量92.98万头，同比下降6.03%。家禽（鸡、鹅、鸭）存栏37.4万羽，同比上升0.54%；家禽出栏量264.32万羽，同比上升53.67%；饲养量301.72万羽，同比上升44.23%。产鸽存栏44万对，同比上升3.04%；乳鸽上市640.5万羽，同比下降5.82%。全年全区水产品产值3.28亿元，同比减少7.08%；水产养殖面积39628亩，同比减少2.7%；水产品产量17769吨，同比下降4.9%。

【畜禽养殖污染综合整治】 2016年，根据《江门市畜禽养殖污染综合整治工作方案》要求，切实推进水污染整治工作，全面清理禁养区内畜禽养殖场357家，清理生猪37365头。鼓励和引导辖区内的畜禽养殖场开展自行清拆，累计清空畜禽养殖场3123家，其中生猪养殖场3011家、禽鸟养殖场112家；累计清理畜禽542528只，其中清理生猪333296头、禽鸟209232羽；累计拆除畜禽养殖场1382家，其中生猪养殖场1307家、禽鸟养殖场75家。

（林晓云）

林 业

【园林绿化建设】 2016年，结合“创森”工作要求全面推进区园林绿化建设工作。绿化建设方面，加快景观林带建设进度。江肇高速公路蓬江段12.5公里，完成造林约160亩；落实生态公益林扩面工作，完成回收商品林6180亩，其中饮用水源水库第一重山商品林778.5亩；加快推进乡村绿化美化工作，全区乡村绿化美化省级示范点（良溪村）建设项目已完成立项，正在准备招投标工作，完成市级示范点（天乡村）项目及13条村的绿化美化建设项目。公园建设方面，席帽山森林公园于6月底完成配套工程建设并对外开放，工程提前半年完成任务，完成投资约1600万元；龙舟山公园被评为市级森林公园，拟设立广东龙舟山森林公园可行性研究报告，获得省林业厅专家组一致通过，正在进行省级森林公园申报工作；加快江门植物园兰石园区建设，对照《江门植物园总体规划》《江门植物园兰石园区一期工程详细规划》，召开多次项目推进会，已完成兰石园区珍稀植物园范围项目施工设计，并启动珍稀植物园基础设施建设；镇街公园和村居公园建设稳步推进，完成北街蛇山公园建设，已建成镇街公园14个，完成白沙炮台公园、杜阮亭园村公园和棠下莲塘公园等64个村居公园项目建设。

【森林防火】 2016年，森林防火基础设施建设方面，投入约70万元完成棠下镇、杜阮镇、环市街的防火林带的维护与清理工作，完成防火道路6公里建设，已完成棠下镇10个森林消防水桶安装工作；队伍建设方面，全年组织2次森林防火培训，对全区护林员、民兵应急分队进行系统集训，培训165人次；组织开展2次森林防火“双盲演练”，不断提高森林防火扑救能力和森林火灾应急水平；推进村级消防应急分队建设，筑牢区、镇、村三级网格墙，已建立村级森林消防应急分队12支；检查督导工作方面，针对元旦、清明节、重阳节等重要节日和高森林火险时段，组织开展森林防火督促检查10次；防火物资储备方面，全年投入资金约100万元购置森林消防水泵11台、耐磨耐高压水带20760米、其他配套工具一批。

【林业管理】 2016年，落实林地制度化管理，全区无非法使用林地情况。全年发放林木采伐证7个，采伐蓄积量684.1立方米。加强林木保护力度，投入7.1万元为全区4.1万亩生态公益林购买政策性森林保险，有效减轻林木因自然灾害或意外事故造成的经济损失。加强林业行政执法工作，全年受理林业行政案件10宗，查处10宗，森林火灾案件1宗，刑事案件1宗，查处率100%。没收野生动物84只，缴获捕鸟网4张、捕兽夹1个，救助野生动物8只；构建专业化巡逻防控平台，森林派出所在重点林区相继设立木朗、群星警务区2个，全年出动执法检查人员162人次，开展日常巡查186人次，检查重点区域、场所470多处；构建实时化警务信息平台，森林派出所对辖区重点林区、木材和野生动物经营加工场所、管护站、承包户、养殖户、采矿点等场所重新登记造册，建立健全实地采集、实时录入、信息共享的林区治安管理和安全防范措施。指导有关镇、街在林区重点部位、野生动物经营市场主要出入口新增高清探头19个，实行实时动态监控；构建常态化业务培训平台，组织开展护林员业务知识培训2期，培训182人次。 （林晓云）

水 利

【水利基本建设】 2016年，全区实施水利建设工程8宗（含2015－2016年冬修水利工程），包括中小河流治理重点县及水系连通工程棠下-1项目区、棠下镇虎岭显溪电排站重建工程、杜阮镇中和村排洪渠整治工程、杜阮镇龙溪村潭口排洪渠工程、杜阮镇牛尾水库排洪渠改造工程（二期）、环市大西坑水库进入库道路群星段工程、潮连小海河兴业路至沙尾水闸段综合整治工程、潮连街三防应急系统工程，总投资8561万元。至12月，8宗工程已完工6宗、在建2宗，总体已完成约85%，完成总投资约7000万元。

【水资源管理】 2016年，全区有取用水户27户，发证27套，占应发证数100%，全年全区审批水量4431.08万立方米/年，实际用水量3957.76万立方米/年，均在计划内取水。全年水资源费征收627.63万元，完成水资源考核各项指标任务。

【“三防”工作】 2016年，全区降雨量1900毫米，比往年偏多，江河水库水位平稳，区西江段未出现较大洪水，棠下天河水文站6月18日11时测得全年最高水位3.49米，整个汛期全区水库均在汛限水位以下安全运行。全年受影响的热带气旋1个，比往年偏少；汛期共启动防风Ⅰ、Ⅱ级应急响应各1次，Ⅲ级2次，Ⅳ级3次，转移人口407人，无重大人员伤亡事故和重大财产损失。开展防汛大检查活动。区三防指挥部派出3个检查组共16次到荷塘镇、潮连街、棠下镇、杜阮镇和北街等重点区域检查三防工作，对发现的隐患问题，区三防指挥部要求镇街三防及时整改，采取有效措施，确保水利工程的安全运行。全区参加省、市三防会商会议15次，召开区级三防会商会议16次，开展冲锋舟应急演练、堤围抢险训练和三防应急保障系统培训等。完成《蓬江区防汛防旱防风应急预案》的修编工作，完善暴雨处置等方面的内容，为三防应急决策指挥提供依据；成功防御“1604”强降雨和超强台风“妮妲”的袭击。开展水利工程检查冬修工作，及时对防汛物资进行采购和更换，增购铁笼、应急照明灯、移动水泵和钢板等物资，并补充和更换一批编织袋、抢险工具和土工布等防汛物料。

【水土保持】 2016年，根据《蓬江区水土保持管理实施细则》《蓬江区生产建设项目水土保持方案编报审批管理规定》《蓬江区生产建设项目水土保持设施验收办法》，全年审批水保方案7宗，开展5期水土保持检查执法活动，检查全区所有涉及水土保持的在建开发建设项目40宗次，完成水保验收2宗，并拟定《水土保持蓬江区生产建设项目水土保持监督检查专项行动方案（初稿）》。（林晓云）

财政 税务

财 政

【财政收支】 2016年，全区一般公共预算收入223114万元，为调整预算221649万元的100.66%，比上年增收9437万元，同口径增长8.7%。全区一般公共预算支出305910万元，为调整预算306146万元的99.92%，比上年增支7696万元。一般公共预算收入加上市更库收入17775万元、税收返还及上级补助99981万元、调入资金14758万元和上年结余4828万元，减一般公共预算支出305910万元、上解支出37053万元和出口退税7215万元，补充预算稳定调节基金2557万元，收支相抵结余7721万元。

【民生保障支出】 2016年，着力完善民生保障政策体系，稳步推进基本公共服务均等化。构建基本公共服务均等化的财力支撑机制，加快基本公共服务均等化实施，建立综合改革落实情况的定期通报制度以及督办督查机制。加大财政投入，逐步形成政府主导、覆盖城乡的民生保障机制。全年全区财政用于民生支出213557万元，占财政支出的69.81%，比上年增长14.93%。

【财政支持经济】 2016年，进一步完善支持创新创业的财税政策，促进全区经济发展。在现有扶持经济发展政策基础上，适当加大对中小微企业服务体系建设的扶持力度，支持创新驱动发展。突出“珠西智谷”“33墟街”建设重点，支持小微企业服务平台建设，推进中小微企业综合服务体系建设工作。完善财政投融资机制，发挥财政资金的带动作用，积极引导社会资本投资，探索PPP改革试点，实施财政支持产业发展资金的基金化运作模式，支持经济发展。全年财政投入支持经济发展资金2.41亿元，培植新的经济增长点和新财源，实现财政收入可持续增长。

【财政改革】 **全口径预算管理** 2016年，推进全口径预算编制改革，探索建立中期财政规划。通过科学研判未来三年重大财政收支情况，采取逐年更新滚动管理方式，探索建立跨年度预算平衡机制，将财政预算安排与区重大发展战略及各项事业发展规划紧密衔接，做好涵盖一般公共预算、政府性基金预算、国有资本经营预算、社会保险基金预算四大预算体系的中期财政规划。

国库集中支付改革 2016年，充分利用财政信息化系统，以升级改造的预算执行管理系统以及部门预算系统、国库集中支付系统、非税管理系统等信息平台为支撑，进一步完善和优化资金支付业务流程，保障财政资金安全、高效运作，提高科学化精细化水平。推进权责发生制政府综合财务报告制度改革，开展2015年蓬江区权责发生制政府综合财务报告试编工作。

社会公共服务财政投入机制改革 2016年，推动和创新政府和社会资本合作（PPP）模式。整合辖区优质资源，在基础设施和公用事业等重点领域引入PPP，建立PPP项目库，发挥财政资金的引导和杠杆作用，实施财政支持产业发展资金的基金化运作模式。创新投融资体制，探索设立政府投资基金，制定区政府投资基金管理暂行办法，推进财政扶持产业发展投入方式改革，支持创新创业、中小企业发展、产业转型升级。推进政府购买服务改革，制定并实施《蓬江区政府采购操作指南》《蓬江区政府购买社会服务电子采购平台操作指南》，通过建立政府购买服务采购平台，将政府购买服务范围延伸至社会管理服务等基本公共服务领域及政府履职所需辅助性项目。

深化公务用车改革 2016年，稳步推进公务用车改革后车辆置换以及封存车辆拍卖工作，出台《关于区直党政机关和事业单位差旅费管理问题的补充通知》等配套措施，完善公务用车改革后全区公务出行交通补贴管理办法。

【财政监督管理】 2016年，强化预算约束力，落实财政预算信息公开。建立各项财政资金动态监控和提请区人大常委会质询机制，统筹盘活存量财政资金。严格执行财政政务公开制度，依法、及时、全面、准确地在区政府重点领域信息公开专栏公布《2016年预算草案报告》《本级财政拨款的“三公”经费预算安排情况说明》和《年度财政决算报告》。

加强财政内部管理，成立蓬江区财政局内部控制委员会，按照“1+8+x”模式（即1个基本制度、8个专项风险管理办法和按实际制订内部控制操作规程）内控制度体系，建立内控管理制度。出台《江门市蓬江区财政局内部控制基本制度（试行）》《江门市蓬江区财政局预算执行风险内部控制办法（试行）》《江门市蓬江区财政局法律风险内部控制办法（试行）》《江门市蓬江区财政局政策制定风险内部控制办法（试行）》《江门市蓬江区财政局公共关系风险内部控制办法（试行）》《江门市蓬江区财政局机关运转风险内部控制办法（试行）》《江门市蓬江区财政局信息系统管理风险内部控制办法（试行）》江门市蓬江区财政局岗位利益冲突风险内部控制办法（试行）》《江门市蓬江区财政局预算编制风险内部控制办法（试行）》等制度。制订《江门市蓬江区财政局差旅费、误餐费管理办法》《江门市蓬江区财政局国内公务接费实施细则》等制度。

将政府性债务纳入全口径预算管理，建立政府举债投融资机制，制定“借、用、还”相统一的管理制度，实行债务余额限额控制，加强或有债务的统计分析和风险防控。建立政府债务风险预警和应急处置机制，有效防范财政风险。搭建适合区财政实际情况的财政项目库管理系统。开展会计信息质量检查、专项资金检查，跟踪督促财政专项资金及时拨付和专款专用，强化绩效评价结果运用，提高资金使用效益，确保各项财政政策的贯彻落实。建立财政业务专网，提高财政信息安全防护和保密管理水平，保证在网络平台上运行的财政信息完整、及时和准确，有效防范各种类型的安全威胁和安全风险。

注重普法工作，加强领导，健全组织机构，完善法规税政职能，建立领导干部学法用法制度，组织举办形式多样、内容丰富的局普法教育讲座。

加强政府采购管理，规范政府采购流程。细化政府采购预算。营造“廉洁采购”“阳光采购”“绿色采购”的管理体系。

【政府投资项目管理】 加强对政府投资建设项目的管理。一方面，协同市、区相关部门做好各项目的资金划拨及监管工作，确保教育、园区等重点建设项目的顺利推进；另一方面，对工程预、结算及竣工财务决算进行审核，全年共审核工程预、结算和竣工财务决算217项。其中：预算项目91项，送审金额13852.12万元，审定金额12582.27万元，核减金额1269.85万元，核减率9.17%；结算项目121项，送审金额28268.65万元，审定金额27094.83万元，核减金额1173.82万元，核减率4.15%；竣工财务决算5项，送审金额2817.21万元，审定金额2817.21万元，无核减、增。（周萍萍）

国家税务

【概况】 2016年，全局组织国内税收收入559411万元，同比增长17.11%，增收81713万元，完成市国税局下达的全年预期目标。全年组织国内税收中央库收入343279万元，同比增长2.56%，增收8558万元，组织国内税收区库收入56310万元，同比增长28.06%，增收12340万元，完成区政府调整后的预期目标。

【税收征管】 2016年，承接全市40%以上的业户，接收地税部门移交纳税人近15000户，全局管辖业务达50000多户，且集中在区国税局办税服务厅办理涉税业务。建立征管体制改革推进督办落实机制和联席会议机制，全年召开联席会议9期。全面完成国地税合作规范（3.0版）的阶段性工作任务，跻身第二批全省国地税合作县级示范区。

【税收执法】 2016年，在创建首批全省法治税务示范基地基础上，主动承接省国税局税收执法公示、税收执法全过程记录和重大税收执法决定工作法治审核等3项制度的创新工作，为全省提供制度范本，并在省内30多个申报单位的竞争中脱颖而出，成为全省国税系统推荐到总局参加全国竞争的2个单位之一。还开发依法治税新利器“大网格管理系统”，实现对行政许可、行政处罚、行政强制等事项及相关管理风险事项的管控。通过该系统，日常执法过程事前、事中、事后的每个环节都记录在事项工作底稿，实现执法过程全记录。

【纳税服务】 2016年8月1日，在市行政服务中心获无偿划拨3300平方米区域建设蓬江区联合办税服务厅，并正式对外服务。该厅使用面积3300多平方米，设置服务窗口74个、自助办税终端机25台、自助智能填单机24台，派驻国地税工作人员110人，承担区内5万多纳税人和数十万自然人的纳税服务，是广东省进驻政务中心规模最大、“一窗通办”数量最多的办税服务厅，可办理国地税涉税业务278项、通办业务178项。日均人流量超过1200人次，平均业务量达1266笔/天。该厅借助“互联网+税务”创新研发智能导税平台i-tax和使用“二次叫号”模式，联合办税提速超过30%，解决高峰期拥堵难题。该厅还设置“江门小微双创”智慧税务体验区和“税荟”文化体验区、结合“蓬江税务”微信和互动交流APP等平台，为纳税人提供“一厅联办、一窗通办、一证联办、一号同办、一岗共审、一机共查、一荟共问、一线共答、一微共宣”等“八个一”旗舰型服务体验。

【税务信息化】 2016年，成功试点国地税联合工作平台“税智通”，实现国地税各系统网上网下的互通、互访和互认，融通国地税之间、国地税各个信息系统之间的“信息孤岛”，打破国地税初步合作后“前台一家受理、后台分别处理”的“扇形”办税模式，形成“前台一家受理、后端统一处理、数据智能共享”的“单线型”办税模式，实现网上办税厅和实体联合办税厅同步同质服务。开展电子税务局推广。制定实名认证工作方案，细化分解目标任务和工作责任，联合地税局开展分级培训，在45个工作日内完成5万户纳税人的推广工作。

【税务人才建设】 2016年，深入践行两学一做，通过中心组理论学习、“三会一课”、书记讲党课、专题研讨等形式组织党员开展集体学习。加强优化部门人员结构，根据征管改革和内设机构职能调整的需要，对50多人进行交流轮岗。结合“业务大比武，岗位大练兵”活动，加强培训的针对性和时效性，全年组织各类培训80多期，累积培训3300人次。注重人才培养，鼓励干部职工积极参加兼职师资、执业资格、岗位能手、后备人才库等资格选拔考试，4人被选为市国税系统兼职教师。

（赖海英）

2016年蓬江区国家税收收入情况

三库收入情况

单位：万元

级次	税收收入	占税收总比例
中央级收入	343279	51.2%
省库收入	98296	14.66%
地方级收入	117836	17.58%

分税种税收收入情况

单位：万元

税种	税收收入	占税收总比例
增值税	380330	56.73%
消费税	61375	9.15%
企业所得税	117706	17.56%

分产业税收收入情况

单位：万元

产业	税收收入	占税收总比例
第一产业收入	69	0.01%
第二产业收入	303875	45.32%
第三产业收入	255476	38.1%

分企业类型税收情况

单位：万元

企业类型	税收收入	占税收总比例
内资企业	394672	58.86%
港澳台投资企业	125394	18.7%
外商投资企业	29989	4.47%
个体私营企业	9359	1.4%

地方税务

【概况】 2016年，区地税局组织地方税费收入800755万元，同比下降7.23%，减收62445万元，剔除营改增因素可比增长6.17%。其中，税收收入451095万元，同比下降15.28%万元，剔除营改增因素可比增长6.51%；市本级收入（不含营业税，市局统计口径）134414万元，同比增长4.87%，增收6248万元；区库收入（区政府统计口径）115675万元，同比增长8.64%，增收9199万元。另组织费金收入349660万元，同比增长5.73%，增收18943万元，其中社保费299582万元，同比增长7.46%，增收20805万元。

【税收管理】 2016年，加强房土两税征管。借助蓬江区农村集体资产管理交易平台，将农村集体厂房、土地的出租和小额工程的招标纳入税收征管，并加强相关政策宣传，提高土地资源的综合管理效率。组织检查小组开展房土两税检查，补缴房土两税33.87万元。开展2013—2015年度房地产、建筑业专项整治工作，发现需补税业户55户，查补税费4869.76万元。全年土地增值税清算入库13307万元。汇缴企业共4256户，汇缴面达98.95%，汇算清缴补税额19320.31万元，汇算清缴退税额3020.63万元。做好年所得12万以上个税自行申报工作，自行纳税申报人数7043人，同比增长25.56%，共补缴税款31.71万元。

【社保费征收】 2016年，努力实现税费同征同管同查同服务，扎实抓好社保费全责征收工作。配合上级部门进行社保费审计，做好社保费费源调查和扩面征缴，协助宣传和落实“全员、足额”参保政策，努力化解征缴矛盾。全年征收社保费299582万元，同比增长7.46%，增收20805万元。

【税务检查】 2016年，开展税务稽查随机抽查工作，国地税合作实现联合稽查，筛选44户作为2016年稽查随机抽查对象，联合组织召开自查动员辅导会。至12月底，自查查补入库873050.37元。开展房土两税、企业所得税、股权转让价格、土地增值税、房土交易各项税收专项检查和评估，结合第三方信息的应用与交换，全年日常纳税评估总收入27047.48万元。

【税收信息化】 2016年，深入拓建“信息管税”模式。继续优化数据分析指标和模型，开展批量数据分析、疑点推送应对、国地税信息交换共享，提高征管数据使用效率，努力构建完善“信息管税”新格局。全年收到外单位信息涉税信息共505697条数据，累计增加入库约4568.66万元。根据区局领导以及各业务部门、基层税所提出的需求在各个系统中查询统计数据，全年查询数据600万多条。

【纳税服务】 2016年，扎实推行总局《纳税服务规范2.0》，继续深化“便民办税春风行动”，着力解决服务群众“最后一公里”问题，全面落实首问责任、限时办结、微信预约和延时服务、“免填单”服务等各项办税服务制度。至12月31日，全区有2314户纳税人通过网上微信预约办理涉税事项。创新打造国地税联合办税服务厅，已建成联合办税服务厅6个，其中共驻政务服务中心办税厅1个、共建办税服务厅4个、互设窗口的办税服务厅1个，各镇、街实现联合办税厅全覆盖。进一步深化金融机构“银税互动”合作项目，全区已有37家企业受惠，融资金额103497.24万元，其中27家小微企业受惠，融资金额63817.41万元。

2016年蓬江区地方税类收入情况

单位:万元

1. 营业税	82567
2. 企业所得税	52943
3. 个人所得税	78505
4. 资源税	644
5. 土地使用税	25164
6. 城市维护建设税	37478
7. 印花税	8687
8. 房产税	33556
9. 车船税	7888
10. 土地增值税	67293
11. 契税	46479
12. 耕地占用税	6230
13. 代征国内增值税	366

（邓彦俊）

科教文卫体

2017

PENGJIANG
NIANJIAN

科学技术

【产学研合作】 2016年，全区组织企业申报8项省产学研协同创新成果转化项目、5个省级科技特派员工作站。组织广东高正信息科技股份有限公司、天地壹号饮料股份有限公司等5家公司成功组建江门市科技特派员工作站。

【科技金融结合】 2016年，出台《蓬江区中小微企业创业上市奖励办法》，发挥“粤科润华”科技风险投资基金的积极作用，支持引导科技企业挂牌上市融资。全年组织申报贷款贴息备案项目34项，其中专利质押贷款项目11项，科技贷款备案融资金额达3.1亿元，其中专利质押贷款备案金额达8600万元。组织企业申报科技贷款贴息的结算工作，经过材料审核，受理15家企业40笔贷款合计11048万元的贷款贴息结算申请。帮助企业获得科技贷款贴息资金达285万元。上市公司增至9家，其中深交所3家、新三板（即全国中小企业股份转让系统）7家、天交所1家，上市企业的数量全市排名第一，上市后备企业达16家。举办2016年科技金融政策宣讲和申报解读的会议。分别就省市科技金融结合专项资金和操作细则，科技型企业创新与发展与股权投资的对接，以及“邑科贷”产品等开展政策解读和经验分享，吸引近100家企业代表到场进行学习与交流。

【科技创新平台建设】 2016年，鼓励支持创新平台建设，全区获得江门市级众创空间认定的载体7个、省级众创空间2个、国家级众创空间1个，认定数量居全市之首。这些众创空间汇集近200个创新创业团队，其中广东迪浪科技有限公司众创空间获建设支持资金200万元、江门市炬材科技企业孵化器有限公司获建设扶持资金100万元。

引导民营企业对土地、资金、厂房和产业进行资源的再配置，通过对现有或者新建载体进行升级改造，有差异地建设孵化器。鼓励孵化器运营单位走专业孵化器道路。以成熟一家推荐一家的原则，全年推荐申报市级孵化器认定的有4家（江门市炬材科技企业孵化器有限公司、江门市汇华科技创业园高分子材料应用孵化基地、南方教育装备创新产业城），分别属于软件信息、新材料和教育装备的专业孵化器，孵化面积达7.5万平方米。其中南方教育装备创新产业城已成功获得市级孵化器认定。协助4家企业申报市级孵化器运营后补助，其中广东科炬高新技术产业园有限公司获50万元的运营后补助。

江门市火炬高新技术创业园申报获得批准成为首批国家小微企业创业创新示范基地，是继其获得国家级科技企业孵化器后的第二个国家级荣誉。协助广东省科炬高新技术创业园有限公司申报江门市首家也是唯一的国家级科技企业众创空间。鼓励和支持龙头企业加大研发投入，优化资源配置，积极申报国家级研发创新平台，鼓励精细化工产业的龙头企业嘉宝莉集团公司继续升级院士工作站的研发条件，申报国家级重点实验室。鼓励和支持各镇、街建设创业创新孵化服务平台，组织各镇、街申报区级创业创新平台项目10项。

【小微企业创业创新工作】 2016年，推动全区科技型中小微企业发展，组织118家科技型小微企业录入江门市科技型小微企业名录库，有入库科技型小微企业379家。全年组织50多个企业（团队）参加国家、省、市的创新创业大赛，其中广东电力士照明科技有限公司获市赛二等奖，其余5家企业分获大赛不同奖项，获扶持资金共190万元。鼓励科技小微企业向高校、科研机构、科技服务机构等单位购买科技成果或研发、设计、咨询、检验检测、信息等科技服务，以及为建立研发机构而购买研发设备等活动，做好科技创新券和技术交易补贴的申报工作。组织发动小微企业31家申报科技创新券扶持资金，申报扶持的项目达522项，申报补助的资金达687万元，推动企业的创新投入达2062万元。组织发动科技小微企业4家申报技术交易补贴的申报工作，企业投入的信息技术服务、检测及委托研发、技术交易总费用达226万元。

【科技项目】 2016年，区组织企业申报省级科技项目48项，获立项28项，扶持金额达2671万元。其中，省级企业研究开发财政补助资金项目组织申报23项，获立项23项，扶持资金 2111万元；省级应用型科技研发专项资金项目组织申报16项，获立项1项，扶持资金300万元；申报市级科技项目并获立项115项，扶持资金 1397万元。

【科技成果】 2016年，组织区优秀科技项目申报省、市科学技术奖，其中江门市植保有限公司获省科技奖二等奖，广东科杰机械自动化有限公司、嘉宝莉化工集团股份有限公司、江门市制漆厂有限公司等获市一等奖，另外获市科技奖二等奖5项、三等奖6项。

【专利与知识产权】 2016年，发明专利申请量625件，专利申请总量3447件，发明专利授权量141件，授权专利总量1949件，全区有效发明专利557件。办理蓬江区专利资助325件，金额共47.49万元。办理江门市科技型小微企业专利资助524件，金额共90.19万元。联合区人民法院在江门市火炬高新技术创业园举办“送法进园区”知识产权法律讲座，60多家企业80余人到会。组织100多家企业参加省、市知识产权局组织的知识产权专题培训会。协助企业申报知识产权示范企业，全年认定市级知识产权示范企业2家。

【高新技术产业】 2016年，全区新认定国家级高新技术企业35家、市级高新技术企业10家。通过积极宣传科技政策，引导科技型企业往高新技术方向发展，已进入高新技术企业培育库企业59家。组织16家企业申报审查项目97项，通过审查的研发费用共21376.37万元。组织20家企业申报科技创新券，通过审查获得扶持223.4万元。

【科普宣传】 2016年，邀请中国科学院8位正高级老科学家在区中小学校开展14场“大手拉小手——科普报告希望行”活动；举办科普集市进社区宣传活动11场次，“科普进社区——健康讲堂”活动30场次，健康讲座进校园活动23场次，知识产权法律宣传活动1场次。创新青少年科普教育载体建设，引进航模科普进校园活动，举办主题为“为生命呐喊”的2016年世界环境日活动。参加第三届科普剧大赛，培英初级中学《我们之间的化学反应》获得广东省科普剧大赛“科普剧本创作赛”一等奖。

【科普项目申报】 2016年，推进“社区科普益民计划”申报项目，白沙街农林社区获“全国科普示范社区”称号和奖补资金20万元，环市街怡康社区获“广东省科普示范社区”称号，白沙街侧贤社区通过复评继续命名为“广东省科普示范社区”。经江门市科学技术协会评审与公示，江门市鸿豪实友生物有限公司科普示范基地被表彰为“2016年江门市科普惠农兴村计划先进集体”，获奖补资金4万元；荷塘镇观赏鱼行业协会黎兆彬为“2016年江门市科普惠农兴村计划科普带头人”，获奖补资金1万元。

【防震减灾】 2016年，通过举办防灾减灾科普知识讲座、“小型科普集市进社区”、防灾减灾图片巡展、应急疏散演练等活动，以及悬挂宣传横幅、印发科普资料等多种形式，全方位、多角度地推进防灾减灾宣传工作，共派发《防灾减灾知多点》《防灾减灾应急避险手册》和《科普小常识》等宣传资料5000余份。

（李佩燕）

教育

【概况】 2016年，全区中小学68所（公办中小学61所、民办学校7所），包括完全中学2所、职业技术学校2所、初级中学12所、九年一贯制学校7所、完全小学45所。在校中小学生80418（公办学校70255人、民办学校10163人），其中高中3117人、职中557人、初中19602人、小学57142人。幼儿园92所（区直公办园2所、镇街村办园27所、民办园63所），在园幼儿20330人。小学适龄儿童入学率100%，辍学率为0，小学毕业生升学率100%；初中学龄少年入学率100%，初中户籍生三年保留率达97.12%，高中阶段入学率117.9%(含蓬江区户籍去区外高中阶段学校就读人数)。中小学专任教师4748人，其中高中231人、职中137人、初中1454人、小学2926人。幼儿园专任教师1420人。

2016年蓬江区中小学基本情况表

类别	小学	初中（含九年一贯制）	完全中学	中等职业学校	合计
学校数（所）	45	19	2	2	68
学生数（人）	57142	19602	3117	557	80418
专任教师数（人）	2926	1454	231	137	4748

2016年蓬江区幼儿园基本情况表

各类幼儿园数(所)			幼儿园总数（所）	幼儿数（人）	专任教师数（人）
区直	镇街村办	民办			
2	27	63	92	20330	1420

【教育信息化和科技教育】 2016年，召开全区信息化研讨会，全区中小学校长参加教育信息化领导力培训，学校进一步明确教育信息化方向及工作方法。学校创新发展项目信息化建设11类41项、现代化学校建设12类62项按计划推进。完成500兆教育专网建设，校校网络高速互联互通。19所学校列入智慧校园试点。分别调研教育装备配备及中小学应用软件需求情况，为全区教育信息化提供指南。实现校企联动，高标准装配怡福中学、紫茶小学、范罗冈小学等3所学校，配备书包课室、3D教学室、普通一体机教室，特别装备3D打印机，为全区学校推进教育信息化提供借鉴。举行微课制作培训及比赛，充实教学资源。紫茶、江华、农林、实验、怡福等5所区级创客教育研究中心正式挂牌。12所中

小学成为创客人才培养合作学校，23所学校参加在紫茶小学举办的创客成果展活动。举办18期“江台新教，寓学于乐”体验夏令营，提升学生的科技素养。杜阮镇青少年创客创新教育成果展、荷塘镇首届少年儿童创客教育嘉年华等活动开展得有声有色，培养学生的创新意识和创新能力。

【教育管理】 2016年是蓬江区教育系统“创新发展年”，公办中小学基本实现“一校一章程”，使学校办学“有法可依，有章可循”。学校基本建立法律顾问制度、校务会议制度。改革中心城区小学报名办法，采取户籍生网上报名网上确认，非户籍生安排在“邑门式”行政服务大厅进行报名审核等举措，做到便民惠民。“热点学校”剩余学位通过电脑随机派位办法安排，体现公平、公开、公开原则。坚持“公益性”及“非营利性”，推动学校后勤社会化进程,落实学校食堂主体监管责任，规范学校食堂账务管理。公办中小学（幼儿园）食堂均按要求在秋季学期开始食堂材料定点采购工作。是年，严格按要求完成国家义务教育质量监测工作，区教育局被教育部评为“义务教育质量监测实施‘县级优秀组织单位’”。责任督学挂牌督导创新区通过省级评估验收。棠下、环市、潮连三镇（街）顺利通过省级“教育强镇”复评。通过区一级幼儿园评估验收1所，市一级幼儿园评估验收2所。开展规范办学行为、校园欺凌情况等7项专项督查。

【教育经费】 2016年，全区教育总投入11.94552亿元，其中财政性教育经费投入9.53184亿元，占国内生产总值比例3.59%。公共财政教育支出73866.5万元，占公共财政预算支出比例24.15%。生均公共财政预算教育事业费，小学7031.23元/生、初中11430.2元/生、普通高中9528.09元/生、职业高中本年17849.81元/生。生均公共财政预算公用经费，小学1626.33元/生、初中2402.5元/生、普通高中1602.09元/生、职业高中2216.87元/生。

【教育基础设施建设】 2016年，投入资金1528万元，完成农林双朗小学首期工程（4#教学楼），完成二期工程的桩基工程、首层地梁及楼面的浇筑。投入资金1430万元，完成陈白沙中学教学楼及综合楼改建工程的地下车库建设及二层楼面浇筑。

【教学教研】 2016年，以棠下中学、棠下中学初中部、北苑小学为试点学校，推进自主合作探究教学模式研究。北苑小学利用微课、微视频提升课堂效率，小组合作提升学习效果。棠下中学初中部全面开展“自主学习-小组合作”模式，学习小组班级文化建设初见规模。棠下中学高一年级全面开展高效课堂6+1模式。落实教研员挂职锻炼制度，发挥兼职教研员作用，实施协同教学研究,教师教学竞赛成绩显著，获省级以上教学竞赛奖项41人次。全年全区市级以上课题累计68项。蓬江区获江门市2016年初中阶段协同教育质量管理奖一等奖。怡福中学、第九中学、实验中学、棠下虎岭初中、第八中学等5所中学获蓬江区中考优秀单位一等奖，港口中学、培英初中、荷塘中学获区中考优秀单位二等奖，五邑碧桂园学校获区中考优秀单位特别奖。棠下中学高考本科上线430人，比上年增加43人，超市教育局下达的指标73人；中考达一中线学生重本率100%，专科以上上线1058人，3B线下40人，报考上线率96%。区获江门市2016年高中阶段教育质量管理奖二等奖，棠下中学获教育质量先进学校一等奖，荷塘职中获教育质量先进学校三等奖，棠下中学英语、文科综合、理科综合及荷塘职中理科综合等4个备课组获评为教育质量先进备课组。廖娜等13人被评为教育质量先进个人。

【扶困助学】 2016年，落实资助资金405.77万元，受惠学生3815人次。其中省农村中小学困难学生补助8.08万元，受惠学生达294次；高中阶段困难家庭学生资助2.85万元，受惠学生达36人次；优待困难转服退军人等优抚对象子女资助1.99万元，受惠学生达25人次。中等职业学校国家助学8.8万元，受惠学生达88人次；中等职业学校免学费240.77万元，受惠学生达1358人次；普通高中国家助学59.8万元，受惠学生98人次；学前教育助学金10.74万元，受惠学生179人次。五邑慈善会高考助学金4人次0.8万元，宋庆龄奖学金1人次0.3万元，嘉宝莉助学金112人次8.9万元，市总工会资助异地务工困难子女助学金100人次10万元，蓬江区慈善会助学金322人次43.4万元，杜阮楼山初中区文波教学奖学金54人次2.35万元，江门市第八中学奖学金350人次7万元。

【德育工作】 2016年，以培育和践行社会主义核心价值观为统领，中小学校切实加强爱国、文明上网、法治禁毒、心理健康、诚信、理想信念等教育，全面排查外来务工、单亲家庭及其他特殊家庭的子弟，有针对性地开展帮教工作。学生违法犯罪率为0。印发《蓬江区信息化家长学校的构建和实施方案》，转发《关于进一步加强我市未成年人思想道德建设打造互联网+德育平台的通知》，大力推进“互联网+德育”工作，各学校网络家长学校初见雏形。开展纪念戴爱莲诞辰100周年书信活动，举办家长学校微课录像比赛、全区中小学班主任专业能力比赛、“实践德育”教学设计和“学科教学无痕德育”录像课比赛，举行全区中小学实践德育课观摩活动暨家长学校教学经验交流现场会。16项课题获市德育课题结题，其中4项优秀。区直实验小学通过省红领巾示范学校复评，甘光仪学校通过广东省第三批红领巾示范学校验收。全区广东省红领巾示范学校已达6所，居全市第一。范罗冈小学、甘光仪学校、楼山初中被评为“全国优秀家长学校”。教育关工委获评“全国教育系统关心下一代工作先进集体”。区教育团工委副书记张思斌获评“广东省中小学团队工作先进工作者”。1名教师成为市首个全国少先队辅导员名师工作室的主持人。3名教师获省少先队活动课说课比赛一等奖。组织学生参加省青少年学生禁毒征文比赛，全市81名学生获奖，蓬江区占37人次。27名学生获市优秀学生称号。紫茶小学左晨希参加首届全国学生“学宪法讲宪法”演讲，获一等奖第一名和最佳表达奖。

【学校布局调整】 2016年，为进一步增强基础教育的供给能力，区委、区政府决定近三年拟在篁庄大道南侧和耙冲围地段各建1所小学、在篁庄考场地段建设1所中学，是年启动上述项目学校建设。农林双朗小学首期建设工程于7月顺利竣工，9月1日开学启用。

【体卫艺教育】 2016年，广泛开展校园足球运动、特色体育和阳光体育大课间运动，成功举办全区第一届中小学校园足球联赛、第十一届田径运动会及毽球团体赛、乒乓球单打赛。2所学校获评国家级足球特色学校，10所学校获评市足球特色学校，21所学校获评市足球特色试点学校,蓬江区足球学校数列各市（区）之冠。12所学校在7个项目中获17项新一周期江门市传统体育项目学校称号，蓬江区代表队在市第八届运动会（学校组）比赛中获团体总分第二，各单项团体和个人金牌50块。美景小学太极队参加国际和省级比赛，获各组别套路个人冠军62个。

是年，组织开展全区中小学健康教育说课比赛，启明小学关春草、怡福中学呈玉珊参加市比赛分别获一等奖和二等奖。抓好校园食堂食品卫生安全专项督查；加强学校食堂食品卫生安全管理，全年学校食品卫生安全事故零上报。开展学校卫生综合评价，促进各学校卫生综合指标的提高。开展秋季开学学校食堂卫生安全专项督查，加强学校食堂食品卫生安全管理，保证师生舌尖上的安全。举办创建健康促进学校培训班，为42所学校的创建工作指明方向。联合区食药监局召开蓬江区学校食堂卫生安全会议，推进学校食堂灭C大行动和明厨亮灶工程。狠抓寨卡病毒、登革热等传染病的防控，全年校园传染病发病率比上年减少50%。全区中小学校学生体检率100%，学生体质健康达标率97.4%。

是年，强化艺术教师队伍建设和艺术教研，与市教育局联合举办全市乡村艺术教师培训工作。举行全区美术、音乐课堂教学竞赛、中小学合唱比赛。教育局分别获广东省及全国第五届中小学艺术展演“优秀组织奖”。

【特色学校建设】 2016年，印发《关于认定第四批蓬江区特色学校的决定》，5所学校被认定为第四批“蓬江区特色学校”，8所学校被认定为第四批“蓬江区特色项目学校”。其中，第四批蓬江区特色学校为江门市第九中学文化类（共生教育）、江门市北郊中心小学文化类（蓬江文化润泽“和美”教育）、环市街丰乐小学德育类（丰德乐学）、荷塘镇联育小学德育类（立贤教育）、荷塘镇良山小学德育类（良品立人 文化立校）；第四批蓬江区特色项目学校为江门市港口中学体育类（足球特色）、江门市陈白沙中学文化类（诗教特色）、江门市紫沙小学文化类（养正教育）、杜阮镇龙岭小学德育类（红色教育）、杜阮镇叶蔼小学德育类（感恩教育）、杜阮镇木朗小学文化类（国学教育）。是年，全区累计评审认定“特色学校”23所，“特色项目学校”34所。特色教育从最初的以活动类课程为主，逐步扩展到学科课程、环境课程和综合实践活动课程。

【学校安全保障】 2016年，加强宣教，提升师生安全意识，举办中小学人防师资培训班，举办蓬江区宣贯《江门市学校消防安全标准化管理规定》现场会，开展“防灾减灾”宣传周活动，组织学生参加省中小学安全知识网络竞赛，提高学生安全防范意识。全面查治，彻底消除安全隐患，每月定期排查学校安全生产情况，定期开展校车检查，开展校园建筑、周边环境、防溺水、突发风险隐患、消防安全隐患排查等。学生安全教育的基本知识与安全信息知晓率达100%。全区中小学校园监控视频100%接入市公安局110报警中心。获2016年广东省学校安全教育微电影、微视频征集活动优秀组织奖。全年无重大安全责任事故发生。是年，教育局先后获“2015年广东省中小学安全知识网络竞赛优秀组织奖”和“2016年广东省学校安全教育微电影、微视频征集活动优秀组织奖”。

【义务教育】 2016年，全区免费义务教育学校的生均公用经费补助标准为小学1200元/年、初中2000元/年，随班就读特殊学生按生均公用经费5倍标准划拨，按规定提高课本费补助标准（生均课本费补助标准为小学120元/年、初中205元/年），按核定的在校学生人数核拨学校公用经费及课本费补助，另外按随班就读的特殊学生增加核拨4倍（5倍减除正常已拨标准）补助经费。全年落实免费义务教育财政补助资金1.18亿元（公用经费1.07亿元，课本费1077.49万元），另外增加4倍随班就读特殊学生经费补助60.32万元。

是年，印发《蓬江区2016年义务教育阶段学校招生工作意见》《江门市蓬江区2016年秋季公办小学一年级招生简章》《关于江门市蓬江区2016年秋季公办初中学校招生报名工作的通知》，义务教育招生工作进一步规范。户籍生实行网上报名网上确认，不需家长到现场审核；非户籍生网上报名，设多个报名点审核，审核时间节点由家长自己选择（在规定报名日内）。入读区中小学的外来务工人员子女40013名，占全区中小学生数52.63%。

【民办教育】 2016年，印发《江门市蓬江区人民政府关于促进民办教育发展的实施意见》，从优化政策环境、创新办学体制、保障教师待遇、规范办学行为、营造发展环境等方面，强化支持民办教育发展的体制机制和政策措施。全年开办民办学校5所，其中民办中小学1所、民办幼儿园3所、教育培训机构1所。取得筹办批复在建的民办学校17所，其中民办中小学1所、民办幼儿园5所、教育培训机构11所。9月1日，联合广大附中开办高标准、高起点的江门市广德实验学校在杜阮侨中原校址顺利开学。

是年，制定《江门市蓬江区民办学校年度检查办法》《蓬江区民办幼儿园年度检查办法》《蓬江区民办教育机构年度检查办法》3个规范性文件。加强民办学校招生管理，健全民办教育网上办事指南。举办280多人参加的民办学校管理人员专题培训。组织开展民办教育机构专项资金使用情况检查。通过竞争性申请，获省级民办教育发展专项资金50万元，扶持7个民办教育单位改善办学条件。100%民办办学单位缴交风险保证金。清理和整顿不符合办学条件或停止招生的民办教育机构13所。

【学前教育】 2016年，制定《蓬江区普惠性民办幼儿园认定及管理办法（试行）》，引导、扶持民办幼儿园面向社会提供公益性、普惠性的学前教育。强化学前教育专项资金使用情况检查、监督，组织2016年第一期蓬江区幼儿园园长培训班，规范办园的自觉性和主动性。组织骨干教师到广州参加《应彩云名师工作室教学观摩活动》，促进教师专业成长。开展以“幼小协同，科学衔接”为主题的全国“学前教育宣传月”活动，提升家长幼教认识。开展幼儿园分组教研，举行全区幼儿园优秀课例展示活动，提高保教质量。潮连街乐源幼儿园通过区一级幼儿园评估验收，萃锦园溢杰幼儿园、汇景湾幼儿园通过市一级幼儿园评估验收。

【高中教育】 2016年，全区普通高中1所，在校生3117人。高中阶段毛入学率达117.9%(包括蓬江区户籍去区外高中阶段学校就读人数)，蓬江区获江门市高中阶段教育质量管理奖二等奖。棠下中学本科上线430人，比上年增加43人，超市教育局下达的指标73人，并获教育质量先进学校一等奖，4个备课组获评为教育质量先进备课组，13人获评为教育质量先进个人。

【职中教育】 2016年，全区两所职中557名学生。其中，荷塘职业技术学校以“合作办学、合作育人、合作发展、合作共赢”为主线，采用2+0.5+0.5模式，机电专业与海信（广东）模塑有限公司和益利达电子有限公司等企业、服装专业与荷塘内衣企业、电子商务专业与广东商力科技有限公司等企业进行深度合作，共同组建基地、共同培育师资、共同开展研发、共同开发SMT课程、共同实施教学、共同进行评价，实现校企双元深度融合。深化与江门电大“3+2”合作办学模式，在原有电子商务专业大专班基础上，增加会计电算化专业大专班。张国治电子商务工作室，成功实现与广东商力科技有限公司进行校企合作。参加高职的学生90%以上取得全国计算机等级考试一级证书，中职班98%以上的学生取得专业职业资格技能证书。将“创客”教育和课堂教学、社团活动融合，成功举办首届“创客”教育成果展示活动。

【教师队伍建设】 2016年，全区公开招86名中小学教师。其中，研究生学历（硕士学位）2人，占2.3%；本科学历84人，占97.7%。提拔中小学39名人员担任中层领导，包括1名正校长、7名副校长、13名正主任和18名副主任。全区356名教师参加交流，占专任教师总数8.5%，助推区域教育均衡发展。

制订蓬江区教育名优团队建设方案及名师考核方案，完善名师建设制度。组织重点培养对象到省内外考察、交流、研修，召开区级以上工作室主持人座谈会。219名区级各类“名师”中，有100名担任学校行政领导。21个区级“名师”工作室带领

302名学员进行业务培训。名师论文、教学竞赛、教学成果获市级以上奖项783人次，上区级以上公开示范课、举办讲座942节。1名教师获评“南粤优秀教育工作者”，4名获评“南粤优秀教师”，4名获评“广东省特级教师”，1名获评“江门市十杰教师”。10位校长分别获区“管理绩效奖”和“教学质量奖”。

通过专题研修、课题研究、校长论坛等手段提升领导干部及教师的专业素养和能力。组织学校骨干教师300多人次分批到华东师大、东北师大、南京师大等高校学习培训。17415人次参加教师队伍的普及培训，2800人参加省组织的教师提升工程培训。53名幼儿教师取得学前教育大专班学历，6名中小学在编教师获得硕士学位证书。以“最美教师”评选活动为抓手，开展师德建设工作。广泛开展“甘守三尺讲台，争做‘四有’老师”为主题开展师德教育月活动。加强岗位培训与练兵，棠下中学3名优秀中青年教师参加市级高中青年教师教学劳动技能竞赛，两人获市一等奖。棠下中学主任吴琴获评“最美蓬江人”。

是年，幼儿专任教师大专率达87.4%、小学专任教师大专率99.67%、本科率82.67%、初中专任教师本科率96.3%、高中专任教师本科率100%，其中研究生学历（硕士学位）15.4%；职中专任教师本科率98.9%，其中研究生学历（硕士学位）5.7%。

（邹细萍）

文化 新闻出版

【文化设施建设】 2016年，推动区级文化设施建设。大力推动区文化馆开展国家一级馆复评，做好馆舍建设、人员配备、经费保障等各方面工作。推动区图书馆升级改造工作，做好24小时自助图书馆的选点工作。争取国家图书馆调拨区图书馆图书2万册，进一步完善区图书馆的藏书种类和数量，为辖区居民提供更高质量的阅读书籍。

【文化体制改革】 2016年，按照区邑门式改革的统一部署，将涉及常见的文化、体育市场行政许可事项纳入区法人邑门式，方便群众办理业务。

【文化市场管理】 2016年，完善“1+3”清单，重点推出高危险性体育项目长期经营许可（游泳）、设立出版物零售单位、设立互联网服务营业场所经营单位、设立内资娱乐场所（歌舞）、设立内资娱乐场所（普通游艺）以及设立复印、打印、影印单位等6项行政许可业务工作，办理行政许可事项837个。按时完成全国文化市场年报工作。贯彻落实文化部、省文化厅要求的 “全国文化市场监管平台”数据导入与激活工作，全区文化单位涉及行政许可事项全部上线，实现系统审批发证。顺利通过省法制局组织的依法行政考评工作。加强安全生产宣传教育、检查督导工作，在“安全生产月”宣传咨询活动中派发宣传资料300多份；配合有关单位查处3个小区游泳池无证经营的问题以及对公众聚集文化娱乐场所和文物古建筑开展安全工作检查，确保全区安全生产工作落到实处；开展城市风险点、危险源排查，成立5个专项检查小组，检查文体经营场所133家，现场督促整改12家。开展为期半个月的“网吧行政检查”专项行动。坚持每个节前到文化、体育经营场所进行检查，出动检查车辆90多次、人员230多人次，确保节日期间文体市场的安全。

【文艺创作与演出】 2016年，组织蓬江乐社的折子戏《碧血溅佛堂》参加江门市首届粤剧曲艺私伙局大赛获铜奖。组织创作少儿美术书法作品申报参加广东省第十届少儿艺术花会，获二等奖1名、三等奖1名、优秀奖3名。组织创作科普剧《“神”像之下》参加第三届广东省科普剧大赛

（表演赛）获二等奖。选送作品《茶山情》（舞台类）、《第二张照片》（舞台类）在2016年文艺创作“禾雀花奖”评奖活动中，均获“禾雀花奖”精品奖特殊贡献奖，《童戏梦》（舞台类）获“禾雀花奖”精品奖金奖。区文化馆组队参加“2016澳门国际体育舞蹈公开赛”，赢取29个组别冠军、14个组别亚军、3个组别季军，夺46个奖项，并获此赛事的优秀组织奖。

【非物质文化遗产】 2016年，由中国工艺美术学会、江门市委宣传部、台山市人民政府共同主办的“中国（江门）工艺美术文化博览会”在五邑华侨广场会议中心举行，蓬江区东艺宫灯公司的省级非遗传承人李仰东制作的宫灯作品获银奖。3月，荷塘纱龙总会组织纱龙舞龙成员进行为期一周的集训，以旧带新，由教练全面讲解纱龙文化套路、基础动作要领，充分发挥年轻人的活力，增加纱龙的新鲜血液，更好地推动荷塘纱龙舞龙技艺的传承和保护。罗氏柑普茶传承人罗沛贤于5月先后成功获江门市第四批非物质文化遗产传承人和广东省第五批省级非物质文化遗产项目代表性传承人称号，为进一步推动非遗传承活动打下扎实的基础。5月，省非遗项目“东艺宫灯”参加2016第十二届中国（深圳）国际文化产业博览交易会，典雅华贵的宫灯获观众的一致好评。6月11日，在世界文化遗产日协助相关部门在东湖广场全面推出蓬江区非物质文化遗产图文展览，包括国家级非遗项目“荷塘纱龙”、省级非遗项目“罗氏柑普茶”“东艺宫灯制作技艺”、市级非遗项目“潮连纱龙”“洪圣庙会”“周家拳”以及区级非遗项目“抢花炮”共7项。其中“罗氏柑普茶”和“东艺宫灯”同时以实物形式参加展览，东艺宫灯在展览中联合本土著名画家区启森，以三十三墟街系列画作装饰宫灯，典雅脱俗，让宫灯平添本土文化元素。6月，棠下周家拳唯一嫡传人周宝洪在棠下沙富五虎纪念馆举办海外华人文化社团中华才艺（狮艺）培训班，省禅武中心和来自世界各地的学员通过周宝洪的示范及讲解，不仅对区的市级非物质遗产周家拳有深入全面的认识，还认真学习周家拳武术。9月9日，由广东省旅游局指导、广东省旅游协会主办的2016“广东手信文创设计评选”结果发布，根据公众投票结果和业内11位权威专家的评审意见，评选出“100件广东优秀手信”。区省级非物质文化遗产项目东艺宫灯在众多参赛产品中脱颖而出，送选的2件作品均双双入选，获“广东手信”称号。

【基层文化站】 2016年，按照省、市关于完善公共文化服务体系建设的工作部署，顺利完成全区6个镇、街综合文化站省一级文化站的创建工作，其中荷塘镇和环市街文化站是省特级文化站，其余4个镇、街文化站是省一级文化站。继续推动全区141条村（居）对照“五有”标准建设文化室，重点推动村（居）文化室完善数字化建设。

【文化活动】 2016年，在各镇街，各社区、村举办1000多场次“百姓文化大舞台”文化体育活动。推出“2016年优秀小读者”评选活动，向基层服务点投放“电子书借阅机”。开办700多场公益免费培训班，设有茶艺、粤剧表演、少儿舞蹈、围棋、美术、书法等13个班，有近500多名学员参加。围绕“品味江门，美丽蓬江”及“蓬江区三十三墟历史文化”主题，举办蓬江区“三十三墟街•艺术梦”青少年美术书法作品展，共收集到约300多幅美术书法作品；成功举办蓬江区少儿美术书法大赛、“我和中秋有个约会”和“陈垣杯”读书比赛等系列活动。组织举办各类体育赛事8场，并成功举办中国侨乡健走马拉松大赛（蓬江赛区）。

【图书馆工作】 2016年，区图书馆把公益培训班重点放在6个镇、街及5个基层服务点，每周定期开办公益免费培训班，全年开办培训班近700多场。8月，在汇悦城大堂举办“蓬江区全民阅读服务推广活动暨超星集团24小时图书自助借阅系统开通使用仪式”，分别把4台“歌德机”投放到棠下镇邑门式服务大厅、潮连街邑门式服务大厅、江门市武警支队图书馆和汇悦城一楼大堂。成功创建蓬江区图书馆网站，通过网站了解到最新活动情况、培训项目、报名程序、完成续借阅手续、网上阅读等。做好读者服务工作，全年入馆读者6万人次，借出图书3万册。全年收到国家图书馆捐赠的文献2万册。3月22日，江门五邑联合图书馆正式启动，于3月25日正式挂牌。

【图书发行】 2016年9月，编辑出版《细说蓬江祠堂——蓬江祠堂及其书法文化》，全书字数为20.3万字。（李姗姗）

【文联工作】 2016年，成功召开江门市蓬江区文学艺术界联合会第三界委员会选举会议。会议选举赵一翰为文联主席并成功增选5名文联委员。区作家协会顺利完成换届，张伟明担任新一届作协主席。蓬江诗社、蓬江区民间文艺家协会等协会召开会员大会，巩固已有基础，进一步壮大文艺队伍。人才库和作品库正式挂牌并启动相关工作，动态数据更方便管理和利用现有的资源，有方向和有计划地填补其中的不足和空白。纪念陈白沙先生诞辰588周年开幕式、“诗词中国”创作基地挂牌仪式、“蓬江区文学艺术界人才库和作品库”挂牌仪式、蓬江区第一届兰文化节启动仪式、江门市陈白沙思想研究会换届暨心学座谈会、“诗词中国”采风创作活动启动仪式等。“诗词中国”品牌落户江门，成为广东省第一个“诗词中国”创作基地。

（蒋健威）

档案工作

【档案馆建设】 2016年，区档案馆的最后一批档案搬迁工作顺利完成。年底档案库房配套工程顺利通过验收，投入使用。馆库房面积从原来的826平方米扩大到3770平方米，比“十一五”末增长337.4%，达到珠江三角洲地区市辖区档案馆建筑面积要求。档案库房采取建设智能库房平台、环境、视频监控系统，实现档案库房管理智能化。

【档案业务建设】 2016年，以区委办名义印发《蓬江区档案馆收集档案资料范围实施细则》。全年新增档案数量14986卷，其中依法接收在大部制改革中被撤销或合并单位的档案9432卷；婚姻档案1806卷，公证档案3287卷，文书档案461卷，开放档案有16卷；按照《全宗规范》（DA/T12-2012）要求，建立完善馆藏全宗卷比例达10%。编制《蓬江区档案馆安全工作制度汇编》；收集并整理大型活动照片档案82张。

【档案开发利用】 2016年，区档案局为区领导决策、区经济建设、编史修志、工作查考等，为群众排忧解难，调解纠纷等方面提供资料2628卷（件），复印档案资料4600多页；其中接待群众查阅利用档案资料850多人次，复印资料1025多页。

【档案数字化建设】 2016年，区档案馆完成10万页馆藏纸质文书档案的全文数字化，比例达79.59%；做好档案目录数字化核对与数据备份工作；实现案卷级目录机检条数9.83万条，文件级目录机检条数139.7万条；接收电子文件1850份。

【档案监督指导】 2016年，区档案局对江沙示范园区、区社保局、白沙街道办事处及辖下街政中心进行档案安全检查工作，处理档案归属流向问题；指导并协助区首个创建江门市社区示范综合档案室的白沙街明文社区进行档案整理工作；开展对区委宣传部、区纪委、区妇联、团区委、区民政局、区科技局、区农林水务局、潮连街道办事处、区财政局、区环卫局等10个区直单位进行档案年度检查工作。与区教育局联合组成检查组对辖区启明小学、棠下镇实验小学、美景小学、荷塘镇篁湾小学、培英初中、杜阮镇叶蔼小学、潮连街道中心学校共7所学校的档案工作目标管理等级进行复评。指导协助天沙河管理处做好天沙河引水增流重点工程项目档案256卷，顺利通过江门市水务局对天沙河引水增流工程档案验收。

【档案宣传】 2016年，为响应国际档案日宣传活动，区档案局分别在东湖广场、蓬江区政府大楼和蓬江区新档案馆大楼大堂内开展以“民生与档案”为主题档案宣传活动，制作宣传展板，展示宣传挂图，派发宣传册子1200多份，发送350余条档案宣传信息等，增强全民依法护档管档的意识。 （容淑仪）

地方志工作

【年鉴编纂】 2016年，区地方志办按照省一年一鉴、公开出版、当年出版的要求制定并印发《蓬江年鉴编纂规范细则（试行）》，完成《蓬江年鉴·2016）》编纂工作。《蓬江年鉴·2016》在保持基本框架相对稳定的前提下完善年鉴条目，对部分内容进行更新、调整、充实，完善年鉴的框架结构。做好《广东年鉴·2016》《江门年鉴·2016》蓬江区稿件撰写工作。鼓励并支持有条件的镇（街）、部门和行业编纂年鉴，年鉴工作向基层延伸。

【地方志资料年报】 2016年，区地方志办继续在全区开展地方志资料年报工作，做好对各单位资料年报的指导和督促。全区49个单位年报资料通过验收，并做好整理、归档工作。

【全省自然村落历史人文普查】 2016年4月15日，在蓬江会堂召开自然村落历史人文普查启动暨业务培训会议，蓬江区区直相关部门，镇、街，村（居）委会和自然村负责人340人及江海区70人参加会议。区委常委黄振中作动员讲话，强调普查工作的具体要求和完成时间，会议邀请中国地方志学会学术委员、广东省情专家、省普查办副主任陈泽泓授课。是年，区地方志办制定并印发《蓬江区自然村落历史人文普查工作方案》，成立区自然村落历史人文普查领导小组，建立区、镇、村三级领导和工作机构，明确职责任务，落实工作责任。通过各项有效措施，已全部完成各镇、街自然村的资料收集以及填写普查表、普查系统电脑录入和自然村“调查”稿撰写，完成辖区218个自然村历史人文普查工作，《广东省自然村落历史人文调查》蓬江稿件报省终审。同时完成辖区内古驿道现存遗迹调查工作，收集整理棠下良溪古道、潮连古渡头、白沙街石湾直街等资料，送交省志办审核；并完成《驿道乡情》蓬江区稿件的审核校对工作。

【地方志资源开发利用】 至2016年，围绕省地方志办的中心工作，推动地方志资源开发利用，区地方志办与区宣传部合办的地情书《习风·棠下》《陈白沙传》编纂出版，完成省地方志资源开发利用项目立项工作。

【地方志资料收集与交流】 2016年，加大地方志文献搜集与收藏力度，收集《环市镇志》《杜阮镇志》《潮连乡志》《潮连志》等志书并扫描保存；开展地方文史资料的收集工作，收集有棠下镇、杜阮镇等侨刊及家谱族谱、家训家规等资料；与全省各地方志办交流志鉴662册。

【地方志信息化建设】 2016年，做好地情网站的维护和管理，及时更新地方志工作动态。蓬江地情网发布区志1部、综合年鉴3部、各栏目发布文章660多篇、图片220多幅，录入240多万字。区地方志办按政府网站考评要求，对旧版门户进行优化，重新进行页面布局和栏目规划；新增咨询投稿等在线沟通交流渠道，搭建地方志与公众在线的即时沟通、咨询交流互动平台；建立移动门户网站和地方志门户网站手机版本，公众可通过手机、平板等移动设备访问，为公众提供随时随地的移动互联网支持。按栏目结构分，一级栏目主要有机构设置、文书公开、服务大厅、文化展示、友情链接等，一级栏目下面分二、三级栏目。 （年鉴编辑部）

卫 生

【概况】 2016年，全区有医疗卫生机构164个，其中综合性医院1所、中西医结合医院1所、乡镇卫生院3所、社区卫生服务中心6所、综合性门诊部12所、其他138所（其中农村卫生站37个、社区卫生服务站15个）。床位数1694张；卫生技术人员2444人，其中执业医师597人、执业助理医师183人、注册护士889人、药剂人员150人、检验人员51人、其他人员574人。卫生技术人员高级职称92人、中级职称260人。

【疾病防控】 2016年，区卫生计生局继续做好人感染H7N9禽流感防控工作。通过与相关部门的联防联控，督促活禽经营市场落实“1110”防控措施、加强抗病毒药物及应急物资的储备和使用、完善发热门诊建设管理、做好预检分诊工作、组织医务人员3000多人次参加专业培训等措施，切实提高人感染H7N9禽流感防控水平；做好“寨卡病毒病”防控工作，及时掌握寨卡病毒病疫情概况与防控要求，加强对寨卡病毒诊疗方案的学习，全年共培训2280多人次。加强公共卫生信息报送工作。全面实施法定传染病网络直报，各医疗单位传染病疫情报告率和传染病疫情报告及时率100%，全区无重大传染病疫情爆发流行。公共卫生防控工作基本到位，提升疾病预防控制水平。预防接种门诊全部完成规范化建设，环市街道社区卫生服务中心成功创建江门市首家5A级预防接种门诊，荷塘镇卫生院等7家卫生院和社区卫生服务中心创建3A级预防接种门诊。全年共为0-6岁儿童免疫接种274320次，成人流感疫苗接种1382人次，狂犬疫苗11851人次，全区计划免疫接种率保持98%以上。

【卫生应急】 2016年，依托市突发急性传染病防控、紧急医学救援、化学中毒与核辐射卫生应急、饮用水污染防控4个卫生应急队伍，积极开展培训和演练。参加2016年蓬江区危险化学品生产安全事故“双盲”应急演练，进一步提高全区医务人员应对突发事件应急救援能力。加强农村急救体系建设，推进乡镇卫生院“五个一”建设。严格落实《广东省禽经营管理办法》，科学防控寨卡病毒、H7N9等疫情，全区未出现寨卡病毒病病例。

【基本公共卫生服务】 2016年，全区投入3307万元，全面实施13项基本公共卫生服务项目，重点人群管理水平显著提高，国家基本公共卫生服务经费达到人均45元。全面加大对项目的督导力度，扎实进行问题整改，积极迎接各级绩效考核。加大疾病防控力度，提高急性传染病监测预警能力。做好严重精神障碍患者专项排查和救治工作。提升妇幼卫生服务能力，强化母婴安全管理，提高产科儿科服务水平。进一步加强乡村医生队伍建设，解决乡村医生老龄化问题，落实乡村医生补贴政策。

【医政管理】 2016年，进一步激发全区广大基层医务工作者的职业荣誉感和工作热情，汇聚促进基层医疗卫生事业发展的正能量。区卫生计生系统5名护理工作者被市卫生计生局分别授予“2016年江门市优秀护理管理者”和“2016年江门市优秀护士”称号。区卫生计生系统13名基层医生被市卫生计生局授予“优秀基层医生”称号。

【中医工作】 2016年，建设以区中西医结合医院为龙头、乡镇卫生院及社区卫生服务中心为骨干、村（社区）卫生服务站为网底的三级中医预防保健服务网络,着力构建中医特色明显的“治未病”预防保健服务网络体系。组织人员参加全市弘扬“大医精诚”主题演讲表演大赛暨中医药传统技术大比武活动，并获弘扬“大医精诚”主题演讲表演大赛一等奖、中医药传统技术大比武三等奖。

【无偿献血】 2016年，全区无偿献血采集全血537540毫升，完成造血干细胞采样9份，100%满足区属医疗单位的临床用血需求。

【红十字会工作】 2016年，开展红十字救护培训，普及卫生救护和防病知识，培训合格并取得初级卫生急救员资格的有335人，普及卫生救护知识培训5317人次，派发红十字应急救护、生命安全、捐献造血干细胞、无偿献血和防控艾滋病等宣传资料约3.5万份。开展“红十字博爱送万家”活动，走访慰问蓬江区特困户并发放慰问金3.8万元。筹集“一元爱心”募捐善款11581.5元，红十字事业捐款3559.72元，成功救治困难计生家庭先天性心脏病患者4人、风湿性心脏病患者1人。

【社区卫生】 2016年，制定并下发《江门市蓬江区改善医疗服务行动实施方案》，全面实施改善基层医疗服务行动计划。江门市中心医院、江门市人民医院继续对全区基层医疗单位开展人才智力帮扶工作。上级医疗机构定期派员到下级医疗机构开展带教查房，下级医疗机构定期选送医务人员到上级医疗机构进修学习，让群众在基层医疗单位就能享受三甲医院专家的医疗卫生服务。全年共有107名医生参加全科医生转岗培训，6名医生参加精神科医师转岗培训，5名医生参加全科医生规范化培训，4名本地农村户籍毕业生参加乡村医生定向培养。继续落实乡村医生“一村一站1.5万元”补贴制度，提高农村医务人员待遇。

【家庭医生式服务】 2016年，加大力度推进家庭医生签约服务工作，为居民提供主动、连续、综合和个性化的服务，引导更多的居民到社区就诊，促进分级诊疗、有序就医格局的形成。至12月底，开展家庭医生签约服务机构已达到8所，基层医疗机构覆盖率达88.89%，累计签约133548人，签约服务覆盖率18%；重点人群签约58315人，重点人群签约服务覆盖率36%，均达到全年目标值。组织开展家庭医生服务团队“滚雪球”式培训，在杜阮镇卫生院建立区级培训基地，培养区级骨干学员38名；各基层医疗机构启动机构全员培训，全区培训服务团队人员500多名。

【创建全国健康促进区】 2016年，作为全国第二批健康促进区项目试点单位之一，区将健康融入所有政策，实行“政府带动、部门联动、服务推动”战略,全面推进健康促进工作。成功举办

2016年蓬江区迎新春健步走暨蓬江区创建全国健康促进区启动仪式、心理健康教育讲座、专题辅导班、健康知识竞赛、环湖健步走等活动。是年，全区创建健康促进机关25个、学校42个、企业4个、社区43个及健康家庭200户，派发宣传单张44000多份、宣传礼品53000多份。（容洁彩）

体育

【体育设施建设】 2016年，加强体育设施建设，完善全区“10分钟体育健身圈”设施布局，夯实群众运动健身基础，充分保证市民健身需求。利用体育彩票公益金121万元扶持各镇街村（居）公共体育设施建设及维修，全年新建文体广场4个，新建体育路径20多条。

【群众体育】 2016年，成功举办体育彩票杯2016年蓬江区迎新春健步走活动。以“健康蓬江，幸福家园”为主题，来自机关、企业、社区群众约5000多人参加活动，把健步走活动朝着群众性、自发性、常态化方向发展，并打造成区的品牌活动。成功举办中国侨乡健走马拉松大赛（蓬江赛区）。

【竞技体育】 2016年，举办首届蓬江区校园足球联赛，少儿及少年组组织近70所学校超过110支足球新力军参加联赛，成人组参赛队伍达70余支。组队参加市第八届运动会，并获“最佳赛区奖”和“体育道德风尚奖”。组织省第二届百街千镇乒乓球赛江门市蓬江区赛区比赛。经过初赛选拔出来的白沙街男、女团体冠军队和棠下镇女冠军队、荷塘镇男冠军队，代表蓬江区参加决赛，分别夺得街道组的男子冠军和女子冠军，乡镇组女子冠军和男子第四名，并获体育道德风尚奖。

（李姗姗）

2017

PENGJIANG
NIANJIAN

社会民生

计划生育

【概况】 2016年，全区户籍总人口496140人，户籍人口出生6058人，人口出生率12.3‰，人口自然增长率6.6‰，同比上升1.32%，符合政策生育率97.47%，同比上升3.53%，出生人口性别比111.6。

【人口计划生育目标管理】 2016年，全区计划生育目标管理责任制考核达标，被省人民政府评为“优秀等次”。其中白沙街道、环市街道、潮连街道、杜阮镇等4个镇（街）全面完成人口与计划生育目标管理责任制，位于全市先进行列。区纪委、区委宣传部、区公安分局、区财政局、区人力资源社会保障局、区教育局、区司法局、区卫生计生局等单位均完成本单位的计划生育综合治理职责。

【人口计生宣传教育】 2016年，落实全区141个村居卫生计生“三栏”的更新维护和专题宣传工作。结合元旦春节集中服务月、“健康知识进万家”系列活动、“5·29”计生协会会员活动日、全国助残日和世界红十字日等主题，开展义诊、健康宣教和捐款等活动。开展“春风送温暖”慰问活动，区四套班子领导及各级人口计生部门、计生职能成员单位的领导亲自上门慰问共96户计生困难家庭。全年派发宣传单张35万多份、宣传礼品15万多份。在国家、省、市级新闻媒体报道计生新闻共246篇，其中市级209篇、省级10篇、国家10篇，编辑《蓬江卫生计生简报》9期，在微信、微博发布卫生计生信息491条。

【计生协会】 2016年，全区计生协会132个、团体会员16个、个人会员46839人，其中流动人口计生协会37个。为全区符合条件的计生家庭购买计划生育意外保险，投入财政资金28.95万元，惠及计生家庭9649户；开展免费赠送“失独家庭”综合保险公益活动，为符合条件的“失独家庭”免费赠送一份一年的综合意外保险，惠及全区“失独家庭”115户198人。举办以“实施全面两孩政策、救助计生困难家庭”为主题的“5·29”中国计生协会会员日大型宣传活动，活动期间全区各级计生协会共筹集“一元爱心”善款10508元。开展帮扶困难计生家庭的活动，全区慰问困难计生家庭10户，发放慰问金10000元。

【计划生育技术服务】 2016年，改进药具发放服务，加大药具自助发放点比例，在人口流动较多的区域（即医疗机构和邑门式服务中心）增加二代身份证药具发放机6台，每个行政村配备人工和自助发放点各1个，城市社区配置人工发放点1个，增加城市社区自动发放点2个以上。全区有322个免费避孕药具发放网点，发放避孕药具11615人次，发放35200多盒避孕套。全年参加鉴定的病残儿7人，符合鉴定标准7人。根据全面两孩政策，取消引产、取环等查验计划生育证明的规定。

【流动人口计划生育服务管理】 2016年，全区流动人口 28.6万人，全年投入 1573.3万元，抓好省级流动人口基本公共服务均等化试点工作，把流动人口纳入网络化服务管理，与民政、残联、工会、团委和妇联等部门共同打造、拓展一批流动人口人文关怀项目，实现流动人口信息卡“一人一卡”的目标，落实流动人口专项清理清查工作和免费计划生育手术全覆盖。加强流动人口计划生育双向管理，建立流动人口计划生育信息采集交换制度和协作联系制度，蓬江区PADIS协查信息反馈率和反馈及时率达100%，省内流动人口业务通报处理及时率达100%。首次利用电子设备（手机或平板电脑）现场填写调查问卷，实行三级联审和交叉复审，完成流动人口动态监测任务，并在全国1200个市区中取得第14名的好成绩。

【计划生育利益导向机制】 至2016年9月，全区发放各类奖扶金2369.9万元，其中计划生育家庭特别扶助金333.8万元、农村节育奖172.1万元、农村部分计划生育家庭奖励金320.2万元、城镇独生子女父母奖励1543.8万元，兑现率100%。

【综合治理出生人口性别比】 2016年，开展整顿医疗秩序专项行动，重点查处非法行医、“两非”等违反卫生计生政策法规的行为。全年出动执法人员430次，排查医疗机构和个体私营诊所177间，依法取缔无证行医场所24家。全年全区户籍人口出生人口性别比111.6。

【出生缺陷干预工程】 2016年，继续深入开展免费孕前优生健康检查工作，全年4601人参加免费孕前优生健康检查，检查覆盖率90.93%，完成省下达的指标任务。区财政局、区卫生计生局联合印发《江门市蓬江区出生缺陷综合防控项管理方案》，系统干预缺陷人口的出生。开展孕产妇和儿童保健工作，基本公卫孕产妇保健、儿童保健逐步走向规范，统一印制孕产妇围产期保健手册、0—3岁及3—6岁儿童保健手册。

【全面两孩政策实施】 自2016年1月1日起正式实施全面两孩政策后，蓬江区大力开展政策宣传发动工作，让群众深入了解全面两孩生育政策。简化生育登记和再生育审批流程，落实网办试点工作，有序实施全面两孩政策，全年（统计时间为2015年10月1日至2016年9月30日）共办理二孩生育登记 5077对、再生育审批284对。

（容洁彩）

民 政

【基层政权和社区建设】 **地名普查工作** 根据国务院《国务院关于开展第二次全国地名普查的通知》要求，定于2014年7月至2018年6月开展第二次全国地名普查。落实地名普查经费167.2万元。是年，相继召开第二次全国地名普查工作动员会、推进会和区直联络员会议，对地名普查工作进行全面动员和部署，明确各镇、街的职责，确保按要求完成上级下达的地名普查任务。

村（居）务监督委员会建设工作 做好村（居）务监督委员会建设工作，出台《关于进一步加强我区村务监督委员会规范化建设的通知》，指导各镇、街更好地完成村（居）务监督委员会建设工作。进一步完善村（居）务监督委员会建设工作，确保村（居）务监督委员会各项要求落到实处。全区142个村居基本完成村务监督委员会衔牌、公章、人员的配备。

【“双拥”工作】 2016年，区各级在区委、区政府的领导下，对武装部和驻军部队进行慰问，看望各部队的所有官兵，向他们致以节日的问候。各镇、街也在春节前开展重点优抚对象春节座谈会。全年各项拥军优属活动支出经费约340万元。

【抚恤优待】 2016年，全区重点优抚对象2244人，含定恤烈属8人、故属7人、因公牺牲遗属3人、在乡复员军人定补38人、伤残人员109人、带病回乡退伍军人101人、参战人员1130人、铀矿开采人员84人、60周岁农村籍退伍老兵754人、60周岁以上部分烈士子女3人、无军籍职工4人、随军家属3人。全年支出抚恤事业经费3429.13万元；“解三难”270人次，支出70.72万元。

【复退军人安置】 2016年，全区接收退伍士兵108人，其中城镇义务兵49人、城镇复员士官2人、农村义务兵48人、农村复员士官9人。安置城镇义务兵复员士官0人，实行自谋职业一次性补助3人，发放安置费9.44万元，安置率100%。做好退役士兵参加职业技能培训工作，共54人报读中等职业技术学院，共支出职业技能培训经费19.95万元。

【社会组织管理】 从2016年1月1日起，全面实施社会组织统一社会信用代码制度改革，实行“三证合一”，节省社会组织的办证时间和费用，已办理社会组织换证238个（社团85个，民办非企业单位153个）。是年，全区登记在册社会组织329家（新登记7家），其中民办非企业单位188家（新登记4家）；社会团体141家（新登记3家）。注销民办非企业单位5个，社团27个。

【婚姻登记】 2016年，通过婚姻调解接受服务的191对夫妻中，现场劝和111对，劝和率58.1%。做好婚姻登记工作，全年全区办理结婚登记3942对，离婚登记1361对，补领登记证书641宗，补领离婚证书88宗，出具无婚姻记录证明197宗。

【殡葬管理】 2016年，全区办理殡葬基本服务2746宗（含低收入群体38宗），减免费用378.54万元；办理异地火化12宗，减免金额1.08万元。开展节地生态安葬活动，有50份骨灰选择节地生态安葬（其中海葬23份、树花葬27份）；上年在杜阮镇子绵天子墓园规划新开发20亩的树葬（花葬、草坪葬）区，首期开发的6亩已建成并投入使用。

【慈善捐助】 2016年4月19日，蓬江区慈善公益信息平台正式发布启用，充分发挥网络传播作用，实现慈善信息的全面公开和慈善资源的有效对接，联合多家媒体建立“益”伙伴关系，举办活动10多场次，参加人数5000多人次。全年区慈善会共募集捐款1900多万元，扶贫助困助学助残等项目支出1300多万元，受惠人数约8000多人次。

【老龄工作】 2016年，全区60岁以上老人为88947人。根据市、区有关发放高龄老人政府津贴的文件要求，为全区80周岁以上的老人发放高龄津贴610.2万元。继续推动“银龄安康”工作，为辖区内80岁以上的户籍老年人和五保户、城乡低保户老年人约1.4万人统一购买意外伤害保险，保险率48%，参保费148万元。开展多项敬老活动，组成多个慰问小组对百岁老人和困难老人开展上门慰问工作，各镇、街组织义工队伍分别到敬老院、空巢老人家中为他们解决生活遇到的困难。“敬老月”区召开老年人座谈会70次，老年人参与人数超1万人。

【赈灾救济】 2016年，在面对降雪、台风“妮姐”等恶劣天气时，提前部署，做好灾害防御工作。全区有77个防灾减灾庇护场所，面积达678万平方米，可容纳安排救助5.8万人，各级物资储备价值人民币达80多万元。全区创建27个防灾减灾示范社区，其中篁庄社区、范罗岗社区等8个社区获全国防灾减灾示范社区称号。

【城乡居民最低生活保障】 2016年，全区城乡低保标准由550元/人月提高到600元/人月。全年区有低保户1294户2356人，城镇689户1112人，农村605户1244人，累计支出1161.47万多元，其中城镇627.02万多元、农村534.45万多元。农村五保供养标准提高到12720元/年，即每月1060元。

【五保供养】 2016年，全区五保户100人，其中集中供养50人、分散供养50人，累计支出130.2万多元。医疗救助方面，市区3家三甲医院已开展民政医疗“一站式”结算服务，便利区低保户、低收入家庭在医院结算时即时减免民政医疗救助资金，减轻经济压力。至12月共救助7003人次，支出医疗救助金额505.74万多元。

【扶贫工作】 2016年，根据江门市《新时期城乡精准扶贫相对贫困户申报工作方案》文件精神和要求，对全区低保户进行摸底调查，上报新时期精准扶贫相对贫困户对象为398户1203人，其中城镇187户487人、农村211户716人；将低保信息录入扶贫系统，建立扶贫对象个人情况档案，将其基本资料、动态情况准确记录。出台《蓬江区新时期城乡精准扶贫工作实施方案(2016—2018年)》。继续开展领导结对帮扶活动，专门安排财政资金600万元，用于全区低保户的援助金。全年开展上门探访活动共4次，组织全区近500名领导干部上门探访。

【福利彩票发行】 2016年，全区福利彩票投注站98个，销售福利彩票2.265亿元，其中电脑型福利彩票销售1.554亿元、即开型彩票销售0.187亿元、中福在线销售额为0.523亿元。超额完成市下达2.12亿元销售任务的106.84%，共筹集区本级公益金1573万元。

【养老服务体系建设】 2016年，建设农村幸福院，支持民办养老服务。新增棠下镇迳口、乐溪、沙富、横江，杜阮镇双楼、井根，荷塘镇南村、为民共8个农村幸福院建设。做好民办养老机构运营补贴资金发放工作，全年为7家民办养老机构核准发放民办社会福利机构运营补助资金及新增床位补助资金共80.8万元。全区建成老人日托、全托床位3910张，达到每千人43.9张，全市排列第一。 （周礼兰）

人力资源

【人才引进】 2016年，继续根据《关于加强高层次人才队伍建设的意见》《关于加强中、高层次人才队伍建设实施意见》等相关文件精神，为区符合政策的高层次人才和博士后创新实践基地，发放补贴和科研经费20万元。做好国家百千万人才工程选拔工程、千人计划、海外人才需求、高端外国专家等相关申报工作的宣传和发动，对重点企业进行跟踪对接，及时了解企业人才需求。

【人才市场建设】 2016年，举办公益招聘会2场，其中益华广场“南粤春暖”大型综合性公益招聘会上有230家企业提供3000个就业岗位，入场求职人数达4000人次以上。“蓬江区2016年毕业生专场公益招聘会暨江门职业技术学院校企合作专场招聘会”上有230家企业提供6000多个就业岗位，3800多名应届毕业生进场求职。

【公务员管理和培训】 2016年，按程序做好公务员、事业单位人员资格审核、笔试、面试、体检及考察工作，完成区公安分局等部门公务员招考工作，1853人报名参加考试，64人录用为公务员；抓好股级干部任免备案工作，办理股级干部任免347人，其中提拔91人、调整154人、正式任职102人；严格做好公务员的调配工作，办理区内外公务员调动30名。全年组织公务员初任培训、股级公务员培训、公务员全员培训等3期。

【专业技术人才管理】 2016年，充分发挥职能作用，努力实现职评工作的科学化、规范化、制度化，加强职称人才队伍管理，全区通过专业技术职称认定及评审人数177人，其中初级85人、中级82人、高级10人（除建筑、机械职称人数外，未包含其余专业高级职称人数）。

【事业单位管理】 2016年，组织全区各镇、街和区直单位下属事业单位招聘岗位人员56人，招聘教师86人。做好全区事业单位聘用合同管理工作，全年办理事业单位聘用合同的签订、变更、续订、解除、终止共783份。

【工资福利】 2016年，为实施好蓬江区机关事业单位带薪年休假制度，出台《关于蓬江区机关事业单位工作人员带薪年休假有关问题的实施意见》。联合“治理领导小组”成员单位开展全面治理机关事业单位违规发放津贴补贴的工作，初步完成治理任务。做好调整机关事业单位退休人员基本养老金发放落实工作，本次调整养老金月人均增加额为330元。

【军队转业干部安置工作】 2016年，全区接收安置11名军队转业干部及相关随调家属（团级军转干部2名、营级军转干部7名，其中自主择业军转干部1名、随调家属1名），完成一系列审核、考试、定职定位、岗前适应性培训及到岗后续工作。慰问走访军转干部及军转干部家属共147人次，做好44名自主择业军转干部及28名企业军转干部的全年常规管理工作。是年1月起，对区直企业退休军转干部职级补贴及区直在职企业军转干部生活困难补助金均按长效机制进行调整增加，调整后区直企业退休军转干部职级补贴按职级每人每月分别为1278元至1912元，区直在职企业军转干部生活困难补助金每人每月4447元。

【高校毕业生就业】 2016年，拓宽企业招工信息渠道，促进大学生就业，以人才中心、就业服务中心组织统筹，举办高校毕业生专场招聘会，现场开设职业指导、政策咨询、技能培训登记等服务。全年举办高校生专场招聘会2场，进场企业460家，拟招聘9000人，进场求职7800余人。全区高校毕业生网上报到2853人次，现有就业见习基地34个。高校毕业生就业率均达90%以上

【专业技术人员继续教育】 2016年，审批通过22所学校、企事业单位的备案注册申请，已受理149所学校、企事业单位的继续教育培训计划，已审核申报记录数36522次，其中公需科目9482条。

（孙京）

劳动就业

【扩大与促进就业】 2016年，实现城镇新增就业人数9541人，失业人员实现再就业5310人，就业困难人员实现就业467人，实现创业1104人，分别完成目标任务的108.42%、106.2%、111.19%和104.15%，城镇登记失业率2.37%，有效控制在市要求的3.2%以内。

【完善就业促进机制】 2016年，完善扶持创业的优惠政策，形成政府激励创业、社会支持创业、劳动者勇于创业新机制，发挥创业咨询引导作用，为创业者提供优质创业服务。建立网上服务平台监管，依托“江门市企业用工及人力资源网上服务平台”，建立网上招聘、网上求职、网上推荐，实现用人单位就业实名制全覆盖；推行网上用工备案、用工申报、申领补贴的常态机制，主动推送扶持政策，实现就业实名制服务和管理。强化公共服务体系建设。按照信息化、专业化、社会化的要求，全面推进“以人为本”的就业服务，为各类就业人员提供职业介绍、职业指导、劳动保障政策咨询、信息发布等多元化公共就业服务，实行“一对一”跟踪服务。搭建就业创业服务平台，开设“高校毕业生创业绿色通道”，为高校毕业生提供政策配套服务，实现稳定就业。规范就业专项资金管理，严格做好就业专项资金的管理工作程序，建立完善规范的申

报、审核制度，利用就业实名制系统精准发放就业补助补贴，提高资金使用效率。

【用工制度和管理】 2016年，贯彻落实《中华人民共和国劳动合同法》《中华人民共和国就业促进法》，全面建立劳动用工备案制度,加强劳动用工管理，规范用人单位用工行为，维护劳动者的合法权益，促进劳动关系和谐稳定,依托“江门市企业用工及人力资源网上服务平台”，落实企业网上用工备案管理,对拒不履行备案义务、不依法签订劳动合同的，发出书面整改通知进行通报。

【职业技能培训】 2016年，全区劳动力技能培训人员4725人，培养高技能人才2523人。为提高劳动者技能水平，满足市场需求，开展技能培训。通过培训高技能人才，培训全区高级技师192人、技师305人。

【劳动监察与仲裁】 2016年，区劳动监察部门检查企业3866家，受理劳资纠纷2326宗，涉及劳动者3748人，涉及金额3472.26万元。全年区劳动人事争议仲裁院共处理劳动争议案件2490宗，涉案人数3555人；其中立案受理2049宗，受理涉案人数3018人，涉案金额7026.72万元，办结案件2066宗（含2015年未结案件）。

【劳动者权益保障】 2016年，全面重点推进工资集体协商工作,对镇、街各大中型企业签订工资集体协商的实施情况进行不定时检查。劳动监察部门开展专项夏季用工和建筑工地专项检查工作、用工平台的执法检查工作、劳资纠纷信访维稳工作，全年检查企业3866家，受理劳资纠纷2326宗，涉及劳动者3748人，主要分布在五金制造业、服装行业、餐饮企业、建筑工地等行业领域。全年处理劳动争议案件2490宗，涉案人数3555人；其中立案受理2049宗，受理涉案人数3018人，涉案金额7026.72万元。

【协调劳动关系】 2016年，建立和谐劳动关系示范点5个，涉及企业职工5180人；企业签订集体合同率达94%（签订集体合同企业113家），建立工会企业的工资集体协商签订率94%（签订工资集体协商企业335家，签订女职工权益保护专项集体合同321家）。

【人才公共服务能力建设】 2016年，全区办理毕业生报到手续2853人次，办理大中专毕业生转正定级手续230人次，办理干部调动手续82人次。接收档案3512册，零散档案材料510份，转出档案191册，借阅档案及办理档案相关事项512人次，现存流动人员人事档案20151册。

（孙京）

社会保险

【养老保险】 2016年，全区参加城镇职工基本养老保险（含离退休人数）40.18万人，参加城乡居民基本养老保险8.3万人。城镇职工基本养老保险基金总收入180434万元，基金总支出181487万元，当期收支赤字1053万元，历年累计结余157342万元。城乡居民基本养老保险基金总收入6590万元，基金总支出5106万元，当期收支结余1484万元，历年累计结余7867万元。是年，全区享受职工基本养老金的人数6.94万人，抚养比3.38∶1；1月1日起调整企业退休人员基本养老金，基本养老金人均增加128.62元，调整后区企业退休人员月人均基本养老金1990元；全年平均养老金1988元/人•月，平均替代率44%（社平工资口径）。享受城乡居民基础养老金的人数2.74万人，1月起调整城乡居保基础养老金，从

100元/人•月增加到135元/人•月，全年平均基本养老金 148.35元/人•月。

【医疗保险】 2016年，全区参加基本医疗保险53.92万人（其中城镇职工基本医疗保险33.11万人、城乡居民基本医疗保险 20.81万人）。城镇职工基本医疗保险基金总收入78353万元，基金总支出86692万元，当期收支赤字8339万元，历年累计结余18924万元。城乡居民基本医疗保险基金总收入12807万元，基金总支出12532万元，当期收支结余275万元，历年累计结余699万元。是年，全区享受基本医疗保险待遇118.78万人次，其中城镇职工基本医疗保险在职人员普通门诊33.82万人次、次均医疗费用支出133.74元；特病门诊11.05万人次、次均医疗费用支出 502.35元；住院1.91万人次、次均医疗费用支出11880.63元；城镇职工基本医疗保险退休人员普通门诊21.63万人次、次均医疗费用支出136.62元，特病门诊28.17万人次、次均医疗费用支出318.67元，住院2.7万人次、次均医疗费用支出13298.89元。城乡居民基本医疗保险参保人员普通门诊10.67万人次、次均医疗费用支出53.28元；特病门诊6.24万人次、次均医疗费用支出263.95元；住院2.59万人次、次均医疗费用支出8271.68元。

【失业保险】 2016年，全区参加失业保险22.01万人，失业保险基金总收入7691万元，基金总支出4346万元，当期收支结余3345万元，历年累计结余49651万元。是年，全区领取失业保险金0.46万人，其中领取一次性失业保险金0.12万人；失业保险基金为失业人员代缴职工基本医疗保险费2.27万人次。

【工伤保险】 2016年，全区参加工伤保险23.74万人，工伤保险基金总收入3738万元，基金总支出3348万元，当期收支结余390万元，历年累计结余12175万元。是年，全区享受工伤保险待遇0.12万人次。

【生育保险】 2016年，全区参加生育保险22.82万人，基金总收入3042万元，基金总支出5075万元，当期收支赤字2033万元，历年累计结余4302万元。是年，全区享受生育保险待遇9.91万人次。 （孙京）

外事侨务

【对外交往】 2016年，全区接待海外及港澳社团58批，接待嘉宾、乡亲361人。其中，接待江门市侨青会、江门海归会，香港五邑青年总会、美西南学联访问团、荷兰荷美中心文氏兄弟一行、美国中田纳西州大学校长、美国中美国际文化交流协会、美国加州红木市市长等一行，参观珠西智谷和教育装备城，与这些团队深入交流，全面推介江门海创空间及其配套服务，做好南方教育装备创新研究院的推介，期间就研发和人才输送、培养等达成共识。接待英国伦敦五邑同乡会首席副会长黎锦洪、古巴洪门民治党副主席唐仲喜、新加坡冈州会馆名誉会长卢鹤龄和理事长周奕年、美国美亚创新促进会徐丽雯会长一行、加拿大前省督李绍麟伉俪等嘉宾，期间向嘉宾推介蓬江区投资环境，引导参观华博馆、蓬江区著名新景点和新产业城。接待马来西亚沙巴州四邑联合会青年团及印尼广肇总会组织的“2016中国寻根之旅”夏令营寻根团，做好海外华裔新生代联谊工作，吸引海外新生代回国观光创业。区政府组织美心集团、香港科技联盟有关负责人参加由广东省人民政府与香港贸易发展局联合举办的2016粤港经济技术贸易合作交流会。

【交流联谊】 2016年，蓬江区加强与海外乡亲和港澳地区社团的联系。副区长张沃芬带领区慈善会、区残联理事长、区慈善会秘书长等一行4人访问伍威权慈善基金、昌兴关爱慈善会,拜访伍冯佩玲女士、叶福源先生等慈善人士。古巴洪门民治党副主席、善飞咕省支部主席唐仲喜女士，香港政府市政职工总会一行到访蓬江区。香港公务员总工会与区总工会开展交流互动，就市政建设开展座谈交流。香港潮连同乡会、香港棠下同乡会、澳门棠下同乡联谊会、澳门江门市蓬江区荷塘同乡会、香港棠下同乡会分别组团到访蓬江区，其会庆活动区政府及相关部门均派员参加，期间进行交流联谊，联络亲情乡情。

【捐赠管理】 2016年，全区华侨华人、港澳同胞捐赠兴办公益事业达35项，共357.45万元。其中，捐赠用于教育事业49.18万元、卫生事业42.29万元、文体事业25.76万元，捐助慈善事业240.22万元。

【为侨服务】 2016年，区外侨局多次组织上门慰问特困归侨户，落实对困难归侨 “三项措施”和“一对一”帮扶，开展为困难归侨送温暖活动，建立完善困难归侨救助制度。全年走访、慰问、扶贫、助学等活动34多次，发放省扶持困难归侨救助资金共8.22万元、区扶贫救助金4.73万元。抓好侨务信访工作，处理涉侨的来信来访14宗。办理身份证明23宗，办理华侨身份证明4宗，办理侨眷身份证明4宗，办理华侨回国定居15宗。

【侨务宣传】 2016年，全年上报获采用的侨务信息38篇，抓好《棠下侨刊》《杜阮乡情》两刊审稿发行工作，全年两刊各出版2期，共7500册。丰富侨务宣传手段，建立侨网、微博、微信三位一体的侨务宣传平台，及时发布侨务港澳工作动态、蓬江侨乡的经济社会发展信息，搭建与海内外乡亲联络沟通的桥梁。

【因公出访】 2016年，抓好因公出国（境）办证、外国人入境审核报批工作 ，重申制定因公出访证照管理制度，严把因公出国（境）审批关。全年办理因公赴港澳签注120批200人次，审核上报办理外国入境80批120人次。

（张美玲）

民族宗教

【宗教事务管理】 至2016年末，全区管辖的宗教有佛教、伊斯兰教、基督教3类，宗教场所6处，临时活动点2处。进一步加强宗教场所安全管理工作，区安委会把区民宗局纳入成员单位。成立蓬江区宗教场所安全专责小组；年内联合安监、消防等部门联合对宗教场所开展安全大检查6次。开展公共服务事项梳理和行政审批标准化工作，制定办事指南、业务手册、窗口办理流程图、网上办理流程图。开展民间信仰场所普查工作，摸清底数，建立台账，探索民间信仰场所的管理办法。发动宗教场所、宗教界人士参与“蓬江区慈善公益”活动和“宗教慈善周”活动，共筹集慈善捐款212000元。是年，荷塘智莲舍完成大雄宝殿、天王殿和居士楼的改建扩建工程。叱石济公禅寺正式登记开放。

【民族工作】 2016年，深入开展民族团结进步创建活动“进机关、镇（街）、村（社区）、学校、企业、宗教场所”工作，选定区委统战部（区民族宗教局、台湾事务局）、杜阮镇、龙榜村、龙溪社区、东风社区、港口中学、紫沙小学、杜阮风尚皮革厂、基督教北街堂等9个单位作为创建示范单位，并通过市检查组的验收，其中杜阮风尚皮革厂被省民族宗教委员会评为“广东省民族团结进步创建活动示范单位”。

（余少勤）

镇·街道

2017

PENGJIANG
NIANJIAN

棠下镇

【党政建设】 **基层党组织建设** 2016年，全镇有行政村23个、社区2个，村“两委”干部共154人，行政村党组织书记、主任“一肩挑”5人。调整行政村党组织书记4人，处理违法违纪村党组织书记2人、副书记2人。建立农村党组织书记后备干部37人，平均年龄41.5岁，大专以上学历13人，高中（中专）以上学历15人。新发展党员17人，其中发展女党员4人，高中（中专）以上学历11人，年龄在35岁以下2人，培养入党积极分子7人。排查出失联党员7名，按照自行脱党处理4名，重新纳入管理2名。“两新”组织“两个覆盖”，协调镇有关部门派出专职指导员1名，兼职指导员5名，新组建党组织2个，下一步有意愿成立党组织的企业5个、民办学校1个。

党风廉政建设 2016年，制定《江门市滨江新区（棠下镇）党员、干部“八小时以外”活动监督管理实施方案》，深入贯彻落实《中国共产党廉洁自律准则》《中国共产党纪律处分条例》，着力加强对党员、干部“八小时以外”活动监管。通过签订自律承诺书、制定行为规范、实行请示报告制度、完善监督内容、完善组织生活制度、建立“八小时以外”公务活动台账、健全“八小时以外”重要事项请示报告制度、改进谈心谈话制度、完善民主生活会制度、改进党员和干部考察工作、建立巡察和暗访制度以及健全惩处问责机制等措施，重点监督党员、干部的社交圈、生活圈和休闲圈。重点加强对滨江新区党工委和棠下镇委、镇政府、镇人大三套领导班子成员及各级党的机关、人大机关、行政机关、审判机关、检察机关和企事业等部门单位中的党员、干部，以及各村（居）所属全部党员、干部“八小时以外”活动的监管。11月12日和13日分批组织全体领导干部及各村（居）负责人观看区纪委近期下发的《疯狂抢建背后的贪腐乱象》《陨落的“新星”》两部党风廉政建设警示教育片。收到群众来信来访16件，在规定的时间内办结；办理党员违纪案件11件，其中已结案7件、办理中4件；已对违规党员进行党纪处分，其中6人党内警告、1人严重警告。

【经济发展】 2016年，全镇实现地区生产总值124.79亿元，增长12.45%；规模以上工业总产值520.12亿元，增长35.6%；规模以上工业增加值121.53亿元，增长37.7%；固定资产投资83.04亿元，增长32.8%；社会消费品零售总额2000万元，增长16.2%；外贸进出口总额90亿元，增长16.8%；地方公共财政预算收入4.49亿元，增长23.99%。主要经济指标排名位居全区第一，稳居全市各镇（街）前列。

农业 2016年，全镇农业总产值7.8亿元，农民人均纯收入1.91万元，同比增长10%。完成早晚造水稻播种面积2115.58亩，粮食产量约800多吨。

生猪上市量56.46万头，比上年53.2万头增加3.26万头；家禽上市量162.41万羽。发放禽流感疫苗164.65万羽份、口蹄疫疫苗82.15万头份、蓝耳疫苗57.86万头份、猪瘟疫苗90.27万头份、牛口蹄疫疫苗0.16万头份，禽鸟、生猪及耕牛免疫率均达100%。完成动物疫病抗体检测650份，抗原检测300份，检测结果均符合国家标准要求。累计建造300多个死禽畜无害化处理池（井），共有无害化处理死猪近5000头，无害化处理病害肉2.325吨。

重点项目建设 2016年，示范园区已落户企业32家，其中投产企业19家、在建项目13家，全年完成工业固投30亿元，园区公司融资金额7.67亿元。智能制造、健康食品两大新兴产业稳步发展、初具规模，产业产值超300亿元，同比增长33.96%。新增规模以上工业企业7间。天壹食品、滨崎食品投产；江粉高科技产业园、康师傅秉信和顶正项目、蒙德电器、一汇食品等项目加快建设；成功引进美心食品、科业电机、圣原食品、原点创意等一批项目。嘉宝莉化工成功获批建设省博士后创新实践基地，金莱特电器获“中国家居用品出口基地（江门）示范企业”和第四届“五邑杯”工业设计大赛创新金奖等殊荣。会展中心、体育中心全部场馆主体结构施工全面完成，进入内部装修阶段。龙舟山森林公园、蓬江湖等项目前期工作进展顺利。银葵医院加快推进。碧桂园滨江壹号、美的置业等优质房地产项目成功进驻。

【城乡建设】 2016年，启动区板块全年完成基建及产业投资21.05亿元。江门大道主体工程建成通车，配合完成广中江高速棠下段征地拆迁各项任务。规划二路、丰乐路北延线、篁庄考场环湖路和天沙河桥等一批重点道路项目加快推进。江门体育中心、珠西国际会展中心主体结构施工基本完成，进入内部装修阶段。龙舟山森林公园一期完成南门基础工程和北门绿化迁移工作；二期完成场地平整；三期完成勘察设计招标，正在进行方案设计。蓬江湖正在开展前期以水利规模规划立项工作。银葵医院正在推进桩基工程。滨江绿道休闲驿站已完成基础施工以及箱体吊装工作。

投入860万元，完成改造村道28公里。全面完成罗江、乐溪、桐井等村1140亩高标准基本农田建设，顺利通过省农业部门验收。投入1270万元完成弓田里村、良溪北坎、显溪电排站以及石头围田螺滘、北角、梅湾水闸等一批水利基础设施和中小河流治理试点工程。投入780万元，实施“一事一议”财政奖补公益性项目19个，全力支持农村道路、环境整治、文化中心及公园活动场所等新农村建设。

做好“两违”整治工作，全年应拆除76宗、应复耕复绿125宗、应农业认定8宗、应立案处罚46宗均按规定整治到位。投入5亿余元，全力推进黑臭水体农业污染源整治，禁养区及限养区生猪养殖场共3208个，面积190.11万平方米；禽鸟类养殖场314个，面积约17.61万平方米，已基本拆除完毕，生猪存栏量呈锐减态势，水体环境持续改善。

【综治信访维稳】 2016年，镇、村两级调解组织共调处各类矛盾纠纷209起，调解率100%，成功率98%；镇综治信访维稳中心受理重点案件20宗，成功调处20宗，成功率100%；收到劳资纠纷案件438宗，涉及731人，涉案金额约1135万元，其中已处理413宗（平均每天1.13宗），涉及691人，追回工资900多万元。大力开展“飓风2016”专项打击整治行动，共立刑事案件650宗，打掉各类违法犯罪团伙15个，抓获团伙成员53人，治安发案数136宗，查处136宗，抓获违法犯罪嫌疑人412人。违法犯罪嫌疑人中，刑事拘留150人、提请批准逮捕75人、治安拘留172人；大力打击涉毒违法犯罪活动，共查处涉毒违法犯罪案件53宗，抓获吸毒人员43名，送强制戒毒40名。

投入360万元，大力推进平安乡村、平安校园等项目建设；投入130万元治理北达村、三和村山体滑坡；投入90多万元，加强应急物资储备；投入200万元完成滨江派出所人员装备，确保体育中心、会展中心各大型活动顺利开展；投入200万元，新建镇维稳中心，进一步完善基层矛盾纠纷排查化解机制；投入150万元，改善棠下派出所办公场所、民警福利待遇。

全年在学校、企业举办16场突发公共事件应急演练，排查企业864家，三小场所630间，累计排查隐患1582处，参加检查人员4257人次，发出责令整改书725份，累计整改隐患1493处，整改率94%。对8家企业立案处理，6家企业被罚款，

2家企业被行政警告。

【教育文化】 2016年，投入近2000万元，加快全镇学校教学楼、运动场、体育馆、图书馆等场馆建设，建成桐井小学教学楼及运动场、天河小学体育馆及运动场、实验小学多媒体室，完成虎岭、大林小学校安工程，实验小学的运动场扩建工程加快推进。顺利通过“省教育强镇”“省卫生镇”复评验收。

春节期间举办送挥春、大型文艺晚会、醒狮武术表演、中国象棋赛和农村曲艺表演等。5月举办横江、中心天后诞祈福文化巡游活动；6月举办“踢一踢”全民健身毽球比赛、“千色花”足球比赛、石头村“锦富汇景湾杯”龙舟大赛；9月举办中秋文艺汇演暨“最美蓬江人”基层交流巡演活动、滨江新区“东望洋杯”象棋赛；10月，举办第一届祠堂文化节闭幕式暨“中国体育彩票杯”狮王争霸赛。每个季度举办社区道德讲堂。国庆期间举办曲艺社表演和中国象棋比赛等一系列活动；11月中外周家拳国际武术交流表演、“跳一跳”棠下镇百姓健康舞表演大赛。镇流动电影放映队，全年送电影下乡为群众放映300余场。是年，罗氏柑普茶的传承人罗沛贤成功申报为省非遗传承人。

【社会保障】 2016年，社会保险参保29151人，完成91.8%；城乡居保参保14924人，完成95.3%；城乡医保参保42739人，完成100.1%。按时足额发放救济补助金，建档立卡确定精准扶贫对象118户。做好各项全征地农保跟踪服务，新增确认桐井6个村小组和三堡5个村小组为全征地村。辖区在“企业用工及人力资源服务平台”注册企业1036家，其中用工人数达3人以上的有506家。用工申报553家9433次，网上申报劳动年审403条。重点企业156家，已核查111家，其中已注册86家，非棠下企业4家，3人以下企业38家。共有33家企业参加招聘会，招聘需求1667人，促成就业意向710人，成功就业353人。巡查企业433家/次，发出《询问通知书》87份、《限期改正指令书》76份。全镇持证残疾人1643人，其中视力残疾165人、听力残疾193人、言语残疾9人、肢体残疾860人、智力残疾149人、精神残疾208人、多重残疾59人，有各类康复需求对象335人，建档1643个，康复需求筛查率100%，建档率100%。

【人口和计划生育】 2016年，全镇总人口数69637人，已婚育龄妇女人数13859人，出生949人，其中一孩486人、二孩419人。政策内出生915人，政策外出生34人，符合政策出生生育率96.42%，人口性别比118.66。

全年参加免费孕前优生健康检查的已婚育龄夫妇共212对，全年为525名孕产妇派发叶酸1800瓶，“两癌筛查”238例，免费发放避孕套2800多盒。

全镇投入资金约13万元清查流动人口，新建流动人口信息281人，已处理省内业务通报603条，已反馈PADIS协查信息117条，清查出租屋725间，商铺225间，窝棚58间。

【邑门式服务中心】 2016年，受理业务94761件,其中公安业务60787件、村居分点业务584件、综合业务33390件，日均受理量达382件。综合窗口的即办件总数3258件，其中普通即办件（前台即办件）14878件，占比52.04%；电子即办件（后台即办件）8975件，占比31.39%；流转件4737件，占比16.57%。总即办率达83.43%。

附：2016年棠下镇领导班子成员名录

镇党委

书　记：邵　建(—2016.7)

陈常岷（2016.7—）

副书记：林建中

刘洪昌(—2016.7)

刘少龙（2016.7—）

黄文坚（2016.7—）

委　员：林浪巨(—2016.7)

陈端午(—2016.8)

林宝送(女，—2016.7)

张建辉

张俊东

黄玉焜（—2016.7）

谭永彬（2016.8—）

陈光耀（2016.8—）

温超洪（2016.8—）

罗翠玲（女，2016.8—）

镇人大

主　席：庄炎根(—2016.7)

刘洪昌（2016.10—）

镇政府

镇　长：林建中

副镇长：温超洪

谭文钦

余国辉（2016.10—）

（李胜锋）

荷塘镇

【党政建设】 2016年，加强服务型政府建设。深入开展“两学一做”学习教育，倡导“敢于担当、真抓实干”，队伍作风明显改进。加强政府党风廉政建设，严格落实一岗双责，创建节约型机关，“三公”经费支出持续下降。顺利完成镇党政领导班子换届，完成村（社区）“两委”班子及其成员的届末考察，聘请4家专业会计师事务所对全镇13个村委会进行换届前审计。健全党内监督衔接配套机制，推动谈话提醒、函询、诫勉等党内监督机制的贯彻执行。是年，全镇进行谈话提醒11人次，其中谈话对象中乡镇副科级领导4人次、其他党员7人次，咬耳扯袖11人次，提醒内容涉及廉洁纪律和工作纪律。诫勉谈话3人次。

【经济发展】 2016年，荷塘镇生产总值64.77亿元，增长8.3%；规模以上工业增加值26.69亿元，增长13.1%；固定资产投资13.38亿元，增长18.83%；限上社会消费品零售总额3.49亿元，增长15.07%；合同利用外资3350万美元；外贸进出口24500万美元；地方财政一般公共预算收入15163万元。9月，镇获“全国重点镇”称号。

是年，以中欧（蓬江）智能制造产业论坛暨投资环境推介会荷塘分会场——广东基顺隆新型药用包装材料有限公司的揭幕活动为契机，促使大健康相关产业链项目落户荷塘。推进“互联网+”，利用行业协会发动灯饰配件、纺织内衣、不锈钢五金制品等传统产业产品销售加入OTO商务平台。做好工业园区电力基础设施建设，配合供电部门推进顺成工业园区变电站征地、土地平整及办证工作。第三产业加快发展，完成总投资8000万元、建筑面积2.4万平方米的中嘉广场二期项目。“工改工”工作步伐加快，完成霞村李家坦地段袁子荣旧厂和霞村洋额坦地段欧太冠旧厂两个升级改造项目，项目改造2万平方米厂房，总投资2700万元。

是年，农业生产总产值22698万元，比上年增加4%。其中种植业收入3359万元，比上年减少1.6%；畜牧业收入12024万元，比上年增加2.5%；渔业收入7315万元，与上年增加1.2%；农村人平纯收入22467元，比上年增长6%。优质水产养殖面积5000多亩，冬种头菜面积3500亩。生猪饲养量16万头，家禽饲养量57万羽。农村集体经济总收入7786.45万元，其中村委会的收入占

37.3%，村小组的收入占62.7%。集体经济超1000万元的村1条、500万元～1000万元的村7条、300万元～500万元的村5条。

【城乡建设】 2016年，加强道路设施建设维护，投资120万元修补破损路面5000平方米，完成36公里公路中缝淋沥青，铺设沥青路面2000平方米，投资5.6万元翻新公路标线50公里；投资1.5万元更换道路标志牌25个，维修路沿石500米；清理下水道10处，更换路面下水道砂井盖15个，工程投资0.5万元；完善道路安全设施，在同裕路、西桥路和河滨公园加装路灯一批。推进水利设施建设，加固荷塘蠕步褪下段，修蠕步、良村月塘红花山及六坊山塘山洪渠。改善水生态环境，清理河面垃圾和清淤疏浚；推进黑臭水体农业源污染整治，累计清空生猪养殖场137户。

是年，建成霞村村休闲公园。新增2条省卫生村、2条市卫生村。投入400多万元完蠕步褪下段水利加固工程，先后投入50多万元对全镇河堤、河涌进行清淤疏浚。投资737万元蠕步、康溪、篁湾、南村等4个村开展新农村建设（环境整治）工作，进行文体设施改造、村内道路改造。

【综治信访维稳】 2016年，加强基层矛盾纠纷排查，全镇排查出矛盾纠纷99件，调处99件，调处率100%。全镇接收并受理12345政府服务热线事项400宗，办结379宗，办结率94.8%，及时地解决群众反映的问题，促进社会和谐稳定。全年镇排查出严重精神障碍患者288人，对排查出的患者信息均已登记在册并落实相关管控措施，其中风险评级三级及以上53人，公安部门、村委会、患者监护人均已对其签订《三方管控责任书》。

是年，全镇打假执法检查出动执法人员600人次，出动执法车辆200车次，开展专项行动5次、综合执法3次，重点对流通领域商标侵权、食品安全、假冒伪劣产品等进行监管。全年查处案件6宗，涉案货值11万元。全年检查“五无”工程83项次，发出《催办施工许可通知书》5份、《停工通知书》67份，其中工业项目19份、民房工程项目48份；发出《停止使用通知书》11份；对违建行为情况较突出的责任单位进行约谈、告诫，经约谈、告诫无改善或对不接受管理的违建项目，报到镇政府综合执法队查处或发函至供电、供水部门作停水、停电处理。发现违建项目上报到镇政府综合执法队查处3宗，联合镇建管所、供水、供电部门分别进行停水、停电处理的工地3宗，协助镇建管所和镇政府进行拆除违建项目15宗，较好地遏制违法建设行为。全年检查危化品企业和烟花爆竹行业46家，查出隐患165条，对其中5家企业进行专项整治并下发限期整改责令书。全镇完成90多家企业职业病危害申报工作，其中8家企业完成职业病危害检测工作。

【教育文化】 2016年，升级学校现代化设备，全镇中小学完成500兆教育专网安装；推进白藤小学教学楼建设、远昌小学运动场改造；建设优质、特色学校，良山小学获“全国象棋特色学校”称号；探索“创客式教育”，组织人员到深圳福田区、珠海等地参观；组织到区学校观摩、观摩深圳科技节；邀请五邑大学教师到少年宫开展培训等。在荷塘中学举办2016年江门市“大手拉小手——科普报告希望行”报告会；各校结合自己特色，分别举办一届别出心裁的创客教育成果展示活动(科技节)。白藤小学老师曾立红获2015年广东省计算机教育软件优秀奖，老师胡胜锋获广东省教育学会微课作品优秀奖；荷塘中学老师张华燕获第八届广东省优秀自制教具二等奖。成功举办荷塘镇首届创客嘉年华活动。全镇中小学落实新的校务会议制度，定时和不定时对学校的发展问题及重点工作进行讨论和决策。中小学、幼儿园均聘请专业法律顾问。

是年，镇政府发扬民间文艺遗产，对荷塘纱龙、锣鼓八音、诗词、楹联等文化遗产在继续传承的基础上加以提高，特别是做好非遗纱龙传承工作。组织纱龙成员研究纱龙古旧套路，通过走访挖掘旧套路2个。组织参加迎春曲艺演出等15场次，江门电视台到镇采访报道荷塘大头菜和荷塘鱼饼的生产和制作过程，提高荷塘特产的知名度。文化站顺利通过“广东省特级文化站”复评。

【社会保障】 2016年，全镇城乡居工基本养老保险参保人数11289人，完成率98.32%。实施精准扶贫脱贫，9户低保户实现脱贫停保；全镇201户低保户全部建立党员干部联系入户制度。低保标准提高到每人每月600元，农村五保供养标准提高到每人每年12720元，残疾人生活津贴提高到每人每年1800元，重度残疾人护理补贴提高到每人每年2400元。加强社会救助工作力度，由镇财政统筹安排100万元专项帮扶资金用于帮助困难群众，帮助其解决就医、上学等问题和改造危房。在“敬老月”活动期间各村对60岁以上的长者进行慰问，投入2225904元开展三级慰问活动。全年区、镇为70岁以上的老人共3356人购买10元的意外伤害保险，提高老年人的生活质量。全镇发放80周岁以上的老人生活津贴共9119人次，发放资金273570元；90周岁至100周岁以上老人共1511人次，发放金额169300元。

是年，改善助残养老设施，荷塘社区康园服务中心和社区家庭综合服务中心，颐养院食堂，南村村、为民村2个居家养老幸福院完成改造建设并投入使用。政府通过购买社会服务，在11个农村幸福院和1个社区家庭综合服务中心开展组织老年人的养生文化、保健文化等活动讲座。

是年，累计投入1.03亿元，占一般公共预算支出83.97%。最低生活保障标准逐年提高到600元。继续由镇财政预算安排100万元，解决助医、助学、助困及危房改造问题；安排6.2万元开展助学，安排19万元开展助困帮扶，安排45万元开展助医，安排44.6万元完成9户困难户的危房改造。投入18多万元完成为民、南村等2个农村幸福院升级改造建设；投入10万多元完成荷塘镇颐养院社区家庭综合服务中心升级改造工程及配套设施建设。

是年，全镇老人活动场所50所，建筑面积达2万多平方米。提供上门探访服务、上门义诊服务、上门情绪辅导、政策咨询、家政服务以及医疗健康等，开展社区活动141场次，提供服务14387人次；提供养生保健讲座、生日会、手工制作兴趣班、趣味运动会、传统节日欢聚会等社区康娱、社区教育、社区联谊等多种形式的社区服务，开展活动69场，吸引6052人次参与。服务站还通过动员社区义工资源参与服务，累计注册义工806人，义工参与相关服务时数达5156.9小时。

【邑门式服务中心】 2016年，荷塘镇企业法人邑门式于9月上线，可办理5个部门的378项业务。全镇14个村（居）建设“邑家园”家庭综合服务中心，在镇公共服务中心建设镇枢纽型邑家园，实现“邑家园”村（居）全覆盖，深入开展“9+X”“7+X”服务项目，利用侨都之窗自助终端机，通过“互联网+”实现“家门口”服务。

附：2016年荷塘镇领导班子成员名录

镇党委

书　记：文振芳

副书记：梁永辉　(—2016.7)

　　　　卢永生　(2016.7—)

　　　　冯柏健

何锡基　（2016.8—）
委　员：黄仲勤　（2016.8—）
杨华达　（2016.8—）
卢鹏骞　（2016.8—）
区其登　（2016.8—）
龚　敏　（2016.8—）
赖业雄　（2016.8—）
李咏娱　（2016.8—）
何盛强　（—2016.7）
张永安　（—2016.7）
胡立壮　（—2016.7）
陈永祥　（—2016.7）
黎国标　（—2016.7）
何锡基　（—2016.7）

镇人大

主　席：何盛强

镇政府

镇　长：梁永辉　（—2016.7）
卢永生　（2016.10—）
副镇长：赖业雄
陈永祥　（2016.10—）
李锐康
罗翠玲　（女，—2016.7）

（汤美娟）

杜阮镇

【党政建设】 ***基层党组织建设*** 2016年，顺利启动“一室一站”，镇党务工作室配有专职党建指导员，村（居）党员工作站已全部成立并正常运作。加强基层专项治理，全面落实村（居）班子联席会议制度和党群联席会议制度，软弱涣散党组织整改工作初有成效。深入开展党组织书记抓党建述职评议，按步完成党员组织关系排查工作。抓好非公有制企业和社会组织“两个覆盖”，全镇“两新”组织新发展预备党员4名，新组建党支部1个。

党风廉政建设 2016年，镇党委坚持落实主体责任“不松手”，镇委书记认真履行“第一责任人”职责，做到“逢会必讲”廉政纪律。镇纪委落实监督责任，把查处党员干部违纪问题作为履职的重点，全年办理群众来信来访21件，办结17件；立案8宗，全部办结。严格按照“四种形态”处置问题线索，扩大谈话函询覆盖面，把谈话提醒作为更常用的执纪方式，落实抓早抓小工作，全年开展谈话提醒13人次。

【经济发展】 2016年，全镇实现地区生产总值61.8亿元，同比增长9.1%；规模以上工业增加值29.96亿元，同比增长14.6%；外贸进出口总额3.13亿美元，同比增长13.26%；新签合同利用外资3200万美元，完成年度任务；地方公共财政一般预算收入2.57亿元，同比增长9.64%；农民人均收入突破2万元，同比增长8%。

是年，推动地尔汉宇、骏东木业、霏尼格斯、加莹化工等项目动工建设。实施精准招商，珠西保税仓跨境电商、科杰机械、鸿美达科技等一批智能制造产业项目相继落户，计划总投资超过15亿元。抓好工业载体建设，全年完成工业投资25.6亿元，增长36.1%；工业技改投资4亿元，增长41%。加快双楼金镜山工业区的征地和土地平整，规划建设先进教育装备产业园，发展集设计研发、展示体验交易、产业孵化为一体的现代教育装备产业链。加快完成化工专区的青赔和土地平整，规划建设生命科学产业园，大力引进国内外生物医学、医疗器械等优质企业。继续完善骑龙山工业园区和化工专区基础设施建设，加强做好园区规划调整和资源整合，推动两大园区提质扩容。细化落实“工改工”扶持政策，逐步推进镇传统企业的转型升级，重启那糍坑助剂厂、南芦工业区改造项目。加快瑶村片区“工改工”项目建设，力促瑶村工业区升级改造为“双创”

孵化器基地。镇投资12.2亿元签约招商项目3个，其中投资10亿元建设教育装备工业基地项目，投资1.2亿元建设瑞荣泵业增资扩产项目，投资额1亿元建设盈进彩印增资扩产项目。全镇有十大项目相继落户，分别有南方教育装备产业基地项目、中远（江门）铝制品生产项目、广东珠西保税仓跨境电商产业园项目、鸿美达科技新材料项目、立新电子项目、兆和科技项目、富和美家具项目、加滢化工科技项目、骏东木业项目、尚景家具项目，计划总投资超过15亿元。

是年，完成北芦村沿江杜路旧商铺、龙眠村单层旧商铺升级改造，那糍坑商住区已完成招拍挂前期工作，松园村商住楼正按计划推进。加快荣泰苑的建设进度，推进江杜路两边单层铺位、厂房、木朗村白鲁浪商住楼、龙眠村单层旧商铺升级改造。加快瑶村青草山1000多亩储备地、华基地产兰石地块、福泉新村地块和钳口水库地块的开发建设，进一步推动房地产发展。

是年，深入推进精准扶贫以及薄弱村帮扶，全部村集体经济收入超250万元。贯溪、瑶村、木朗、松园、北芦等5条村集体经济总收入超1000万元。全年新增集体物业竣工面积20346.6平方米，在建面积29808.3平方米；村集体经济纯收入1.35亿元，其中村级收入1.17亿元、组级收入0.18亿元；农村股份分配人均2273元，同比增长6%。

【城乡建设】 2016年，加快推进中小河流综合整治，建立杜阮河两岸及河道保洁长效机制。扎实开展黑臭水体整治工作，重点做好生猪限养和强制清拆，已拆除猪舍面积4.55万平方米。投入资金93万元完成杜阮颐养院第二期升级改造并投入使用，增加床位36个。投入资金20万元建成2个农村幸福院，设有览室、视听室、乒乓球室、棋牌室和中途宿舍等5个功能室。

【综治信访维稳】 2016年，严格落实综治信访维稳层级责任制，全年受理群众来电来访30宗53人次，办理结案28宗，办理市、区交办的各类信访件36宗，处理12345政府服务热线各项投诉1030宗，全年无发生集体越级上访事件。

是年，全镇排查企业数1675家，参加隐患排查治理的人员990多人次，发出责令改正书96份，发出现场检查记录1483份，发出整改复查意见书96份，发现安全隐患1521处，已整改1521处，整改率100%。强化安全生产、食品安全“一岗双责”责任制落实，抓好安全生产和公共突发事件应急处置，全年没有发生较大以上安全事故。

【教育文化】 2016年，稳步推进杜阮侨中转型升级，成功引进省级名校广大附中设立江门广德实验学校，并于秋季正式开学。扎实做好教育强镇复评各项整改，完善功能场室和充实教学设施设备，更新校园文化建设。全面推进课改模式，5个教育专业委员会按年度计划开展工作，全镇师生获区以上竞赛、评比等活动奖项共1605项。

是年，推进江门植物园、圭峰山北门牌楼建设。建成叱石自来水工程、席帽山公园并对外开放。加快冈州第一峰门楼及江门植物园建设，不断完善景区登山缆车、绿道、步行径等配套建设。

【社会保障】 2016年，落实城乡养老和城乡医保政策，确保财政投入，扎实推进被征地农民的社保工作，全面完成社会保险征缴任务。全年城乡居民养老保险缴费人数9263人，完成率92.89%；城乡医保缴费人数27480人，完成率99.7%。全年城镇从业人员总数7156人，城镇累计新就业人数6260人，失业率0.13%。落实低保、五保救助政策和优抚安置政策，发放生活补助和抚恤金共480.5万元。4月，镇选取北芦村、木朗村作为家庭医生式服务试点，全年完成签约7542户。

【人口和计划生育】 2016年，全镇稳妥有序实施“全面两孩”政策，创新宣传教育的内容和方式，开展“婚育新风进万家”“健康知识进万家”等专题宣传服务咨询活动。大力开展创建幸福家庭活动。抓好优生健康惠民工程，落实免费孕前优生健康检查286对。全面兑现各项计生奖励扶助金195.06万元。拓宽思路，开展流动人口基本公共服务均等化。

是年，全镇户籍总人口48193人，其中已婚育龄妇女10347人，全年出生582人，人口出生率12.13‰，死亡304人，死亡率6.34‰，自增人数278人，自然增长率5.79‰，政策外出生15人，出生政策符合率97.42%。

【邑门式服务中心】 2016年，“邑门式”服务中心建设不断完善，设有11个服务窗口，可为群众受理400项服务事项，全年共办理业务48671件。落实“邑门式”向村（居）延伸工作，全面完成硬件设备安装及网络改造，23个村（居）邑门式服务窗口已顺利上线并对外受理办理业务。

附：2016年杜阮镇领导班子成员名录

镇党委

书　记：陆沃贤

副书记：胡卓英（—2016.8）

　　　　梅伟豪（2016.8—）

　　　　李达群

　　　　张　玉（女，2016.8—）

委　员：赵健迪（—2016.8）

　　　　胡卫能（—2016.8）

　　　　卢健春

　　　　黄健华（—2016.8）

　　　　廖志坚（—2016.8）

　　　　刘民欣（—2016.8）

　　　　谭祖湛

　　　　刘海波

　　　　劳汝钊（2016.8—）

　　　　谢东彪（2016.8—）

　　　　高豪领（2016.8—）

　　　　赵振灵（2016.8—）

镇人大

主　席：赵健迪（—2016.9）

　　　　李国勋（2016.9—）

镇政府

镇　长：胡卓英（—2016.8）

　　　　梅伟豪（2016.8—）

副镇长：冯惠嫦（女，—2016.8）

　　　　黄仲勤（—2016.8）

　　　　林命彬

　　　　劳汝钊（2016.9—）

　　　　黄健华（2016.9—）

（谭月明）

环市街道

【党政建设】 **基层党组织** 2016年，街成立换届工作领导小组，明确换届纪律，街领导班子成员、纪工委委员、组工干部、机关中层干部共32人签订《严守换届纪律公开承诺书》，完成街党政领导班子换届工作。全街346名党员、领导干部驻点21个社区和9个经联社，定期每周五开展走访群众活动和定期分析研判直联难点和基层治理工作。全年直接联系群众3万多人，接访群众1200多人，分片走访群众2.8万余人。收集意见建议920条，解决问题1290多个。

党风廉政建设 2016年，党风廉政建设“两个责任”落实到位，强化“两个责任”和作风建设，着力打造“不想腐、不能腐、不敢腐”的机制和环境；加大查处力度，全年受理核查信访线索5宗，反映“三资”管理问题18个，转办案件1宗，对问题比较集中的经联社“两委”班子成员实施诫勉谈话1次；继续贯彻好中央“八项规定”、廉洁从政和干部管理各项规定，加强党员领导干部“八小时以外”活动监督管理；开展纪律教育学习活动，落实党风廉政建设层级责任制，加强经联社“三资”监督力度，规范管理流程，规范农村党风廉政信息公开工作。

【经济发展】 2016年，全街实现国内生产总值120.7亿元，同比增长8.3%；全年实现规模以上工业增加值16.12亿元，同比增长7.3%；固定资产投资总额133.38亿元，同比增长16%；社会消费品零售总额132.67亿元，同比增长25%，全年实现地方公共财政预算收入3.62亿元，同比增长8.03%。

“珠西智谷”建设 2016年，教育装备、智能装备、生命科学三大产业平台相继建成并投入使用。智能装备协同创新产业园落实首期3万平方米载体，建成2000平方米展厅，成立智能装备制造协同创新研究院，并组建一支由国内外顶尖科学家组成的研发团队。南方教育装备创新产业城建成6000多平方米的国内首个教育装备展厅；二期4500平方米也已动工；五邑大学教育装备学院、海峡两岸教育装备合作示范区及南方教育装备创新研究院正式挂牌。火炬创业园摩根园区整体办公楼完成交付，并成功签约魔力创新、乐无限科技等多家科技企业。生命科学领域，引进达安健康项目，并在白石正骨医院进行区域诊断中心和基因检测中心挂牌，在摩根国际园区进行孵化器挂牌。完成各类土地收储4宗共400多亩。正在洽谈的收储及合作项目11个涉及1000多亩，为珠西智谷后续建设提供充足的载体支撑。

重大项目建设 2016年，完成珠西智谷小微企业双创基地（金融区）土地收储工作；完成新江沙汽车城土地置换和前期相关准备工作，中运斯巴鲁、上海大众等7家品牌企业有意向进驻汽车城；加紧推进智能装备协同创新基地、广东第一创客街区、健威国际广场、群华科技园等市重点项目。在投资环境推介会上成功签约项目11个，投资总额达64.7亿元。

集体经济 2016年，进一步加强集体经济组织“三资”规范化管理，已有7个经联社“三资”管理制度纳入经联社自治章程；街道、经联社“三资”交易平台建设进一步增强，全年新签集体经济合同增值达8900万元，工程建设节省集体资金330万元。引导经联社主动融入珠西智谷建设，鼓励经联社发展集体物业，9个经联社总收入7.3亿元，同比增长31%；人均纯收入7600元，同比增长5.1%；物业总建筑面积130多万平方米，同比增长7.1%；物业出租年收入超2亿元，同比增长3.99%；产生税收9000万元，同比增长73%。

【城乡建设】 2016年，投入资金20万元新建、改建篁边社区新村公园；完成社区道路维修5400平方米；开展黑臭水体整治工作，对大湾里、天沙河炮台桥段环境进行整治。对联合社区公园、篁边社区新村公园、好景社区春华苑文体广场及丽苑社区公园进行升级改造，投入资金约168万元，改造面积约10000平方米。投入资金约200万元加强对群星、丰乐、金蟾山三大森林公园建设，主要为群星公园消防泵维修、旅游厕所升级改造、婆髻山消防管及登山径护栏、金蟾山公园出入口护坡及丰乐公园绿化等公园建设项目。

【综治信访维稳】 2016年，受理群众来信来访来电983件次，办结983件次，办结率100%。通过主动介入、部门联动，参与调处各类矛盾纠纷36起，尚有3起仍在调处中，办结率92%。没有发生影响重大的群体性事件，没有发生进京到省上访和非正常上访事件。

是年，全街发生入室盗窃案件289宗，与上年同期364宗相比下降20.6%，破获入室盗窃案件39宗，与上年同期23宗相比增加69.56%，刑事有效警情1470宗，较上年同期1756宗相比下降16.28%，治安有效警情1717宗，较上年同期1970宗相比下降12.84%，刑事案件破案335宗，较上年同期205宗相比上升64.35%。

是年，完成甘光仪小学、白石联兴新村、篁边社区、丰乐公园二期视频监控建设，投入资金近36万元；开展禁毒宣传进广场、工业园活动，以举办图片展览的形式进行禁毒宣传，参加活动人数900人次。辖区派出所全年破获毒品案件21宗，抓获贩毒嫌疑人41人，打掉涉毒团伙2个，缴获各类毒品327克；查处吸毒人员136人，责令强制隔离戒毒113人。全街19个社区完成“无毒社区”创建工作，创建“无毒校园”3个、“无毒单位”2个。

【教育文化】 2016年，环市街有小学6所，在校学生6530人，教职工367人（在编教职工278人，临聘教师89人）。省一级学校2所，市一级学校3所，区一级学校1所。全街教职工大专及以上学历达标率100%，本科以上学历84%。公办性质中心幼儿园1所，民办规范化幼儿园8所。在园幼儿2082人，教职工292人。全街学前三年幼儿入园率100%，登记在册的幼儿园100%领取办学许可证。各幼儿园贯彻执行《幼儿园管理条例》《幼儿园工作规程》，规范保育教育工作秩序，规范化幼儿园比例逐年提高，学前三年适龄幼儿入园率100%。全街有全国优秀家长学校1所、全国优秀示范学校家长学校1所、广东省信息技术特色学校1所、广东省红领巾示范学校1所、蓬江区特色学校1所、特色项目学校3所。甘光仪学校通过“全面”树人的“三根”教育不断推动教育的内涵发展，被评为蓬江区“根文化”特色学校，获“广东省红领巾示范学校”称号。丰乐小学以快乐教育打造的“丰德乐学”校园文化，被命名为“第四批蓬江区特色学校”。陈白沙小学重新定位布置校园文化，把陈白沙先生的儒、孝思想贯穿在学校各类教育教学活动中，逐步展现“白沙君子”的儒雅风范，获“江门市青少年科学教育特色学校”称号。

是年，投入5万元完善街文化站建设，顺利通过省特级文化站复评；投入10万元体彩公益金新装一批社区体育健身设施；投入22万元推进志愿楼长工作。全年开展环市“艺术团走基层”“百姓文化大舞台”等文化体育活动380余场次。

【社会保障】 2016年，城乡居民基本医疗保险任务数33360人，全年共参保33921人（其中学龄前儿童5206人，在校大中专院校学生7531人，政府全额资助的特殊人群335人），完成率101.68%；参加城乡居民基本养老保险人数2880人，其中由政府代缴的特殊人群317人；“全员足额”参加职工养老保险人数65798人，比上年增加4217人，完成区下达任务数，成绩位居全区第一。

至12月底，全街新增就业任务数888人，已完成1016人，完成区下达工作任务114.41%；困难人员就业任务数70人，已完成364人，完成区下达工作任务520%；城镇登记失业率0.03%，控制在区下达工作任务3.2%以内。

是年，落实“精准扶贫”“精准脱贫”，深化“领导干部帮扶困难家庭计划”，全年慰问困难家庭115户，发放慰问金和慰问品55万元。全年为全街95户低保户发放低保金91万元；发放孤儿基本生活费5万元，做到应保尽保。有序开展社会救助，帮助低保、低收、困难家庭成员申请医疗救助90人次，发放医疗救助金40万元。

【人口和计划生育】 2016年，全街有户籍人口98742人。户籍人口总出生1485人，其中一孩737人、二孩690人、多孩58人；政策内出生

1455人，政策外出生30人（其中多孩6人，政策外多孩率0.4%）。政策生育率97.98%；共落实计划生育手术308例，其中上环106例、结扎47例、补救措施154例、皮下埋植1例。

流入满半年的流动人口59633人。流动人口总出生960人，其中一孩425人、二孩444人、多孩91人。政策内出生813人，政策外出生147人（其中多孩71人，政策外多孩率7.4%）。政策生育率84.69%；共落实计划生育手术475例，其中上环169例、结扎65例、补救措施240例。

【邑门式服务中心】 2016年，“邑门式”行政服务改革整合优化服务窗口资源，工作人员由“专科医生”升级为“全科医生”。实现一个邑门式服务中心即可办理15个部门343项业务，事项通办率达75.1%；实现服务事项标准化建设和“无差别审批”，减少行政审批过程中的主观性、随意性和差异性，业务审批全程留痕、过往可塑、进度可查，确保业务受理审批过程公平、公正、公开；设有24小时自助服务区，配有侨都之窗及社保自助服务终端，实现社保查询、政务咨询等部分服务事项办理全天无休。

附：2016年环市街道领导班子成员名录

街党工委

书　记：何坚毅

副书记：陈伟腾（—2016.7）

　　　　雷梓超（2016.7—2016.11）

　　　　张怀业（2016.12—）

　　　　欧　建

　　　　简锦燊（2016.7—）

委　员：胥林泉（2016.7—）

　　　　赵俊杰（—2016.7）

　　　　操雪华（女，—2016.11）

　　　　黄杰鸿

　　　　王美安（—2016.11）

　　　　龙　金

　　　　莫丽容（女）

　　　　区万胜（2016.11—2016.12）

　　　　刘坚森（挂职，—2016.1）

街道办事处

主　任：陈伟腾

　　　　雷梓超（2016.8—2016.12）

　　　　张怀业（2016.12—）

副主任：陈贺章（—2016.8）

　　　　区万胜（—2016.12）

　　　　胡立壮（2016.8—）

　　　　邓卓毅

　　　　赵永强（挂职）

（吴卓锦）

潮连街道

【党政建设】 2016年，新发展党员7人，按期转正党员10人。通过组织关系排查，排查出流动党员1名、居香港党员1名。完成21个企事业单位党支部换届工作，组建城市管理党支部。开展“两学一做”，其中锦隆党支部以开展“两学一做”学习教育为契机，大力抓好党会、党课和党日活动，增强党组织的凝聚力，促进企业发展。落实党员干部普遍直接联系群众工作。组织6个驻点团队共73人进行26次驻点工作。全年走访居民4532户，收集意见236条，已解决205条，跟进处理31条，通过整合“两新”党组织资源，探索“群组化”“两新”党建模式，建立江门市蓬江区启航青少年体育俱乐部党支部。成立街道党务工作室，配备2名党员村官担任党建指导员，在6个社区建立党员工作站，根据区委党代会工作要求，选举产生9名潮连街出席区第九次党代会正式代表。9月25至26日，组织代表参加区第九次党代会。确立塘边社区为软弱涣散党组织，并完成整顿。严格按照《干部选拔任用工作条例》做好街有关干部的选拔任用工作，组织相关工作人员做好民主推荐、考察、酝酿、讨论决定、任职等相关环节的工作，提拔2人，做好2名干部的转正工作；完成事业单位人员招聘、调动和5名“村主任助理”招录工作。

【经济发展】 2016年，全街实现生产总值22.88亿元，增长6.8%；规上工业总产值39.99亿元；地方公共财政收入12393万元，增长8.98%。固定资产投资6.98亿元，增长18.17%；限上社会消费零售总额4433万元，增长25.05%。完成规下新增或变更的132户企业基本情况调查，完成由北京大学进行的小微双创调查共13户，做好潮连工业园90家企业基本情况及产值、用水量、税收数据摸查，今科机床《精密高速龙门加工中心研发及其产业化》项目获市立项配套资助及江门市工程技术研究中心认定经费共25万元；力丰电机获江门市科技创新券后补助资金及广东省工程技术研究开发中心认定经费共36.4万元；英合创展《一种刹车皮磨损检测位移传感器》项目获科技贷款贴息资助及国家重点支持高新技术企业认定经费共10.3万元。富冈弹簧厂（二期）完成主体厂房建设，大时代健康产业园投产，今科机床、伟生机械获国家高新技术企业认定，安吉尔饮水设备有限公司入选国家级“守合同重信用”企业，潮连中心学校和蔡同坑地块13.96亩取得建设用地指标，完成澳和投资等4块共88.64亩的工业用地招拍挂手续。

【城乡建设】 2016年，投入95多万元新建及改造一批环卫设施设备；投入450多万元以购买社会服务的方式对全街环卫、绿化进行整合管理；投入250余万元完成近1万平方米巷道整治改造；投入85多万元完成“围堤路灯化”，对环岛路、潮中路等20余处共3000平方米主干道路损毁路面进行修复；投入75万元开展绿化补种工程，完成围堤西江桥至食街沿路绿化美化工程。

【综治信访维稳】 2016年，街道受理矛盾纠纷73宗、司法调解13宗、劳动调解60宗。成功调处66宗，调处成功率90.4%。受理信访事项9宗（上级交办4宗），全部办结。受理市长微博2宗、政府热线微博1宗、民生热线1宗、潮连服务热线1宗，均已办结。处理政府热线12345投诉事项145宗，全部办结，群众满意度100%。开展矛盾纠纷排查94次，排查出矛盾纠纷81宗，及时调处73宗，8宗跟进处理。上门派发宣传单400多份，走访企业100多家，发限期整改通知书37份，对拒不整改的，城管中队暂扣占道经营物品，并进行处罚。全年抓获处理乱张贴案件80多起，现场抓获张贴者情节严重的并移交公安机关处理2起。对于未作登记擅自搭建的户外广告招牌以及其他无主破旧的广告牌进行清拆，全年清拆广告牌70个。

是年，全面加强社会面管控，“平安细胞”覆盖率达100%，投入30多万元建成社区戒毒（康复）社工服务中心试点，全年举办创建宣传活动20余场，发放宣传物品、资料1万余份，推进“2016飓风”专项打击整治行动，严打惩处各类违法犯罪。全年辖区刑事案发180宗，同比下降24.3%；破刑事案53宗，破案率29.4%，同比上升14.5%；查处治安案件226宗，同比上升33.6%。

【教育文化】 2016年，潮连中心学校有7人考上江门一中，获市级以上奖励教师15人、学生18人。全年共发放全日制高等教育阶段学校的学生助学补贴931000元，发放高中（职中）学生补贴206240元。

是年，发挥潮连独特环境和浓厚历史文化优势，努力打造“悦读潮连”特色品牌。完成“悦读潮连”整体规划，成立江门市悦读潮连建设有限公司，抢注“悦读潮连”等微信、微博和域名，确定“悦读潮连”LOGO等事项；文化资源整合初步完成，辖区67座祠堂、600多间连片故居建档造册；文化设施建设不断加快，建成游客服务中心、文化苑、民俗博物馆并投入使用；阅读载体建设成效显著，在建24小时不打烊书店和自助图书馆。

【社会保障】 2016年，实现城乡医保参保人数（含职院数）12496人，完成率97.6%；职工医疗参保12146人，完成率100%。全年发放低保金共270544.27元，低保医疗补助共 82559.81元，散居孤儿基本生活费5412元，低保家庭子女读书助学10500元（区民政负担），区民政临时救助街负担6600元；发放残疾人生活津贴72300元、重残护理补贴181350元、社区残协专员补贴14000元；发放康园中心人员补贴48612元，贫困残疾人学生和贫困残疾人子女助学7800元，贫困残疾人困难救助28000元（以上残疾人资金均由残联全额支付）；全街发放80岁以上老人高龄津贴91616元；对低保、困难对象、优抚对象、残疾人、高龄长者等开展节日慰问，送去慰问金、慰问品共26万多元。

是年，潮连街有现役军人8人（其中留队3人）、退伍军人310人（其中重点优抚对象52人），街道临时困难救助各类群体5人，救助金额13000元，其中优抚对象2人。全年发放重点优抚对象生活补助525665元，重点优抚对象医社保补助147965.6元（全部由区优抚经费支付），重点优抚对象子女读书助学1人（但不符合要求），60岁以上农村籍退伍士兵生活补助33360元（全部由区优抚经费支付）。全年退役士兵6人，发放退伍士兵自谋职业一次性安置费及优秀士兵奖励共133356元，其中自谋职业一次性安置费132556元。

是年，街道投入资金13000元，帮助5户临时困难家庭解决生活难、就学难、就医难等实际问题。节日慰问各类群体共发放物品等折款约44000元，解决约750人次临时生活问题。助残日送上265份物品，折款5280元。帮扶临时困难家庭2户、困难家庭40户，共161960元。

【邑门式服务中心】 2016年，深化推进“邑门式”行政服务，完善“邑家园”建设，实现“邑家园”社区全覆盖。全年共受理综合业务10246件，公安业务量14530件。

附：2016年潮连街道领导班子成员名录

街党工委

书　记：谢家安（—2016.10）
　　　　雷梓超（2016.10—）
副书记：吉文锋
　　　　王惠雄
委　员：张声华（2016.7—）
　　　　陈庆宁（—2016.12）
　　　　卢永耀（—2016.7）
　　　　卢丽婵（女，—2016.12）
　　　　黄克强
　　　　卢婉婷（女，—2016.12）
　　　　何仪坤（2016.12—）

街道办事处

主　任：吉文锋
副主任：高健松（—2016.12）
　　　　陈伟健（—2016.8）
　　　　何仪坤
　　　　陈庆宁（2016.12—）
　　　　卢婉婷（女，2016.12—）

（华秋显）

白沙街道

【党政建设】 2016年，白沙街道投入155.38万元的党建专项经费，新发展党员36名，预备党员转正42名，处理失联党员33名，新组建“两新”企业党组织2家。大力推进基层党建“一室一站一平台”建设，选取美景社区等13个点作为党员工作站示范点，54个社区全面覆盖成立党务工作站，提升党组织直接服务群众、服务党员的能力。深入开展“两学一做”教育学习活动，共邀请专家老师和上级领导到各党组织开展“两学一做”专题专业授课次数54次，白沙街领导干部、党支部书记到党支部开展党课200次，开展专题研讨会议175次，参与党员人数近9000多人次。开展“五项对接”两新党组织对接共建活动，全面提升“两新”党建工作活力。全年各党组织对接活动100多场。整顿美景社区软弱涣散党组织，全年上门走访104094户，完成率98.3%，全街收集问题台账3487条，问题答复率98.3%。

是年，加强对党员、干部“八小时以外”活动监管，组织学习“两个条例”，观看《敬畏与珍惜》《镜鉴》等专题教育片。严肃换届纪律，保证换届风清气正，实现换届选举“零投诉”，顺利选出36名出席蓬江区第九次党代会代表。

【经济发展】 2016年，全街坚持实施“优二进三”的经济发展战略，推动发展新型业态，全街经济呈现平稳发展的势头，全街预计完成生产总值162.12亿元，同比增长6.83%，完成年度任务100%；规模以上工业总产值60亿元，完成全年任务100%；规模以上工业增加值10.28亿元，完成全年任务100%；固定资产投资34.49亿元，同比增长25.51%，完成全年计划任务102.88%；社会消费品零售总额27.01亿元，同比增25.15%，完成全年计划任务100.12%；合同利用外资4680万美元，完成任务109.09%；实际利用外资2150万美元，完成任务59.23%；地方财政一般预算收入19142万元，同比增长9.77%，完成年度预算计划任务103%。

重大项目建设 2016年，科杰机械自动化先后投入1.27亿元实施高速高精度数控装备生产技术改造项目等3个先进装备产业项目。乔登卫浴投入超8000万元用于技术改造，引进大批精密自动化加工中心，全面改造升级污水处理系统，大大提高产能和效益。江粉磁材投入5650万元用于磁材技改，降低能耗，提高效益。振恒实业投入7411万元扩建厂房，进一步提升企业的生产经营能力。中兴科技园(珠西创谷)厂房升级改造工程，占地16亩，建筑面积约2.5万平方米，总投资约1亿元。项目通过公开招标的方式，与珠西创谷（江门）科技园有限公司合作运营白沙街首个科创小微孵化平台。

“三旧”改造 2016年，碧桂园•越秀西江御府、胜坚紫悦一期、新都荟、三七电池厂等“三旧”改造项目相继动工，总投资近12.8亿元，改造总面积209.83亩，规划建筑面积38.2万平方米。其中，“西江御府”首期面积13万平方米已售罄；胜坚紫悦花园完成清拆，拟兴建成4.3万平方米商业综合体及35万平方米中高档商业住宅；江门市电池厂改造项目年内已完成前期安全鉴定及清拆。

【城乡建设】 2016年，完成蛇山公园、炮台公园等6个公园升级改造工程，共投入资金250万元；做好台风暴雨期间树木抢险工作，修剪高危树木2000多棵，并对275棵大王椰树进行修枝和捆绑，修剪绿篱10万多平方米。完成对区下达6000平方米路面维修考核任务，排查疑似有安全隐患的房屋321间，协调督促相关业主及时加固维修18间，对美景豪庭外墙脱落进行初步排危和围蔽防护处置，完成七枝里山体边坡排险治理工程。

【综治信访维稳】 2016年，全街受理并介入协调处理群众来访61批次845人；排查各类纠纷

1363宗，成功调处1359宗，化解率99%；受理12345政府热线投诉2041宗，成功处理1992宗，办结率97.6%。列入“社会矛盾化解年”重点化解案件共8宗，共涉及1100多人次，化解调处率100%。无发生重大群体性事件、无发生5人以上到省上访和越级进京上访情况。深入开展劳资纠纷预防和排查化解工作,组织下基层和企业排查63次，排查出劳资纠纷不稳定因素23宗，成功调处22宗。

是年，开展“3+2”专项行动，刑事立案417宗，破获各类违法犯罪案件122宗，查处各类违法犯罪人员107人，共打击团伙犯罪14个，维护辖区稳定安全。加大禁毒力度，净化社会风气，继续深入开展毒品预防教育“六进”活动，举办3场大型禁毒宣传活动，共发放宣传单张6000多张。

是年，累计整改安全隐患356处，发出责令改正书132份，整改率97%。全街管辖三小场所共8350家，整改安全隐患2829处，发出责令改正书1886份，发出现场检查记录25733份，整改率94%。开展城市风险点、危险源排查以及建筑工地、危险化学品储存场所、粉尘涉爆危险场所及职业卫生专项治理等重点领域隐患排查工作；加强消防防火工作，开展堤西路、堤中路等旧城区商铺消防整治行动。

【文化体育】 2016年，投入资金50万元用于文体活动。举办“百姓文化大舞台”活动达500多场次，各类免费公益培训班129场。全年共投入近40万元建设及维修社区体育设施，完善群众户外活动场所。

【社会保障】 2016年，白沙街道低保家庭461户，全年发放低保金429万元。扎实推进精准扶贫和残疾人关爱工作，全年发放各类慰问、补助金290万元。倡导慈善精神，“慈善一日捐”活动募捐91630.1元，东洋油墨定向捐赠金额15万元，白沙商会捐资30万元支持公园建设及社区邑家园建设；仓后商会捐资30万元帮扶困难家庭、特困学生；恒健捐资4.1万元开展助残活动。全年开展22场大型主题宣传活动。劳动就业工作取得新成效，新增就业人数3542人，申请就业困难人员灵活就业补贴3107人，登记失业率在3.2%以下；社会保险扩面征缴新增参保2139人。

【人口和计划生育】 2016年，全街户籍人口出生2275人，出生率10.26‰，自然增长率4.10‰，符合政策生育率97.98%，出生人口性别比108.52；流动人口出生968人，符合政策生育率90.29%。重点落实好流动人口管理7项基本公共服务，全年发放各类计生扶助、奖励、慰问金1460万元。

【邑门式服务中心】 2016年，完善社区公共服务站软硬件环境，着力推进辖区内54个社区完成“邑家园”家庭综合服务中心的规范化建设以及衔接邑门式延伸村居工作，并在2个“邑门式”服务中心引入社工机构进驻，打造枢纽型邑家园。投入200多万元资金对范罗岗等6个社区“邑家园”重点项目进行升级改造；兴盛社区家庭服务中心建设工程已竣工。

【“33墟街”建设】 2016年，围绕“两区一园一径”（“两区”指墟顶城市原点核心景区和白沙心学文化景区，打造历史古建筑、古玩、古学旅游景点；“一园”指东仓里文化创意园，以休闲、游玩、生活一体化的综合生活体验景区；“一径”指北街潮人径，以绿色环保低碳出行生活方式为主的沿岸休闲慢行系统）开展相关的建设工作。首期对永安按当铺、墟顶片区景区环境进行改造。开展多方面墟街宣传活动，通过《江门日报》《南方日报》、电视台等新闻媒体，宣传墟街文化特色，出版《江门老街》《百年北街》等33墟街相关书籍。完成白沙心学文化景区、北街潮人径建设等工作。

附：2016年白沙街道及各政务服务中心领导班子成员名录

街党工委

书　记：黄达斌（—2016.8）
　　　　谢强伟（2016.8—）
副书记：林倩仪（女，—2016.8）
　　　　谢强伟（—2016.8）
　　　　李国勋（—2016.8）
　　　　卢永生（—2016.8）
　　　　梅伟豪（—2016.8）
　　　　吴润洪
　　　　庄伟雄（2016.8—）
　　　　郭晓君（2016.8—）
委　员：曾　卓
　　　　林宇庆
　　　　李茂槐
　　　　李俊雄
　　　　陈兴华
　　　　黄晓红（女）

街道办事处

主　任：谢强伟（—2016.8）
　　　　庄伟雄（2016.8—）
副主任：伍协增
　　　　李茂槐
　　　　李进朝
　　　　卢光锐
　　　　谢东彪（—2016.8）

北街政务服务中心

主　任：李国勋（—2016.8）（此后不再设置主任）
副主任：黄文生
　　　　方景光
　　　　卓小萍（女）
　　　　卢鹏骞（—2016.8）
　　　　陈伟健（2016.8—）

堤东政务服务中心

主　任：卢永生（—2016.8）（此后不再设置主任）
副主任：周自成（—2016.11）
　　　　余坚侠
　　　　林大卫
　　　　王　丽（女，—2016.11）
　　　　谭蔚苑（女，2016.11—）

仓后政务服务中心

主　任：吴润洪（—2016.8）（此后不再设置主任）
副主任：杨华达（—2016.8）
　　　　张美仪（女）
　　　　张　玉（女，—2016.8）
　　　　黄智华（女）
　　　　陈贺章（2016.8—）

沙仔尾政务服务中心

主　任：林倩仪（女，—2016.8）（此后不再设置主任）
副主任：张健新
　　　　吴秋保（—2016.11）
　　　　甄玉贞（女）
　　　　黄珍堂
　　　　赵俊杰（2016.8—）

（陈淑玲）

人物与荣誉

2017

PENGJIANG
NIANJIAN

新任区级领导

□ 新任区委书记

温伟文 1966年10月出生，广东新会人，1989年7月参加工作，1987年1月加入中国共产党，在职研究生学历。1985年9月至1989年7月在暨南大学计划统计专业和企业管理专业学习。1989年7月，任新会县工艺品进出口公司业务员、团支部书记。1991年7月，任新会市外经贸委引进外资工作办公室副股长、股长。1995年6月，任新会市会城镇镇长助理、工业办副主任、主任、引进办主任、经济发展总公司总经理。1998年12月，任新会市三江镇委副书记。1999年2月，任新会市三江镇委副书记、镇长。2001年2月，任新会市（区）三江镇镇委书记。2002年2月，任新会区三江镇委书记、人大主席。2003年5月，任江门市新会区委常委。2003年7月，任江门市新会区委常委、会城镇党委书记。2004年2月，任江门市新会区委常委、会城镇党委书记、人大主席。2005年4月，任江门市新会区委常委、会城街道党工委书记、人大主席。2005年6月，任江门市新会区委常委、会城街道党工委书记、人大主席、区人大常委会会城联络处主任。2006年2月，任江门市新会区委常委。2006年4月，任江门市经贸局党组书记。2006年5月，任江门市经贸局局长、党组书记。2009年12月，任江门市经济和信息化局局长、党组书记。2011年8月，任江门市蓬江区委副书记，区政府区长候选人、党组书记。2011年11月，任江门市蓬江区委副书记、区政府区长、党组书记。2016年8月，任江门市蓬江区委书记，区政府区长、党组书记。2016年9月，任江门市蓬江区委书记，区政府党组书记。2016年10月，任江门市蓬江区委书记，滨江新区党工委书记。

□ 新任区长

李欣立 1974年10月出生，广东新会人，1996年10月参加工作，1995年2月加入中国共产党，大学学历。1992年9月至1996年7月在华南理工大学工业管理工程专业学习。1996年10月，任江门市江海区委、区政府办公室科员。1999年12月，任江门市江海区委区政府办公室体改办副主任。2000年9月，任江门市江海区委区政府办公室体改办主任。2001年12月，任江门市江海区政府办公室副主任。2002年6月，任江门市江海区团委书记。2004年8月，任江门市江海区礼乐镇（街道）党（工）委副书记、礼乐街道办事处主任。2006年4月，任江门市江海区区长助理（正科实职）、区政府党组成员。2006年10月，任江门市江海区委常委、区政府党组成员、区长助理（正科实职）。2006年11月，任江门市江海区委常委、区政府党组成员，区委办主任、区府办党组书记。2006年12月，任江门市江海区委常委、区政府党组成员，区委区府办主任、区府办党组书记（其间：2010年4月至2011年4月挂任江门市财政局副局长）。2011年8月，任江门市江海区委常委、组织部部长、江门市委党校江海分校校长。2013年6月，任江门高新区党工委委员、兼任组织部部长，江海区委常委、组织部部长，市委党校江海分校校长。2015年3月，任江门市蓬江区委常委。2015年4月，任江门市蓬江区委常委、区委组织部部长、区委党校校长。2016年9月，任江门市蓬江区委副书记，区政府副区长候选人、代理区长。2016年10月，任江门市蓬江区委副书记，区政府副区长、代理区长、党组书记，滨江新区党工委副书记。2016年11月，任江门市蓬江区委副书记，区政府区长、党组书记，滨江新区党工委副书记、管委会主任。

□ 新任区委副书记

林伟勤 1970年11月出生，广东新会人，1990年7月参加工作，1998年5月加入中国共产党，在职研究生学历。1988年9月至1990年7月在五邑大学工业企业管理专业学习。1990年7月，任江门市二轻局生产科科员。1994年1月，任粤中集团机电设备公司部门主管。1996年11月，任江门市二轻企业联合总公司科员。1999年6月，任江门市二轻企业联合总公司生产经营办副主任（其间:1999年8月至2002年4月任江门市特丽皮艺厂有限公司副经理、经理）。2001年11月，任江门市二轻集体企业联社党群办主任。2002年2月，任江门市二轻集体企业联社副主任。2003年1月，任江门市二轻集体企业联社副主任、党委委员。2007年2月，任江门市二轻集体企业联社副主任、党委书记。2007年3月，任江门市二轻集体企业联社主任、党委书记。2010年10月，任江门市城镇集体企业联社主任、党组书记（其间：2012年2月至2014年2月挂任台山市委副书记）。2014年11月，任江门市政府国有资产监督管理委员会主任人选、市直国有企业党工委副书记。2014年12月，任江门市政府国有资产监督管理委员会主任、市直国有企业党工委副书记。2015年1月，任江门市政府国有资产监督管理委员会主任、市直国有企业党工委书记。2016年4月，任江门市蓬江区委副书记（保留正处职待遇）。2016年9月，任江门市蓬江区委副书记（保留正处职待遇），区委政法委书记。

□ 新任区委常委

邹强 1960年12月出生，广东梅县人，1975年8月参加工作，1987年12月加入中国共产党，大学学历。1975年8月至1978年10月在高州县石板公社插队当知青。1978年10月至1982年8月在武汉工学院拖拉机专业学习。1982年8月，任新会县农械厂设计股技术员。1984年9月，任新会县农械厂设计股副股长。1985年6月，任新会县农械厂副厂长。1991年2月，任新会市（县）古井镇党委副书记。1995年11月，任新会劳动大学副校长。1999年7月，任新会市圭峰山风景名胜区管委会副主任。2001年9月，任新会市圭峰山风景名胜区党委副书记。2002年1月，任江门市新会区圭峰山风景名胜区党委副书记。2003年7月，任江门市新会区圭峰山风景名胜区党委副书记、管委会主任。2005年10月，任江门市新会区圭峰山国家森林公园管委会副书记、管委会副主任。2009年1月，任江门市新会区圭峰山国家森林公园管委会主任（副处级）。2011年4月，任江门市新会区圭峰山国家森林公园管委会党委书记（副处级）。2011年8月，任江门市新会区委常委、纪委书记。2016年9月，任江门市蓬江区委常委、纪委书记。

朱金治 1967年2月出生，广东饶平人，1991年7月参加工作，1993年9月加入中国共产党，大学学历。1987年9月至1991年7月在华南师范大学汉语言文学专业学习。1991年7月后，历任江门一中教师、年级组长、团委副书记。1999年9月，任江门市委办公室副主任科员。2001年5月，任江门市委办公室信息新闻科副科长。2004年4月，任江门市委办公室信息新闻科科长。2007年5月，任江门市委办公室秘书科科长。2009年12月，任江门市委办公室督查室主任（副处级）。2011年4月，任江门市委副秘书长（其间：2013年3月至2014年2月挂任开平市委常委）。2016年9月，任江门市蓬江区委常委。

文丽 1969年11月出生，广东新会人，1989年7月参加工作，1998年6月加入中国共产党，大学学历。1985年9月至1989年7月在湖北省武汉市中等师范学校普师（理科）专业学习。1989年7月，任湖北省武汉市第二师范学校附属小学教师。1993年11月，任江门市紫茶小学教师、校长助理。1998年7月，任江门市紫茶小学副校长。1999年1月，任江门市紫茶小学副校长、工会主席。1999年8月，任江门市实验小学校长。2002年5月，任江门市蓬江区教育局副局长（其间：2004年7月至2005年7月挂任江门市教育局局长助理）。2006年12月，任江门市蓬江区教育局副局长、党工委书记。2007年1月，任江门市蓬江区教育局局长、党工委书记。2011年11月，任江门市蓬江区政府副区长、党组成员，区教育局局长、党工委书记。2012年1月，任江门市蓬江区政府副区长、党组成员（其间：2013年3月至2014年3月挂任江门市人力资源社会保障局副局长）。2016年9月，任江门市蓬江区委常委，区政府副区长、党组成员。

张文新 1968年9月出生，广东揭阳人，1991年1月参加工作，1995年6月加入中国共产党，大学学历。1991年1月，任广东省曲仁矿务局团委办事员。1993年3月，任江门市公安局城区分局办事员、副股级侦察员。1995年9月，任江门市公安局江海分局政工办干事、团委副书记（其间：1996年6月至1998年2月挂任江海区滘北街道办事处副主任）。1998年2月，任江门市江海区滘北街道办事处副主任。1998年12月，任江门市江海区滘北街道办事处党委委员。1999年5月，任江门市江海区滘北街道办事处党委委员、党政办主任、工委会主任。2001年9月，任江门市江海区滘北街道办事处党委副书记、武装部部长、纪检组长。2003年12月，任江门市江海区滘北街道党工委副书记、武装部部长、纪检组长。2004年12月，任江门市江海区滘北街道党工委副书记、纪委书记、武装部部长、人大联络处副主任。2005年8月，任江门市江海区外海街道党工委副书记、办事处主任。2009年4月，任江门市江海区滘头街道党工委书记、人大联络处主任。2013年12月，任江门市江海区副县级干部、滘头街道党工委书记、人大联络处主任。2014年1月，任江门市江海区副县级干部、区人大常委会滘头街道联络处主任。2014年2月，任江门市江海区副县级干部（其间：2014年2月至2016年9月任新疆喀什经济开发区兵团分区规划土地建设局副局长兼49团副团长）。2016年9月，任江门市蓬江区委常委、区委（区政府）办公室主任。2017年6月，任江门市蓬江区委常委、区委（区政府）办公室主任，棠下镇委副书记、镇长候选人。

何惠能 1975年12月出生，广东台山人，1998年7月参加工作，1995年12月加入中国共产党，大学学历。1994年9月至1998年7月在五邑大学中文系汉语言文学教育专业学习。1998年7月，任江门市委组织部调研科科员（其间：1999年4月至2000年10月挂任开平市长沙街道办事处党委办副主任，2000年4月至2000年10月参加“三讲”教育省驻江门巡视组工作）。2003年8月，任江门市委组织部调研科副主任科员。2004年9月，任江门市委组织部干部教育科副主任科员。2007年2月，任江门市委组织部干部教育科副科长。2007年4月，任江门市委组织部办公室副主任。2007年7月，任江门市委组织部办公室主任科员。2008年8月，任江门市委组织部办公室主任。2010年1月，任江门市委组织部干部一科科长。2013年12月，任江门市委组织部人才工作科科长。2016年9月，任江门市蓬江区委常委、区委组织部部长、区委党校校长。

□ 新任区人大常委会主任

赵全 1963年3月出生，广东江门人，1981年10月参加工作，1984年5月加入中国共产党，大学学历。1981年10月至1985年1月，任中国人民解放军53020、53224部队战士、文书。1985年1月，任江门市郊区环市镇团委干事、武装部干事、团委副书记。1987年7月，任江门市郊区环市镇团委书记、党委办公室主任、镇机关党支部书记。1991年9月，任江门市郊区（蓬江区）环市镇武装部副部长、镇团委书记、办公室主任。1992年12月，任江门市蓬江区环市镇委委员、镇团委书记、党委办公室主任、武装部副部长。1994年8月，任江门市蓬江区环市镇委委员、武装部部长。1995年4月，任江门市蓬江区城市管理办公室主任、环市镇武装部部长。1995年5月，任江门市蓬江区城市管理办公室主任。1998年10月，任江门市蓬江区北街办事处党委书记。1999年1月，任江门市蓬江区北街办事处党（工）委书记、党委委员。（其间：2000年9月至2002年12月在广东省委党校行政管理专业本科学习）。2005年6月，任江门市蓬江区北街街党（工）委书记、人大工委主任。2005年10月，任江门市蓬江区政府党组成员、区长助理、区农业局局长。2006年11月，任江门市蓬江区副区长、区政府党组成员、区长助理、区农业局局长。2007年1月，任江门市蓬江区副区长、区政府党组成员（其间：2008年4月至2009年4月挂任江门市对外贸易经济合作局副局长）。2011年8月，任江门市蓬江区副区长、党组副书记。2011年9月，任江门市蓬江区委常委、区政府副区长、党组副书记。2016年9月，任江门市蓬江区人大常委会主任候选人、党组书记。2016年11月，任江门市蓬江区人大常委会主任、党组书记。

□ 新任区人大常委会副主任

林贤光 1967年5月出生，广东新会人，1984年11月参加工作，1994年12月加入中国共产党，在职研究生学历。1984年11月至1986年4月在江门市政府征地办工作。1986年4月，任江门市国土局科员。1997年7月，任江门市国土局土地监督科副科长。2001年10月，任江门市国土局蓬江分局副局长。2005年5月，任江门市蓬江区财政局（区集体资产管理委员会办公室）副主任科员。2005年11月，任江门市蓬江区财政局主任科员。2012年10月，任江门市蓬江区资产管理办公室主任（正科级）。2013年4月，任江门市蓬江区委组织部副部长、江门市蓬江区人力资源和社会保障局局长。2015年2月，任江门市蓬江区国土规划和环保局局长、党组书记。2016年9月，任江门市蓬江区国土规划和环保局局长、党组书记，区人大常委会副主任候选人。2016年11月，任江门市蓬江区人大常委会副主任，区国土规划和环保局局长、党组书记。2016年12月，任江门市蓬江区人大常委会副主任、党组成员。

□ 新任副区长

黄达斌 1972年12月出生，广东中山人，1992年7月参加工作，1996年10月加入中国共产党，在职研究生学历。1990年9月至1992年7月在华南师范大学思想政治教育专业学习。1992年7月，任共青团江门市郊区委员会科员。1996年1月，任共青团江门市蓬江区委员会办公室副主任。1998年10月，任共青团江门市蓬江区委员会副书记。2000年11月，任共青团江门市蓬江区委员会书记。2002年11月，任江门市蓬江区沙仔尾街党工委副书记、纪工委书记。2004年4月，任江门市蓬江区沙仔尾街道办事处主任、党工委副书记。2006年8月，任江门市蓬江区白沙街道办事处主任、党工委副书记。2008年9月，任江门市蓬江区白沙街党工委书记、人大工委主任。2015年3月，任江门市蓬江区委常委，白沙街党工委书记、人大工委主任。2015年7月，任江门市蓬江区委常委，白沙街党工委书记、人大工委主任（因街道行政区划调整，撤销仓后、堤东、北街街道办事处，其行政区划并入白沙街道办事处）。2016年7月，任江门市蓬江区委常委。2016年9月，任江门市蓬江区政府副区长。2016年10月，任江门市蓬江区政府副区长、党组成员。

□ 新任区政协副主席

黄月嫦 1967年7月出生，广东台山人，1987年7月参加工作，2008年4月加入中国致公党，大学学历。1985年9月至1987年7月在江门财贸学校商业企业财务会计专业学习。1987年7月，任江门市人民政府口岸办秘书科办事员。1991年1月，任江门市人民政府口岸办秘书科科员。1995年11月，任江门市人民政府口岸办秘书科副科级调研员。1997年11月，任江门市人民政府口岸办综合科副主任科员。1999年3月，任江门市人民政府口岸办人事监察科副科长。2001年10月，任江门市外经贸局计划财务科副科长。2003年2月，任江门市外经贸局计划财务科科长。2008年6月，任江门市外经贸局对外贸易促进科科长。2010年12月，任江门市人大常委会华侨外事工作委员会副主任（其间：2014年3月至2015年3月挂任江门市江海区副区长、江门高新技术产业开发区管理委员会副主任，2015年3月至2016年3月挂任江门市新会区副区长）。2016年9月，任江门市蓬江区政协副主席候选人。2016年11月，任江门市蓬江区政协副主席。

林永康 1967年4月出生，广东江门人，1986年11月参加工作，1993年3月加入中国共产党，大学学历。1986年11月，任江门市郊区环市镇政府办公室秘书。1990年10月，任江门市郊区环市镇团委委员。1993年5月，任江门市郊区环市镇财政所干部。1997年6月，任江门市蓬江区环市镇财经办公室副主任。1999年7月，任江门市蓬江区环市镇侨务引进办公室科员副主任。2000年5月，任江门市蓬江区环市镇侨务引进办公室主任、招商引资办公室主任。2001年9月，任江门市蓬江区环市镇副镇长。2003年6月，任江门市蓬江区环市镇委委员、副镇长。2004年12月，任江门市蓬江区对外贸易经济合作局局长、党工委书记。2011年8月，任江门市蓬江区经济促进局局长、党工委书记。2011年12月，任江门市蓬江区经济促进局局长。2015年7月，任江门市蓬江区经济促进局局长，区招商局局长。2016年9月，任江门市蓬江区经济促进局局长，区招商局局长，区政协副主席候选人。2016年11月，任江门市蓬江区政协副主席，区经济促进局局长，区招商局局长。2016年12月，任江门市蓬江区政协副主席、党组成员。

廖炳华 1966年8月出生，广东新会人，1989年7月参加工作，1993年12月加入中国共产党，大学学历。1985年9月至1989年7月在中南财经大学会计系审计学专业学习。1989年7月，任江门市审计局科员。1994年4月，任江门市审计局财政金融审计科主办科员。1998年4月，任江门市审计局行政事业审计科副科长。2001年9月，任江门市审计局金融审计科科长。2004年4月，任江门市蓬江区财政局副局长。2007年1月，任江门市蓬江区北街街党工委委员、办事处副主任。2008年9月，任江门市蓬江区财政局主任科员。2008年12月，任江门市蓬江区财政局副局长。2010年8月，任江门市蓬江区财政局局长。2016年9月，任江门市蓬江区财政局局长，区政协副主席候选人。2016年11月，任江门市蓬江区政协副主席，区财政局局长。2016年12月，任江门市蓬江区政协副主席、党组成员，区财政局局长。

先进工作者简介

刘狄明 1969年10月生，浙江省嵊州市人，1981年9月至1984年7月在太平中学初中学习；1984年9月至1987年7月在长乐中学高中学习；1987年11月至1994年12月为嵊州化肥厂计量室计量员、计量主管（其间：1987年12月至1989年6月在杭州钱江业余学校热工仪表与自动化控制专业学习）；1994年12月至2000年4月为嵊州水泥厂计量室计量员；2000年4月至2002年9月为万丰奥特控股集团计量室主管；2000年9月至2007年1月为重庆万丰新锐有限公司品管部计检科长、技术部工艺科长、品质技术部经理（其间：2002年9月至2006年7月在北京建设大学成人班机械一体化专业学习）；2007年11月起为广东万丰摩轮有限公司技术部负责人（其间：2012年10月至2013年11月在中山大学MBA企业管理专业学习）。所获荣誉：2010年被江门市政府授予“江门技术能手奖”称号；2011年获评为江门市蓬江区优秀工会工作者；2012年被评为江门市蓬江区节能先进个人；2012年被评为万丰奥特控股集团“先进经理”；2015年被评为万丰奥特控股集团“先进经理”。

廖 华 1982年5月生，广西壮族自治区宁明县人，1993年9月至1996年7月在广西壮族自治区宁明县城镇二中学习；1996年9月至1999年5月在广西省宁明职业技术学院学习；2000年2月至2004年5月在广东东莞虎门金夫人婚纱影楼（门市）工作；2004年5月至2006年5月在广东江门色色婚纱影楼（门市）工作；2006年6月至2010年2月在广东江门市天地壹号饮料股份有限公司（行政）工作；2010年3月至2011年6月在广东江门市立骅贸易（行政）工作；2011年7月起在江门天地壹号饮料股份有限公司（行政、工会）工作。其间：2012年7月至2014年7月完成中央广播电视大学大专学习；2014年7月起中央广播电视大学本科在读；2014年11月参加工会干部上岗资格培训班学习；2015年7月参加2015年广东省非公企业工会主席培训班。所获荣誉：在天地壹号饮料股份有限公司工作期间获“2012年度优秀员工”称号，获“2013年度优秀员工”称号，获“2014年度优秀工会工作者”称号，获“2015年度优秀工会工作者”称号。

获誉个人名录

2016年“广东省五一劳动奖章”获得者

姓名	性别	出生年月	籍贯	政治面貌	工作单位	奖项名称	授予单位	授予时间
刘狄明	男	1969年10月	浙江嵊州	中共党员	广东万丰摩轮有限公司	广东省“五一劳动奖章”	广东省总工会	2016年3月

2016年“广东省优秀工会工作者”获得者

姓名	性别	出生年月	籍贯	政治面貌	工作单位	奖项名称	授予单位	授予时间
廖　华	女	1982年5月	广西宁明	群众	天地壹号饮料股份有限公司	广东省优秀工会工作者	广东省总工会	2016年9月

2016年蓬江区获市级以上机关表彰的先进个人

姓名	性别	所在单位	荣誉称号	授予单位	授予时间
熊桂艳	女	丹井社区	2016年全国“最美家庭”	中华全国妇女联合会	2016年5月
卫文娟	女	白沙街卫计局	中华人民共和国国家人口和计划生育委员会颁发计划生育工作者荣誉证书	中华人民共和国国家人口和计划生育委员会	2016年11月
任雪莲	女	北街政务服务中心卫计办	中华人民共和国国家人口和计划生育委员会颁发计划生育工作者荣誉证书	中华人民共和国国家人口和计划生育委员会	2016年11月
冼惠茹	女	石湾社区	2016年广东百户“最美家庭”	中共广东省委宣传部、广东省精神文明建设委员会办公室	2016年6月
熊桂艳	女	丹井社区	2016年广东百户“最美家庭”	中共广东省委宣传部、广东省精神文明建设委员会办公室	2016年6月
吴艳丽	女	育德社区	2014—2015年度广东国家调查系统优秀辅助调查员	国家统计局广东调查总队	2016年6月

续上表

姓名	性别	所在单位	荣誉称号	授予单位	授予时间
谢瑞丰	男	环市派出所	个人一等功	广东省公安厅	2016年1月
吕文光	男	巡警大队	个人二等功	广东省公安厅	2016年1月
李雄波	男	情报中心	个人二等功	广东省公安厅	2016年1月
张汉强	男	堤东派出所	个人二等功	广东省公安厅	2016年1月
杨枝列	男	刑侦大队	个人二等功	广东省公安厅	2016年1月
胡效红	女	法制大队	个人二等功	广东省公安厅	2016年5月
陈健桢	男	特警大队	个人二等功	广东省公安厅	2016年10月
周国章	男	棠下镇消防中队	广东省“热心消防公益事业先进个人”	广东消防安全委员会	2016年11月
施润根	男	北街环境卫生管理站	江门市优秀最美家庭	中共江门市委宣传部、江门市精神文明建设委员会办公室、江门市妇女联合会	2016年10月
梁敏毅	男	育德社区	江门市优秀调查员	国家统计局江门调查队	2016年10月
杨红兵	男	巡警大队	江门市2013－2015年扶贫开发“双到”优秀驻村干部、优秀个人	江门市扶贫开发领导小组办公室	2016年4月
林永健	男	荷塘派出所	全市公安机关思想政治工作先进个人	江门市公安局	2016年1月
陆沃贤	男	杜阮镇人民政府	江门市“六五普法”先进工作者	江门市普法办	2016年12月
肖　剑	男	蓬江区人民法院民二庭	个人三等功	江门市中级人民法院	2016年2月
陈纪豪	男	蓬江区人民法院执行局	个人三等功	江门市中级人民法院	2016年2月
董永文	男	蓬江区人民法院行政庭	专项三等功	江门市中级人民法院	2016年10月
张苑玲	女	蓬江区人民检察院	个人三等功	江门市人民检察院	2016年12月
何杏华	女	蓬江区人民检察院	个人三等功	江门市人民检察院	2016年12月
黄耀江	男	蓬江区司法局	个人三等功	江门市司法局	2016年3月
赵健初	男	蓬江区司法局	个人专项三等功	江门市司法局	2016年6月

获誉单位名录

2016年“全国工人先锋号”

单位名称	奖项名称	授予单位	授予时间
中烟摩迪（江门）纸业有限公司	全国工人先锋号	广东省总工会	2016年3月

2016年“全国模范小家”

单位名称	奖项名称	授予单位	授予时间
中烟摩迪（江门）纸业有限公司工会卷烟纸生产线工会小组	全国模范职工小家	中华全国总工会	2016年1月

2016年“广东省模范职工小家”

单位名称	奖项名称	授予单位	授予时间
江门市逸豪酒店行政部工会小组	广东省模范职工小家	广东省总工会	2016年9月
江门市竞晖电器实业有限公司工会委员会	广东省模范职工小家	广东省总工会	2016年9月
广东万丰摩轮有限公司工会委员会	广东省模范职工小家	广东省总工会	2016年9月

2016年蓬江区获市级以上机关表彰的先进单位

单位名称	奖项名称	授予单位	授予时间
棠下法庭	全国法院先进集体	最高人民法院	2016年1月
蓬江区人民法院	全国老年法律维权先进集体	全国老龄办	2016年6月
蓬江区政府	全国行政服务改革示范城区	中国社工协会	2016年3月
蓬江区人民法院	广东省青少年维权岗标兵	共青团广东省委员会	2016年12月
蓬江区城市综合管理局	广东省文明单位	广东省精神文明建设委员会	2016年1月
棠下镇莲塘村	广东省卫生村	广东省爱国卫生运动委员会	2016年6月
杜阮中心初中	教育国际化实验学校	广东教育学会教育国际化专业委员会	2016年5月

续上表

单位名称	奖项名称	授予单位	授予时间
杜阮楼山初中	教育国际化实验学校	广东教育学会教育国际化专业委员会	2016年5月
环市街文化站	广东省特级文化站	广东省文化厅	2016年3月
龙溪社区	广东省宜居社区	广东省住房和城乡建设厅	2016年1月
好景社区	广东省宜居社区	广东省住房和城乡建设厅	2016年1月
篁庄社区	广东省第五批（村）居务公开民主管理示范创建达标单位	广东省村务公开协调小组	2016年3月
怡康社区	广东省科普示范社区(2016—2020)	广东省科学技术协会	2016年8月
中国石化销售有限公司广东江门石油分公司	江门市十佳书香企业	江门市总工会	2016年12月
广东海信电子有限公司	江门市十佳书香企业	江门市总工会	2016年12月
刑侦大队	全市公安机关思想政治工作先进集体	江门市公安局	2016年1月
棠下镇	江门市2013—2015年扶贫开发“双到”工作先进单位	江门市扶贫开发领导小组	2016年4月
公证律师管理股	集体三等功	江门市司法局	2016年3月
堤东司法所	集体专项三等功	江门市司法局	2016年6月

商标企业

2016年蓬江区延续认定的省著名商标企业名录

序号	商标注册人	商标名称	认定时间	核定使用商品名称	所属辖区
1	广东嘉宝莉化工有限公司	萬宜	2010年3月24日，2013年1月17日延续，2016年5月延续	油漆、木材涂料(油漆)、漆	棠下
2	广东金莱特电器股份有限公司	KENNEDE	2010年3月24日，2013年1月17日延续，2016年5月延续	安全灯、照明手电筒、日光灯管	棠下
3	江门市丽明珠实业有限公司	lapearl	2010年3月24日，2013年1月17日延续，2016年5月延续	(行李)箱、手提包、公文包	环市
4	天地壹号饮料股份有限公司	天地壹号	2010年3月24日，2013年1月17日延续，2016年5月6日延续	不含酒精饮料(醋饮料)	棠下

科技项目

2016年度蓬江区获广东省科学技术奖项目

序号	项目名称	完成单位	完成人	获奖等级
1	瓜果类蔬菜土传真菌病害成灾机制及防控技术研究与应用	广东省农业科学院保护研究所、中国农业科学院蔬菜花卉研究所、广西大学、广东海洋大学、广东省农业有害生物预警防控中心、江门市植保有限公司、广东省农业科学院作物研究所	林壁润、蒲小明、杨祁云、徐伟松、何　红、谢丙炎、沈会芳、张景欣、刘晓鹏、任小平	二等奖

2016年度蓬江区获江门市科学技术奖项目

序号	项目名称	完成单位	完成人	获奖等级
1	基于智能速度规划及可重构高性能五轴数控机床的关键技术攻关与产业化	广东科杰机械自动化有限公司	李国森、王小东、林业宏、王先利、吴庭贵、彭嘉伟、黄桂武	一等奖
2	HDI系列无毒固化剂的开发及产业化	嘉宝莉化工集团股份有限公司	陈荣华、张心亚、黄　洪、殷代武、瞿金清、谭卉文、莘建忠	一等奖
3	超支化聚氨酯/丙烯酸酯UV光固化树脂研究及产业化	江门市制漆厂有限公司、江门职业技术学院、华南理工大学、五邑大学	程　建、孙　宁、童　真、姜少华、黄晓昌、徐朝华、李　珩、李亦彪、廖广健、柳宇航	一等奖
4	高速全自动LED金线球焊线设备关键技术研究与产业化	广东科杰机械自动化有限公司	王小东、周振财、李炳锐、赵飞麒、赵　挺、冯　宁、叶国能	二等奖
5	磁悬浮废水源冷热水机研发应用	江门市达能环保节能科技有限公司	平武臣	二等奖
6	紫外-红外双重固化涂料研发	广东四方威凯新材料有限公司	方　芳、朱洪江、王　伟、李淑艳、郑敬康	二等奖
7	改性橡胶高性能增韧剂的研究及其产业化	江门市德山复合材料科技有限公司	吴德山、陆宗术、黄伟强、张　琦	二等奖
8	不锈钢环保着色新工艺	江门市福斯特金属表面处理技术发展有限公司	梁伟平	二等奖
9	高酸度山楂汁液态发酵山楂醋技术的研究与开发	天地壹号饮料股份有限公司	熊贤平、左永奎、张志永、曾　彬、冯雪红	三等奖
10	纳米杀菌智能变速空气能热水器技术创新与推广应用	江门菲普森电器制造有限公司、广州科技职业技术学院	王波涌、吕海燕、罗球锐、黄元盛、刘毅华	三等奖
11	玻璃高速全自动包装柔性设备研制与应用	江门市利华实业有限公司、江门职业技术学院	邝忠卫、黄贤德、郭健波、欧阳兆彰、张晓宇	三等奖

续上表

序号	项目名称	完成单位	完成人	获奖等级
12	无线智能3D拍摄系统	江门市圆美道科技有限公司	严文骏、许顺尧	三等奖
13	水性高性能防水装饰二合一砂浆的研发	广东嘉宝莉科技材料有限公司	林杰生、张　旭、梁　斌、章　毅、叶海杰	三等奖
14	基于集装单元化物流包装关键技术与物流周转箱产业化	江门市海森机械配件有限公司	姚本海	三等奖

2016年蓬江区新认定国家级高新技术企业

序号	企业名称
1	江门市兴江转向器有限公司
2	广东科杰机械自动化有限公司
3	广东顺畅科技有限公司
4	广东四方威凯新材料有限公司
5	江门市瑞期精细化学工程有限公司
6	广东彩格科技有限公司
7	广东电力士照明科技有限公司
8	广东道生科技股份有限公司（原名：江门市道生工程塑料有限公司）
9	广东迪浪科技股份有限公司
10	乔登卫浴（江门）有限公司
11	江门市力丰电机有限公司
12	江门菲普森电器制造有限公司
13	江门市盈德钢化玻璃制品有限公司
14	江门市蓬江区盈通塑胶制品有限公司
15	广东天地壹号食品研究院有限公司
16	江门市奥威斯电子有限公司
17	江门市科业电器制造有限公司
18	江门市力泰科技有限公司
19	广东兴艺数字印刷股份有限公司（原名：江门市兴艺印刷有限公司）
20	广东东吉智能设备有限公司
21	江门江菱电机电气有限公司

续上表

序号	企业名称
22	江门今科机床有限公司
23	江门凯信科技实业有限公司
24	江门轻骑华南摩托车有限公司
25	江门市恒通无纺布有限公司
26	江门市蓬江区伟生机械有限公司
27	江门市蓬江区茵豪电器有限公司
28	江门市瑞世德机械有限公司
29	江门市新远森家具有限公司
30	江门市中磁机电有限公司
31	广东安飞汽车配件有限公司
32	广东东睦新材料有限公司
33	广东海信电子有限公司
34	广东鸿美达科技有限公司
35	广东睿智隽永科技有限公司
36	江门劳士国际电气有限公司
37	江门市本丰精密机械有限公司
38	江门市规划勘察设计研究院
39	江门市建联检测股份有限公司
40	江门市联壹咨询管理有限公司
41	江门市蓬江区弘亿电子科技有限公司
42	江门市唯是半导体科技有限公司
43	江门市裕浩家用电器有限公司
44	江门市振力机械有限公司
45	江门市华锐铝基板有限公司
46	广东科炬高新技术创业园有限公司
47	江门市德盛高精密模具厂有限公司
48	江门市敏华电器有限公司

重要文献

2017

PENGJIANG
NIANJIAN

文献目录

文件号	文件名称
蓬江府〔2016〕4号	江门市蓬江区人民政府关于贯彻落实广东省城乡居民基本养老保险实施办法的意见
蓬江府〔2016〕7号	江门市蓬江区人民政府关于印发《江门市蓬江区国民经济和社会发展第十三个五年规划纲要》的通知
蓬江府〔2016〕9号	江门市蓬江区人民政府关于印发江门市蓬江区医疗卫生强基创优行动方案（2016—2018年）的通知
蓬江府〔2016〕14号	江门市蓬江区人民政府关于印发政府部门涉企信息统一归集公示工作实施方案的通知
蓬江府办〔2016〕39号	关于印发新修订江门市蓬江区村级物业建设扶持办法的通知

江门市蓬江区人民政府关于贯彻落实广东省城乡居民基本养老保险实施办法的意见

蓬江府〔2016〕4号

各镇政府、街道办事处、区直有关单位：

《江门市蓬江区人民政府关于贯彻落实广东省城乡居民基本养老保险实施办法的意见》经区政府会议审议通过，现印发给你们，请认真按照执行。执行中遇到的问题，请径向蓬江区人力资源和社会保障局反映。

江门市蓬江区人民政府

2016年8月1日

关于贯彻落实广东省城乡居民基本养老保险实施办法的意见

根据广东省人民政府关于修订《广东省城乡居民社会养老保险实施办法》的通知（粤府〔2014〕37号）和《江门市人民政府关于贯彻落实广东省城乡居民基本养老保险实施意见》（江府办〔2015〕14号）等文件精神，为进一步完善我区城乡居民基本养老保险（以下简称城乡居保）制度，规范管理工作，确保城乡居民基本养老保险制度统一、平稳衔接、可持续发展，现结合我区实际，制定本实施意见。

一、进一步完善我区城乡居保制度。

（一）统一制度。

将江门市蓬江区城乡居民社会养老保险统一为江门市蓬江区城乡居民基本养老保险，城乡居民社会养老保险个人账户储存额划入城乡居民基本养老保险个人账户，缴费年限累计为城乡居民基本养老保险缴费年限。尚未达到按月领取养老金条件的参保人继续缴费，已领取养老金的人员按照本办法继续按月领取养老金。

（二）参保对象。

本办法适用于年满16周岁（不含在校生），具有蓬江区户籍，不符合城镇职工基本养老保险参保条件的农村居民和城镇非从业居民，可在户籍地自愿参加城乡居民基本养老保险。

（三）缴费档次。

1. 参加城乡居民基本养老保险的人员（以下简称参保人）应当按规定缴纳养老保险费。缴费标准设为每人每年120元、240元、360元、480元、600元、960元、1200元、1800元、2400元、3600元十个档次。

2. 参保人以每个自然年为缴费年度，按年缴费，在一个缴费年度内只能选择一个档次缴费。参保人可自主选择缴费档次，多缴多得。个人缴纳的养老保险费全额记入参保人个人账户。

（四）特困群体参保资助范围。

对重度残疾人、低保对象、五保户、精神和智力残疾人等特困群体，纳入城乡居保参保资助范围，其个人缴费部分由本级财政按每年最低缴费标准为其代缴养老保险费，但最多不超过15年。

（五）规范集体补助标准。

有条件的农村集体经济组织可对所属成员的参保人缴费给予补助的，补助金额随同个人缴费金额记入个人账户，补助金额不应超过当地设定的最高缴费档次标准。

（六）鼓励社会捐助。

大力弘扬中华民族尊老敬老的传统美德，努力拓宽资金筹集渠道，通过政府褒奖、税费优惠等措施，鼓励社会各界捐款资助城乡居民参保。

（七）政府补贴标准。

1. 参保缴费补贴标准。

（1）对参保人缴费按不同缴费档次给予参保缴费补贴，从2014年1月1日起，对参保人选择低档次标准（每年120元－360元，下同）缴费的，补贴标准不低于每人每年30元；对选择较高档次标准（每年480元及以上，下同）缴费的，补贴标准不低于每人每年60元；所需资金由市、区财政共同负担。

（2）2015年，城乡居保各级财政对参保人缴费补贴暂按2014年的做法执行。

（3）从2016年1月1日起，对选择低档次标准缴费的，财政补贴标准不低于每人每年80元；对选择较高档次标准缴费的，财政补贴标准不低于每人每年110元；所需资金由市、区财政共同负担。

2. 基础养老金标准。

（1）2014年7月1日起，我区城乡居民基本养老保险基础养老金标准为每人每月95元（其中，中央标准70元，省部署提高标准25元）。

（2）2015年1月1日至2015年6月30日，城乡居保基础养老金标准仍按2014年7月1日起的标准执行； 2015年7月1日起，按市统一部署，城乡居保基础养老金标准调整为每人每月100元（其中，中央标准70元，省部署提高标准30元）。

（3）从2016年1月1日起，城乡居保基础养老金标准调整为每人每月125元。

（4）上述第1、2、3点所需资金，除中央财政按中央标准的50%对我区给予补助以外，其余部分由市、区财政共同负担。

3. 由市、区财政共同负担的个人参保缴费补贴、基础养老金所需资金，按《关于明确城乡居民基本养老保险财政补助市、县（市、区）分担问题的通知》（江财社〔2015〕213号）规定执行。区负担部分由区本级和各镇（街道）按财政超收分成比例分担。

（八）健全参保缴费激励机制。

参保人缴费年限超过15年的，每超出一年每月加发基础养老金10元，所需资金由区本级和各镇街按财政超收分成比例分担。

（九）建立健全政府补贴正常增长机制。

1. 提高参保缴费补贴标准。2016年每人每年80元（选择高档次缴费的每人每年110元）。其后，每年定期提高参保缴费补贴标准。

2. 提高基础养老金标准。从2016年起基础养老金标准提高到125元。其后，每年定期提高基础养老金。

3. 建立正常增长机制。2016年后，城乡居保基础养老金和参保缴费补贴标准实行正常调整机制。由区人力资源社会保障部门会同财政部门联合组织调研，依据在岗职工平均工资、城镇居民人均可支配收入、农村居民人均纯收入增长情况和物价水平等因素，协商一致后，提出调整方案，经蓬江区人民政府审议同意后执行。

4. 政府补贴正常增长机制所需资金，所需资金由区本级和各镇街按财政超收分成比例分担。

（十）个人账户储存额管理。

个人账户储存额按国家规定计息，参保人不得退保或提前支取个人账户储存额。

（十一）养老金待遇计发。

城乡居民养老金待遇由基础养老金和个人账户养老金组成，终身支付。个人账户养老金的月计发标准为个人账户储存额除以计发月数。计发月数按照《国务院关于完善企业职工基本养老保险制度的决定》（国发〔2005〕38号执行）。

（十二）个人账户的保留、迁移和继承。

1. 参保人中断缴费的，其个人账户由社会保险经办机构予以保留，并不间断计息。以后补缴的不享受政府的缴费补贴，个人账户储存额和缴费年限均累计计算。

2. 参保人跨统筹地区转移户籍的，可将其城乡居民基本养老保险关系和个人账户储存额转入新参保地，按新参保地规定继续参保。已经按月领取养老待遇的人员不再转移养老保险关系，仍在原地领取养老待遇。

3. 保人出国（境）定居但仍然保留中华人民共和国国籍的，其个人账户予以保留，达到法定领取条件时，按照规定享受相应的养老保险待遇。参保人在领取养老保险待遇后出国（境）定居的，可继续领取养老保险待遇。出国（境）定居并丧失中华人民共和国国籍的人员，已按照有关规定参保或领取养老保险待遇的，应当终止养老保险关系，停止按月领取养老保险待遇。经本人书面申请，可一次性领取个人账户余额。

4. 参保人死亡后待遇发放。

已按规定领取养老金人员死亡后，养老金从

死亡次月起停止发放。其直系亲属应当在其死亡后的1个月内到当地社会保险经办机构办理养老金停发手续。未及时办理养老金停发手续而多领取的养老金要及时退回。

5.参保人死亡后其个人账户处理办法。

参保人死亡后，其个人账户储存额或余额一次性支付给其法定继承人或遗嘱继承人和遗赠人。没有法定继承人或遗嘱继承人和遗赠人的，个人账户储存额或余额全部划入城乡居民基本养老保险基金。

二、加强社会保险基金管理监督工作。

（一）城乡居民基本养老保险基金实行区级统筹管理，以后逐步提高管理层次。具体收缴办法和政府拨付办法按市、区有关规定执行。

（二）城乡居民基本养老保险基金全额纳入社会保障基金财政专户，实行收支两条线管理，单独记账、核算，按照有关规定实现保值增值。任何组织和个人不得侵占或者挪用。

（三）城乡居民基本养老保险基金的会计核算和财务管理暂按照财政部、原劳动保障部颁布的《社会保险会计制度》《社会保险基金财务制度》，参照财政部、人力资源和社会保障部颁布的《新型农村社会养老保险财务管理暂行办法》执行。

（四）人力资源和社会保障部门要切实履行城乡居民基本养老保险基金的监管职责，制定完善各项业务管理规章制度，规范业务程序，建立健全内控制度和基金稽核制度，对基金的筹集、划拨、发放进行监控和定期检查，并定期公开基金筹集和支付信息，做到公开透明，接受社会监督。财政、监察、审计部门按各自职责实施监督，确保基金安全。

（五）社会保险经办机构应当定期向社会公布参加城乡居民基本养老保险情况和基金收入、支出、结余及收益情况。

（六）城乡居民基本养老保险工作经费纳入同级财政预算，不得从城乡居民基本养老保险基金中列支。

（七）隐匿、转移、侵占、挪用城乡居民基本养老保险基金的，由社会保险行政部门、财政部门、审计部门责令限期退回；有违法所得的，没收违法所得。对直接负责的主管人员和其他直接管理人员依法给予处分；涉嫌犯罪的，移送司法机关依法处理。

（八）以欺诈、伪造证明材料等手段骗取城乡居民基本养老保险待遇的，由社会保险行政部门责令限期退回，并依法进行处理；涉嫌犯罪的，移送司法机关依法处理。

三、健立健全城乡居民社会保险服务体系。

（一）区人民政府要把城乡居民基本养老保险事业纳入国民经济和社会发展规划，建立健全工作制度，加强宣传发动工作，落实工作目标责任。

（二）区人力资源和社会保障部门牵头负责城乡居民基本养老保险管理工作，会同有关部门做好城乡居民基本养老保险的统筹规划、政策和标准的制订、审核汇总基金预决算草案、综合协调等工作。

区社会保险基金管理局应当做好城乡居民基本养老保险登记、个人权益记录、社会保险待遇支付、基金预决算草案编制等工作，为城乡居民提供基本养老保险政策和业务办理咨询、个人信息查询、核对其缴费和享受养老保险待遇记录等服务，为参保人建立参保档案并长期妥善保存。

区财政部门负责城乡居民基本养老保险基金财政专户的管理，编制城乡居民基本养老保险财政补贴资金和业务经办经费的年度预算，并联合区人社部门做好上级财政资金的申请、拨付工作。

区民政部门、区残疾人联合会负责低保对象、五保户、重度残疾人、服役退役军人等特困人员身份的审核确定、死亡火化人员有关信息等，以及相关补助资金的申请工作，并定期向区人社部门提交特困人员名单等资料。

区监察、审计部门依法对基金收支、运行情况进行监督，确保基金的安全。

组织、宣传、农业、编办、发展改革、公安、卫计、国土资源和妇联等部门按照各自职责，协同区人社部门做好城乡居民基本养老保险工作。

各镇人民政府、街道办事处、村（居）民委员会负责本辖区城乡居民基本养老保险工作的宣传发动、组织参保等工作。

城乡居民基本养老保险行政主管部门和经办机构的机构设置及人员编制由区机构编制管理部门统一拟定，所需经费纳入各级财政预算安排。

（三）建立健全城乡居民社会养老保险服务网络。各镇（街道）人力资源和社会保障服务所，配备社会保险管理服务工作人员；各行政村、社区健全人力资源和社会保障服务站点，协助各镇（街道）服务机构开展工作，并至少配备一名村（社区）社会保险协理员，提高基层社会保险经办能力，提高社会公共服务均等化水平。基层社会保险管理服务工作人员和社会保险协理员主要负责本辖区内社会保险政策宣传、组织发动参保、协助参保人办理个人缴费和申领待遇、协助组织公示和资格审核、受理城乡居民养老保险举报等。经办机构的人员和工作经费、城乡居民基本养老保险管理经费纳入各级财政预算，城乡居民基本养老保险管理经费标准和社会保险协理员聘请方式由区政府另行制定。

四、健全相关制定衔接。

按照国家的有关规定，妥善做好本办法和相关养老保险制度的衔接，城乡居民基本养老保险制度与城镇企业职工养老保险制度的衔接按照《人力资源和社会保障部、财政部关于印发〈城乡养老保险制度衔接暂行办法〉的通知》（粤人社发〔2014〕174号）文件执行。

五、相关要求。

（一）本办法由区人力资源和社会保障局负责解释。

（二）本意见自2016年7月1日起实施。本意见实施后，原《关于印发江门市蓬江区新型农村社会养老保险实施办法（试行）的通知》（蓬江府办〔2011〕186号）和《关于印发江门市蓬江区城乡居民社会养老保险实施办法的通知》（蓬江府办〔2012〕84号）与本意见规定不一致的，按本意见执行。

江门市蓬江区人民政府关于印发《江门市蓬江区国民经济和社会发展第十三个五年规划纲要》的通知

蓬江府〔2016〕7号

各镇政府、街道办事处，区直各部门：

《江门市蓬江区国民经济和社会发展第十三个五年规划纲要》业经江门市蓬江区第九届人民代表大会第六次会议审议批准，现印发给你们，请认真组织实施。

江门市蓬江区人民政府

2016年9月12日

江门市蓬江区国民经济和社会发展第十三个五年规划纲要

“十二五”时期（2011—2015年）是蓬江发展取得显著成绩的五年,全区上下“拼”字当头，以科学发展为主题，以加快转变经济发展方式为主线，“种树、搭桥修路、抓大项目”取得明显成效，大改革、大民政、均衡教育成果丰硕，经济总量首次跃居全市第一，全面完成“十二五”规划主要目标和任务，为“十三五”战略目标的实现奠定了坚实的基础。

“十三五”时期（2016—2020年）是我区率先全面建成小康社会的决胜阶段，全区坚决贯彻落实党的十八大、十八届三中、四中、五中全会和习近平总书记系列重要讲话精神，以中央“全面建成小康社会、全面深化改革、全面依法治国、全面从严治党”战略和“创新、协调、绿色、开放、共享”五大发展理念为指导，围绕省委“三个定位、两个率先”决策部署，按照市委打造“三门”、建设“三心”[1]总目标，以及区委“全面建设富裕文明美丽新蓬江”总体要求，全面构建“三足鼎立”发展格局，推进供给侧改革，转变经济增长方式，加快产业转型升级，统筹做好农村发展、民生保障、公共服务、城市提升等重点工作，争当全市加快发展的龙头和标杆。

一、发展基础

（一）经济综合实力上新台阶

“十二五”期间，我区总体经济呈平稳较快发展态势。2015年全区生产总值达547.81亿元，年均增长8.81%；经济总量首次位居全市第一；人均生产总值达74608元，年均增长8%；地方公共财政预算收入达21.36亿元，是2010年的1.8倍，年均增长12.89%；固定资产投资达266.68亿元，是2010年的2.95倍，年均增长25.25%；外贸进出口总额达53.42亿美元，年均增长9.97%。

（二）产业结构优化升级

二、三产业健康协调发展，三次产业比重由2010年的2:55:43调整为2015年的1.35:46.65:52.00；工业经济持续较快发展，到2015年底，全区规模以上工业总产值1043.51亿元，年均增长18.48%；规模以上工业增加值234.69亿元，年均增长16.15%；现代服务业发展水平迅速提高，2015年社会消费品零售总额达216.74亿元，是2010年的1.7倍，年均增长14.43%，义乌小商品城、万达广场、汇悦城、益丞国际广场先后建成营业，保利大都会等大型城市综合体项目的陆续建设，北新区商业综合体建设初具规模，商业集聚区逐渐成型。

（三）自主创新能力增强

“十二五”期间，全区专利申请量8997件，其中发明专利申请量1430件，相比“十一五”期间，分别增长53.69%、187.73%。到2015年年底，全区认定高新技术企业84家，其中认定国家级高新技术企业42家。全区认定企业工程技术研究中心69家，其中省级以上工程中心21家。创新创意产业发展迅速，建设完成10个创新创意产业平台。

（四）改革开放进一步深化

深化行政体制改革。简政放权和职能转变步伐加快，“十二五”以来出台两批行政审批制度改革事项目录，两批目录压减率达46.1%；顺利完成滨江新区（棠下镇）体制重大调整，推进城区街道“四街合一”改革，形成滨江新城、珠西智谷、33墟街“三足鼎立”的发展格局；推行“邑门式”行政服务改革，启动7个“邑门式”服务中心建设，实行“一窗式办理、全区通办”，推动行政大提速。深化商事登记制度改革。率先实现市场主体登记223项审批业务全区“一窗通办”，通办率达100%；落实企业“一照一码”登记改革；率先实现市场监管、国税、地税的市场主体信息实时共享、数据互换、档案互认。财税、医药、投融资等体制改革扎实推进。

（五）城乡区域协调发展

基础设施建设取得新突破，江肇高速、广珠铁路、江顺大桥等重大项目已建成通车，我区作为中心城区，城市面貌进一步改善；宜居城市建设取得新成果，配合市成功创建“全国文明城市”，完成“国家卫生城市”和“国家环保模范城市”复检工作，创建“广东省林业生态县（区）”顺利通过检查验收，“十二五”期间，10个村庄取得“江门市宜居村庄”称号，6个村庄取得“广东省宜居示范村庄”称号，70个社区取得“江门市宜居社区”称号，41个社区取得“广东省宜居社区”称号，棠下、杜阮、荷塘均取得“江门市宜居城镇”称号和“广东省宜居示范城镇”称号，积极实施“三旧”改造，宜居环境不断改善；房地产平稳发展，“十二五”期间，我区房地产开发完成投资354亿元，总施工面积达2736万平方米，楼盘集中在北新区、滨江新城、里村片区，重点引进保利中汇花园、保利国际广场、保利中宇花园、越秀星汇名庭、方直珑湖湾、锦富汇景湾等楼盘。

（六）文化建设水平明显提升

教育发展水平整体提升，公共教育资源优化配置，学前教育发展迅速，办学条件显著改善，形成各级各类教育协调发展的良好格局。“十二五”期间，成功获得“广东省推进教育现代化先进区”、“全国义务教育发展基本均衡区”称号。新建扩建校舍15所，先后建成紫茶小学北校区、范罗冈小学滨江校区。文体设施建设投入加大，建成区文化馆（被评为国家一级馆）、区图书馆，各镇建成农民健身广场，各村（居）建成文体广场34个、农家书屋40间；推动文化传承与保护，加强对陈垣故居、良溪古村等的保护力度，良溪村入选国家历史文化名村；建设戴爱莲广场、知青场旧址等设施，成功举办陈白沙诞辰585周年纪念活动、陈垣诞辰135周年纪念活动、戴爱莲诞辰95周年纪念活动；新增省级非物质文化遗产名录2个，市级非物质文化遗产名录4个。

（七）生态文明建设不断强化

启动公园城市建设，“十二五”期间，新建丰乐公园和鸡爪山公园，完成群星、叱石、潮连等公园的绿化升级改造和配套设施建设，建成社区公园54个，城市人均公园绿地面积提高到17.43平方米，森林覆盖率增加到30.6%。单位生产总值能耗、主要污染物减排指标预计可全面完成市下达任务，全区空气质量指数（AQI）和集中式饮用水源地水质达标率100%。城镇生活污水集中处理率达92.5%，城镇生活垃圾无害化处理率达100%。

（八）社会各项事业协调发展

2015年城乡居民人均可支配收入达34492.83元；城乡居民基本医疗保险参保率达98%，其中农村居民参保率99.47%；城乡居民社会养老保险参保率100%，全征地农民基本养老保障工作稳步推进，被征地农民城乡养老保险参保率达100%，基本实现养老保险和医疗保险全覆盖；城镇登记失业率有效控制在3.2%以下；依法治区扎实推进，大民政工作成果丰硕，有效开展安全生产、食品安全监管、“三打两建”工作，人才、信访、侨务、妇儿、档案、武装、残疾人保障等各项工作取得新的进步。

表一：江门市蓬江区“十二五”规划主要目标实现情况

类别	指标	“十二五”规划目标		“十二五”实现情况		完成情况
		2015	年均增长(%)	2015年	年均增长(%)	
经济发展	生产总值（亿元）	540	8.5	547.81	8.81	完成
	人均生产总值（元）	74000	8	74608	8	完成
	居民消费价格指数（%）	103	—	101.8	—	完成
经济结构	社会消费品零售总额（亿元）	204	13	216.74	14.43	完成
	进出口总额（亿美元）	48	8	52.2	9.45	完成
	规模以上工业增加值（亿元）	216	12	234.69	16.15	完成
	固定资产投资（亿元）	239	22.5	266.68	25.25	完成
	地方公共财政预算收入（亿元）	20.6	11	21.36	12.89	完成
	第三产业增加值比重（%）	47	—	52.15	—	完成
	研究与发展经费支出占GDP比例（%）	1.8	—	1.9	—	完成
	高新技术产品产值占工业总产值比重（%）	28	—	28	—	完成
	每百万人口发明专利申请量（件）	450	12.5	460	16.5	完成
社会发展	城乡居民人均可支配收入（元）	34000	—	34492.83	—	完成
	城镇登记失业率（%）	3.2以下	—	2.36	—	完成
	本省户籍二三产业从业人员养老保险参保率(%)	95	—	98	—	完成
	城乡基本医疗保险参保率（%）	98	—	98	—	完成
资源环境	单位GDP能耗（吨标煤／万元）	完成市下达任务		完成市下达任务		完成
	单位GDP用水量降低（%）	完成市下达任务		完成市下达任务		完成
	基本农田面积（公顷）	685	—	721.8	—	完成
	城乡建设用地规模（公顷）	9226	—	10543.99	—	完成
	城镇生活污水处理率（%）	85	—	92.5	—	完成
	城镇生活垃圾无害化处理率（%）	85以上	—	100	—	完成
	单位GDP二氧化碳排放总量减少（%）	完成市下达任务		完成市下达任务		完成
	主要污染物排放总量累计减少二氧化硫（%）	完成市下达任务		完成市下达任务		完成
	化学需氧量（%）					完成
	氮氧化物（%）					完成
	氨氮（%）					完成
	森林覆盖率（%）	30.3	—	30.6	—	完成
	城市人均公园绿地面积（平方米）	12.5	—	17.85	—	完成

二、发展环境

（一）发展机遇

从外部环境看，国家“一带一路”[2]战略的全面推进和全省开放合作水平不断提升，为我区寻求多方面、多层次合作提供了重要机遇；广东实施珠西战略，随着珠三角核心区产业梯度转移步伐加快，珠江西岸先进装备制造产业带建设推进，江门作为珠西战略的“策源地”和“主战场”，必将迎来以轨道交通装备为代表的产业大发展；江门大道、滨江大桥、港珠澳大桥、深茂铁路、深中通道等一大批重要交通基础设施将建成通车，江门珠西枢纽的地位将日益显现，蓬江区是江门的中心区、核心区，发展潜力和空间巨大；在全市努力打造“三门”、建设“三心”，对外“东联西拓”[3]，对内“东提西进、同城共融”[4]，全面提升江门综合竞争力的大背景下，我区发展创造了良好环境。

从我区实际看，江顺大桥通车，江门大道、滨江新城和江门市先进制造业江沙示范园区加快建设，为我区提供有利的发展空间和条件；“三足鼎立”新格局逐步构建，滨江新城、珠西智谷等重大平台加快推进，优质大项目相继落地建设，先进装备制造、健康食品等产业集聚发展，经济结构深度调整优化，未来五年发展根基更加坚实；“小微双创”初见成效，与广佛深等发达地区对接更加紧密，为蓬江发展创造新的优势、提供新的支撑；一系列重大改革顺利完成，管理体制进一步理顺，市区镇（街）三级发展合力不断增强。

（二）面临挑战

从外部环境看，当前中国仍然处于“三期叠加”时期，经济转型的任务还没有完成，世界经济也在再平衡中艰难复苏，呈现低增长、不稳定、高风险的特征；国内经济受外部需求转弱和国内周期性因素影响，产能过剩、房地产泡沫、财政金融风险等问题依然突出；实体经济风险和财政金融风险相互交织。上述各种因素都加大了我区经济平稳健康发展的难度。

从我区实际看，我区正面临“新常态”和经济转型的关键阶段，加上我区经济规模较大，如何在推进产业结构调整的同时，保持经济适度增长，是“十三五”期间我区面临的挑战之一；重大平台、重大项目推进受到资金资源制约；产业核心竞争力和自主创新能力亟待增强；社会治安、食品药品安全等社会问题日益凸显，给我区社会风险管控、社会服务管理和基层组织建设带来一定挑战。

“十三五”时期我区经济社会发展将呈现出一系列新转变。经济增长将由主要依靠投资、出口拉动向依靠投资、消费协调拉动转变，由主要依靠增加物质资源消耗向主要依靠科技进步、劳动者素质提高、管理创新转变。人民群众对改革发展稳定有更高期盼，全面深化改革、全面推进依法治区、切实保障和改善民生、维护社会和谐稳定等任务更加艰巨而繁重。作为江门市中心城区，要积极有效应对各种困难和挑战，坚持稳中求进、稳中提质，推动经济发展深度调整和转型攻坚，在江门打造“三门”、建设“三心”中奋发有为，确保率先全面建成小康社会，努力开创蓬江经济社会发展新局面。

三、指导思想和发展目标

（一）指导思想

全面贯彻落实党的十八大和十八届三中、四中、五中全会精神，以邓小平理论、“三个代表”重要思想和科学发展观为指导，深入贯彻习近平总书记系列重要讲话精神，紧紧围绕中央“全面建成小康社会、全面深化改革、全面依法治国、全面从严治党”战略布局，坚持“创新、协调、绿色、开放、共享”五大发展理念，紧紧围绕省委省政府“三个定位、两个率先”战略部署，以及市委市政府“一个同步、五个突破”、打造“三门”、建设“三心”决策部署和区委“全面建设富裕文明美丽新蓬江”总体要求，以深化改革创新为动力，以加快发展为第一要务，以构建“三足鼎立”格局为核心，着力推动经济结构战略性调整和产业转型升级，促进区域协调发展，建设绿色生态环境，切实增进民生福祉，全面建设富裕文明美丽新蓬江，争当江门加快发展的龙头和标杆。

（二）基本原则

坚持人民主体。必须坚持人民是推动发展的根本力量和以人民为中心的发展思想，紧紧依靠人民群众的智慧和力量加快经济社会发展，把保障和改善民生作为经济社会发展的根本出发点和落脚点，保障人民平等参与、平等发展权利，使广大人民更加公平地享有改革发展的成果。

坚持加快发展。必须把加快发展放在第一位抓紧抓实抓好，坚持创新加快发展与加快创新发展相结合，充分调动各方面的积极性、主动性和创造性，大力实施“双引双创”[5]，形成加快发展的新机制、新平台和新动能，奋力争先进位，实现质量更高、速度更快、效益更好、结构更优的科学发展。

坚持改革开放。必须增强改革意识，继续先行先试，通过全面深化改革，在结构性改革上创新发展的新机制、新体制，增强发展持续动力和活力。把握“一带一路”战略机遇，综合运用国际国内两个市场、两种资源、两类规则，构建全方位开放的发展新格局。

坚持城乡统筹。促进城乡生产资料、劳动力、信息等方面交流，构建城乡一体的基础设施建设，统筹城乡产业发展，统筹城乡公共服务，推进精准扶贫、精准脱贫，进一步缩小城乡差距，形成城乡经济社会一体化发展的新格局。

坚持依法治区。必须以法治思维和法治方式指导开展各项工作，推进严格执法、公正司法、全民守法，加快建设法治经济和法治社会，把经济社会发展纳入法治轨道，依法维护人民权益，维护社会公平正义，维护社会大局稳定。

坚持党的领导。必须贯彻全面从严治党要求，加强各级党委对经济社会发展的领导核心作用，不断增强党的创造力、凝聚力、战斗力，提高对党委决策的执行力，确保我区经济社会更好更快发展。

（三）发展目标

“十三五”时期，以2018年与省市同步全面建成小康社会为目标，积极推动各项事业取得重大进展。经济综合实力取得新跨越，经济保持中高速增长，经济结构实现质的提升，地区生产总值和城乡居民人均收入与省市同步比2010年翻一番。

——经济综合实力上新台阶。2020年，生产总值达到843亿元，年均增长9%；人均生产总值年均增长8.5%。“三足鼎立”格局完全确立，建设成为江门经济核心。

——产业结构优化升级。先进（装备）制造、健康食品等产业集聚发展，产业结构持续优化，新主导产业集聚发展。“小微双创”取得重大突破，科技创新能力明显提升，建设成为江门乃至珠西创新中心，中心城区集聚高端要素和辐射能力显著增强，江门城市中心地位进一步凸显。

——全面深化改革取得突破。全面完成市委和区委提出的各项改革任务，经济社会发展重要领域和关键环节改革取得突出成果，社会生产力得到进一步解放和发展。

——区域协调发展取得进展。立足我区建设“三足鼎立”发展新格局，区域协调发展取得新进展，东部融合提质核心地位更加凸显，宜居城镇和新农村建设取得新突破，城乡区域发展差距明显缩小。

——社会民生事业取得新进步。就业、教育、文化、社保、医疗等公共服务体系更加健全，率先实现基本公共服务均等化，人民生活水平和质量普遍提高，国民素质和社会文明程度显著提升，社会治理更加完善，社会更加和谐稳定。

——生态文明建设取得新成效。单位生产总值能耗、二氧化碳及主要污染物排放控制达到省市目标要求，生态城市、公园城市建设全面推进，绿色低碳发展模式基本形成。

表二：江门市蓬江区“十三五”经济社会发展主要指标表

序号	指标		2015年	2020年	年均增长（%）	属性
一、经济发展						
1	地区生产总值（亿元）		547.81	843	9	预期性
2	人均地区生产总值（万元）		7.5	11	8.5	预期性
3	全员劳动生产率（万元）		20.53	25	—	预期性
4	城镇化率	常住人口城镇化率（%）	99.5	完成市下达任务	—	预期性
		户籍人口城镇化率（%）	—	—	完成市下达任务	约束性
5	服务业增加值比重（%）		52.15	53	—	预期性
6	居民消费价格指数（以上年为100）		101.8	103	—	预期性
二、创新驱动						
7	研究和试验发展（R&D）经费投入强度（%）		1.9	2.85	—	预期性
8	每万人口发明专利拥有量（件）		5.48	7.11	—	预期性
9	科技进步贡献率（%）		—	完成市下达任务		预期性
10	技术自给率（%）		—	完成市下达任务		预期性
11	互联网普及率（%）		76.5	82	[5.5]	预期性
12	高技术制造业占工业增加值比重（%）		6.13	8	—	预期性
三、民生福祉						
13	常住人口（万人）		73.49	—	1	预期性
14	居民人均可支配收入（元）		34493	53100	9	预期性
15	劳动年龄人口平均受教育年限（年）		—	—	—	约束性
16	城镇新增就业人数（人）		8800	完成市下达任务		预期性
17	农村相对贫困人口脱贫（人）		—	完成市下达任务		约束性
18	基本社会保险覆盖率（%）		98	98	—	约束性
19	城镇棚户区住房改造（套）		287	完成市下达任务		约束性
20	人均预期寿命（岁）		79	80	—	预期性
四、生态文明						
21	耕地保有量（万公顷）		0.2382	0.2308		约束性
22	新增建设用地规模（亩）		—	落实市下达规模		约束性
23	万元GDP用水量（立方米）		42.79	完成市下达任务		约束性
24	单位GDP能源消耗降低（%）		[27.76]	完成市下达任务		约束性
25	非化石能源占一次能源消费比重（%）		—	完成市下达任务		约束性
26	单位GDP二氧化碳排放降低（%）		—	完成市下达任务		约束性
27	森林发展	森林覆盖率（%）	30.6	31.4	—	约束性
		森林蓄积量（万立方米）	84.7	87.7	—	约束性

续上表

序号	指 标		2015年	2020年	年均增长（%）	属性
28	空气质量	城市细颗粒物（PM2.5）浓度下降（%）	22.7	完成市下达任务		约束性
		城市空气质量优良天数比例（%）	88.2			约束性
29	地表水质量	达到或好于III类水体比例（%）	—	完成市下达任务		约束性
		劣V类水体比例（%）	0			约束性
30	主要污染物排放总量控制（万吨）	化学需氧量	完成市下达任务	完成市下达任务		约束性
		二氧化硫				约束性
		氨氮				约束性
		氮氧化物				约束性

注：

1.地区生产总值、人均地区生产总值、全员劳动生产率2020年绝对数按当年价预计，增长速度为实际增速。居民人均可支配收入增长为实际增长

2.耕地保有量、新增建设用地规模、万元GDP用水量下降、单位GDP能源消耗降低、非化石能源占一次能源消费比重、单位GDP二氧化碳排放降低、空气质量、地表水质量、主要污染物排放总量控制等9项指标按国家最终核定目标值执行。已标出的目标值为初步控制目标

3. [ ] 内为五年

四、发展重点与主要任务

（一）打造“三足鼎立”发展新格局

1. 打造珠西创新中心——“滨江新城”。

“十三五”期间，滨江新城加快发展载体建设，完成滨江新城4000亩土地扩征，启动滨江新城产业园扩园，集聚发展智能电子制造、绿色制造（健康食品）产业，力促核心产业项目全部落地，力争到2020年建成江门首个“千亿园区”，着力打造现代制造示范区。

以主导产业为动力，做强西部江沙片区。以江沙示范园区作为未来整个滨江新城重要的工业园区和经济增长极，打造新一轮经济发展示范区，重点发展高端精密电子和健康食品两大主导产业。

以打造现代服务集聚区为目标，建设南部天沙片区。重点发展金融、商贸、会展、大数据经济等产业，建设“珠西数谷”大数据产业基地，基本建成体育中心、会展中心等配套项目，着力打造现代服务集聚区。

以宜商宜业为目标，建设中部核心区。重点发展行政、商务、文化娱乐、教育科研、会展、旅游服务六大方面，大力建设行政服务中心、公众办公写字楼中心、大型会展中心等，打造成为宜商宜业区域。

以生态宜居为标准，建设北部天河片区。以大雁山风景旅游区为核心，打造以西江岸线为纽带的生态旅游休闲区，重点发展乡村休闲文化旅游产业，着力打造城乡融合示范样板区。

2. 打造珠江—西江经济带智造中心——“珠西

智谷”。

以发展成为珠江—西江创新智慧集聚地、国家创新示范区、珠三角战略性创新平台为目标，发展教育装备、智能装备、生命健康、“互联网+”及现代服务业等5大主导产业，逐步形成竞争力强的高智能创新产业集群。到2020年，“智谷”新增建设面积300万平方米，引进各类企业超过2000家，产值超过500亿元。以环市街为核心，细化落实“工改工”项目，推动宏达工业区及瑶村片区“工改工”等项目建设，形成新的产业载体。着力打造“小微双创”核心基地，落实市“雏鹰计划”[6]，做强南方教育装备创新产业城、珠西智谷智能装备协同创新研究院、生命科学研究院、江门火炬高新技术创业园等核心平台，建设环五邑大学创新经济圈，创建省内首个学校—社区—园区—公园联动的“四位一体”创客街区，助推小微企业集聚发展。

“智谷”规划按照科技区、金融区、总部区、产业区、配套区共五大功能区开发建设。科技区重点发展生产性服务业、销售服务业。为企业提供总部或者区域总部载体，建设总部载体超过150万平方米。金融区重点集聚银行、证券、保险、小额贷款、风险投资、基金、上市辅导机构，并配套生活及商业设施，打造为珠西地区最大型金融创新服务平台。总部区重点建设“大型企业总部园区”，引进大型企业，集力为企业提供产品营销、业务培训、研发设计、业务结算、办公等服务，推动企业建设总部办公大楼，整合资源，集聚上下游企业办公。产业区以“研发+生产”实现产业布局，重点发展工业项目，为小微企业成果转化、成长壮大提供发展空间，重点支持智能制造、生命科学等产业发展，形成珠西地区产业新的增长极。配套区重点构建生活配套服务体系，建设星级酒店、中高端餐饮、医院、学校、体育公园、郊野公园等配套设施，新建商业、教文卫等面积超过100万平方米。

3. 打造历史文化街区典范——33墟街。

坚持以文融城，做好“蓬商”文章，按照“主客共享，共融共生”基本理念，打造旅游、文化、创意、商贸、特色餐饮等产业核心承载地，形成老城区发展新格局。到2020年打造成为全省乃至全国著名的特色文化街区。

打造长堤古今商贸街区。以600年城市历史和商贸发展为主题，规划建设商业文化寻根展示区、休闲游览区、特色商业区，主要包含墟顶、石湾直街、长堤风貌街和骑楼街区、启明里、白沙钓台、中山公园和中山纪念堂、常安路步行街、飞燕雕塑、蓬莱公园、蓬江大桥、江门铁桥等文化元素，倾力打造具有岭南代表性的历史文化街区及蓬江区33墟街文化旅游产业龙头。

打造工业交通遗迹街区。以蓬江城区近现代生活工业、交通辉煌历史的古建筑群落为基础，融入相应文化元素，主要包含新宁铁路北街火车站、江门海关旧址、北街医院、北街天主教堂、基督教北街堂、美孚、亚细亚、德士古石油公司、甘化厂工业遗址、高沙港码头，构建一河两岸近现代发展轨迹的文化建筑组团，大力发展工业旅游产业。

打造白沙文化民俗街区。以一代名师陈白沙引领的岭南儒学、心学文化及近百年五邑侨文化为主题，重点规划陈白沙纪念馆和仿古建筑群，建设区域性的古玩集散交流中心，引进发展创意文化产业和休闲娱乐产业，打造传统文化保护研究中心和非物质文化遗产保护传承活动中心。

（二）构建现代产业新体系，增强产业竞争力

1. 培育发展新产业集群。立足“东提西进、同城共融”，发挥核心优势错位发展，加快形成新的五大主导产业。

做强先进（装备）制造业。先进装备制造业发展取得重大突破，产业迈向中高端水平，基本建成现代产业体系，到2020年，全区规模以上先进（装备）制造业实现产值830亿元。落实“1+5”珠

西行动计划[7]，以大长江集团为龙头，壮大摩托车整车及零配件装备制造业基地，到2020年，全区摩托车工业总产值为280亿元；引进国内外知名摩托车及零配件企业，逐步完善摩托车产业链，到2020年，新培育年销售超10万辆的全国知名摩托车品牌2个，年销售超20万辆的全国知名摩托车品牌1个；推动企业加大研发投入，摩托车行业企业研发支出比重平均达2.1%，整车企业达3.5%。依托海信智能产业园，重点发展智能电子制造产业，推动海信项目全部落地，发展光通信和视像装备生产基地，到2020年，实现工业产值400亿元。以广东科杰机械自动化有限公司为龙头，大力发展以智能机器人、高端数控装备、节能装备与电子装备为重点方向的智能制造产业，到2020年智能装备制造产业产值力争达100亿元。

优化发展健康食品产业。做实做强滨江新城食品产业园，培育康师傅、天地壹号等龙头企业成为引领产业发展的中坚力量，力促滨崎食品、美心食品等优质项目建成投产。重点发展方便食品、旅游食品、保健食品、儿童食品、绿色食品等新兴食品制造业及配套产业，加速食品产业优化升级，全面提升产业核心竞争力。到2020年，食品饮料产业产值突破400亿元，培育1家以上产值超100亿元的食品集团，2家产值超10亿元的食品企业。

加快发展教育装备创新产业。以打造千亿教育装备产业基地为目标，重点建设南方教育装备研究院、教育装备交易中心、海峡两岸青年创业创新示范园、应用培训中心、众创空间、教育装备博物馆及科技馆等主体板块。在杜阮建设教育装备产业园，发展集设计研发、展示体验交易、产业孵化为一体的现代教育装备全产业链，力争到2020年孵化教育装备规模科技创新型企业200多家，带动产值1000-1500亿元，初步确立国际国内“江门教育装备”品牌和形象。

大力发展生命科学产业。重点推动微生物学与发酵工程、植物分子生物与基因工程应用等领域产业化发展，积极引进国际国内生物医药和医疗器械优质企业，组建国家“千人计划”研究院，建设生命科学产业基地、区域性生物制药委托加工中心、个性化医疗器械生产制造中心，打造江门大健康产业高地。

集聚提升现代服务业。构建多层次服务业体系，加快建设成为江门乃至珠西现代服务业集聚区。加快发展现代物流业，整合公路、铁路、水路运输业的物流资源，构建物流配送核心网络，加快建设现代物流体系，推动“专业市场+电商+物流”的现代物流业发展，重点发展集装箱海运、供应链管理、冷链物流、电商物流。大力发展信息服务业，推动电子商务、数据通讯、软件开发、数据服务、企业管理信息化等产业的发展，壮大信息服务业，打造区域性信息服务中心。重点建设跨境保税仓创意园、珠西智谷数据服务中心、珠西智谷新浪创客空间、九秀网络自媒体项目、基于云端的数据医院及跨境电商等项目。推进创新创意产业发展。推进创意产业园区建设，推动创意产业集聚发展，增强集聚区的产业孵化功能和集聚辐射功能。重点建设创客汇孵化苗圃项目、珠西产业创新促进中心等项目。推动旅游文化产业发展。推进杜阮镇成龙影视城、龙马里古村落文化创意产业区、杜阮镇兰石风险教育主题公园和城区游憩商业中心（RBD）等项目建设，使文化旅游成为我区旅游发展新模式；以建设“33墟街”特色历史文化街区为核心，推进全区休闲娱乐文化产业发展，重点规划发展潮连和杜阮镇生态休闲旅游产业，打造休闲娱乐基地，规划同时以推进旅游产业与相关产业的深度融合，实现各产业的增速扩效。积极发展会展业。充分利用“中国第一侨乡”品牌效应，积极争取和承办国际国内各种会展，扩大会展内容，加强会展中心建设。发展会展主体，培育品牌项目，培养会展龙头企业，扶持区内会展项目做大做强。优化提升生活服务业。全面提升城市中心区、核心区的集聚功能和辐射效应，以消费升级带动服务产品向多元化、个性化、高端化发展，构建多层次特色商业体系，积极培育新的消费热点，集中布局各类服务功能区，重点建设健威广场、新江沙国际汽车城项目。

2. 改造提升传统产业。

持续实施“暖企行动”，多措并举帮助企业解困减负，优先推动企业原址“零增地”增资扩产，做大做强实体经济。大力推进“工改工”项目建设，盘活利用好闲置土地，加大空置厂房的开发利用，把“三旧”改造和技改提升相结合，加快优化提升低效企业。重点推进五金卫浴、精细化工、纺织服装等传统优势产业转型升级，鼓励引导企业开展技术改造，实施设备更新、机器换人、品牌战略、淘汰落后等行动，扶持龙头骨干企业发展壮大，淘汰一批产能过剩、低效无效企业，提升传统产业竞争力。到2020年完成工业技改投资超100亿元。

3. 积极发展现代农业。

实施品牌带动战略，发展杜阮凉瓜、荷塘冲菜、南美白对虾、桂花鱼、笋壳等特色产业；实施园区带动战略，大力发展区级农业产业园区，加快发展农业科技园区、农业旅游园区、农业生态园区、农产品流通园区等现代主题农业园区，促进农业园区载体建设；创建农产品质量安全县，建设分工明确、运行高效的农产品检测体系，建立全程监控、全员参与的农产品质量安全管理新机制，构建覆盖区、镇、村三级的农产品质量安全监管体系；发展农产品电商物流业，实施农超对接、农产品集中配送，线上线下融合，建立现代农产品流通体系；推进农业与旅游资源的深度融合，建设侨乡文化特色的休闲农业与乡村旅游示范区，做强旅游农业；到2020年，全区实现农业总产值21亿元，实现现代农业产业的可持续、稳定发展。

（三）全面深化改革，激活经济发展动力

1. 深化行政管理体制改革。

深化行政审批制度改革。全面清理和精简行政审批事项，深化推动简政放权行政审批制度改革；推进行政审批标准化建设，进一步落实“1+3”[8]清单的应用实施；打造全市便民便企“邑门式”[9]行政服务示范样本，争创全国行政服务改革新标杆；接好管好市下放事权，持续精简行政审批事项，严格控制新设立审批事项，全面取消非行政许可审批事项，完善行政审批目录管理制度，扩大行政审批和服务事项网上办理，实现行政服务去繁就简、提速提效。扩大政府购买服务投入和范围，完善政府购买服务制度体系。推进事业单位分类改革和行政事业性收费改革。

2. 深化经济体制改革。

加强供给侧结构性改革。深入推进商事制度改革，全面推行“九证合一、一照一码”[10]登记制度，加快电子营业执照系统建设。深化投融资体制改革，进一步规范政府投资项目管理，对企业投资项目实行准入负面清单、行政审批清单、政府监管清单管理；创新投融资机制，推动政府与社会资本合作，探索多样化投融资模式。优先扶持优质企业上市。深化财税体制改革，完善财政预算管理机制，优化区镇两级财政体制，合理安排事权财权，增强区本级财政统筹能力；优化公共财政支出结构，全面规范财政专项资金使用管理，提高财政资金使用绩效；积极推进基本公共服务均衡化工作；落实税收制度改革任务与营业税改征增值税试点改革政策。

深化价格体制改革，严格控制和缩减政府定价的范围和项目，放开竞争性领域的商品和服务价格，推进市场取向的价格机制建设；建立健全价格调控机制、市场价格监管机制和价格监测预警体系。推动社会信用体系和市场监管体系建设，推动“信用蓬江”建设，扎实推进诚信政府建设工作，推进法人和其他组织统一社会信用代码制度建设，加强信用信息公开和应用，促进守信激励与失信惩戒机制建设，建立健全黑名单制度；全面推动市场竞争秩序体系建设，加快发展消费维权网络体系建设，建立健全市场监管法制体系建设，全力完善金融市场监管体系建设。深化国资改革，探索创新公有资产整合营运新模式，实现资产保值增值。

（四）实施创新驱动战略，加快建设创新型蓬江

1.构建创新平台，培育创新主体。

引进培育综合性研究院、研发中心、大学科技园等新型研发机构，鼓励龙头企业申报建设国家级和省级企业技术研发中心、工程中心和重点实验室，“十三五”期间，新增省级工程技术研发中心15家以上、市级工程技术研发中心30家以上，力争广东广天机电工业研究院、广东科杰机械自动化研究院升级为国家创新平台；重点建设固高先进装备制造业研究院，引入固高先进装备核心技术支撑平台，构建本地化的智能装备创新创业技术与人才环境；搭建产业对接平台，建立示范企业，形成辐射和带动效应。积极培育创新主体，完善人才、投融资、服务等扶持配套政策体系，集聚资源发展一批创新领军企业，引导支持中小型科技企业做大做强，“十三五”期间新培育高新技术企业64家。

2.深化科技体制机制改革创新。

强化金融支撑机制，鼓励发展风险投资、天使投资[11]等各类创业投资基金，推动科技、金融、产业融合发展；完善产学研结合机制，推进科技成果转化和产业化，高新技术产业产值占全区工业总产值比重稳步提高。

3.推进“小微双创”。

推动小微企业创业创新，实施国家小微企业创业创新基地城市示范工作，有效激发小微企业创业创新活力，打造珠西智谷小微企业创业创新基地。到2020年，打造1个核心基地、建设10个重点基地，涵盖有6个小微企业创业创新载体、28个公共服务平台、3个众创空间、1个“三旧”改造项目。完善小微企业创业创新平台，打造珠西智谷人才服务平台，提升企业聚集发展能力，加快创业创新服务平台建设，提高小微企业培养人才的能力和水平；推进小微企业创业创新基地建设，加快小微企业就业创新。坚持人才为创新发展“第一驱动”。实施人才强区战略，出台人才扶持政策体系，促使各类人才“进得来、留得住”，着力把蓬江建设成为海内外“高精尖缺”人才集聚地。

4.实施“互联网+”[12]行动计划。

促进互联网与传统产业融合发展，推进互联网技术向制造业等实体产业延伸渗透，形成新的创新引擎；大力发展互联网金融，健全互联网金融创新发展机制；创新消费发展模式，推进信息消费；加强公共服务领域信息化建设，推进大数据应用。

5.实施质量强区战略。

主动适应新形势新常态，大力实施“质量强区”战略，制定和完善各部门各行业落实“质量强区”战略的具体措施和工作意见，加强政策引导，强化督促考核，坚持不懈地抓好质量工作改革创新、质量安全监管等各项工作，着力提升全区质量总体水平，努力探索出一条质量创新发展的新路子，推动全区经济社会在新常态下迈上新台阶。

（五）构建全方位开放对接格局

坚持开放发展理念，始终把招商引资作为经济工作生命线，开拓全球视野，瞄准国内外先进发达地区和行业领先企业，主动出击实施精准招商、以商引商，积极承接自贸区配套产业项目，力促重大项目引进实现新的突破。贯彻落实“五个主动对接”[13]，乘借“江佛一家”、“深江合作”东风，唱好蓬顺“双城记”，积极对接广佛经济圈，拓展广蓬、深蓬多领域合作；扩大与港澳台交流合作，争取建立粤港创新科技研发中心、江澳金融合作试验中心；把握建设“中国侨都”机遇，聚侨情、引侨资、借侨智、重侨创，高标准建设侨青创新创业园、海创空间等侨界青年创新创业平台；加强与“一带一路”沿线国家合作，积极参与建立中欧、中美创新城市联盟，主动承接欧美等先进地区产业转移，按照“一心+一园+N基地”[14]部署，重点建设中欧国际服务中心，联合打造鹤新蓬产业合作

区，以“大手牵小手”开拓蓬江发展新天地。优化外贸结构，提升出口产品技术含量，促进外贸转型升级。

（六）统筹兼顾协调发展，着力推进区域一体化

1. 优化区域发展格局。

贯彻市区两级“整体合力、上下联动、责任明确、事权一致、协调同步、分进合击”思路，主动融入“东提西进、同城共融”发展大局，积极推动东部三区一市区域交通一体、产业同兴、环境共治、民生共享，成为引领东部融合提质的核心。强化区本级对全区发展的总体规划统筹，进一步理顺滨江新城、城区街道管理体制、财政体制和工作机制，有效整合配置区域资源，形成各镇街优势互补、协同发展格局。优化提升中心城区，进一步增强辐射力和带动力。

2. 完善和提升城市功能。

构建更加完善的交通网络，加强城际交通基础设施建设，加快融入珠三角一体化进程，重点推进广中江高速、江门大道、滨江大桥等项目的建设，为经济社会的快速发展提供有力支撑。配合建设“海绵城市”[15]，加大水利基础设施建设投入，以城乡内涝治理为重点，大力整治天沙河水系，逐步构建较为完善的排涝体系，实现城乡良性水文循环。加大防火、防风基础设施建设力度，增强对灾害的综合防控能力。配合加快供水、供电、供气、污水处理、垃圾处理等市政设施建设，为城乡居民提供优质服务。加强信息化建设，推进“大数据”建设及应用，建设政府大数据库及“工业云”创新服务平台，完善“一站式”网上行政服务系统，构建覆盖面广泛的物联网应用网络；建设“智慧城市”[16]，推动“江门信息大道”在蓬江全面落地，力争实现全区光纤全覆盖，推动公共场所免费wifi建设；加快智慧社区建设，发展社区移动APP，推广智慧社区便民服务。

3. 促进农村稳步发展。

推动农村基础设施建设。加快建设与城镇供水网联接的农村饮水安全工程，保障农村饮水安全，实现行政村通自来水覆盖率、农村自来水普及率、农村生活饮用水水质合格率均达到90%。升级改造农村电网。加强农村邮政设施和宽带网络建设。大力实施农村美化净化工程，开展滨江新城（棠下）各村河涌水利整治，重点治理农村生活垃圾污染、水体污染，建设美丽乡村。

促进农民增收。坚持“一村一策”推动农村经济多元化发展，力争农村留用地开发取得实质性突破，实现农村经济持续壮大，确保“十三五”期间村级集体经济收入年均增长8%以上；完善耕地保护补偿、生态补偿和农业补贴政策。切实加强涉农资金监督。落实完善“三资”管理制度，坚决把农村“三资”全部纳入平台管理交易，严格执行“两个必查”，实现农村“三资”阳光运行，探索推进农村集体资产政经分离。

促进农业转移人口市民化。推进户籍制度改革，继续推动“一元化”户籍管理，全面放开城镇落户限制，积极推动“村改居”改革，健全流动人口居住证“一证通”制度。切实保障农业转移人口合法权益，逐步推进农村集体经济组织产权制度改革，建立城乡统一的土地流转交易市场，保护进城农民集体产权权益，逐步将异地务工人员及随迁家属纳入城镇就业、教育、医疗、文化、社会保障服务体系，逐步将在城镇稳定就业的异地务工人员纳入住房保障体系。

4. 推动城乡协调发展。

打造“悦读潮连”品牌。以“悦读潮连、潮连悦读”为发展定位，充分利用潮连岛原生态格局和环境，做好“安静”文章。整合小海河、沙滩、江水、绿道、古村落等资源，推出各式书吧、茶吧、咖啡吧和旅游体验空间项目，打造休闲、娱乐多层慢城休闲公园；以公园、文化苑、博物馆、各类祠堂、家庙等资源为依托，推出文创项目和孵化产业，举办读书、论坛、教育等活动，不断强化潮

连印象，打造观光、体验、游乐、修学、教育、读书多维文化读书公园。力争到2020年将潮连岛建成为“悦山水”与“读文祠”相融合的安静悦读和全域文化公园小镇。

大力推进宜居社区建设工程。一是推进城市社区完善工程，重点推进33墟街、滨江新城等社区建设；二是推进产业园区配套建设工程，重点推进“1+6”园区[17]及珠西智谷等园区产城融合建设；三是推进幸福村居建设工程，重点推进各镇每年推进5条村试点建设；四是推进社区“六个一”[18]建设工程，在全区每个社区服务中心建设1个社区公共服务站、1个文体活动中心、1个健康计生服务中心、1个家庭服务中心、1个综合信访维稳工作站、1个小广场或公园。

加强城市管理工作。提高城市管理服务和治理水平，紧抓创文行动和城市提升工程，增强广大群众幸福感；积极探索城市管理新机制和手段，加快数字化城市管理建设，增强管理效率；加大对小街小巷的改造维护投入，切实改善居民出行条件；全力提升农村镇街环境卫生水平，加大省市卫生村创建力度；推动社区网格化管理工作，创新城乡社区管理服务方式，切实推动社区管理服务精细化、科学化、人性化发展；加强社区工作人员队伍建设，着力完善居民自治，强化社区公共服务和社会事务管理工作。

（七）坚持绿色发展理念，着力建设美丽蓬江

1.加快公园城市建设。

加强资源保护整合，构建集休闲、娱乐、旅游观光为一体的类型齐全、分布合理、管理科学的森林公园体系。积极打造“园在城中，城在园中”绿色宜居空间，构建“以大型风景区为龙头，以区综合性公园和镇（街）公园为骨架，以田园风光公园为特色，村居公园均衡分布，城乡绿廊有机串联”的区域公园体系。“十三五”期间，重点建成龙舟山公园、席帽山公园、江门植物园、小海河湿地公园，建成天沙湖及滨江大道沿岸观光亲水台、亲水栈道及休闲驿站，优化提升丰乐山等大公园。持续开展绿化行动，配合市争创国家森林城市，抓好城市主干道路沿线绿化景观、市区慢行系统和“潮人径”城乡绿廊建设。全区141个村（居）各至少建成1个公园，实现村居公园全覆盖；6个镇（街）各至少建成1个镇级公园；全区共建成1个特色田园风光公园；完成1个龙头公园整合提升；新建慢行系统和城乡绿廊100公里以上。

2.推进绿色低碳和资源节约发展。

节约集约利用水、土地、矿产等资源，对用水实行总量控制和定额管理制度，推进水资源循环利用。大力发展循环经济，积极构建循环型产业体系，推动资源再生利用，鼓励企业开展循环生产，促进工业园区循环化改造。严格实施能源消费强度控制。全面落实“多规合一”和空间“一张图”管理，全力推进节约集约用地，积极盘活存量建设用地，提高土地利用效率。推行绿色建筑标准，切实提高绿色建筑在全区新建建筑中的比重，到2020年底，绿色建筑占全区新建建筑比例达到30%以上。积极推广新型墙体材料的应用，推广高性能、低耗材、可再生循环利用的建筑材料。积极推广新能源汽车，逐年提高公共服务领域机动车（含公交客运、出租客运、城市环卫、城市物流等公共服务领域）的新能源汽车比例。推动个人和家庭践行绿色低碳生活理念，倡导适度消费、引导消费者转变消费观念，节约能源资源，组织好世界环境日、低碳日等主题宣传，营造崇尚生态文明的社会氛围。

3.加强环境综合整治。

全面实施大气污染防治行动计划，实施煤炭消费总量控制，严控高硫分、高灰份劣质煤炭进入城市和企业；落实高污染燃料锅炉整治各项措施，大力推动集中供热工程建设，依法淘汰集中供热范围内的高污染燃料锅炉；加大工业粉尘、城市扬尘等治理力度，全面加强建筑工地和道路施工扬尘污染控制，推动清洁生产，加大“黄标车”治理力

度。综合防治水环境污染，加强多污染物综合防治和环境治理，实施严格的污染物排放管理制度，建立天沙河综合整治工作机制，以实现IV类水质为目标，开展以水土流失综合治理、生态修复、农村水系治理、河道清淤疏浚、生活污水处理以及人居环境整治等为重点的小流域生态环境治理；全面取缔不符合国家产业政策的严重污染水环境的生产项目，加强镇村工业集聚区水污染集中治理。综合治理农村生态环境，推进高标准基本农田建设，减少水土流失，发展生态农业，稳步推进种植业污染治理；推进生活垃圾“户集、村收、镇运、县（市）处理”处理模式，确保农村环境卫生。

（八）着力保障和改善民生，加快社会事业发展

1. 打好扶贫脱贫攻坚战。

建立健全精准扶贫脱贫长效机制，持之以恒落实薄弱村次薄弱村帮扶，强化“区—部门—镇（街）—村”四级联创，探索多样化帮扶模式，因地制宜制定专项扶持政策，大力发展农村“造血”项目。完善财政保障、干部帮扶、慈善资金、社会力量、救助体系“五位一体”扶贫体系，深化“领导干部帮扶困难家庭计划”，推广社工介入帮扶，强化“互联网+公益”慈善公益信息平台作用，实行扶贫对象精细化网络化管理，形成“多方参与、精准到位”的扶贫新格局，实现城乡贫困人群帮扶常态化、全覆盖。实施脱贫责任制，强化脱贫工作考核，全面实现贫困村（户）脱贫。

2. 加强“大民政”综合保障体系建设。

建立完善社会保障体系，扩大各项社会保险覆盖面，实现应保尽保。提高城乡居民最低生活保障，落实低保五保供养标准自然增长机制，五保供养标准达到各地上年度农民纯收入的60%。完善综合性社会救助体系，开展重特大疾病医疗救助工作，健全临时救助制度。搭建多元化养老服务体系，全面推开居家养老和社区养老服务，加强社区养老助残网格化建设，继续推进医养结合发展。进一步完善残疾人社会保障体系和服务体系，大力推进残疾人居家康复、居家养护、居家无障碍改造和居家职业训练工作。促进基本公共服务均等化，扎实推进公益创投综合服务项目和“邑家园”[19]社会服务项目，发挥“平安通”[20]、社会困难群众救助中心、异地务工人员服务中心、复退军人管理服务中心作用，构建全方位社会服务平台。健全优化妇女儿童保障体系。推进福利慈善公益事业发展，组建公开透明慈善信息平台。做好优抚安置工作，建立精准帮扶长效机制。

3. 扎实建设“平安蓬江”。

深化维稳工作，健全群众合理诉求解决机制，完善社会利益协调和社会纠纷调处机制，预防和化解群体性突发事件。加强社会治安综合治理，严厉打击各种违法犯罪行为，坚决扫除社会丑恶现象，坚决制止非法宗教活动，进一步提高社会治安整体防控能力，群众安全感和满意度达到85%以上。加强政法队伍建设，严格公正廉洁执法，增强公共安全和社会治安保障能力。深化安全生产监管体制机制改革创新，构建“党政同责、一岗双责、失职追责”的安全生产责任体系；深入实施科技兴安战略，构建安全科技支撑体系；夯实基层安全监管力量，强化职业卫生日常监管；完善安全隐患排查治理体系，落实企业安全生产主体责任。构建食品药品安全风险监测、评估等监管体系和协作联动机制；全面加强食品、药品、保健食品、化妆品和医疗器械的监管能力建设。加强“三防”和森林防火工作。扎实推进重大事故隐患治理工程，提升社会安全系数。

4. 巩固和提升“全国文明城市”建设成果。

坚持以人为本、创建惠民理念，提高市民文明素质和加强城市管理，大力开展文明礼仪普及、文明交通、文明餐桌、文明旅游、文明网络等行动，不断推进和巩固江门市“全国文明城市”建设成果。加强文明镇、村（社区）创建工作，以民风建设和环境整治为重点，推动文明镇、文明村、星

级文明户创建，各农村镇打造一个美丽乡村示范点。加强文明单位创建工作，培育一批文明单位、文明窗口创建标兵。

5.大力发展各项民生事业。

构建终身教育体系。以全面巩固普及成果、提高教育水平为重点，进一步提升各类教育优质均衡水平，到2020年，成为全国义务教育发展优质均衡区。学前教育：要加强公办幼儿园和规范化幼儿园建设，使我区幼儿园办园条件、师资配备达到省定标准，示范辐射作用明显，到2020年，规范化幼儿园比例提高到90%，幼儿入园率100%。义务教育：小学学龄人口入学率、毕业率、升学率保持在100%，三类残疾儿童义务教育入学率达到99.5%，到2020年，全区中小学全部成为标准化学校，70%义务教育公办学校成为现代化学校，全区各小学全部达到“义务教育标准化学校”标准，初中三年巩固率在100%，高中毛入学率100%。推进民办教育规范健康发展，到2020年，30%义务教育民办学校成为现代化学校。推进“名师名校长”工程，培养高素质专业化教师队伍。鼓励支持社会力量兴办教育。“十三五”期间，新建3-5所小学、初中，引进优质民办学校，到2020年率先基本实现教育现代化。提高全民素质教育水平。加强舆论宣传引导，营造文化良好氛围。围绕建设社会主义核心价值体系，继续弘扬“务实进取、开放包容、敬业好学、诚信守法、和睦友爱”的新时期蓬江人精神。深入开展文明城市、文明行业、文明村镇、文明单位、文明社区创建活动，着力加强未成年人思想道德教育，加强外来务工人员和进城务工人员教育，开展诚信教育，加强新型市民素质教育，全面提高公民素质和城市文明程度。

促进全民充分就业。实施更加积极的就业政策，建立城乡统一的人力资源市场体系。引导劳动者更新就业观念，鼓励自谋职业和自主创业，支持灵活就业。结合我区产业结构调整和职工技能水平提升的需要，积极开展多层次、具针对性的劳动就业培训和创业培训，初步建立适应各类劳动者职业生涯发展不同需求的技能培训体系，基本形成与现代产业体系相对接的职业能力开发、培训机制，增强就业培训有效性，提高劳动者就业技能。建立最低工资标准与经济发展、物价增长相联动的定期调整机制，健全工资集体协商、工资支付保障、工资指导线等制度，着力提高低收入劳动者的工资水平。完善政府、工会和企业三方协调机制，完善劳动争议调解仲裁机制，促进企业改善用工环境，保障劳动者合法权益，全面推进创建和谐劳动关系示范区工程。

促进全民健康保障。完善医疗卫生服务体系建设，深化医药卫生体制改革，积极推进公立医院综合改革和镇级卫生院改革，优化基层医疗卫生机构和专业公共卫生机构发展，强化村（社区）卫生站及医护队伍建设，全面提升基层医疗服务水平。落实分级诊疗制度。鼓励发展优质民营医疗机构。完善城乡居民医保制度，推行城乡居民大病保险。加强人口健康信息化建设。强化人口计生工作，落实国家“全面二孩”等新政策，确保各项计生指标保持省一类地区标准。广泛开展多样化全民健身活动。

6.大力发展各项社会事业。

完善公共文化体系建设。整合各类公共文化设施和服务资源，加快形成覆盖城乡、便捷高效、保基本、促水平的现代公共文化服务体系。构建覆盖城乡的现代公共文化服务体系，建成城市“十分钟文化圈”和农村“十里文化圈”。延续蓬江历史文脉，弘扬白沙儒学文化，传承非遗文化遗产和传统特色工艺，保护活化本地历史建筑、古村古镇、历史名人资源，策划城市文化地标，打造特色文化品牌，彰显城市文化内涵。精心组织“百姓文化大舞台”、“潮连自行车环岛游”等群众性品牌活动，提升城市知名度。促进文化与旅游共融发展，配合市加快“城市客厅”[21]建设。建设标志性文化设施，全面完成文化馆、美术馆、图书馆、博物馆、档案馆、方志馆的整合提升。

提升侨务软实力。主动对接《珠江三角洲地区改革发展规划纲（2008－2020年）》突显城市侨文化特色，加快文化强区建设；做好华侨新生代开展涉侨立法先行先试工作，健全依法护侨机制；做好新生代华侨海归工作，为海归建立创业和投资平台；加强侨捐项目监管，建立侨情资料信息数据库，完善“邑门式”服务。

加强精神文明建设。在传承和弘扬“进去、勤劳、开放、包容”的五邑精神的基础上，赋予侨乡精神新的时代内容。加强践行和宣传社会主义核心价值观，全面提高市民思想道德建设和诚信建设，提升公民科学文化素养。大力推进全民阅读，建设学习型社会。净化社会文化环境，引导网络内容建设。壮大主流声音，加强主流媒体舆论正面引导。

健全社会工作与志愿服务体系。健全社会工作制度，加快社工专业人才队伍建设。支持和发展志愿服务组织，大力发展志愿服务事业，建立覆盖全区的志愿服务体系。健全志愿服务事业社会化发展机制。推进工会、共青团、妇女、儿童工作的稳步推进。

（九）全面推进法治蓬江建设

1.加快建设法治政府。

优化政府组织结构和运行机制，推进机构、职能、权限、程序、责任法定化。严格实行行政机关职责法定，切实维护公民、法人和其他组织合法权益。大力整治行政机关不作为、乱作为现象，推动行政机关依法履行监管责任。减少政府执法队伍种类，推动执法力量向基层倾斜，重点加强食品药品安全、安全生产、环境保护、劳动保障等重点领域基层执法力量，加强行政执法规范管理，理顺城管执法体制，严格行政执法人员持证上岗和资格考核、管理。理顺行政机关、人民法院的行政强制执行机制。全面落实行政执法责任制，完善责任追究机制。

2.推进法治社会建设。

加强社会主义法治文化建设和群众性普法教育，提高普法针对性和实效性。全面推进法制宣传教育进机关、进乡村、进社区、进学校、进企业，引导群众自觉守法、遇事找法、解决问题靠法。加强青少年法治教育，建立青少年法治教育联动机制，实行国家机关“谁执法谁普法”的普法责任制。统筹城乡、区域法律服务资源，构建面向基层的法律服务网络，深入开展一村（社区）一法律顾问工作。完善法律援助制度，健全司法救助体系。加强对律师、公证、司法鉴定等法律服务行业的政策扶持和监督管理。

五、强化规划实施保障体系

（一）加强规划实施力度

建立“多规融合”的规划体系。强化国民经济和社会发展总体规划的引导地位，加强专项规划与蓬江区总体规划各项指标的衔接。探索推行各类规划“多规合一”。

完善规划体系。按照规划细化工作分工，明确工作责任，逐年逐项落实目标任务。强化对推进全面建成小康社会各项任务目标的落实，确保完成率先全面建成小康社会目标。加强年度实施方案与年度计划的衔接协调。

加强政策引导。重点围绕完善现代市场体系、推动经济转型升级和创新驱动发展、提高民生保障水平、促进城乡区域一体化发展、推进资源节约和环境保护、提升文化软实力等重点领域和关键环节，加强政策储备、研究制定和协调落实，推动形成有效的政策预期和导向。

强化要素保障。优化政府支出结构和政府投资结构，集中财力保证政府投资重大项目的资金需求。优化土地资源配置和空间布局，注重需求侧管理和供给保障能力建设，完善能源和重要商品物资管理。

（二）加强载体支撑

积极推进规划实施载体建设，为规划有效落

实提供坚实保障。谋划一批重要改革试点，着力在促转型、调结构、增加公共产品供给等方面实现新突破。建设一批重大发展平台，发挥平台在开发建设、政策实施等方面的引领作用。培育一批创新发展基地，汇集创新要素资源，切实提升创新能力。实施一批重大项目，优化重大项目投资行业结构和区域分布结构，健全重点项目储备库。

（三）建立科学合理的考核机制

强化对规划有关结构优化、民生改善、资源节约、生态环境、社会环境和基本公共服务等方面目标任务完成情况的综合评价考核。完善规划年度考核和中期评估制度，根据规划落实情况，及时查找、分析、解决问题。加大规划宣传力度，积极探索创新公众参与形式，拓宽公众参与渠道，完善规划实施的公众参与和民主监督机制。

附件：

1. 蓬江区“十三五”规划重大项目汇总表

2. 有关用语说明

附件1

蓬江区“十三五”规划重大项目汇总表

单位：亿元

序号	项目类别	建设内容及规模	总投资	到2015年底完成投资	“十三五”期间投资
总计			1116.30	133.54	903.98
一	交通一体		30.19	3.00	26.36
1	滨江新区道路基础设施建设工程	进一步完善滨江新区路网，包括丰盛大道、陈垣路、盛新路等，总长约14公里。	26.27	3.00	23.27
2	杜阮南北路网建设	共建设道路16111米，道路控制范围60米以内。	1.62		0.79
3	南华路、东堤路、中泰路、中兴一路、北昌路等镇内主干道路升级改造工程	长26.5公里，对现状主干道路按规划控制宽度进行扩宽，对原道路路面、排水、绿化等进行升级改造。	2.30		2.30
二	产业同兴		813.85	74.13	716.97
1	广东海信电子南方基地	建设电视、宽带、空调、冰箱等项目。	50.00	18.00	32.00
2	康师傅食品项目	顶津饮品、顶益方便面等生产。厂房、办公楼、宿舍及设备购置。	30.00	7.90	22.00
3	江门市先进制造业江沙示范园区	道路等基础设施建设。	40.00	21.50	18.00
4	华电分布式能源热电冷联产项目一期	2×11.5万千瓦燃气轮机联合循环机组。	13.80	9.00	4.80

续上表

序号	项目类别	建设内容及规模	总投资	到2015年底完成投资	"十三五"期间投资
5	天地壹号示范园区项目	醋饮料生产。建设厂房、办公楼、宿舍及设备。	16.00	5.80	10.00
6	滨崎食品项目	年产1.44万吨饼干，总建筑面积8万平方米。	8.00	1.50	6.00
7	美心食品项目	建设超18万平方米的现代化食品城。	8.00		8.00
8	味全食品项目	规划面积142亩，建设味全饮料等相关产品生产、仓储、包装的厂房。	3.50		3.50
9	东望洋食品项目	以食品加工为主，现代食品物流业为辅的现代化大型烘焙食品生产基地。	3.00	1.40	1.50
10	顶正包材项目	规划面积126亩，建设康师傅配套包材生产、仓储厂房。	3.00		3.00
11	秉信纸业项目	规划面积85亩，建设康师傅配套纸制品生产、仓储厂房。	3.00		3.00
12	江门市蒙德电气股份有限公司自动化设备制造项目	建设用于研发、制造伺服驱动器、电机、变频器及自动化控制系统的基地。	2.50		2.50
13	珠西数谷小微企业创业创新基地	借助国际互联网、大数据技术，以"互联网+创新+孵化"的模式，加快完善创业载体和平台建设，着力建设开放性海创空间、海创工厂、数据支持中心、大数据基地、海内外小微企业孵化中心、海创公寓等，重点引进海内外华侨华裔为主体的互联网企业、海内外流通企业、健康食品企业、智能家电企业，打造成为江门连接海内外年轻华侨华裔创业创新的开放性枢纽平台。	30.00		27.00
14	中集产业园	以中集产城板块为平台，以自身产业为基础、整合行业优势资源，在江门滨江新城打造"中国制造2025+工业4.0"实践基地与示范园区。	60.00		60.00
15	园区生活配套区项目	规划用地面积150亩，建设14栋宿舍楼，建筑面积11万多平方米，可容纳职工1万人。	10.00		7.00
16	珠西智谷小微企业双创基地（金融区）	占地300亩，建筑面积100万平方米	39.00		39.00
17	珠西智谷小微企业创新创业基地	核心区12平方公里，首期启动区1000亩，总建筑面积200万平方米。	200.00	0.50	199.50

续上表

序号	项目类别	建设内容及规模	总投资	到2015年底完成投资	“十三五”期间投资
18	南方教育装备创新产业城	占地100亩，建筑面积15万平方米。	38.00		38.00
19	珠西智谷智能装备协同创新基地	占地80亩，建筑面积10万平方米。	36.00		36.00
20	天津大学华南研究院	建筑面积3万平方米。	10.00		10.00
21	江门市新江沙国际汽车城	共2126亩，首期200亩，建筑面积21万平方米。	10.00		10.00
22	江门市蓬江区洪桥水产品物流仓储有限公司项目	共120亩，首期75亩，建筑面积6万平方米。	3.00		2.00
23	33墟街	编制33墟街总体发展策划和规划，提升改造各项基础设施建设，致力打造成为商业服务、休闲旅游等产业蓬勃发展特色文化街区。	100.00		100.00
24	保税仓电商产业园	项目计划总投资10亿港元，建设97500平方米进口保税仓库、14000平方米出口监管仓库和55000平方米配套金融商业用场，引入金融机构、跨境电商等进驻经营、创业企业超过300家。	8.30		8.30
25	地尔汉宇新能源汽车电机项目	项目占地196亩，计划建筑面积25万平方米，达产后每年电机30万台，产值约50亿元。	6.40		6.40
26	大长江摩托车研发中心及试车场	项目占地370.8亩，计划建设试车跑道、试验车间、研发设计大、专家生活楼。	5.00	4.00	1.00
27	嘉宝莉杜阮厂区	项目占地216.58亩，计划建筑面积8.7万平方米，达产后产值约19亿元。	4.10	2.80	1.00
28	科杰机械自动化增资扩产项目	项目占地105亩，计划建筑面积13万平方米，达产后产值约6亿元。	3.50	0.29	3.00
29	珠峰摩托有限公司摩托车整车生产项目	该项目占地130亩，厂房、综合楼、宿舍楼总面积约81824.2平方米。	3.25	1.40	1.00
30	大时代健康产业园	建设5万平方米厂房扩大生产。	9.00		9.00

续上表

序号	项目类别	建设内容及规模	总投资	到2015年底完成投资	“十三五”期间投资
31	江门市中兴科技园工业厂房升级改造项目	将旧厂房改造为科技办公楼，并对办公楼内部进行装修及相关配套设施的安装等，建筑面积2.3万平方米。	0.50	0.04	0.47
32	一日三餐食品项目	规划面积50亩，建设5万平方米厂房。	2.00		2.00
33	天壹食品项目	选址江沙示范园区，占地28亩，建设柑普茶、果酱、柑皮等食品生产基地。	0.70		0.70
34	广东江粉高科技产业园建设项目	项目预计建设8120平方米的先进生产加工厂房，厂区实现全面环保绿化，项目达产年预计可实现6000万套显示模组的生产能力。	4.30		4.30
35	潮连特成沙地块整体开发项目	590亩商住土地开发。	50.00		37.00
三	**环境共治**		12.11	0.45	11.66
1	滨江新区洪涝整治项目		1.06		1.06
2	天沙湖及人工水系工程	包括沙富电排站重建、天河围南冲电排站、大仁电排站、水闸工程等。	6.60		6.60
3	江门市蓬江区荷塘镇水生态治理工程（引水增流工程）	总面积约1030亩，人工湖及人工水系建设。	3.00		3.00
4	蓬江区社区道路维修改造工程	1.清淤疏浚内涌河道100公里； 2.新建白藤引水泵站； 3.建设自动化监控系统。	0.75	0.45	0.30
5	蓬江区杜阮河水环境治理及调蓄工程	每年安排蓬江区项目改造资金为1500万元，市、区各按58%、42%的资金比例承担，即每年市财政承担875万元、区政府承担625万元。	0.30		0.30
6	滨江新区桐井河水环境治理及调蓄工程	杜阮河清淤疏浚、节制闸及蓄水工程等。	0.40		0.40
四	**民生共享**		260.15	55.96	148.99
1	蓬江区人力资源市场和残疾人服务中心	20134平方米。	0.52	0.02	0.50

续上表

序号	项目类别	建设内容及规模	总投资	到2015年底完成投资	“十三五”期间投资
2	蓬江区三旧改造项目	白石整村改造、里村旧村改造启动区3号地A地块、市农药厂旧厂改造（市恒鑫房地产公司地块）、东风胜利北启动区A地块64.28亩、棠下旧墟镇改造一期、江海区迎宾小汽车厂。	88.20	31.00	52.00
3	紫茶学校二期初中部建设工程	建筑面积约30000平方米，建成后，教学班24个，在校学生1200人。	0.80		0.80
4	双朗地块小学建设工程	建筑面积约15000平方米,拟建3幢教学楼和一幢教学综合楼。	0.70		0.70
5	陈白沙中学教学楼及教学综合楼建设工程	宿舍楼、实验楼和周边商铺拆迁（5233.8平方米），新建设一栋六层教学楼和一栋六层教学综合楼，总建筑面积13000平方米。	0.37		0.37
6	成龙中国影视创业产业园	建设集拍摄基地、影棚、影视艺术馆、后期制作区及主体酒店等一系列产业链的影视基地。	70.00		20.00
7	棠下镇良溪古村旅游建设开发	将棠下镇良溪村开发成为良溪古村乡村文化旅游区。	1.00		1.00
8	龙马古村自然生态休闲度假区	以龙马里晚清和民国民间建筑、山坡、水塘、农地为基础，开发自然村落为以艺术设计、特色餐饮为主体的文化创意产业聚集区。	0.50		0.50
9	健威国际广场	总建设用地面积45.07亩，总建筑面积约18.9万平方米，规划小区绿地率为20%，建筑密度50%，容积率4.1，项目配套设施包含地下停车场、休憩广场、商务中心及金融服务站等一系列设施。	10.86	5.00	5.86
10	白沙古玩民俗文化街	规划建设用地26850.7平方米，总建筑面积83555.3平方米，其中住宅44567.2平方米，商业15936.8平方米，地下及公共面积22791平方米。	4.00		4.00
11	江门市中嘉置业有限公司中嘉广场	第一期工程建设商业综合大楼，总建筑面积55127平方米。其中：地上商业综合裙楼（1～6层）34210平方米；会所、办公区塔楼（8层）2340平方米建设酒店塔楼（19层）10264平方米。第二期工程建设酒店式公寓大楼，共14层，建筑面积24487平方米。	3.00	2.20	0.80

续上表

序号	项目类别	建设内容及规模	总投资	到2015年底完成投资	“十三五”期间投资
12	棠下镇卫生院住院大楼兴建项目	5层的住院大楼和配套的1栋生活水池和泵房，总建筑面积4309.9平方米。	0.26	0.03	0.23
13	银葵医院	医院大楼、儿科中心、外科中心、康复中心、骨科中心、妇科中心、科教中心、医护中心、理疗中心、检验中心、行政中心。	40.00	2.00	38.00
14	龙舟山公园	内设四个出入口大门、标志景观塔、景区道路系统、景点提升和配套服务设施建设。	3.80		3.80
15	滨江体育中心	包括体育场、体育场训练场、体育馆、体育馆副馆、游泳跳水馆、展览馆、地下停车库、综合培训楼以及广场道路等室外工程，建筑面积约21万平方米。	29.30	15.71	13.59
16	滨江新区学校	建筑面积10万平方米，建设国家级示范性高中。	3.60		3.60
17	江门市蓬江区杜阮镇卫生院门诊楼项目	改造面积2031平方米，主要用于医疗救护、办公和演示教学等，旧门诊楼占用的地块平整后用作停车场。	0.05		0.05
18	潮连中心学校新教学楼一期	占地8亩，扩建教学楼5000平方米。	0.20		0.20
19	潮连小海河景观整治工程	按照“河畅、水清、岸绿、景美”的总要求，对小海平桥至沙尾水闸河段及沿岸景观约1.7公里进行整治开发,对小海河余下约5.9公里进行整治。	2.20		2.20
20	环市街天福社区家庭综合服务中心	建设1500平方米天福社区家庭综合服务中心。综合老人大学、老年人日托、康复治疗、心理疏导、青少年活动等等功能室。	0.03		0.03
21	养老助残项目	项目内容包括 1.蓬江区救灾物资仓库; 2.状元山陵园道路硬底化改造; 3.蓬江区老年公寓改造项目; 4.蓬江区仁爱佰佳公寓; 5.蓬江区慈善会总部项目。	0.37		0.37
22	江门植物园(兰石园区)	拟建江门植物园（兰石园区），首期建设960亩。规划、设计、征地（租地）、道路及建设二至三个专类园区。	0.29		0.29
23	席帽山森林公园二期工程	席帽山森林公园林相改造及防火工程。	0.10		0.10

附件2

有关用语说明

1. **“打造三门，建设三心”**：“三门”是指新一轮广东改革发展的“开放之门”，粤西进入珠三角的“方便之门”，珠三角通向粤西、广西乃至大西南的“辐射之门”。“三心”是指珠江西岸新的经济中心、创新中心和城市中心。

2. **“一带一路”**：“一带一路”是指“丝绸之路经济带”和“21世纪海上丝绸之路”的简称。丝绸之路经济带战略涵盖东南亚经济整合、涵盖东北亚经济整合，并最终融合在一起通向欧洲，形成欧亚大陆经济整合的大趋势。21世纪海上丝绸之路经济带战略从海上联通欧亚非三个大陆和丝绸之路经济带战略，形成一个海上、陆地的闭环。丝绸之路经济带圈定：新疆、重庆、陕西、甘肃、宁夏、青海、内蒙古、黑龙江、吉林、辽宁、广西、云南、西藏13省（自治区、直辖市）。21世纪海上丝绸之路圈定：上海、福建、广东、浙江、海南5省（直辖市）。

3. **“东联西拓”**：在“东联”上，积极对接广佛都市圈、深港澳经济圈两大龙头；在“西拓”上，打通通往粤西乃至大西南的交通脉络。

4. **“东提西进、同城共融”**：“东提”是指东部三区一市（蓬江、江海、新会、鹤山）实施融合提质；“西进”是指西部台开恩（台山、开平、恩平）实施协同共进。按照“东部一体、西部协同”区域错位发展的原则，以东西板块统筹制订发展政策，促进资源优化整合，推进区域交通一体、产业同兴、环境共治、民生共享，实现同城共融、产业振兴的发展目标。

5. **“双引双创”**：引资引智、创业创新。

6. **“雏鹰计划”**：“雏鹰计划”即《江门市国家小微企业创业创新基地城市示范工作方案（2015—2017年）》，“1+15”即江门市小微企业创业创新的1个政策总纲加15个扶持政策和管理办法。

7. **“1+5”珠西行动计划**：“1”是《蓬江区发展先进（装备）制造业工作纲要（2014－2020年）》，“5”是五大行动方案，即：《蓬江区龙头企业培育行动方案》《蓬江区推动工业企业开展新一轮技术改造行动细化方案》《蓬江区产业平台扩能增效行动方案》《蓬江区先进（装备）制造业重大项目突破行动方案》《蓬江区产城融合振兴行动方案》。

8. **“1+3”清单**：政府部门权责清单制度、投资准入负面清单、投资准入审批清单、市场监督清单。

9. **“邑门式”**：“一个窗口受理、一条龙服务、一站式办结”的行政服务平台。

10. **“九证合一、一照一码”**：指在原“营业执照”“组织机构代码证”“税务登记证”“社保登记证”和“印章许可证”“五证合一”的基础上，增加“海关报关单位注册登记证”“出入境检验检疫报检企业备案表”“对外贸易经营者备案登记表”和统计证，由工商部门（市场监管部门）核发一个加载统一社会信用代码和海关、商务、检验检疫部门编号或标志的“营业执照”。

11. **天使投资**：风险投资的一种形式，是自由投资者或非正式风险投资机构对原创项目构思或小型初创企业进行的一次性的前期投资。

12. **“互联网+”**：充分发挥互联网在生产要素配置中的优化和集成作用，将互联网的创新成果深度融合于经济社会各领域之中，提升实体经济的创新力和生产力，形成更广泛的以互联网为基础设施和实现工具的经济发展新形态。

13. **“五个主动对接”**：主动对接国家和省的重大发展部署和工作思路，特别是落实“珠西战略”；主动对接《珠江三角洲地区改革发展规划纲要（2008－2020）》；主动对接珠三角东西两岸和珠江西岸与粤西地区有机融合的交通网络建设，推进“交通大会战”；主动对接以先进装备制造业为重点的重大项目的布局和建设；主动对接粤港澳深度合作和广州南沙、深圳前海蛇口、珠海横琴等自贸区，探索工贸结合，实现优势互补、借船出口、错位发展。

14.**“一心+一园+N基地”**：一心是中欧（江门）中小企业国际服务中心，一园是中欧中小企业国际合作产业园（以鹤山工业城为主，与新会大泽、司前、蓬江杜阮跨区联手，打造鹤新蓬产业合作区），N基地是若干个分园。

15.**“海绵城市”**：城市在适应环境变化和应对雨水带来的自然灾害具有良好的弹性。

16.**“智慧城市”**：利用先进的信息技术，实现城市智慧式管理和运行，为市民创造更美好生活，促进城市和谐、可持续成长。

17.**“1+6”园区**：江门国家高新区、蓬江滨江新城、新会银湖湾、鹤山工业城、台山工业城、开平翠山湖科技产业园、恩平工业园。

18.**“社区“六个一”**：一个市场、一所医院、一所幼儿园、一所市民文明学校、一个市民活动中心、一支文艺队伍。

19.**“邑家园”社会服务项目**：以“社工+义工”为运作模式，以公共服务、志愿服务、便民利民服务为主要内容，把各部门相关服务功能进行整合的服务项目。

20.**“平安通”**：为老人和残疾人提供24小时紧急支援服务、全方位关怀服务以及全天候居家支援服务的融合、转介和信息共享平台。

21.**“城市客厅”**：具有商旅、观光及文化接待、服务、体验中心功能的集散地。

江门市蓬江区人民政府关于印发江门市蓬江区医疗卫生强基创优行动方案（2016—2018年）的通知

蓬江府〔2016〕9号

各镇政府、街道办事处，区直各单位：

《江门市蓬江区医疗卫生强基创优行动方案（2016—2018年）》已经区政府同意，现印发给你们，请认真贯彻执行。实施过程中如遇到问题，请径向区卫生计生局反映。

江门市蓬江区人民政府

2016年11月10日

江门市蓬江区医疗卫生强基创优行动方案（2016—2018年）

为贯彻落实《中共广东省委广东省人民政府关于建设卫生强省的决定》（粤发〔2015〕15号）精神，根据《广东省人民政府关于印发广东省医疗卫生强基创优行动计划（2016－2018年）的通知》（粤府函〔2015〕364号）要求，为加快推进蓬江区基层医疗卫生事业发展，建立健全覆盖城乡居民的基本医疗卫生制度，特制定本方案。

一、总体要求

坚持以邓小平理论、“三个代表”重要思想、科学发展观为指导，深入贯彻习近平总书记系列重要讲话精神，全面贯彻党的十八大和十八届三中、四中、五中全会，以及全国卫生与健康大会精神，按照“完善体系、优化格局、补齐短板、均衡发展”的思路，以保障城乡居民公平享有基本医疗卫生服务为出发点，坚持补短板、保基本、兜底线、促均衡，进一步改革创新体制机制，强化政府在提供公共卫生和基本医疗服务中的主导地位，加强基础设施建设，推动医疗卫生重心转移到基层，着力解决医疗卫生资源配置不均衡、基层医疗卫生服务能力较弱等突出问题，基本实现常见病、多发病不出镇目标。

二、工作目标和任务

（一）加强基层医疗卫生机构能力建设

1.工作目标。加强基础设施建设，确保在2018年底前，乡镇卫生院、社区卫生服务机构标准化建设达标全覆盖，全面完成农村卫生站公建民营建设和规范化建设，提升基层医疗卫生机构综合服务能力，改善医疗服务质量。全面开展家庭医生式服务，引导常见病、多发病患者就近看病就医。

2.重点任务。

——改善医疗服务。通过优化诊区设施布局、合理调配诊疗资源、发挥信息技术优势、改善住院服务流程、持续改进护理服务、规范诊疗行为、注重医学人文关怀、妥善化解医疗纠纷、落实政府管理责任等方面的工作，力争用3年左右时间初步实现让人民群众便捷就医、安全就医、有效就医、明白就医的工作目标，使社会满意度明显提高，医患关系更加和谐。（责任单位：区卫生计生局）

——推进区镇（街）一体化管理。区级医院与乡镇卫生院（社区卫生服务中心）通过医疗联合体、托管等形式，从技术支持、人员培训、资源共享、经营管理等方面进行全方位协作。力争2016年底开展镇（街）一体化管理试点，2017年根据试点经验进行总结推广。（责任单位：区卫生计生局、区编办、区人力资源社会保障局，各镇、街）

——加强乡镇卫生院标准化建设。实施乡镇卫生院标准化建设扫尾工程。到2017年，乡镇卫生院全部达到国家建设标准上限，业务用房满足需求，院容院貌良好，能够为患者提供安全舒适的就医环境。强化乡镇卫生院基本医疗服务功能，提升急诊抢救、二级以下常规手术、住院分娩、高危孕产妇筛查、儿科等医疗服务能力。加快建立全科医生制度，至2017年，基层医疗机构全面开展家庭医生团队式服务。（责任单位：区卫生计生局、区财政局、区人力资源社会保障局，各镇）

——实施村卫生站公建民营建设和规范化建设。加强农村三级医疗服务网络的网底建设，原则上1个行政村建设1个村卫生站。服务人口少于1000人的行政村可与邻村合并设置；建设规模不低于60平方米，设有相对独立的诊断室、治疗室、公共卫生室和药房。村卫生站建设用地由各镇政府无偿划拨，通过财政出资、社会捐赠、对口帮扶等形式多渠道筹集资金建设村卫生站，至2017年全面完成农村卫生站公建民营建设和规范化建设任务。（责任单位：区卫生计生局、区财政局、区发展改革统计局、区国土环保局，各镇）

（二）强化公共卫生服务能力

1. 工作目标。坚持“预防为主、防治结合”的方针，建立健全以政府为主导的公共卫生安全体系，完善公共卫生机构管理体制，着力提升重大传染病监测预警和突发、新发重大传染病应急处置能力；促进基本公共卫生服务均等化，降低常见病、多发病对群众健康的影响，不断提高人民群众的健康素养。

2. 重点任务。

——强化传染病防控能力。加强法定报告传染病监测，建立法定报告传染病监测体系，提高艾滋病、结核病和性病等重大传染病防治能力。（责任单位：区卫生计生局，各镇、街）

——加强基层公共卫生能力建设。完善公立医院、专业公共卫生机构、基层医疗卫生机构以及社会办医院之间的分工协作关系，建立分工明确、功能互补、信息互通、资源共享的工作机制，提高公共卫生体系运作整体效能。区财政要加大资金投入，完善人员配置，加大突发公共卫生事件应急处置能力建设的力度，力争达到省先进行列水平。加强计划免疫冷链系统建设。（责任单位：区卫生计生局、区财政局、区国土环保局，各镇、街）

——巩固和扩展基本公共卫生服务内容。确保按国家、省标准落实基本公共卫生服务项目经费，逐步提高人均基本公共卫生服务经费标准。在巩固现有服务项目的基础上，按上级部署和要求扩大服务覆盖面，拓展服务内容。合理分配镇村两级基本公共卫生服务任务，提高居民获得服务的可及性。（责任单位：区卫生计生局、区财政局，各镇、街）

（三）健全城乡居民医疗救助制度

1. 工作目标。稳步提高医疗保障水平，健全重特大疾病保障机制，着力加强管理服务能力，做好基本医疗保障、大病保险、医疗救助等各项制度的有效衔接。到2018年，基本形成覆盖全民的多层次医疗保障体系，有效提高重特大疾病保障水平。

2. 重点任务。

——全面实施城乡居民大病保险。全面开展城乡居民大病保险工作，逐步提高医疗机构支付比例，规范大病保险的承办服务，不断提升大病保险管理服务的能力水平。到2017年，建立起比较完善的大病保险制度，与医疗救助等制度紧密衔接，共同发挥托底保障功能，切实避免人民群众因病致贫、因病返贫。（责任单位：区人力资源社会保障局，各镇、街）

——完善医疗救助制度。全面建立与我区经济社会发展水平相适应、与基本医疗保险和大病保险及社会慈善事业相衔接、覆盖城乡的医疗救助体系。全面开展重特大疾病医疗救助工作，进一步创新细化政策措施，实现医疗救助制度科学规范、运行有效，与相关社会救助、医疗保障政策相配套，保障城乡困难群众基本医疗权益。到2018年，争取全区医疗救助水平达到全市中上水平。（责任单位：区民政局、区人力资源社会保障局、区财政局）

（四）提高基层卫生人员能力

1. 工作目标。进一步加强以全科医生为重点的基层医疗卫生人才队伍建设，加大基层医疗卫生人才培训培养力度，鼓励和引导医疗卫生人才到基层服务，到2018年，每万常住人口拥有全科医生达到2名以上，在基层医疗卫生机构建立起一支留得住、干得好、用得上的人才队伍。

2. 重点任务。

——建立住院医师规范化培训制度。加强住院医师规范化培训工作，落实“5+3”为主体、“3+2”为补充的医学人才培养模式。大力支持住院医师规范化培训基地招收临床医学、中医学、全科医学专业本（专）科学历人员参加住院医师规范化培训。到2018年，全区基本建立住院医师规范化培训制度，争取实现所有新进医疗岗位的本科及以上学历临床医师接受住院医师规范化培训。（责任单位：区卫生计生局）

——提高基层医疗卫生机构医务人员待遇。基层医疗卫生机构不再实行收支两条线，完善公共卫生和基层医疗卫生机构绩效工资制度，基层医疗卫生机构可从单位上年度收支结余部分自主提取一定比例用于增发奖励性绩效工资，自主调整基础性和奖励性绩效工资比例。奖励性绩效工资重点向临床一线、关键岗位、业务骨干和作出突出贡献的人员倾斜，实行“保底不封顶”政策。按《传染病防治法》和《精神卫生法》要求和上级统一部署，落实从事传染病防治和精神卫生防治工作人员津贴。为基层医疗卫生机构引进人才提供宽松的政策环境，凡“985”工程高校或“211”工程高校医疗卫生专业全日制本科及以上学历或获得中级及以上医疗卫生专业技术职称的人员可以直接调入，以良好的待遇和政策吸引优秀人才到基层工作。（责任单位：区人力资源社会保障局、区编办、区财政局、区卫生计生局，各镇、街）

——进一步加强乡村医生队伍建设。多途径、多层次加强乡村医生培训培养，实施乡村医生定向培养，积极推进镇村一体化管理。转变乡村医生服务模式，探索开展乡村医生与农村居民的签约服务。至2018年，力争开展乡村医生与农村居民的签约服务的村卫生站达100%。实行村卫生站额外补贴政策，额外补贴向开展基本公共卫生服务较好的村卫生站倾斜。建立健全在岗乡村医生养老和退出机制，落实对村卫生站医生和离岗接生员及赤脚医生补贴。（责任单位：区卫生计生局、区编办、区财政局，各镇）

——实施“百医牵百村”扶持工作。2016－2018年，每年选派镇以上医疗单位取得中级以上职称临床医生到全区偏远、经济相对落后的村开展挂点联系帮扶工作，定期组织开展下乡义诊活动，为群众开展常见病、多发病的诊治及慢性病防治知识健康宣教活动，提高医疗救治能力，方便农村基层群众看病就医；同时通过技术帮扶、智力帮扶，提高基层卫生人员技术水平和管理水平。（责任单位：区卫生计生局）

三、工作要求

（一）加强领导，落实职责分工。各有关单位要高度重视基层医疗卫生事业发展，充分认识实施医疗卫生强基创优行动对于提高人民群众健康水平、打造健康蓬江的重要意义，将其作为率先全面建成小康社会的重要内容抓好落实。认真落实政府职责，加强统筹协调，明确部门分工，抓紧研究制定具体实施方案。卫生计生、编办、发展改革、民政、财政、人力资源社会保障、残联、国土环保等部门及各镇、街要按职责分工，逐条逐项抓好落实。

（二）加大投入，鼓励社会参与。要积极调整财政支出结构，健全医疗卫生投入保障机制，按照“保基本、强基层、建机制”的要求，加大对基层医疗卫生机构基础设施建设、设备投入、人才队伍建设等方面的投入，重点解决基层医疗卫生服务能力不足问题。未来三年，区财政统筹安排资金实施医疗卫生强基创优行动。鼓励社会力量投资发展医疗卫生事业，积极推进医疗卫生建设PPP项目，形成政府主导、社会参与的多元投入格局。

（三）分类指导，提高工作绩效。将医疗卫生强基创优纳入本地区国民经济和社会发展“十三五”规划，明确发展目标和路径，切实把医疗卫生强基创优各项工作落到实处，加快提升全区医疗卫生事业发展水平。要大胆创新、重点突破，力争在医疗卫生机构发展模式、管理方式、薪酬制度、人才培养等领域形成具有特色、符合实际的医疗卫生事业发展路径。

江门市蓬江区人民政府关于印发政府部门涉企信息统一归集公示工作实施方案的通知

蓬江府〔2016〕14号

区直有关单位：

现将《政府部门涉企信息统一归集公示工作实施方案》印发给你们，请认真贯彻执行。执行中遇到的问题，请径向区市场监管局反映。

江门市蓬江区人民政府

2016年12月26日

政府部门涉企信息统一归集公示工作实施方案

根据《广东省人民政府关于印发政府部门涉企信息统一归集公示工作实施方案的通知》（粤府函〔2016〕389号）、《江门市人民政府关于印发政府部门涉企信息统一归集公示工作实施方案的通知》（江府函〔2016〕224号）的要求，为做好我区政府部门涉企信息统一归集公示工作，制定本方案。

一、工作目标

充分利用省政务信息资源共享平台（以下称省级共享平台）以及江门市商事主体信息公示平台、“信用江门网”等共享交换平台，将我区政府部门行政许可、行政处罚、抽查检查、联合惩戒和小微企业扶持政策等涉企信息统一归集推送到全国企业信用信息公示系统（广东），在2016年年底前，实现我区市场监管部门、审批部门、行业主管部门及其他部门之间的信息实时传递和无障碍交换，将各部门涉企信用信息记于企业名下并对外公示，形成覆盖企业、个体工商户、农民专业合作社等各类市场主体的全方位信息，加强协同监管，落实信用惩戒，增强监管合力。

二、信息归集

（一）信息归集部门。根据《国务院办公厅关于政府部门涉企信息统一归集公示工作实施方案的复函》（国办函〔2016〕74号）、《广东省人民政府关于印发政府部门涉企信息统一归集公示工作实施方案的通知》（粤府函〔2016〕389号）和《江门市人民政府关于印发政府部门涉企信息统一归集公示工作实施方案的通知》（江府函〔2016〕224号）的要求，我区涉企信息归集的政府部门为区直有关单位（名单见附件）。

（二）信息归集内容。根据国家企业信用信息系统建设规范和要求，政府部门涉企信息由工商部门涉企信息和其他政府部门涉企信息两部分组成。

1．工商部门涉企信息归集内容。包括企业注册登记及备案、动产抵押登记、股权出质登记、知识产权出质登记、商标注册、行政许可、行政处罚、经营异常名录和严重违法失信企业名单（“黑名单”）和抽查检查结果等信息。

2．其他政府部门涉企信息归集内容。包括行政许可、行政处罚、抽查检查结果、依据相关规定建立的对企业实施信用约束并公示的“黑名单”以及小微企业享受扶持政策等信息。

（三）信息归集方式。各部门应将履职过程中产生或归集的涉企信息，原则上应当通过省级共享平台提供给工商部门，由工商部门通过公示系统归集于企业名下。

1. 省直驻江门有关单位信息归集方式。省直驻江门有关单位应向上级省直部门请示并确定信息归集方式，在履职过程中产生的涉企信息已向省级共享平台交换共享的，由省级共享平台向工商部门推送信息；与省级共享平台尚未连通，公示系统信息由中直部门业务系统集中的，应将该情况告知市工商局，由市工商局向省工商局报告。

2. 区级政府部门信息归集方式。我市目前已有江门市商事主体信息公示平台、“信用江门网”等涉企信息归集平台，各部门在履职过程中产生的涉企信息已由江门市商事主体信息公示平台、“信用江门网”统一归集的，由江门市商事主体信息公示平台、“信用江门网”按照工商总局下发的数据标准整理转换后，统一推送到省级共享平台。尚未实现在江门市商事主体信息公示平台、“信用江门网”统一归集涉企信息的政府部门，可以申请直接通过由省工商局开发的省企业信息归集和协同监管平台，以在线录入、批量导入、数据接口等方式作为应急补充和过渡交换通道，向公示系统上传、更新相关涉企信息，并记于企业名下。账号申领管理由区市场监管局负责。

三、信息公示

各有关部门应当按照《企业信息公示暂行条例》《广东省商事登记条例》等规定，于信息产生之日起7个工作日内将依法应当公示的企业信息归集至工商部门，由工商部门统一记于企业名下并于20个工作日内（含各地区、各有关部门归集信息至工商部门的7个工作日）通过公示系统对外公示。区直有关单位要对公示的涉企信息的真实性负责，严格区分涉密信息和非涉密信息，依法对涉企信息的采集、共享、使用等环节实行分类管理。

四、信息应用

（一）做好“双告知”工作。区市场监管部门履行“双告知”职责，根据省政府公布的《广东省商事登记后置审批事项目录》，组织开展对申请人和审批部门的告知工作，2016年底前落实构建“双告知”工作机制。

1. 告知申请人。在办理有关登记注册时，市场监管部门要根据已公布的《广东省商事登记后置审批事项目录》告知申请人，其登记申请涉及后置审批事项的，应当依法取得有关审批部门的审批后方可经营，并由申请人作出在取得审批前不擅自从事经营活动的书面承诺。

2. 告知审批部门。企业办理登记注册后，市场监管部门要按照同级告知原则将企业登记注册信息及时共享至江门市商事主体信息管理平台，告知经营项目的同级审批部门。各审批部门或行业主管部门要及时在江门市商事主体信息管理平台获取相关企业登记注册信息，依法办理相关商事登记后置行政许可，履行审批和行业管理职责，切实做好后续监管工作。

（二）加强企业信用联合惩戒。各部门要及时从省企业信息归集和协同监管平台下载经营异常名录、严重违法失信企业、重大税收违法当事人名单、失信被执行人行贿犯罪档案等失信主体名单，按照《企业信息公示暂行条例》和国家发展改革委、工商总局等38个部门印发的《失信企业协同监管和联合惩戒合作备忘录》要求，在市场准入、行政许可、资质认定、享受财政补贴和税收优惠政策、政府采购、银行信贷、工程招标投标、国有土地出让、企业上市、劳动用工、产品质量、食品药品安全、授予荣誉称号等方面，依法予以限制或禁入，积极运用公示系统的各类企业信息，建立健全跨部门联动，形成“一处违法，处处受限”的联合惩戒机制。各部门要进一步细化信用联合惩戒的相关制度，充分使用公示系统中企业名下信息，促进协同监管和信用约束。

五、工作职责

（一）区政府对涉企信息统一归集公示工作负总责，承担主体责任。区政府要负责本级注册登记企业的信息归集公示工作，按要求制定本地落实方案，建立分工明确、责任清晰、督查有力的工作机制，督促相关部门通过市商事主体信息公示平台等归集路径实现涉企信息的及时、准确、统一归集并公示。

（二）各部门对涉企信息统一归集公示工作具体负责，承担直接责任。按照“谁产生、谁提供、谁负责”的原则，负责将本部门涉企信息及时、稳定、准确地推送，加快推进本部门各类网站、平台和系统的建设，确保各类信息数据准确、高效便捷地交换共享与公开公示。

（三）区市场监管部门在区政府统一领导下，负责本区政府部门涉企信息归集公示工作的综合协调、督促指导、跟进反馈以及省企业信息归集和协同监管平台直报通道账户的分发和管理等工作。区发展改革统计局、区经济促进局要与市场监管局协同做好我区涉企信息统一归集与江门市商事主体信息公示平台、“信用江门网”等共享平台的数据对接工作，并对各有关单位提供的信息进行梳理确认统计，做好相关技术指导，加强涉企信息归集和公示的信息化保障。

六、工作保障

（一）建立工作机制。区政府成立政府部门涉企信息统一归集公示工作协调小组，由区政府分管领导担任组长，区市场监管局、区发展改革局、区经济促进局主要负责人担任副组长，统筹协调解决企业信用信息统一归集公示工作中的重大事项，督促指导有关部门建立健全工作机制。协调小组日常工作由区市场监管局承担。

（二）加强工作考核。区政府将政府部门涉企信息统一归集公示工作作为重点督办任务，并列入“社会信用体系建设和市场监管体系建设”工作考评内容。区协调小组要建立情况通报机制，定期对各部门的工作情况进行通报。各部门要加强对推进信息归集公示工作落实情况的监督检查，建立工作责任制和督查机制，实施奖优惩劣，对不认真履行工作职责的人员要追究行政责任，确保工作落实到位。

（三）落实资金保障。各部门要在资金上给予保障，提高自身信息化建设工作水平。对达不到信息交换、归集要求的，要对现有软件、硬件进行升级、扩容，实现各部门涉企信息统一归集、记于相对应企业名下并依法公示，确保通过国家组织的验收。

（四）扩大工作宣传。各部门要加强涉企信息统一归集公示工作的宣传，重点突出建设的目的、意义和作用，通过主流媒体、集中宣传活动、移动互联网和新媒体宣传等多种方式，提高社会认知度。

附件：有关单位名单

有关单位名单

一、省直单位：区国税局、区地税局

二、区直单位：区委对台办公室、区保密局、区人大常委会法制工作委员会、区法院、区检察院、区发展改革统计局、区经济促进局、区教育局、区科技局、区民族宗教局、区公安分局、区监察局、区民政局、区司法局、区财政局、区人力资源社会保障局、区国土环保局、市城乡规划局蓬江分局、区住房城乡建设局、区农林水务局、区招商局、区文广体局、区卫生计生局、区审计局、区外侨局、区资产办、区市场监管局、区安全监管局、区食品药品监管局、区法制局、蓬江交警大队、蓬江消防大队、区档案局、区海防打私办。

关于印发新修订江门市蓬江区村级物业建设扶持办法的通知

蓬江府办〔2016〕39号

各镇、街，区直有关单位：

新修订的《江门市蓬江区村级物业建设扶持办法》已经区政府九届32次常务会议审议通过，现印发给你们，请认真遵照执行。执行中遇到的问题，请径向区农林水务局反映。

江门市蓬江区人民政府办公室

2016年9月22日

江门市蓬江区村级物业建设扶持办法

（修订送审稿）

第一条 为鼓励农村集体加快出租物业建设，促进农村集体经济快速健康发展，特制定本扶持办法。

第二条 财政补贴申报对象为各镇（街）所属村（经联社）、组（经济合作社）。

第三条 财政补贴申报范围及有关规定如下：

1. 村（经联社）、组（经济合作社）利用自有土地开发建设用于自营或出租性质的工业厂房、仓库、商铺、办公楼、员工宿舍等新建物业，且建成面积在1000平方米以上（含1000平方米），通过建设部门竣工验收后，可申请村级物业建设财政补贴。补贴标准按竣工物业面积一次性补贴50元每平方米。

2. 村（经联社）、组（经济合作社）用于商业销售性质的商品房、商铺、厂房等物业建设项目（含部分销售、部分自营的项目）不列入申报财政补贴政策扶持的范围。

3. 属“三旧”改造建成的村级物业项目，分如下两种情况执行相关的扶持政策：

（1）建成的物业项目用途属于商业销售性质，村集体主要通过对外销售新建物业获得收益的，不再列入财政奖补范围，该类物业只能享受“三旧”改造建设项目相关优惠扶持政策。

（2）村集体通过实施“三旧”改造项目对村集体物业进行升级改造，所建成的物业用途仍属于村集体自营或出租，这类新建物业，可列入财政补贴政策扶持范围。

4. 住宅小区内属公共配套设施的村级物业不列入财政补贴范围。独立（或合作）开发的住宅小区建成的村级物业，除面向公共大马路产权属村集体所有的出租性商铺可申报财政补贴政策扶持外，其他物业如小区会所、小区车位、小区幼儿园等属小区公共设施（产权属村集体、出租收入归村集体），属小区内部配套公共设施，均不列入财政补贴政策扶持范围。

5. 以村级公益事业一事一议项目或其他政府财政补贴扶持项目建成的物业项目不列入财政补贴政策扶持范围，该类物业项目只能享受申报村级公益事业“一事一议”财政奖补或其他相关财政补贴政策扶持。

6. 村(经联社)、组（经济合作社）以自有土地作价，与其他经济组织或个人合作开发建设属出租性集体物业的，按合作开发协议由村、组分成所获得的出租性物业可列入财政奖补范围，合作对方（其他经济组织或个人）按合作开发协议所获得的物业不能列入财政补贴政策扶持范围。

第四条 对符合村级出租物业建设补贴政策扶持范围的村级物业建设项目，实行减半收取属区、镇街权限范围内的行政事业性收费。

第五条 财政补贴申报时间安排：每年进行两次申报，第一次申报时间为1月份，第二次申报时间为7月份。以村（经联社）、组（经济合作社）为申报单位，由所属镇（街）统一组织申报。

第六条 财政补贴按如下程序申报：

符合规定可享受财政补贴的物业项目，由村（经联社）、组（经济合作社）填报有关申报表（见附表1），连同物业项目竣工验收资料报镇（街）、区相关部门审核后，再统一报送区农林和水务局汇总。申报项目经区农业、财政部门审核后报区政府审批，由区财政部门落实财政补助资金。

第七条 村级出租物业财政补贴资金由区、镇街财政按照各50%的比例分担，先由区财政统一安排划拨，年终由区财政与各镇街财政结算。

第八条 本办法自发布之日起实施，由区农林和水务局负责解释。原发布实施的《江门市蓬江区村级物业建设扶持办法》（蓬江委办〔2012〕62号）、《关于印发江门市蓬江区村级物业建设扶持办法实施细则的通知》（蓬江委办〔2012〕144号）和《关于江门市蓬江区村级物业建设扶持办法和实施细则的补充通知》（蓬江委办〔2013〕97号）同时废止。

附件1

江门市蓬江区村级集体出租物业建设财政补贴申报表

申报单位 （盖章）					
项目地址					
单位负责人		联系电话		当年建成面积 （平方米）	
联系人		联系电话		申请奖励金额 （万元）	
所在镇（街）意见（盖章）： 年 月 日			区住房城乡建设局意见（盖章）： 年 月 日		
区农林水务局意见（盖章）： 年 月 日			区财政局意见（盖章）： 年 月 日		

此申报表一式五份，申报单位及审核单位各保留一份。

2017

PENGJIANG
NIANJIAN

社会经济统计资料

2016年江门市蓬江区国民经济和社会发展统计公报

2016年，全区贯彻落实中央、省、市、区的各项决策部署，主动适应经济发展新常态，围绕“兴业惠民、治吏简政”，全力打造“三门”、建设“三心”，强化措施，狠抓落实，以创新、协调、绿色、开放、共享为发展理念，着力加强供给侧结构性改革，推进经济转型升级，经济社会呈稳中趋好的发展态势。

一、综　合

初步核算，2016年全区实现地区生产总值（GDP）604.92亿元，比上年增长8.5%。分产业看，第一产业增加值8.1亿元，下降2.1%；第二产业增加值274.7亿元，增长8.2%；第三产业增加值322.16亿元，增长9.1%。在第三产业增加值中，交通运输、仓储和邮政业增长7.6%，批发和零售业下降3.5%，住宿和餐饮业增长1.8%，金融业增长3.1%，房地产业增长8.7%。三次产业结构为1.3:45.4:53.3。人均地区生产总值81862元，增长9.72%。

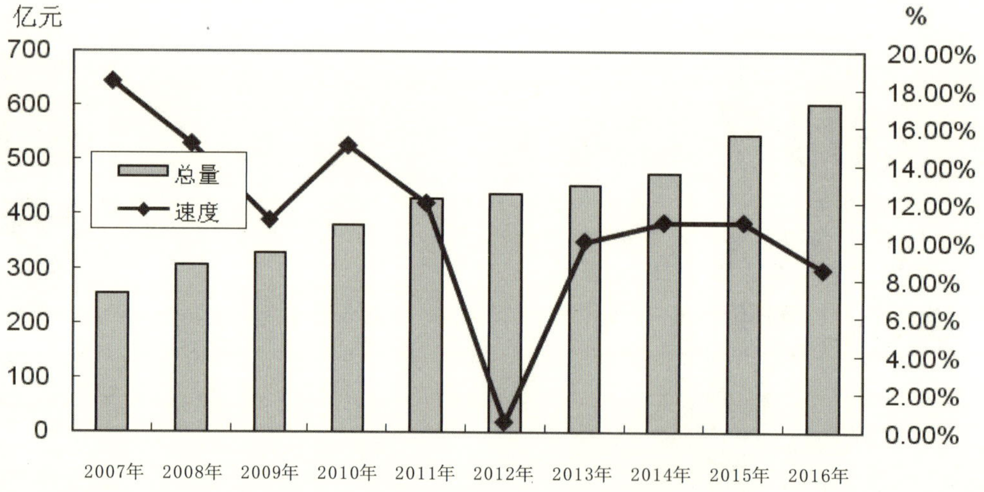

2007-2016年地区生产总值及其增长速度

全年居民消费价格（CPI）上涨2.2%，其中食品烟酒类价格上涨4.4%，居住类价格上涨0.6%，交通和通信类价格上涨0.2%，教育文化和娱乐类价格上涨2.0%，医疗保健类价格上涨2.5%。农产品生产者价格上涨3.4%，工业生产者出厂价格下降0.7%，商品零售价格上涨1.4%。

年末私营企业1.75万户，从业人员13.19万人，注册资金294.14亿元，分别比上年增长14.19%、10.16%和25.24%。个体工商户5.19万户，从业人员7.77万人，注册资金11.85亿元，分别增长8.69%、9.46%和11.15%。

二、农　业

2016年，全年农业总产值16.58亿元，同比增长9.5%。其中种植业产值25466.3万元，同比增长11.9%；林业产值851.2万元，同比下降0.1%；牧业产值106514.9万元，同比增长10.7%；渔业产值32372万元，同比增长4.8%。

全年粮食作物种植面积1.6万亩，油料种植面积980亩，蔬菜种植面积40140亩。粮食产量6468吨，同比下降8.9%；油料产量228吨，同比下降1.33%；蔬菜产量51392吨，同比下降12.27%；水果产量1529吨，同比增长4.5%；水产品产量17179吨，同比下降8.1%；肉类产量28943吨，同比下降31.7%，其中猪肉产量28147吨，同比下降26.02%。

三、工业和建筑业

2016年，全区实现规模以上工业企业增加值265.63亿元，比上年增长8.7%，其中，轻工业增加值151.43亿元，增长15%；重工业增加值116.77亿元，增长9.9%。

分经济类型看，国有及国有控股企业增长3.4%，股份制企业增长15.5%，外商及港澳台投资企业下降12.1%，民营企业增长12.3%。

分行业看，食品制造业下降82.5%，纺织业增长37.7%，服装鞋帽制造业增长46.1%，皮革毛皮羽毛（绒）及其制品业增长2.8%，家具制造业增长36.8%，造纸及纸制品业增长27.1%，印刷业和记录媒介复制业下降21.3%，化学原料及化学制品制造业下降10.7%，塑料制品业增长10.7%，非金属矿物制品业下降27.5%，金属制品业增长12.8%，通用设备制造业下降7%，交通运输设备制造业增长8.8%，电气机械及器材制造业增长40.6%，通信设备、计算机及其他电子设备制造业增长0.9%。

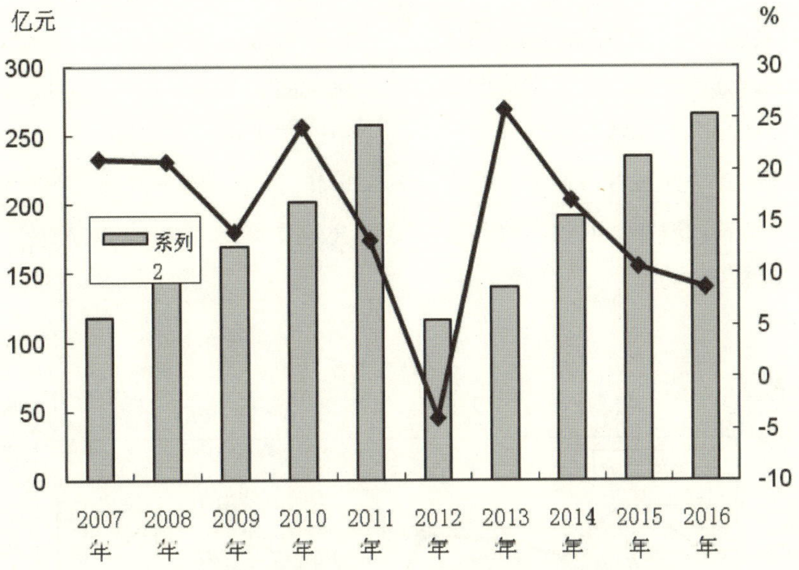

2007—2016年规模以上工业增加值及其增长速度

全年资质等级以上建筑企业51家，实现总产值 29.41亿元，同比增长5.1%；增加值12.04亿元，同比增长5.2%；竣工产值13.98亿元，同比下降18.63%；新签合同额31.08亿元，同比下降4.28%；施工面积170.74万平方米，同比下降18.27%；竣工面积69.16万平方米，同比增长11.55%；竣工价值 8.9亿元，同比增长8.54%。

四、固定资产投资

2016年，全区固定资产投资 317.05亿元，比上年增长18.9%。分产业看，第二产业投资88.44亿元，增长31.58%；第三产业投资228.61亿元，增长14.69%。

全区房地产开发投资116.29亿元，比上年增长21.94%。商品房施工面积732.88万平方米，下降4.75%；商品房竣工面积66.45万平方米，下降17.72%。商品房销售面积165.78万平方米，增长22.96%；商品房销售金额117.75亿元，增长26.58%。商品房待售面积74.21万平方米，下降4.23%。

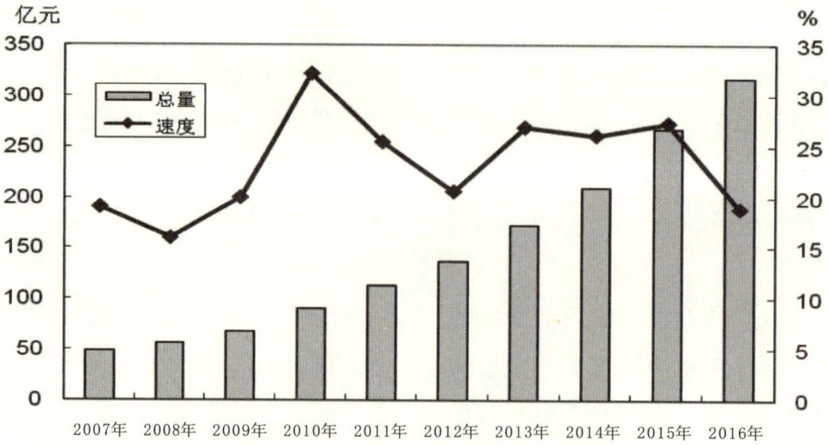

2007—2016年固定资产投资及其增长速度

五、国内贸易

2016年，全区社会消费品零售总额246.13亿元，比上年增长13.22%。分行业看，批发零售业零售额233.62亿元，增长13.93%；住宿和餐饮业零售额12.51亿元，增长1.49%。分地域看，城镇消费品零售总额237.71亿元，增长13.13%；农村消费品零售总额8.42亿元，增长15.93 %。

限额以上批发和零售业零售额中，电子出版物及音像制品类下降12.55%，日用品类增长8.69%，化妆品类下降3.23%，石油及制品类下降2.58%，金银珠宝类增长28.75%，家用电器和音像器材类下降1.45%，家具类下降18.77%，中西药品类增长4.5%，汽车类增长24.33%。

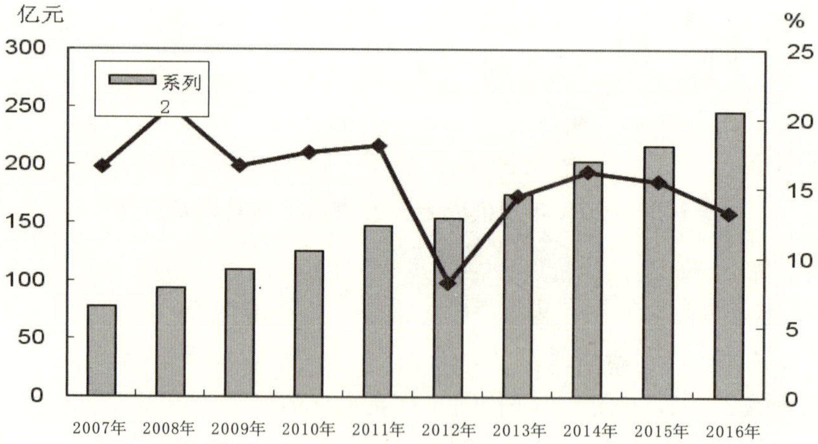

2007—2016年社会消费品零售总额及其增长速度

六、对外经济

2016年，全区进出口贸易额342.7亿元，同比增长6.8%。其中出口291.5亿元，同比增长8.9%；进口51.2亿元，同比下降4%。全区合同外资21665万美元，同比下降12.36%；实际利用外资3308万美元，同比下降79.39%。

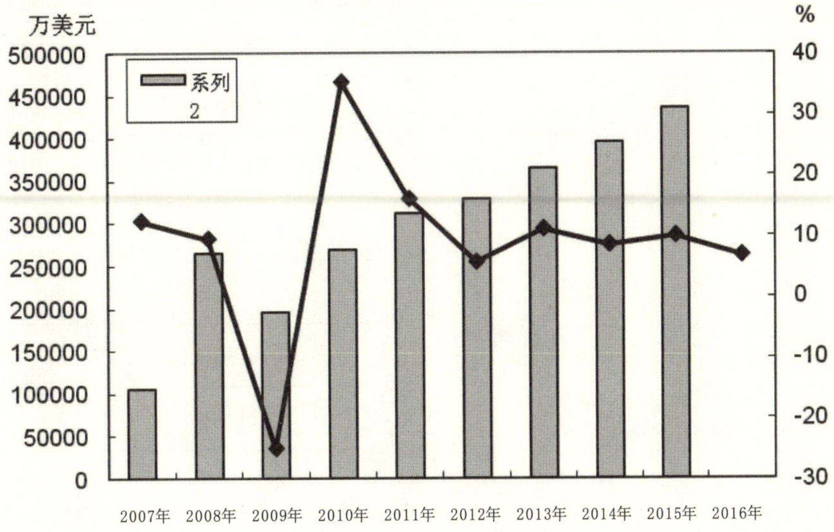

2007—2016年出口总额其增长速度

七、财政和金融

2016年，财政收入稳定增长，全区地方财政一般预算收入22.31亿元，同比增长8.7%；地方财政一般预算支出30.66亿元，同比增长2.81%。

年末金融机构人民币存款余额245.41亿元，较上年同期增长9.25%，其中：企业存款余额61.63亿元，较上年同期上升13.82%，城乡居民储蓄存款余额150.56亿元，较上年同期增长7.68%。金融机构人民币贷款余额150.64亿元，较上年同期增长0.8%，其中：短期贷款余额84.09亿元，较上年同期下降8.04%；中长期贷款余额66.55亿元，较上年同期上升14.73%。

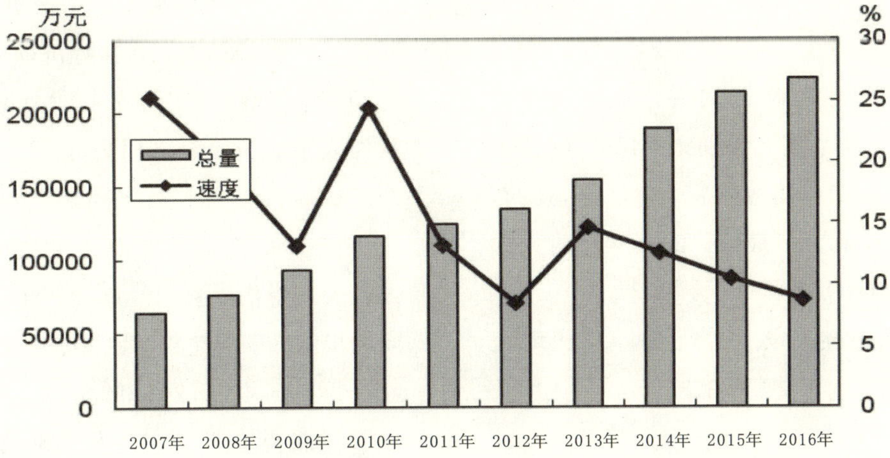

2007-2016年地方财政一般预算收入及其增长速度

八、教育、科学技术和卫生

2016年，全区中等职业技术学校招生141人，在校学生557人，毕业生374人。普通高中招生1112人，在校学生3117人，毕业生1153人。初中招生6654人，在校学生19602人，毕业生6443人。小学招生10360人，在校学生57142人，毕业生8279人。幼儿园入园儿童6452人，在园幼儿20330人。小学学龄儿童入学率100%，小学升学率100%，初中适龄少年入学率100%，初中升学率100%，普通高中升学率88.86%。

全年地方财政科学技术支出(区本级)4079.11万元，比上年下降18%。市级新型研发机构5家，工程技术研究院中心140家,高新技术企业79家。组织企业申报省级科技项目48项，申报市级科技项目77项。专利申请量3447件；其中发明专利625件。专利授权量1949件；其中发明专利授权量141件。

2016年年末卫生机构(含各类门诊，下同)164个，其中医院2个，卫生机构床位1694张。卫生机构人员2444人，其中卫生技术人员2120人。卫生技术人员中执业医师597人，执业助理医师780人，执业护士889人，药剂人员150人，检验人员69人。

九、人口、人民生活与社会保障

年末常住人口74.3万人，其中城镇人口占常住人口的99.5%。年末全区家庭户16.27万户，户籍总人口49.34万人。其中：男性人口24.39人；女性人口24.95人。出生人口6204人，人口出生率12.6‰，出生人口男女婴儿性别比为109:100。人口死亡率5.1‰，人口自然增长率7.5‰。全区约有32个民族，其中汉族人口最多。2016年迁进人口4402人，迁出人口2652人。

农村居民人均纯收入20172元，同比增长11.5%，城镇居民人均可支配收37859元，同比增长9.5%。

2016年，城乡最低生活保障对象2356人；发放低保救济金1161.47万元，增长17.47%。发放医疗救助金505.74万元，增长10.91%；共计救助7003人迟，增加2173人次。全区五保供养人数100人，减少2人；全年落实供养经费126.79万元，增长 12.9%。

2016年全区及各镇（街）户籍人口数

镇、街	户籍人口数（万人）
全区	49.34
棠下镇	6.96
荷塘镇	4.69
杜阮镇	4.82
环市街道办事处	9.87
潮连街道办事处	1.28
白沙街道办事处	21.72

年末全区社会保险基金收入29.05亿元，同比增长8.57%。企业养老保险参保人数32.63万人，同比增加278人；职工基本医疗保险参保人数34.92万人，同比增加15796人；失业保险参保人数22.01万人，同比增加12372人；工伤保险参保人数23.74万人，同比增加27831人；生育保险参保人数22.82万人，同比增加13631人。

十、安全生产

全年共发生各类安全生产事故1089起，死亡45人，受伤1020人，直接经济损失1114.43万元；与2015年同期相比，事故起数上升2.4%，死亡人数、受伤人数、直接经济损失分别下降9.0%、6.5%、75.2%。

工矿商贸企业方面：发生事故4起，死亡3人、无人受伤，直接经济损失805万元；与2015年同期相比，事故起数增加100%、死亡人数增加50%，直接经济损失上升265.9%。

道路交通方面：共发生事故860起、死亡41人、受伤1020人，直接经济损失122万元，与上年同期相比，事故起数、死亡人数、受伤人数、直接经济损失分别下降8.2%、14.6%、10.3%、29.7%。

消防火灾方面：共发生事故255起，死亡1人，无人受伤，直接经济损失187.43万元，与上年同期相比，事故起数减少35%、直接经济损失下降20%。

注：

1.本公报中2016年数据为初步统计数。

2.规模以上工业经济效益指标，现行制度调查时期为1—12月。

3.公报中地区生产总值、各产业增加值、总产值绝对数按当年价计算，增长速度按可比价计算。

4.属我区统计的金融机构不包括国有四大银行，金融数据为蓬江区各农商银行汇总数。

附表：

2016年蓬江区国民经济主要指标

指标名称	单位	2016年	增长（%）
地区生产总值	亿元	604.92	8.5
第一产业增加值	亿元	8.07	-2.1
第二产业增加值	亿元	274.69	8.2
第三产业增加值	亿元	322.16	9.1
农业总产值	亿元	15.55	-8.5
规上工业增加值	亿元	265.63	8.7
固定资产投资总额	亿元	317.05	18.9
社会消费品零售总额	亿元	246.13	13.22
外贸进出口总额	亿元	342.7	6.8
合同外资	亿美元	2.17	-12.36
实际利用外资	亿美元	0.33	-79.39
地方财政一般预算收入	亿元	22.31	8.7
地方财政一般预算支出	亿元	30.66	2.81
城乡居民人民币存款余额	亿元	150.56	7.68
城镇居民可支配收入	元	37860	9.5
农村居民人均纯收入	元	20172	11.5

2016年蓬江区主要经济指标

指标名称	计量单位	2016年	比上年增长%
常住人口	万人	74.3	1.1
户籍人口	万人	49.34	1.54
生产总值	亿元	604.92	8.5
第一产业	亿元	8.07	-2.1
第二产业	亿元	274.69	8.2
#工业	亿元	262.65	8.3
工业综合经济效益指数	%	248.11	16.03
规模以上利润总额	万元	53.31	13.97
全社会固定资产投资	亿元	317.05	18.9
#第二产业	亿元	88.44	31.58
第三产业	亿元	228.61	14.69
房地产开发	亿元	116.29	21.94
第三产业	亿元	322.16	9.1
人均生产总值	元	81862	9.7
年末从业人员数	万人	40.32	3.35
农业总产值	亿元	15.55	-8.5
种植业产量	万元	30021	20.2
渔业产值	万元	32731	7.3
粮食总产量	吨	6468	-8.85
农民人均纯收入	元/年	20172	11.5
人口自然增长率	‰	7.5	—
单位GDP能耗	吨标准煤/万元	0.2997	-3.73
全部工业总产值	亿元	—	—
#规模以上	亿元	1173.23	12.38
规模以上业增加值	亿元	265.63	8.7
社会消费品零售总额	亿元	246.13	13.22
外贸出口总值	亿元	291.5	8.9

续上表

指标名称	计量单位	2016年	比上年增长%
实际利用外资	万美元	3308	-79.39
税收总额	亿元	100.78	-0.02
#蓬江国税	亿元	55.8	—
蓬江地税	亿元	44.98	—
地方财政一般预算收入	万元	223085	8.7
地方财政支出	万元	306580	2.81
各项存款余额	亿元	245.41	9.25
#城乡居民存款余额	亿元	150.56	7.68
各项贷款余额	亿元	150.64	0.8
在岗职工年平均工资	元/年	72889	14.52
居民人均可支配收入	元/年	37859	9.5

2016年蓬江区各镇街生产总值

单位：万元

全区	棠下镇	荷塘镇	杜阮镇	环市街道办事处	潮连街道办事处	北街街道办事处	堤东街道办事处	仓后街道办事处	白沙街道办事处
6049179	1215396	647717	618896	1208860	228883	—	—	—	1621068

2016年蓬江区各镇街户籍人口及其变动情况

单位：户、人

镇街	年末总户数	总人口	非农业人口	男	女
棠下镇	19596	69631	69631	34029	35602
荷塘镇	15044	46920	46920	23068	23852
杜阮镇	15287	48234	48234	23814	24420
环市街道办事处	36431	98672	98672	49130	49542
潮连街道办事处	4033	12753	12753	6293	6460
白沙街道办事处	72279	217153	217153	107524	109629

续上表

镇街	出生			死亡		
	合计	男	女	合计	男	女
棠下镇	920	490	430	393	212	181
荷塘镇	677	345	332	303	172	131
杜阮镇	592	308	284	270	162	108
环市街道办事处	1599	830	769	229	132	97
潮连街道办事处	127	70	57	82	46	36
白沙街道办事处	2289	1193	1096	1252	750	502

2016年蓬江区各行业职工年末人数及年平均人数

行　业	从业人员年末人数	其中：在岗职工年末人数	从业人员年平均人数	其中：在岗职工年平均人数
合　计	177004	166438	176193	165531
（一）按企业、事业、机关分组				
1. 企业	144558	137559	144072	136954
2. 事业	19587	16818	19348	16590
3. 机关	12800	12002	12714	11928
（二）按国民经济行业分组				
1. 农、林、牧、渔业	—	—	—	—
2. 采矿业	—	—	—	—
3. 制造业	85891	84324	86074	84090
4. 电力、燃气及水的生产和供应业	2659	2657	2644	2642
5. 建筑业	3694	2855	3730	2845
6. 交通运输、仓储和邮政业	9761	9103	9772	9105
7. 信息传输、计算机服务和软件业	4935	4909	4875	4849
8. 批发和零售业	14053	14017	13860	13819
9. 住宿和餐饮业	4689	3691	4774	3781
10. 金融业	11689	8876	11185	8729
11. 房地产业	2518	2485	2526	2486
12. 租赁和商务服务业	2930	2928	2923	2921
13. 科学研究、技术服务和地质勘查业	2010	1945	1960	1901
14. 水利、环境和公共设施管理业	189	118	187	114
15. 居民服务和其他服务业	135	135	136	136
16. 教育	8312	7149	8257	7087
17. 卫生、社会保障和社会福利业	9094	7768	8926	7611
18. 文化、体育和娱乐业	1168	1015	1179	1030
19. 公共管理和社会组织	13277	12463	13185	12385

2016年蓬江区各行业职工工资总额及年平均工资

行业	从业人员工资总额（千元）	其中：在岗职工工资总额（千元）	从业人员年平均工资（元）	其中：在岗职工年平均工资（元）
合计	12627598	11817563	71669	72889
（一）按企业、事业、机关分组				
1.企业	9030751	8465381	62682	63515
2.事业	2195676	2014541	113483	121505
3.机关	1395912	1332382	109793	112825
（二）按国民经济行业分组				
1.农、林、牧、渔业	—	—	—	—
2.采矿业	—	—	—	—
3.制造业	5239923	5111993	60877	61347
4.电力、燃气及水的生产和供应业	210117	210045	79469	79502
5.建筑业	172314	125417	46197	50420
6.交通运输、仓储和邮政业	705893	635751	72236	71527
7.信息传输、计算机服务和软件业	404450	398937	82964	83159
8.批发和零售业	750211	724294	54128	54145
9.住宿和餐饮业	160669	122256	33655	32965
10.金融业	994514	828056	88915	99459
11.房地产业	159152	134633	63006	62737
12.租赁和商务服务业	167894	107076	57439	57460
13.科学研究、技术服务和地质勘查业	130082	126207	66368	66514
14.水利、环境和公共设施管理业	20100	12784	107487	112140
15.居民服务和其他服务业	10322	10322	75897	75897
16.教育	805686	726379	97576	102495
17.卫生、社会保障和社会福利业	1147532	1063963	128561	139934
18.文化、体育和娱乐业	100259	95117	85037	92347
19.公共管理和社会组织	1448480	1384333	109858	112860

2016年蓬江区工业企业主要经济指标

单位：亿元

分类	企业单位数（个）	工业总产值（当年价格）	工业销售产值（当年价格）	出口交货值	利润总额	所得税费用
总计	428	1178.18	1175.42	143.03	60.08	9.63
按登记注册类型分：						
内资企业	303	805.75	804.95	91.09	34.08	5.53
其中：国有企业	0	0	0	0	0	0
其他企业	2	10.34	10.35	0	0.50	0
港、澳、台商投资企业	93	290.71	288.19	45.33	23.65	3.65
外商投资企业	32	81.72	82.28	6.62	2.34	0.44

2016年蓬江区农业主要指标

指　标	单位	合计	常下镇	荷塘镇	杜阮镇	潮连街
乡镇总户数	户	43491	17118	13236	10232	2905
乡镇总人口	人	155110	64452	40848	37200	12610
劳动力资源总数	人	103425	42240	28762	23912	8511
其中：女劳动力	人	51961	21395	14381	12284	3901
乡镇从业人员数	人	91272	38703	26561	17497	8511
其中：农林牧渔业	人	23372	13330	5105	3971	966
粮食种植面积	亩	16001	4389	2524	2886	0
#稻谷	亩	10323	3319	0	2216	0
粮食产量	吨	6468	1417	1461	1084	0
#稻谷	吨	3347	1070	0	748	0

2016年蓬江区地方一般预算收支项目分类表

单位：万元

指标项目	绝对值金额（万元）	同比增长（%）	指标项目	绝对值金额（万元）	同比增长（%）
税收收入	158844	2.50	一般公共预算支出	305910	2.58
增值税	40400	-10.24	一般公共服务支出	41332	20.68
营业税	12958	61.35	国防支出	556	10.76
企业所得税	14321	-10.59	公共安全支出	29285	3.74
个人所得税	6643	11.95	教育支出	73828	11.49
资源税	272	101.48	科学技术支出	11821	-21.77
印花税	3674	9.35	医疗卫生与计划生育支出	24752	14.20
城镇土地使用税	10645	6.48	节能环保支出	969	24.87
土地增值税	14234	-3.92	城乡社区支出	27936	12.90
车船税	3337	12.77	农林水支出	13597	72.19
耕地占用税	2635		交通运输支出	1111	21.55
契税	19661	-5.24	资源勘探信息等支出	6329	-63.31
非税收入	64270	27.82	商业服务业等支出	2574	-56.75
专项收入	14966	31.88	国土海洋气象等支出	1336	44.28
行政事业性收费收入	17894	6.49	住房保障支出	9854	19.49
罚没收入	1643	-76.69	其他支出(类)	7456	-41.55
国有资本经营收入	0		债务发行费用支出	423	
国有资源(资产) 有偿使用收入	23173	105.54			
其他收入	6594	73.12			
市更库滨江新城收入	17775	3.81			

蓬江区金融机构信贷收支情况

单位：亿元

项　目	2015年	2016年
一、各项存款余额	224.64	245.41
企业存款	54.15	61.63
#企业定期存款	9.57	8.53
城乡居民储蓄存款	139.82	150.56
二、各项贷款余额	149.44	150.64
短期贷款	91.44	84.09
工业贷款	30.28	30.24
商业贷款	40.77	23.39
农业贷款	1.58	1.33
中长期贷款	58.01	66.55
基本建设贷款	3.28	2.05

附录

2017

PENGJIANG
NIANJIAN

蓬江区国家级非物质文化遗产名录

序号	项目名称	项目类别	所属辖区	备 注
1	荷塘纱龙	传统舞蹈	荷塘镇	第一批扩展项目（2008年）
2	白沙茅龙笔制作技艺	传统技艺	白沙街道	第二批（2008年）

蓬江区省级非物质文化遗产名录

序号	项目名称	项目类别	所属辖区	备 注
1	江门东艺宫灯制作技艺	传统技艺	杜阮镇	第四批扩展项目（2012年）
2	罗氏柑普茶制作技艺	传统技艺	棠下镇良溪村	第六批（2015年）

蓬江区市级非物质文化遗产名录

序号	项目名称	项目类别	所属辖区	备 注
1	周家拳	传统体育、游艺与杂技	棠下镇沙富村	第四批（2013年）
2	洪圣庙会	民俗	潮连街道	第四批（2013年）
3	潮连芝山纱龙	传统舞蹈	潮连街道	第五批（2015年）

蓬江区省级文物保护单位

序号	名 称	时 代	所在地	备 注
1	陈白沙祠	明万历十二年（1584年）	白沙大道西37号	第二批（1979年）
2	进士司谏坊	明嘉靖六年（1527年）	荷塘镇南村	第四批（2002年）
3	周源李公祠	清咸丰年	荷塘镇篁湾村	第四批（2002年）
4	陈垣故居	清	棠下镇石头村	第四批（2002年）
5	新宁铁路北街站旧址	民国十六年（1927年）	北街甘化厂职工生活区	第五批（2008年）
6	江门海关旧址	光绪三十年（1904年）	海傍街	第五批（2008年）
7	江门中山纪念堂	民国	中山公园	第六批（2010年）
8	罗氏大宗祠	清康熙	棠下镇良溪村良北	第六批（2010年）
9	罗贵墓	南宋	棠下镇良溪村良北	第六批（2010年）

蓬江区市级文物保护单位

序号	名称	时代	所在地	备注
1	钓台故址	明成化	钓台路1号	第一批（1983年）
2	洪圣殿	明万历二十八年（1600年）	潮连街道环岛北路	第二批（1998年）
3	卢氏宗祠	明成化二十三年（1487年）	潮连街道卢边庙前街1号	第三批（2000年）
4	名宦家庙	明嘉靖二十八年（1549年）	潮连街道卢边海田街11号	第三批（2000年）
5	江门北街天主教堂	民国	江北路67号	第三批（2000年）
6	永安按当铺旧址	民国	东南胜街54号	第三批（2000年）
7	宝和按当铺旧址	民国	上步路10号	第三批（2000年）
8	施氏大宗祠	清乾隆	环市街道里村祠前里	第三批（2000年）
9	华丰古庙	清乾隆	环市街道耙冲水闸旁	第三批（2000年）
10	米氏太婆夫人墓	清光绪九年（1883年）	杜阮镇杜阮村	第二批（2003年）
11	黄氏世宦祠	明正统五年（1440年）	杜阮镇龙榜村	第二批（2003年）
12	济川桥	清康熙	棠下镇中心村陈田围	第二批（2003年）
13	大雄宝殿、碑廊、摩崖石刻	清咸丰八年（1858年）	杜阮镇叱石	第三批（2003年）
14	陶梁民及其家眷墓	明嘉靖十九年（1540年）	杜阮镇贯溪村	第三批（2003年）
15	陈白沙先生墓	明正德十六年（1521年）	杜阮镇瑶村村	第四批（2003年）
16	亚细亚石油公司旧址	民国	海傍街	第四批（2004年）
17	南名谢公祠	清中后期	环市街道群星丹井里	第四批（2004年）
18	真壶陆公祠	清中后期	环市街道群星东华里	第四批（2004年）
19	文昌阁	清	棠下镇中心村	第四批（2004年）
20	尹氏宗祠	明初	杜阮镇木朗村	第五批（2008年）
21	“节孝流芳”坊	清雍正	棠下镇良溪村	第五批（2008年）
22	木朗村农会旧址	民国初年	杜阮镇木朗村	第六批（2010年）
23	良村容氏宗祠	明正统年（1436—1449年）	荷塘镇良村三良学校	第六批（2010年）
24	舜举李公祠	清嘉庆八年（1803年）	潮连街道富冈西北街10号	第六批（2010年）
25	篁庄欧阳氏祠堂	清康熙	环市街道篁庄土盛里	第六批（2010年）
26	接龙桥	清(重修)	棠下镇石头村民委员会	第六批（2010年）
27	莱山梁公祠	清	棠下镇三堡村民委员会	第六批（2010年）
28	周氏六世祖祠	清	棠下镇虎岭村民委员会	第六批（2010年）
29	江门市甘化厂制糖分厂及附属码头	1957年动工兴建 1959年建成投产	甘化路56号	第七批（2017年）
30	宋代黎待举公墓及墓群	宋理宗淳佑年	棠下镇虎岭村凤凰山	第七批（2017年）

续上表

序号	名 称	时 代	所在地	备 注
31	黎宏业墓	明崇祯十二年（1639年） 清同治元年（1862年重修）	荷塘镇三丫村苍村龟山咀	新会市第三批市（县）级文物保护单位（1995年）
32	马直北墓	南宋	杜阮镇亭园村	新会市第二批市级文物保护单位（2000年）

蓬江区市级不可移动文物

序号	名 称	时 代	所在地	备 注
1	钓台故址	明成化	钓台路1号	第三次全国文物普查不可移动文物（江府函（2012）7号）
2	陈白沙祠	明万历十二年（1584年）	白沙大道西37号	
3	明故翰林院讨白沙先生改葬墓碑	明嘉靖	白沙公园	
4	陈乐芸夫妇合葬墓	明弘治	陈白沙纪念馆	
5	仁寿坊49号民居	清	仁寿坊49号	
6	江门海关旧址	清光绪三十年（1904年）	海傍街	
7	亚细亚石油公司旧址	民国	海傍街	
8	江门北街天主教堂	民国	江北路67号	
9	新宁铁路北街站旧址	民国十六年（1927年）	北街甘化厂职工生活区	
10	永安按当铺旧址	民国	东南胜街54号	
11	宝和按当铺旧址	民国	上步路10号	
12	江门中山纪念堂	民国	中山公园	
13	阜康李氏民居	民国	阜康社区三巷8号	
14	水南乡碉楼	民国	丹井社区炮楼山	
15	黄章达旧居	民国	江兴里25号	
16	莲塘南当铺	民国	莲塘南街20号	
17	长途汽车上落站标志	民国	太平路29号前	
18	英雄山革命英雄纪念碑	中华人民共和国	丹井社区英雄山	

索引

2017

PENGJIANG
NIANJIAN

主题索引

1. 本索引采用主题分析方法，按主题词汉语拼音顺序排列。

2. 本刊的《专辑》《大事记》《人物与荣誉》《重要文献》《社会经济统计资料》《附录》等篇目未作索引。

3. 索引的主题词后面的数字表示内容所在页码，数字后面的拉丁字母（a、b）表示该页自左至右的栏别。

A

B

C

D

F

G

H

J

K

L

M

N

P

Q

Z